Hakkı Keskin

Deutschland als neue Heimat

Hakkı Keskin

Deutschland als neue Heimat

Eine Bilanz der Integrationspolitik

VS VERLAG FÜR SOZIALWISSENSCHAFTEN

VS VERLAG FÜR SOZIALWISSENSCHAFTEN

VS Verlag für Sozialwissenschaften
Entstanden mit Beginn des Jahres 2004 aus den beiden Häusern
Leske+Budrich und Westdeutscher Verlag.
Die breite Basis für sozialwissenschaftliches Publizieren

Bibliografische Information Der Deutschen Bibliothek
Die Deutsche Bibliothek verzeichnet diese Publikation in der Deutschen Nationalbibliografie; detaillierte bibliografische Daten sind im Internet über <http://dnb.ddb.de> abrufbar.

1. Auflage Juni 2005

Lektorat: Frank Schindler

Der VS Verlag für Sozialwissenschaften ist ein Unternehmen von Springer Science+Business Media.
www.vs-verlag.de

Umschlaggestaltung: KünkelLopka Medienentwicklung, Heidelberg
Druck und buchbinderische Verarbeitung: MercedesDruck, Berlin
Gedruckt auf säurefreiem und chlorfrei gebleichtem Papier
Printed in Germany

ISBN 3-531-14673-4

Meiner Mutter Fatma Keskin
und meinem Vater Hasan Keskin
in aufrichtiger Dankbarkeit gewidmet

Inhalt

Vorwort

Als Politikwissenschaftler und in meiner Funktion zuletzt als Bundesvorsitzender der Türkischen Gemeinde in Deutschland habe ich mich, wenn dies erforderlich war, intensiv und nicht selten engagiert mit der »Ausländerpolitik« Deutschlands auseinandergesetzt. Aus dem Blickwinkel der Betroffenen waren kritische und kontroverse Auseinandersetzungen mit den Vertretern der Bundes- und Landesregierungen unvermeidbar. Auch in dieser Publikation werde ich selbstverständlich aus eigener Sicht und nach objektiven Bewertungen meine Analyse über die sogenannte »Ausländerpolitik« Deutschlands vornehmen.

Eine sachliche und konstruktive Kritik auf allen Feldern unseres Lebens ist nach meiner tiefen Überzeugung für die Behebung zahlreicher Defizite sowie die Vermeidung, Verbesserung und Korrektur der Fehlentwicklungen in unserer Gesellschaft dringend geboten, ja sogar lebensnotwendig.

Nie habe ich im Sinn gehabt, Deutschland, deutsche Politik oder politische Gegner ungerechtfertigt zu diskreditieren oder zu diffamieren. Stets habe ich nach eigener Überzeugung von Wahrheit und Sachlichkeit meine Positionen vertreten. Zugegeben, ich habe manchmal durch Überbetonung versucht, die Aufmerksamkeit auf die Forderungen und Problemfelder der Einwandererbevölkerung zu lenken, dies aber immer in bester Absicht um der Sache willen.

Seit den 80er Jahren habe ich nach meiner Rückkehr aus der Türkei Deutschland als meine neue Heimat verstanden. Berlin, wo ich die schönsten Jahre meines Lebens – Studium und Promotion inmitten der 1968er Ereignisse – verbrachte, und Hamburg, wo ich nun seit 1982 erneut lebe, liebe ich unumwunden als meine Heimatstädte. Diese Erklärung wäre überflüssig, wenn ich nicht selbst oft erfahren hätte, dass viele Menschen, die nicht hier geboren sind, selbst dann, wenn sie längst deutsche Staatsbürger geworden sind, oftmals mit großer Skepsis betrachtet werden. Um als Deutscher angesehen und voll akzeptiert zu werden, muss man in diesem Lande offenbar auch deutscher Herkunft sein. Nicht als Wissenschaftler, sondern als deutscher Abgeordneter in der Hamburgischen Bürgerschaft, vor allem aber als Bundesvorsitzender der Türkischen Gemeinde in Deutschland, habe ich dies auf allen Ebenen der Gesellschaft als deutscher Staatsbürger zu spüren bekommen. Diese fehlende Akzeptanz hat mich nie wesentlich gestört. Belastet hat mich vielmehr, wenn meine kritische Auseinandersetzung mit der Migrationspolitik Deutschlands in Verbindung mit meiner Herkunft gesehen wurde.

Dabei habe ich meine heftigsten politischen Kontroversen mit den Regierungen der Republik Türkei Ende der 60er Jahre als Vorsitzender der »Türkischen Studentenföderation in Deutschland« gehabt. Wegen meiner Kritik an den politischen und sozialen Zuständen in der Türkei bin ich zweimal von den Regierungen der Türkei ausgebürgert worden. Bereits als Kind haben sich mir die sozialen Gegensätze in der Türkei tief eingeprägt. Ich habe es mir zum Ziel gemacht, entschieden für mehr Gerechtigkeit in der Gesellschaft und in der Welt einzutreten. Die eigene Überzeugung unverschleiert und konsequent kund zu tun und mit Courage für die Benachteiligten in der Gesellschaft einzutreten, gehört somit zu meiner Biographie und meiner Vision. Wenn mich manche deshalb Querdenker nennen, so mag dies zutreffen.

An dieser Stelle muss angemerkt werden: Ich bin Deutschland zu Dank verpflichtet. Zum einen habe ich den Großteil meines Studiums mit einem Leistungsstipendium der Freien Universität Berlin finanziert. Zum anderen verdanke ich vielleicht sogar mein Leben dem Personenschutz der Hansestadt Hamburg, da ich Mitte der 80er Jahre von einer terroristischen Organisation akut gefährdet war und mit großem Aufwand und Sorgfalt über viele Monate geschützt wurde. Gerade auch deshalb bin ich der festen Überzeugung, dass mein engagiertes Eintreten und mein Wirken für die Eingewanderten in Deutschland, die in vielen Bereichen der deutschen Gesellschaft immer noch eine ungleiche Behandlung erfahren, im Interesse der deutschen Gesellschaft und Deutschlands ist.

In der türkischen Sprache gibt es ein wichtiges Sprichwort: »Der wahre Freund spricht die bittere Wahrheit aus« (Dost acı söyler). Genau nach diesem Motto werde ich mich auch in diesem Buch mit der sogenannten »Ausländerpolitik« Deutschlands und mit dem Leben als Türke und Deutschtürke in Deutschland, mit den Beziehungen zwischen Deutschland und der Türkei, sowie mit dem Stand des Verhältnisses der EU zur Türkei konstruktiv und kritisch auseinandersetzen.

Mein herzlicher Dank gilt Dr. Harald Winkels, der die Mühe der Korrekturarbeit auf sich nahm.

Hakkı Keskin

Einführung

Eine gesellschaftspolitisch eminent wichtige Aufgabe Deutschlands bleibt seit Jahrzehnten ungelöst: die Gestaltung des gleichberechtigten Zusammenlebens der deutschen Bevölkerung mit den in Deutschland dauerhaft lebenden Eingewanderten. Die Beibehaltung des Ausländerstatus für einen zunehmend größer werdenden Teil der Wohnbevölkerung Deutschlands verhindert die Aufnahme dieser sogenannten Ausländer in die deutsche Gesellschaft. Sie bleiben somit abgesondert, vor der Tür der Gesellschaft. Dies verhindert oder erschwert zumindest ihre volle Integration in die deutsche Gesellschaft und ihre Identifikation mit ihr. Dies führt für viele unter anderem zum Rückzug in den eigenen Kulturkreis und zum Entstehen sogenannter Ghettos in den Großstädten. Für diese teils als misslungen angesehene Integration der Eingewanderten wird nicht das Versagen der Integrationspolitik, werden vielmehr die Betroffenen selbst verantwortlich gemacht.

Mehr noch: auch für manche der ungelösten Probleme des Landes, wie Arbeitslosigkeit, Wohnungsnot, Bildungsdefizite, Kriminalität etc. werden sie von manchen politischen Parteien besonders vor Wahlen gern als Sündenböcke instrumentalisiert.

Deutschland hat mehrheitlich geplant und gewollt, teilweise aber auch ungewollt seit einem halben Jahrhundert weltweit einen der größten Einwandererströme erlebt. Dennoch negieren viele politisch Verantwortliche, dass Deutschland unumkehrbar ein Einwanderungsland geworden ist. Obwohl die deutsche Gesellschaft sich in Folge der Einwanderung von Millionen von Menschen mit unterschiedlichen Kulturen, Religionen und ethnischer Zugehörigkeit in jeder Hinsicht stark verändert hat und viele Züge dieser kulturellen Vielfalt erlebt, wird diese Tatsache weiterhin von vielen Verantwortlichen ignoriert.

Gerade diese »Vogel-Strauß-Politik« verhindert die dringend notwendigen gestalterischen Elemente in der Politik, verhindert perspektivische Visionen für ein gleichberechtigtes Zusammenleben der deutschen Bevölkerung mit den Eingewanderten. Diese grundlegend wichtige Reform der gesellschaftlichen Friedenssicherung wird aus kurzfristigem parteipolitischem Kalkül verhindert.

Die rot-grüne Koalition versuchte mit der Reform des Staatsangehörigkeitsrechts diesbezüglich einen entscheidenden Schritt voran zu tun. Nach der verlorenen Wahl in Hessen 1998 hat sie lediglich eine halbe Reform gewagt und Millionen Menschen der ersten und zweiten Einwanderergeneration, die nicht in

Deutschland geborenen sind, vom Erwerb der deutschen Staatsbürgerschaft faktisch ausgeklammert.

Bislang fehlt es bei allen politischen Parteien an einer Gesamtkonzeption der Neugestaltung der Integrations- und Einwanderungspolitik, die alle Bereiche des Zusammenlebens der Gesamtbevölkerung Deutschlands von Kindergärten, Schulen bis zu den Arbeits- und Wohnbereichen erfasst.

Folgen dieser fehlenden und falschen Integrationspolitik waren und sind dann Berichte, die sich leider allzu häufig in bezug auf die Eingewanderten in negativen Schlagzeilen widerspiegeln: Probleme im Schul- und im Wohnbereich, hohe Kriminalität, hohe Arbeitslosigkeit, Ghettobildung und nicht zuletzt Ausländerfeindlichkeit, Rassismus und die damit einhergehende Gewalt.

Dieses Buch setzt sich aus Sicht der Betroffenen kritisch mit der sogenannten »Ausländerpolitik« Deutschlands in all ihren Facetten auseinander, über die seit Jahren kontrovers diskutiert wird. Zugleich werden zu den einzelnen Aufgabenbereichen und Problemfeldern konkrete Lösungsvorschläge vorgelegt. Das Thema eines gleichberechtigten und friedlichen Zusammenlebens der deutschen und nichtdeutschen Bevölkerung wird in den einzelnen Themenbereichen und im Rahmen einer Gesamtkonzeption den Lesern vorgestellt.

Die Deutschlandtürken werden von Teilen der deutschen Politik und Gesellschaft als das vermeintliche Problem im Lande angesehen. Deshalb wird dieses Phänomen ausführliche behandelt. In diesem Zusammenhang werden die Beziehungen zwischen Deutschland und Türkei aus ihrem historischen Werdegang bis heute analysiert, bewertet und kommentiert.

Das Verlangen der Türkei EU-Mitglied zu werden, führt bei manchen zu Ängsten und Widerständen. Auch dieses aktuelle Thema wird eingehend analysiert und bewertet.

Zu allen Themenbereichen werden konkrete Lösungsvorschläge für ein gleichberechtigtes, friedlich-solidarische Leben in einer gemeinsamen Zukunft vorgelegt.

1 Das Leben vor der Tür der deutschen Gesellschaft

»Ich glaube, die Aufgabe von Politikern liegt in erster Linie wohl darin, sich den Blick freizuhalten aus den pragmatischen Anforderungen des Alltags in Zukunftsentwicklungen hinein«[1]. *Günter Grass*

Rund jeder Zehnte der Wohnbevölkerung Deutschlands ist Ausländer. Der ganz überwiegende Teil dieser sogenannten »Ausländer« wurde im Rahmen bilateraler Verträge mit den jeweiligen Herkunftsländern Italien (1955), Griechenland und Spanien (1960), Türkei (1961), Marokko (1963), Portugal (1964), Tunesien (1965) und Ex-Jugoslawien (1968) als Arbeitskräfte in den Jahren 1954-1973 angeworben.

Niemand von uns hat seinerzeit geplant und geahnt, dass die damals angeworbenen »Arbeitskräfte«, genannt »Gastarbeiter«, sich mehrheitlich dauerhaft in Deutschland niederlassen würden. Wer von uns kann heute noch den Begriff »Gastarbeiter« als Definition des befristeten, vorübergehenden Aufenthaltes ohne Hemmung benutzen? Teile der ersten Generation haben heute das Rentenalter erreicht oder stehen kurz davor. Nunmehr ist es gewiss, dass die meisten von ihnen ihren Lebensabend auch in Deutschland, wo ihre Kinder und Enkel leben, verbringen werden. Diese Menschen haben, das wird von niemandem bestritten, sehr hart, fleißig und mobil gearbeitet und damit zum raschen Wiederaufbau und Wohlstand Deutschlands nach dem Krieg maßgeblich beigetragen.

Die erste Anwerbung ausländischer Arbeitnehmer begann 1954, vor genau 50 Jahren. Fast jeder dritte der in Deutschland lebenden Nichtdeutschen aus den oben genannten Anwerbestaaten ist heute gebürtiger Bundesrepublikaner mit ausländischem Pass[2]. Die in Deutschland geborenen Kinder und Enkel der ersten Generation kennen die Herkunftsländer ihrer Eltern oder Großeltern nur noch vom Urlaub, sprechen zumeist sehr gut Deutsch, oft mit regionalem Akzent, sind mehr deutsch sozialisiert als türkisch, italienisch, spanisch, griechisch oder portugiesisch.

Wären diese Menschen der zweiten und dritten Generation in Frankreich, in Großbritannien, in Schweden, den USA, oder Kanada geboren, so besäßen sie fast alle die Staatsangehörigkeit dieser Länder. Sie wären Staatsbürger und ver-

---

[1] Grass, Günter/ Hirsch, Martin / Keskin, Hakkı, u.a., Die Bundesrepublik ist ein Einwanderungsland, Berlin 1982, S. 21.

[2] Die Beauftragte der Bundesregierung für Ausländerfragen, Daten und Fakten zur Ausländersituation, Berlin 2002, S.25, Tabelle 5

fügten über gleiche Rechte wie die Einheimischen. In Deutschland sind sie aber nach wie vor Ausländer. Sie müssen zur Ausländerbehörde, um eine Aufenthaltserlaubnis, zum Arbeitsamt, um eine Arbeitserlaubnis zu bekommen. Sie können wie auch ihre Eltern und Großeltern weder wählen, noch gewählt werden; sie sind eben »Ausländer«. Sie besitzen mindere Rechte, sie sind einem Ausländergesetz als Sonderrecht unterstellt. Der Erwerb der deutschen Staatsbürgerschaft wird ihnen unnötig erschwert. Die ehemalige langjährige Ausländerbeauftragte des Senats von Berlin, Barbara John, bringt diese Problematik insbesondere für die in Deutschland geborenen Nichtdeutschen treffend so zum Ausdruck: »Eine der schwerwiegendsten ist, dass man natürlich nicht, wenn man in Hamburg oder Berlin, Köln oder München geboren wird, als Ausländer geboren wird, sondern man wird als Hamburger, als Berliner, als Münchener geboren. Aber man wird durch die nicht vorhandene Einbürgerung zum Ausländer gemacht«[3].

Nach der Entscheidung des Bundesverfassungsgerichts im November 1990, gemäß welcher die Einführung des kommunalen Wahlrechtes in Hamburg und Schleswig-Holstein mit der Begründung abgelehnt wurde, dass nur deutsche Staatsbürger wählen dürften, stand nur noch ein einziger gangbarer Weg offen, um diesen in Deutschland geborenen »Ausländern« zum Wahlrecht zu verhelfen, nämlich eine radikale Reform des Staatsangehörigkeitsrechts. Im nächsten Kapitel wird dieses Thema eingehender behandelt.

Die in Aachen, Berlin, Duisburg, Hamburg, Kiel, Köln, Frankfurt, München und in anderen Städten Deutschlands geborenen und hier aufgewachsenen Kinder, die ihre Sozialisation in deutschen Städten erlebt haben, würden sich eher als Bürger dieser Städte fühlen, wenn das Einbürgerungsrecht und das Ausländerrecht sie nicht zu Ausländern machte. Zu Recht sagte die ehemalige Ausländerbeauftragte der Bundesregierung, Liselotte Funke, wie auch die ehemalige Ausländerbeauftragte des Senats von Berlin, Barbara John, dass wir diese Menschen, die längst Inländer geworden sind, per Gesetz zu Ausländern machen.

Die Einführung des Kommunalen Wahlrechts in Hamburg und Schleswig-Holstein wäre beispielsweise der erste kleine, aber von seiner Signalwirkung hier ein enorm wichtiger Schritt in die richtige Richtung gewesen, wenn sie nicht aufgrund einer Verfassungsbeschwerde vom Bundesverfassungsgericht am 30.10.1990 abgelehnt worden wäre. Bei dieser Entscheidung wurde die Ablehnung damit begründet, dass das kommunale Wahlrecht nur deutschen Staatsbürgern zustehe. Damit machte das Gericht deutlich, dass die Politik den Weg für den Erwerb der deutschen Staatsbürgerschaft freimachen müsse, wenn man die politische Partizipation der hier dauerhaft lebenden Menschen ernsthaft wünsche.

---

[3] Doppelte Staatsbürgerschaft – ein europäischer Normalfall? Die Ausländerbeauftragte von Berlin/ Bündnis Türkischer Einwanderer Hamburg (Hg), Berlin 1990, S.187-188

Die Regierungsparteien von CDU/CSU beharrten aber auf ihrem starren Kurs einer generellen Ablehnung des kommunalen Wahlrechts und einer erleichterten Einbürgerung.

Der auch von der Bundesregierung unterzeichnete Vertrag von Maastricht vom 7.2.1992 sah für EU-Staatsbürger das Kommunale Wahlrecht vor. Deshalb musste das Grundgesetz Artikel 28 (1) entsprechend geändert werden. Alle unsere Bemühungen, parallel zu dieser Änderung auch den in Deutschland dauerhaft lebenden Nichtdeutschen das Kommunale Wahlrecht zu gewähren, scheiterten ebenfalls an Widerstand der Unionsparteien. Die SPD hätte aber ihre Zustimmung zu anderen Grundgesetzänderungen an dieser Forderung knüpfen können, machte davon allerdings keinen Gebrauch. Als Nichtwähler fanden die mehr als 7 Millionen Nichtdeutschen kaum Gehör, sie hatten keine entsprechende Lobby. Obwohl inzwischen von den meisten unserer europäischen Nachbarn[4] das kommunale Wahlrecht für die Migrantenbevölkerung im Konsens der großen demokratischen Parteien eingeführt worden war, beeindruckte dies die deutsche Politik nicht.[5]

Die Nichtdeutschen sind wegen dieses diskriminierenden Rechtsstatus als »Ausländer« bis heute nicht in die deutsche Gesellschaft aufgenommen worden, sie müssen weiterhin vor der Tür dieser Gesellschaft warten, obwohl sie alle Pflichten eines Staatsbürgers erfüllen. Sie zahlen Steuern und Sozialbeiträge, ohne welche die Kassen der Rentenversicherung noch leerer wären, tragen mit vielen Milliarden Mark und Euro an Solidarbeiträgen ihren Anteil an den Kosten der deutschen Einheit.

Die deutsche Politik hat nicht verstanden, vielleicht auch nicht verstehen wollen, welch negativen Folgen es auf die Integration und auf die Psyche der seit Jahrzehnten in Deutschland lebenden, hier geborenen und aufgewachsenen Menschen hat, als Ausländer betrachtet und behandelt zu werden. Bereits das Wort »Ausländer« ist für diese Menschen diffamierend und diskriminierend. Es bedeutet für sie, als Außenseiter, als nicht zugehörig in einem Lande zu leben, welches längst faktisch die neue Heimat geworden ist. Rein rechtlich, aber auch in der Praxis wird erlebt, was es bedeutet, mit den Deutschen nicht gleich zu sein: ein Leben in dauernder Perspektivlosigkeit, des Zweifelns, des nicht angenommen und akzeptiert Werdens. Dauernd mit dem Status Ausländer zu leben bedeutet, nirgends heimisch zu sein. Dies blockiert und verhindert die volle Identifikation mit dem Lande und mit der Region, die jetzt Lebensmittelpunkt ist. Einerseits wollen die Migranten Deutschland und ihre Wohnorte als neue Heimat

[4] Seit Mitte der 1970er Jahre zunächst von Schweden gefolgt von Dänemark, den Niederlanden, Norwegen, Großbritannien, Irland, Frankreich, Belgien etc

[5] Vgl. Keskin, H. (Hg.), Menschen ohne Rechte? Einwanderungspolitik und Kommunalwahlrecht in Europa, Berlin 1984

annehmen, anderseits verhindern die rechtliche Lage und die praktische Erfahrung eine solche Identitätsstiftung.

Dies ist nach meinem Dafürhalten das Hauptdilemma der deutschen Integrationspolitik. Die vielseitigen Auswirkungen dieses Problems wurden nicht erkannt. Nicht ohne Grund wird der Begriff »Ausländer« außer im deutschsprachigen Raum für die Eingewanderten sonst nicht verwendet. In Frankreich und Großbritannien heißen sie Migranten, in Schweden und Dänemark Einwanderer, in den Niederlanden kulturelle Minderheiten.

Die Angehörigen der zweiten und dritten Generation können und wollen diese Art der Behandlung als Menschen »zweiter Klasse«, diese auch vom Staat hingenommene Diskriminierung und Absonderung zurecht nicht akzeptieren und sind daher oft verbittert. Dies trägt zu der so oft beschworenen Integration in die deutsche Gesellschaft nicht bei; im Gegenteil, es führt zur Segregation, zur Abschottung und letztlich zur Ghettobildung.

Dieser Zustand ist nicht nur für die zweite und dritte Generation inakzeptabel, inhuman und mit den Geboten der Demokratie und der Menschenrechte unvereinbar, er gefährdet mittel- und langfristig auch den sozialen Frieden in Deutschland.

Es ist alarmierend, wenn die Immigranten und deren Kinder und Enkel hier in ihrer neuen Heimat Deutschland nach vielen Jahrzehnten immer noch als »Ausländer« gelten und sich daher nicht Zuhause fühlen können.

Die Eingewanderten verlangen nicht mehr, aber auch nicht weniger: Sie wollen gleiche Rechte und gleiche Behandlung bei gleichen Pflichten.

Integration ist ein beidseitiger Prozess, sowohl für die Migranten, als auch für die aufnehmende Gesellschaft. Die Politik muss dafür die gesellschaftspolitischen Rahmenbedingungen schaffen. Integration wird nicht ohne eine gleichberechtigte Aufnahme in die deutsche Gesellschaft möglich sein.

Ein Drittel der Wohnbevölkerung von Frankfurt, ein Viertel von Stuttgart, nahezu ein Fünftel von Köln, Düsseldorf, Ludwigshafen, Wiesbaden und Duisburg, ein Sechstel von Augsburg, Hamburg und Wuppertal und weit mehr als ein Zehntel der Wohnbevölkerung von Gelsenkirchen, Hannover, Berlin und Bremen gelten als Ausländer. Jeder dritte von ihnen wurde sogar in diesen Städten geboren oder ist dort aufgewachsen. Sie dürfen jedoch nicht an Wahlen teilnehmen und sind somit seit Jahrzehnten von großen Bereichen gesellschaftspolitischer Teilhabe ausgeschlossen.

Diese allen demokratischen Grundprinzipien entgegenstehende Lage ist in Deutschland zur Normalität geworden. Versucht man die rechtlichen und praktischen Folgen dieser Politik für die Eingewanderten zu verstehen, so dürfte der Eindruck nicht ganz abwegig sein, eine derartige Politik auf lange Sicht als eine europäische Form der Apartheid zu bezeichnen.

In den USA, in Kanada und in vielen Staaten der alten Europäischen Gemeinschaft wird der Erwerb der Staatsbürgerschaft als ein ganz wichtiger Schritt für die Integration und Identifikation mit der Gesellschaft angesehen. Deshalb sind die Voraussetzungen hierfür in fast allen EU-Staaten wesentlich leichter zu erfüllen. Vor allem wird die Beibehaltung der alten Staatsbürgerschaft toleriert, worauf die meisten der Eingewanderten aus vielerlei von Gründen großen Wert legen.

Vollzogene Realität wird verneint

Das Dilemma der deutschen Integrationspolitik hat in erster Linie mit der Unfähigkeit der demokratischen Parteien in Deutschland zum Konsens zu tun. In den meisten europäischen Staaten, insbesondere in den Skandinavischen Ländern, gehört es mit Recht zur guten Tradition, die migrationspolitischen Entscheidungen unter den demokratischen Parteien nicht zu Lasten der kulturellen Minderheiten auszutragen. Dieses Thema verträgt keine polarisierende Auseinandersetzung aus parteipolitischem Kalkül. Zwischen konservativen und sozialdemokratischen Parteien bestehen auch in anderen Ländern erhebliche Differenzen in Detailfragen, jedoch nicht in der grundlegenden Beurteilung der Einwanderungs- und Integrationspolitik.

Die bis heute in Deutschland andauernde Diskussion, ob wir ein Einwanderungsland bzw. eine multikulturelle Gesellschaft sind, war in den meisten EU-Staaten kein nennenswertes Diskussionsthema. Auch Entscheidungen beispielsweise über die Einführung des kommunalen Wahlrechts für die Eingewanderten wurden von den großen Parteien in Schweden, Dänemark, den Niederlanden etc. gemeinsam getroffen und getragen.

Ganz anders in Deutschland. Hier erleben wir seit Jahrzehnten eine erbitterte Kontroverse über Fragen, die längst von der Lebensrealität überholt sind. Die Unionsparteien haben bis vor wenigen Jahren kategorisch verneint, dass Deutschland ein Einwanderungsland ist. Erst seit Beginn dieses Jahrhunderts wird die Realität scheibchenweise anerkannt, gleichzeitig jedoch versucht, mit schwammigen Begriffen weiterhin an alte Positionen anzuknüpfen. Deutschland sei eben kein »klassisches« Einwanderungsland und könne es auf Grund seiner historischen, geographischen und gesellschaftlichen Gegebenheiten auch nicht werden[6]. Ist nun Deutschland ein Einwanderungsland oder nicht? Mit dem Adjektiv »klassisch« soll sich offenbar, und dies im Gegensatz zu neuerlichen Tendenzen in der CDU, um eine klare Aussage herumgedrückt werden.

---

[6] Vgl. Stellungnahme der Unionsparteien zu Fragen von Zuwanderung, Asyl und Integration, 10.5.2001

Wenn wir auch die bereits Eingebürgerten hinzuzählen, leben mehr als zehn Millionen Eingewanderte in diesem Lande, unübersehbar in fast allen Lebensbereichen. Dennoch wird versucht, diese Tatsache durch ambivalente Formulierungen zu verschleiern.

Seit einem halben Jahrhundert wird darüber gestritten, ob Deutschland ein Einwanderungsland ist. Bereits 1981 unterstrich Günter Grass: »Der Ruf der Bundesrepublik, ein Einwanderungsland zu sein, ein Ruf, den wir selbst aus vulgär-materialistischen Gründen jahrelang gefördert haben, indem wir die Gastarbeiter hereinholten, dieser Ruf wird bestehen bleiben.«[7]

Wie weitere zahlreiche renommierte Wissenschaftler stellt der Migrationsforscher Klaus J. Bade fest: »Von der uneingeschränkten Arbeitskräfteanwerbung in den 60er Jahren bis hin zur Konfrontation mit der Gastarbeiterbevölkerung als Einwandererminorität verdichtete sich die ‚Gastarbeiterfrage' weithin zur echten Einwanderungsfrage. Bei all dem geriet die Geschichte der ‚Ausländerpolitik' in der Bundesrepublik zum Weg von einem breiten Konsens zu einem tiefgestaffelten Konflikt«.[8]

In seiner neuesten Publikation mit dem Titel »Deutschland, Einwanderungsland« beschreibt Karl-Heinz Meier-Braun einerseits die vollzogene Entwicklung Deutschlands zum Einwanderungsland, andererseits analysiert er die hierüber zwischen den Parteien geführten Gefechte. »Deutschland, Einwanderungsland ohne Einwanderungspolitik?« »Viele Wähler sind aber in ihrem Bewusstsein längst weiter und wissen, dass es eine Illusion ist zu glauben, in ihrem Land könnten sozusagen Deutsche nur noch unter Deutschen leben«[9].

Bei dieser Auseinandersetzung geht es aber nicht nur um den Begriff »Einwanderungsland«, sondern zugleich um die damit verbundenen Inhalte der ausländerpolitischen Orientierung. Die Anerkennung des Einwanderungsstatus für die Migranten hätte nämlich zur Konsequenz, die nichtdeutsche Wohnbevölkerung nicht mehr als Provisorium darstellen zu können. Einwanderer dürften nicht mehr als Ausländer betrachtet und behandelt, sondern müssten als ein fester Bestandteil dieser Gesellschaft anerkannt werden. Es geht hierbei also um die zukünftige Gestaltung und Orientierung in der Einwanderungs- und Integrationspolitik. So müssten den Eingewanderten Dauerrechte gewährt werden, welche eine Angleichung in rechtlichen, politischen und sozialen Belangen an die Standards der deutschen Bevölkerung ermöglichten. Eine ähnliche Auseinandersetzung erleben wir auch bei der Diskussion darüber, ob Deutschland ein multikulturelles Land ist. Mit dieser Frage werde ich mich unten eingehend befassen.

[7] Die Bundesrepublik Deutschland ist ein Einwanderungsland, a.a.O., S. 21
[8] Bade, K. J., Vom Auswanderungsland zum Einwanderungsland?, Berlin 1983, S. 97
[9] Frankfurt a. M., 2003, S. 142

Die Unionsparteien beweisen mit ihren bis heute wenn nicht ablehnenden so doch schwammigen Aussagen zum Thema Einwanderung, dass sie offenbar auch weiterhin an einem »Gaststatus« dieser Bevölkerungsgruppe und das heißt an dem vorübergehenden Charakter der hier lebenden Nichtdeutschen festhalten wollen. Mit dieser Politik glauben die Unionsparteien mehr Handlungsspielraum im Umgang mit den Eingewanderten und mit der Ausländerpolitik überhaupt zu haben.

Der nicht selten selbst von manchen liberalen und sogar sozialdemokratischen Politikern ausgesprochene Satz: »Wer sein Gastrecht missbraucht, hat sein Aufenthaltsrecht verspielt«[10], bringt genau diesen Kerngedanken zum Ausdruck.

Die Gastarbeiterpolitik basierte und basiert nach wie vor auf dem rein rechtlichen Grundsatz »nach dem Bedarf des deutschen Arbeitsmarktes«. Durch Gesetze und Verordnungen wird diese Position fixiert. So lautet § 1 (1) der »Verordnung über die Arbeitsgenehmigung für ausländische Arbeitnehmer (Arbeitsgenehmigungsverordnung – ArGV)«: »Die Arbeitserlaubnis kann nach der Lage und Entwicklung des Arbeitsmarktes [...] erteilt werden«. Zwar mit einer weniger provokanten Formulierung, in der Sache aber vom gleichen Geist beseelt, hielt auch das am 24. März 1997 in Kraft getretene neue Sozialgesetzbuch – Drittes Gesetz – Arbeitsförderung, an dieser Orientierung fest: »Die Arbeitserlaubnis kann erteilt werden, wenn [...] sich durch die Beschäftigung von Ausländern nachhaltige Auswirkungen auf den Arbeitsmarkt, insbesondere hinsichtlich der Beschäftigungsstruktur, der Regionen und der Wirtschaftszweige nicht ergeben [...].[11]

Maßgeblich ist also die Lage des Arbeitsmarktes und ob diese die Beschäftigung eines Ausländers zulässt. Mit dieser »Kann-Bestimmung« wird einem Ausländer ohne einen unbefristeten Aufenthaltsstatus die Möglichkeit einer Arbeitsaufnahme ganz erheblich erschwert. Die Erteilung einer Aufenthaltserlaubnis wiederum war und ist gebunden an eine unbefristete Arbeitsstelle. Eine weitere Grundorientierung für die Erteilung einer Aufenthaltserlaubnis war gemäß § 2 Ausländergesetz von 1965 nur unter dem Vorbehalt möglich, dass die Anwesenheit der Ausländer »die Belange der Bundesrepublik Deutschland nicht beeinträchtigt.«

Unter diesen rechtlichen Rahmenbedingungen haben die Nichtdeutschen nach einem fünfjährigen rechtmäßigen Aufenthalt und sozialversicherungspflichtiger Beschäftigung in Deutschland eine »unbefristete Aufenthaltserlaubnis« beantragen können. Die Erteilung war jedoch an eine Reihe weiterer Bedingun-

[10] Vgl. Außenminister Klaus Kinkel in Zusammenhang mit den Kurdenprotesten in NRW, »German News«, Deutsche Ausgabe, 17.3.1996, und Gerhard Schröder, Ministerpräsident von Niedersachsen, Bild 20.7.1997

[11] III. Sozialgesetzbuch (SGB) –Drittes Buch- Arbeitsförderung, § 285.

gen gebunden, wie straffreiem rechtsmäßigem Aufenthalt, Gewährleistung des Unterhalts der Familie ohne Inanspruchnahme von Sozialhilfe, einfachen Deutschkenntnissen, ausreichendem Wohnraum und ordnungsgemäßem Schulbesuch der Kinder. Mit anderen Worten, die Beschäftigung von ausländischen Arbeitern hing zuförderst von der konjunkturellen Lage in Deutschland ab. Hinzu traten weitere Auflagen. Deshalb wurden diejenigen Ausländer, die keinen verfestigten Aufenthaltsstatus hatten, beim Verlust ihres Arbeitsplatzes abgeschoben. Bei Bedarf wurden bis zum allgemeinen Anwerbestop im September 1973 erneut Arbeitskräfte angeworben. So dienten diese als Konjunkturpuffer zwischen den Herkunftsländern und Deutschland.

Diese konjunkturbedingte Pufferfunktion wurde in den Rezessionsjahren 1966/67, 1973/78 und 1981/85 mit aller Härte praktiziert. Bei jeder Rezession verloren rund ein Drittel aller ausländischen Beschäftigten ihren Arbeitsplatz und mussten zumeist das Land verlassen, da sie keinen verfestigten Aufenthaltsstatus besaßen. Gerade, weil bei den genannten Rezessionen aus rechtlichen Gründen zuerst die ausländischen Mitarbeiter entlassen wurden, konnten dadurch viele Hunderttausende Deutsche zunächst von Arbeitslosigkeit verschont bleiben.[12] Eine detaillierte Erläuterung erfolgt in Kap. 7.

Erst nach einer höchstrichterlichen Entscheidung durch das Bundesverfassungsgericht vom November 1990[13], dass nämlich Ausländer nach einem mehrjährigen rechtsmäßigen Aufenthalt einen verfassungsrechtlich verankerten Vertrauensschutz genießen, musste die Politik handeln. Eine von der Bundesregierung berufene Bund-Länder-Kommission machte 1977 Vorschläge zur Gestaltung einer »umfassenden Konzeption der Ausländerpolitik«. Als Folge dieser Konzeption trat Ende 1978 die »Änderung der Allgemeinen Verwaltungsvorschrift zur Ausführung des Ausländergesetzes« in Kraft. Nunmehr war es möglich, nach fünfjährigem rechtmäßigem Aufenthalt im Bundesgebiet unter bestimmten Voraussetzungen eine unbefristete Aufenthaltserlaubnis und nach acht Jahren eine Aufenthaltsberechtigung zu beantragen.

»Die Ansprüche auf Aufenthaltsberechtigung bedeuten eine gesetzliche Anerkennung des *Einwandererstatus* der Betroffenen. Die unbefristete Aufenthaltserlaubnis und die Aufenthaltsberechtigung haben ihre Bedeutung darin, dass sie auf Lebenszeit einen gesicherten Aufenthaltsstatus auch bei Sozialhilfebezug gewähren sowie den Ehegattennachzug ermöglichen«[14].

Spätestens nach der Entscheidung des Bundesverfassungsgerichts und nach Inkrafttreten der neuen Verwaltungsvorschriften war rechtlich und politisch eine neue Politik erforderlich geworden, die von der vollzogenen Realität folgerichtig

---

[12] S. Kapitel 7

[13] Vgl. BVerfG 49, 168, 186

[14] Rittstieg, H., Deutsches Ausländerrecht, München 2000, S. XV

anzuerkennen gewesen wäre, nämlich die, dass die Bundesrepublik Deutschland dadurch zumindest faktisch unumkehrbar ein Einwanderungsland geworden war.

Durch die Entscheidung des Bundesverfassungsgerichts war eine neue Rechtslage entstanden. Diese Rechtslage ließ im Zusammenwirken mit europäischen Vereinbarungen und der praktisch vollzogenen Entwicklung den Unionsparteien in ihrer Regierungszeit von 1982 bis 1998 keinen Spielraum, gemäß ihrer politischen Orientierung, die Bundesrepublik Deutschland sei kein Einwanderungsland, zu handeln. Das Gegenteil war der Fall. Am 1. Januar 1991 trat ein neues Ausländergesetz in Kraft. Die durch Verwaltungsvorschriften bestehenden Rechtsansprüche auf Verfestigung des Aufenthaltsstatus sowie der rechtlich nicht in Frage zu stellende Familiennachzug der nichtdeutschen Bevölkerung erlangten durch die Unionsparteien sogar Gesetzeskraft. Darüber hinaus wurde als eine weitere Verbesserung der Erwerb der deutschen Staatsbürgerschaft punktuell erleichtert.

»Damit war die Gastarbeiterpolitik des Vorübergehenden Aufenthaltes im wesentlichen abgeschlossen«, so der Kommentar des namhaften Juristen Rittstieg.[15]

Im September 1979 hatte der erste Ausländerbeauftragte der Bundesrepublik Deutschland, Ministerpräsident a. D. Heinz Kühn, sein berühmtes Memorandum zur Integrationspolitik vorgelegt. Dies wäre eine lehrreiche Lektüre für alle Politikerinnen und Politiker, vor allem für die aus den Unionsparteien, gewesen. Kühn schlug unter anderen folgenden Maßnahmen als dringlich für die Integration vor:

- Anerkennung der faktisch vollzogenen und nicht mehr umkehrbaren Einwanderung,
- Korrektur der bis dahin rein arbeitsmarktpolitisch geprägten Maßnahmen zu Gunsten der gesellschaftspolitisch notwendigen Gegebenheiten und Erfordernisse,
- Intensivierung der Integrationsmaßnahmen für Kinder und Jugendliche in Vorschule, Schule und beruflicher Bildung,
- Optionsrecht der in der Bundesrepublik geborenen und aufgewachsenen Jugendlichen auf Einbürgerung,
- Generelle Überprüfung des Ausländerrechts und der Einbürgerungsverfahren mit dem Ziel größerer Rechtssicherheit und stärkerer Berücksichtigung der Interessen von Ausländern,
- Einführung des kommunalen Wahlrechts,
- Ausdehnung der sozialen Beratung.

[15] Ebda.

»In Anbetracht der bisherigen negativen Entwicklung kann nur noch eine konsequente Integrationspolitik größeren individuellen und gesamtgesellschaftlichen Schaden verhindern. Im Ergebnis schließt dies die volle rechtliche und tatsächliche Gleichstellung des integrationsbereiten Teiles der Betroffenen ein, da eine ganze Bevölkerungsgruppe auf Dauer nicht in einem Sonderstatus belassen werden kann.«[16]

Das sind nur einige der Vorschläge eines langgedienten Politikers in seinem auch heute höchst aktuellen Memorandum und sein Fazit zur Integrationspolitik. In welchem Maße diese Vorschläge des ersten Ausländerbeauftragten der Bundesregierung bis heute realisiert worden sind, werden wir zu analysieren haben.

Manche Politiker der Unionsparteien machen auch heute noch die Einwandererbevölkerung für viele der ungelösten Probleme des Landes verantwortlich, weshalb auch Teile der deutschen Bevölkerung daran glauben. Das Ausländer- und Asylthema ist bekanntlich seit Jahren gerade bei Wahlen ein beliebtes Feld der Instrumentalisierung und Schaffung von Sündenböcken, um vom Versagen der eigenen Politik abzulenken.

Das Paradoxe aber ist, dass gerade diejenigen, die mit ihrer Ausländerpolitik die Integration verhindern oder zumindest erschweren, den Migranten fehlende Integrationsbereitschaft vorwerfen, ihnen sogar die Fähigkeit dazu absprechen.

Genau 50 Jahre nach der ersten Anwerbevereinbarung mit Italien wurde nach jahrelangen Auseinandersetzungen im Juli 2004 von Bundestag und Bundesrat das sogenannte »Zuwanderungsgesetz« verabschiedet. Der genaue Titel des Gesetzes, welches am 1. Januar 2005 in Kraft treten wird, lautet »Gesetz zur Steuerung und Begrenzung der Zuwanderung und zur Regelung des Aufenthalts und der Integration von Unionsbürgern und Ausländern« (ZuwG).

Die alte Sichtweise, den Nichtdeutschen gegenüber misstrauisch zu sein, sie nicht gleichberechtigt in die Gesellschaft aufzunehmen, sie in ihrem Sonderstatus mit minderen Rechten zu belassen und neuerdings sogar die Ausweisungsmöglichkeiten bei Terrorverdacht zu verschärfen, ist erhalten geblieben. Die eigentliche Intention des Gesetzes ist, wie dies auch durch den Titel deutlich zum Ausdruck gebracht wird, die »Steuerung und Begrenzung der Zuwanderung.« Höchst- und bestqualifizierte Personen aus dem Ausland und die ausländischen Absolventen deutscher Hochschulen dürfen allerdings nach dem Bedarf des deutschen Arbeitsmarktes in begrenzter Zahl in Deutschland arbeiten, wenn sie die notwendigen Qualifikationen besitzen und eine Anstellung finden. Auch für ausländische Selbständige gibt es Sonderregelungen, wenn diese in Deutschland neue Arbeitsplätze schaffen.

[16] Kühn, H., Memorandum zur Integrationspolitik, Bonn, September 1979

Integration ist für Neuzuwanderer vor allem auf Sprachkurse reduziert. Konkrete Integrationsmaßnahmen, wie sie beispielsweise in dem oben zitierten Memorandum des ersten Ausländerbeauftragten der Bundesregierung gefordert wurden, kommen nicht vor.

Die Wortwahl des Gesetzes, nämlich anstelle »Einwanderungs- und Integrationsgesetz« nun »Zuwanderungsgesetz« zu sagen, knüpft ebenfalls an die alten Ängste der Union an, Deutschland unter keinen Umständen als Einwanderungsland zu bezeichnen. Bereits durch diese Wortwahl soll die dauerhafte Niederlassung der Migrantenbevölkerung in Deutschland ignoriert und in Frage gestellt werden. Das Wort »Zuwanderung« beinhaltet keine feste Bindung und Dauerhaftigkeit, hat vielmehr den Charakter eines Provisoriums, ähnlich wie einst der Begriff »Gastarbeiter«. Zuwanderung ist ein Prozess des hin und her Wanderns.

Vor allem die Bündnisgrünen wollten nach 50 Jahren Migration endlich ein Gesetz, das zukunftsweisend sein und dem Integrationsprozess der Migrantenbevölkerung tatsächlich förderlich sein sollte. Die Unionsparteien haben auch dieses Mal alles getan, um ein solches Gesetz zu verhindern. Das neue Zuwanderungsgesetz trägt ganz eindeutig den Stempel vor allem von CSU und CDU, aber auch den des Bundesinnenministers Otto Schily.

Das fehlende Vertrauen zu den Nichtdeutschen

In Deutschland herrscht ein starkes Misstrauen gegenüber den Nichtdeutschen, für das vor allem deutsche Politiker verantwortlich sind. Obwohl es nie offen ausgesprochen wird, basiert die anhaltende Ablehnung der Anerkennung Deutschlands als Einwanderungsland und als eine multikulturelle Gesellschaft sowie die Verhinderung einer zeitgemäßen Reform des Staatsangehörigkeitsrechts im wesentlichen auf diesem tiefen Misstrauen.

Dies hat mit hoher Wahrscheinlichkeit damit zu tun, dass Deutschsein stets mit deutscher Abstammung, mit deutscher Volkszugehörigkeit verbunden wurde und immer noch wird, sich also über Blutsbande definiert. Das deutsche Volk wird dadurch auf die gleichsam monolithische Ethnie einer deutschen Volksgemeinschaft reduziert. Bis zur Verabschiedung des neuen Staatsangehörigkeitsrechts im Januar 2000 war dies auch die herrschende Rechtsauffassung. Diese bestimmte und bestimmt vielerorts auch weiterhin maßgeblich das Bewusstsein vieler Deutscher, darunter zahlreicher Politiker. Es reicht also, um als Deutscher voll akzeptiert zu werden, nicht aus, wenn jemand die deutsche Staatsangehörigkeit nachträglich erwirbt. Die Frage der Abstammung bleibt weiterhin bestimmend.

Dieses Verständnis vom Deutschsein wird vom Staatsrechtler Oberndörfer wie folgt kommentiert: »Der ethnisch-völkische Nationalismus akzeptiert als vollwertige Staatsbürger nur die Angehörigen des eigenen Volkes. Die Zugehörigkeit zum Staatsvolk wird durch Abstammung, durch das ‚richtige Blut' begründet«.[17]

»Dass Deutscher nur sein kann, wer von deutschem Blute ist – diese Regelung ist fast einmalig auf der Welt«, so auch die Beurteilung von Tichy[18]

Lutz Hoffmann, der sein Buch »Die unvollendete Republik – Zwischen Einwanderungsland und deutschem Nationalstaat« nennt und sich unter anderem intensiv mit den Themen Staatsvolk, Volksgemeinschaft, Nation, Nationalstaat und Wir-Gefühl auseinandersetzt, kommt in seiner Analyse zu folgender Feststellung. »Der Nationalstaat ist ein ideologisches Programm, das vor allem die unverzichtbare Idee staatlicher Einheit ins ethnische und völkische verlagert. [...]. Im Laufe der letzten hundert Jahre hat dieses Programm vom deutschen Selbstverständnis Besitz ergriffen und ihm seine nationalistischen und fremdenfeindlichen Züge verliehen [...]. Das nationalistische Denken zeigt sich daher vor allem im Begriff des Staatsvolkes. Die bundesdeutsche Staatslehre identifiziert in ihrer Mehrheit das Staatsvolk unreflektiert mit dem kollektiven Wir-Gefühl der deutschen Volksgemeinschaft«[19].

Gerade diese auf eine rein deutsche Ethnie bezogene und historisch gewachsene Philosophie des Staatsvolkes und Deutsch-Seins wird von fast allen Nichtdeutschen in ihrem Alltagsleben gespürt und als ein gravierendes Problem empfunden. In Gesprächen mit vielen Menschen aus unterschiedlichsten Ländern und unterschiedlichster Nationalität habe ich den Eindruck gewonnen, dass dieses Phänomen maßgeblich zu dem gestörten Verhältnis der Nichtdeutschen zu Deutschland beiträgt. Wenn die Mehrheitsbevölkerung weder die Eingewanderten noch deren in Deutschland geborene Kinder als gewachsenen und zugehörigen Teil von ihr betrachtet und behandelt, folgt notwendigerweise die Reaktion des Außenstehenden. Er, der sich meist intensiv um Aufnahme, um Zugehörigkeit, die Wärme des Gemeinschaftsgefühls bemüht hat, reagiert nun wie ein zu unrecht verstoßenes Stiefkind mit Enttäuschung, Bitterkeit und Abwendung. Es erfolgt ein Rückzug in den Kreis derer, wo eine Gleichbehandlung ohne Ausgrenzung gewährleistet ist.

Bei diesem Empfinden geht es selbstverständlich nicht nur um die deutsche Staatsangehörigkeit, sondern vornehmlich darum, wie der Eingewanderte sich insgesamt fühlt, wie sehr er sich selbst noch als Fremden sieht, weil er so behan-

[17] Oberndörfer, D., Der Nationalstaat – ein Hindernis für das dauerhafte Zusammenleben mit ethnischen Minderheiten? In: ZAR-Abhandlungen1/1989, S. 33

[18] Roland Tichy, Warum es kein »Ausländerproblem« gibt, München 1990

[19] Köln 1992, S. 16-17

delt und betrachtet wird. Dies bedingt aber auch, ob ein Eingewanderter sich mit Deutschland als neuer Heimat voll identifizieren kann.

Dieses Empfinden, noch nicht Zuhause angekommen zu sein, hat nicht unbedingt etwas mit der entsprechenden beruflichen, sozialen und materiellen Qualifikation oder den intellektuellen Fähigkeiten zu tun. Es geht hier vielmehr um die Atmosphäre in Deutschland, darum, ob das Gefühl einer Zugehörigkeit auch der gesellschaftlichen Realität und damit dem eigenen Lebensgefühl entspricht. Nicht nur viele Deutsche, selbst maßgebliche Politiker lassen mit ihren gegen die Nichtdeutschen gemachten Äußerungen keinen Zweifel daran, wie gering ihre Akzeptanz, ihre Wertschätzung gegenüber diesen Menschen ist.

Ein in der deutschen Öffentlichkeit sehr bekannter Deutsch-Türke (ich möchte ihn hier ganz bewusst nicht namentlich zitieren!) brachte dieses Verhältnis in einem Satz treffend zum Ausdruck. »Nach kurzem Aufenthalt in den USA fühlte ich mich als Amerikaner, nach rund vierzig Jahren in Deutschland hat sich dieses Gefühl leider nicht einstellen wollen.«

Der aus dem Iran stemmende und seit über 50 Jahren in Deutschland lebende Schriftsteller Bahman Nirumand empfindet dieses ganz schwierige Verhältnis der Nichtdeutschen zu Deutschland und zu der deutschen Gesellschaft ganz ähnlich. Seine Einschätzung entspricht auch meinen Beobachtungen und Recherchen.

> »Ich habe also – wohl oder übel – viele entscheidende Jahre meines Lebens hier verbracht. Selbstverständlich hat mich die bundesrepublikanische Gesellschaft charakterlich, kulturell und geistig sehr stark beeinflusst. Die Bundesrepublik ist zu meiner zweiten Heimat geworden. Liebe ich dieses Land? Ich weiß es nicht.
>
> Ähnlich wie mir geht es vielen Ausländern, die seit langem hier leben, ja selbst denen, die hier – äußerlich betrachtet – vollständig integriert sind. […]. Auch diese können gewöhnlich die Frage, ob sie dieses Land lieben, sich zu ihm bekennen und es als ihre Heimat ansehen, nicht eindeutig bejahen […].
>
> Oft habe ich mich mit meinen Landsleuten, die in anderen Ländern als Studenten, Immigranten oder Flüchtlinge leben, über dieses Problem unterhalten. Ich wollte wissen, ob sie ihren Aufenthaltsländern gegenüber ähnlich empfinden. Nur die wenigsten bejahten diese Frage.
>
> Ich war einmal während einer Fußballmeisterschaft in Italien und konnte dabei beobachten, wie die dort lebenden Iraner sich mit der italienischen Nationalmannschaft identifizierten. Selten bin ich hingegen einem Ausländer in der Bundesrepublik begegnet, der über einen Sieg der deutschen Nationalmannschaft Freude und Stolz empfunden hätte. Warum nicht?«.[20]

[20] Bahman Nirumand, Leben mit den Deutschen, Reinbek bei Hamburg 1989, S. 8ff

Über diese Frage habe auch ich seit vielen Jahren sehr ernsthaft nachgedacht. Weshalb habe auch ich in der Tat ein ähnliches Gefühl in Deutschland, obwohl ich diesem Land so viel verdanke und hier persönlich einen großen Teil meines Lebens verbracht habe und auch weiterhin gern verbringe. Was ist es eigentlich, was mich und so viele Nichtdeutsche an dieser Gesellschaft dennoch stört? Nach einer Antwort auf diese Frage suche ich seit langem.

Dieses ambivalente Verhältnis zu Deutschland dürfte, so glaube ich, vor allem damit zusammenhängen, dass Deutschland für viele der Eingewanderten und ihre Nachkommen die neue Heimat sein sollte, aber faktisch und rechtlich nicht sein will. Genau das stört das Verhältnis zwischen der Mehrheitsgesellschaft und den kulturellen Minderheiten. Das aber ist noch lange keine Antwort auf die gestellte Frage. Warum also tut sich Deutschland, tun sich die Deutschen so schwer damit, Nichtdeutschen selbst nach Jahrzehnten ein Heimatgefühl zu vermitteln?

Die für mich glaubwürdigste Antwort liefert der französische Anthropologe und Historiker Emmanuel Todd. In seiner Analyse ordnet er die von ihm untersuchten Gesellschaften der USA, Großbritanniens, Frankreichs und Deutschlands anthropologisch in verschiedene Systeme ein. Die deutsche bezeichnet er als *»Stammfamiliensystem«*. Seine Wesensmerkmale seien, so Todd, Autorität und Ungleichheit. Die Kombination dieser für das Stammfamiliensystem typischen Werte führe zu einem Nebeneinander zweier widersprüchlicher Zielsetzungen: Die Ungleichheit zielt auf Unterscheidung, die Autorität auf Einheit. Deutschland sei zu spät zur Nation geeint und daher in langen Phasen seiner Entwicklung eher eine kulturelle Gemeinschaft als ein Staat gewesen. Das Stammfamiliensystem bezeichnet er als die Wahrnehmung einer Differenz verbunden mit dem Traum von Einheit. Die erträumte Einheit Deutschlands war erst durch die Wahrnehmung und das Sichtbarmachen der Differenzen möglicht. Beim deutschen Differentialismus gehe es nicht nur um sichtbare, sondern auch um unsichtbare Unterschiede, so Todd. Es besteht ein Spannungsverhältnis zwischen den als unüberwindbar betrachteten Unterschieden und dem Wunsch nach Homogenität.[21]

Daher trage das Staatsangehörigkeitsgesetz von 1913 mit dem biologisch ausgelegten Abstammungsprinzip *ius sanguinis* den Stempel einer Geschichte, in der die Begriffe Nation, Saat und Territorium höchst selten zusammenfielen. Auch Sozialisationsbedingte Weitergabe kultureller und ethnischer Charakteristika könne im Wesentlichen durch die deutsche Familie erfolgen. »Deutschland begreift sich als eine ethnische Nation, als die Gemeinschaft aller vom gleichen Ursprung abstammender Nachkommen«.[22] Die historisch gewachsene ethnische

[21] Todd, Emmanuel, Das Schicksal der Immigranten, Hildesheim 1998, S.181-211
[22] Ebda, S. 219 und 213

Sichtweise der Differenzierung der Menschen in Deutschland »macht aus der ethnischen Identität ein ererbtes Merkmal, das auf mythische Weise durch die Familie oder das Blut übertragen wird«.[23]

Diese möglicherweise über die Erziehung vermittelte Sichtweise über das Deutsch-Sein und die bewusste Abgrenzung vom Nicht-Deutsch-Sein erschwert normale Beziehungen zwischen großen Teilen der deutschen Bevölkerung und den kulturellen Minderheiten. Der Wunsch der Deutschen nach Homogenität führt zu fehlender Akzeptanz, zumindest aber fehlender Tolerierung der Unterschiede, des »Anders-Seins«. Andererseits führt der Wunsch des Anders-Seienden, nämlich der als solcher akzeptiert zu werden, zu dem Gefühl der Nichtdeutschen, ausgeschlossen zu sein. Die Nicht-Deutschstämmigen erleben, selbst wenn sie bereits die deutsche Staatsbürgerschaft besitzen, oder empfinden doch zumindest ihre Bewertung oder Behandlung durch die Mehrheitsgesellschaft als diffamierend und diskriminierend.

Hierzu tragen auch manche Politiker ganz entscheidend bei. Allein die seit über zwei Jahrzehnten anhaltende Diskussion über Ausländer und Flüchtlinge als Belastung und Problem für Deutschland verhindert die Normalisierung der Beziehungen und ein ungestörtes Verhaltens zueinander.

Sicherlich spielt hierbei auch eine allgemeine Empfindlichkeit der kulturellen Minderheiten eine Rolle, neigen diese doch manchmal dazu, gewisse Umstände sehr subjektiv und eigenwillig zu interpretieren, neigen gar zum Dramatisieren. Es ist jedoch auffällig, dass sich sehr viele der hier dauerhaft lebenden Nichtdeutschen in den oben geschilderten Situationen wieder erkennen.

---

[23] Todd, a.a.O., S. 27

2 Die unendliche Geschichte einer gescheiterten Reform

»Die US-amerikanischen Behörden sehen in der Einbürgerung den wichtigsten Schritt für die Integration in die Gesellschaft«[24]
Mark J. Miller, Migrationsforscher, USA.

Die Reform des deutschen Staatsangehörigkeitsrechts gehörte in den vergangenen zwei Jahrzehnten zu den meistdiskutierten Themen in den politischen Parteien aber auch in der Öffentlichkeit, in den Gewerkschaften, in den Kirchen, von Wissenschaftlern und Juristen. Die Einwandererorganisationen, vor allem die türkischen, darunter insbesondere die Türkische Gemeinde in Deutschland nebst ihren Landesverbänden haben eine zeitgemäße Reform des Staatsangehörigkeitsrecht zu ihren wichtigsten Forderungen erhoben.

Für mich persönlich gehörte und gehört eine umfassende Reform des Erwerbs der deutschen Staatsbürgerschaft seit 1981 zu meinen wichtigsten Anliegen. In Hunderten Veranstaltungen habe ich die zentrale Bedeutung dieser Forderung für die Eingewanderten und ihre Nachkommen, aber vor allem auch für die Integration dieses Bevölkerungsteils unermüdlich unterstrichen. Dank unserer konsequenten und beharrlichen Arbeit war es möglich, das Thema bei den politischen Parteien, Gewerkschaften und Kirchen auf die Tagesordnung zu setzen, wo es aufgenommen und diskutiert wurde.

Der Erwerb der deutschen Staatsbürgerschaft ist der Schlüssel für das Öffnen der Tür zur deutschen Gesellschaft wie auch die Grundvoraussetzung für den Zugang zu ihr. Ohne diesen Schritt der Eingewanderten sind alle wohlmeinenden Reden von der Integration in die deutsche Gesellschaft bloße Selbsttäuschung. Die von allen demokratischen Parteien beschworene Integration ist unter rechtlich und praktisch ungleichen Bevölkerungsteilen nicht denkbar.

Im Jahre 2004 leben in Deutschland immer noch 7,4 Millionen Nichtdeutsche mit dem Ausländerstatus, welcher für sie in fast allen Bereichen der Gesellschaft mindere Rechte festschreibt. In einem im Auftrage der Ausländerbeauftragten des Senats von Berlin erstellten Gutachten von Staatsrechtler Franz wird diese Sonderrechtslage beschrieben. »Es sind etwa 30 Rechtsgebiete oder Situationen, in denen Zäune für Nichtdeutsche gezogen werden. Es geht natürlich

[24] Einbürgerungspraxis in den Vereinigtenstaaten von Amerika, in: Doppelte Staatsbürgerschaft – ein europäischer Normalfall? Ausländerbeauftragte von Berlin/ Bündnis Türkischer Einwanderer Hamburg (Hg), Berlin 1990, S.103

vom Wahlrecht bis hin zur Zulassung als Schornsteinfegemeister.«[25] Dies würde sich auch nach den Plänen des neuen »Zuwanderungsgesetzes« nicht ändern.

Die deutsche Staatsbürgerschaft ermöglicht die rechtliche Gleichstellung, beseitigt die Mauern eines Sonderrechts als Ausländer und erhebt die neu Eingebürgerten zu Bürgern Deutschlands mit allen Rechten und Pflichten. Die Pflichten haben diese Menschen bis auf den Wehrdienst auch als Ausländer ohnehin. Ohne Staatsbürgerschaft gibt es für Ausländer in keinem Lande die rechtliche, soziale und politische Gleichstellung.

Die Gleichbehandlung der neuen Staatsbürger ist ein langandauernder Prozess. Dieser wird mit Sicherheit noch viele Jahrzehnte an Aufklärungsarbeit und einem damit einhergehenden Bewusstwerdungsprozess bei allen Bürgern voraussetzen.

Der Erwerb der deutschen Staatsbürgerschaft für Migranten wird ihre Beziehung zu Deutschland und zur deutschen Gesellschaft, ihr Zugehörigkeitsgefühl, ihre Identifikation mit der neuen Heimat ganz entscheidend beeinflussen und nachträglich auch prägen. Dies soll nicht heißen, dass mit diesem Schritt alle Probleme gelöst wären, die oben angesprochen worden sind.

Die Einbürgerungspraxis für immer mehr Nichtdeutsche wird auch bei der deutschen Bevölkerung und selbst bei den Gegnern dieser Forderung schrittweise zu einer Änderung ihrer Haltung in bezug auf die Neudeutschen führen. Die alte Fiktion, dass Deutsch-Sein nur ethnisch und völkisch möglich wäre, wird von der geschichtlichen Entwicklung überholt, so dass neue Staatsbürger zunehmend als Normalität empfunden werden.

Es sind eher die Politiker, die mit diesem Prozess Probleme haben. Einige von ihnen schaffen derartige Probleme aber erst, um dieses Thema für ihre politischen Zwecke instrumentalisieren zu können, wie es in Wahlkämpfen bis heute geschieht. Als Argument für ihre eigene Ablehnung geben sie eine angeblich mehrheitlich ablehnende Haltung der deutschen Bevölkerung als Vorwand und Begründung an. In diesem Zusammenhang muss ich einer weit verbreiteten Auffassung widersprechen. Es wird oft behauptet, die deutsche Bevölkerung wolle die Gewährung der doppelten Staatsbürgerschaft mehrheitlich nicht.; dazu gebe es zahlreiche Meinungsumfragen.

Ich bezweifele die Seriosität mancher dieser Erhebungen. Es ist bekannt, dass es bei einer Befragung für die Antwort sehr entscheidend ist, wie die Frage formuliert wurde. Es kommt also darauf an, mit welcher Fragestellung eine Umfrage bei der deutschen Bevölkerung durchgeführt wird. Im August/September 1994 führte INFAS eine repräsentative Erhebung durch. Die damals gestellte Frage war nach meinem Dafürhalten korrekt formuliert, sie lautete: »Wie stehen

---

25 Ebda, S. 189

Sie zum Erwerb der deutschen Staatsbürgerschaft von Türken, die lange Jahre hier bei uns leben bzw. hier geboren wurden und weiter hier bleiben wollen?«

Hier ist der Sachverhalt neutral und vorurteilsfrei formuliert. Man konnte zwischen vier möglichen Antworten auswählen:

Sie sollten Deutsche werden	28%
Sie sollten die doppelte Staatsbürgerschaft erwerben können	43%
Sie sollten Türken bleiben	24%
keine Angaben	5%

71% der Befragten waren also für die Verleihung der deutschen Staatsbürgerschaft an die Türken, darunter 43% sogar für den Doppelpass.

Würde man heute mit der gleichen Fragestellung diese Erhebung wiederholen, würden wir möglicherweise ein ähnlicheres Ergebnis erhalten.

Am 3. Dezember 1998 wurde bei dem regionalen Hamburger Fernsehsender »Hamburg 1«, bei der Sendung »Schalthoff live« das Pro und Contra einer doppelten Staatsangehörigkeit diskutiert. Die Hörer wurden gebeten, sich per Telefon dafür oder dagegen auszusprechen.

Für eine doppelte Staatsangehörigkeit Sprachen sich 52 % aus. 48% waren dagegen.

Bei dieser Fragestellung ging es ausschließlich um die in der Öffentlichkeit heftig diskutierte Frage der doppelten Staatsbürgerschaft. Dennoch sprach sich eine Mehrheit der Anrufer dafür aus.

Bei diesen Erhebungen kommt es auch darauf an, wie die Positionen der Repräsentanten des Staates, aber auch wie die Haltung der Medien zu dem befragten Thema sind. Wenn die politischen Repräsentanten und die Medien der deutschen Bevölkerung sagen würden, dass es sich hierbei um Menschen handelt, die seit Jahrzehnten in Deutschland leben oder zu rund einem Drittel hier geboren wurden, dass auch sie einen großen Beitrag zum Wohlstand Deutschlands geleistet haben und weiterhin leisten und längst ein fester Bestandteil der deutschen Gesellschaft geworden sind, würde dies zu ganz anderen Ergebnissen führen, als manche Umfragen uns dies suggerieren möchten.

Das Scheitern einer zeitgemäßen Reform des Staatsangehörigkeitsrechts

SPD und Bündnisgrüne haben seit Mitte der 80er Jahre eingehend über die Forderung der Einwandererbevölkerung und der eigenen Parteibasis nach Einführung eines modernen Staatsbürgerschaftsrechts in den Parteiorganen diskutiert.

Auf den Parteitagen wurden entsprechende Beschlüsse über die Notwendigkeit einer umfassenden Reform des deutschen Staatsangehörigkeitsrechts verabschiedet.

Die SPD-Bundestagsfraktion und eine Reihe SPD regierter Bundesländer brachten zur Reform des Staatsangehörigkeitsrechts ab 1988 eigene Gesetzesentwürfe in den Parlamenten ein. Sie alle führten jedoch wegen der strikt ablehnenden Politik der Unionsparteien weder im Bundestag noch im Bundesrat zum Erfolg.

In den Anträgen der SPD-Bundestagsfraktion und der SPD-Regierten Länder wurde in den Gesetzesinitiativen eine Ergänzung des Abstammungsprinzips, dem »ius sanguinis« durch das Geburtsortsprinzip, auch Territorialprinzip genannt, dem »ius soli«, vorgeschlagen. Kinder nichtdeutscher Eltern sollten demnach durch Geburt in Deutschland die deutsche Staatsbangehörigkeit erhalten können, wenn bereits ein Elternteil in Deutschland geboren worden war. Generell wurde eine Erleichterung der Einbürgerung nach achtjährigem Aufenthalt in Deutschland und vor allem durch die Tolerierung der Beibehaltung der alten Staatsbürgerschaft in den Gesetzesinitiativen beantragt. Für Personen, die bereits seit acht Jahren rechtsmäßig in Deutschland leben und die sonstigen Voraussetzungen für eine Einbürgerung erfüllen, sollte es einen Rechtsanspruch auf Einbürgerung geben. Diese Voraussetzungen trafen auf den größten Teil der ersten und zweiten Einwanderergeneration zu.[26]

Die SPD begründete ihre Anträge zu Recht damit, dass das bestehende Staatsangehörigkeitsrecht nicht mehr zeitgemäß sei und der gesellschaftlichen Realität nicht mehr entspreche. Außerdem bleibe das Gesetz weit hinter der Rechtswirklichkeit in anderen europäischen Staaten zurück. Nur Gleichberechtigung schaffe für Kinder und Jugendlichen von Ausländern eine Lebensperspektive in Deutschland, so die Anträge der SPD.

Die Regierung Kohl wurde auch wegen ihrer Zuwanderungs- und Integrationspolitik kritisiert, weil sie der vollzogenen Realität keine Rechnung trage. Deutschland sei längst faktisch ein Einwanderungsland geworden, der Regierung fehlten aber entsprechende Konzepte für den Umgang mit dieser Tatsache.

Im September 1998, kurz vor den Bundestagswahlen, machte die SPD eine klare Wahlaussage. Im Falle der Übernahme der Regierucksverantwortung wer-

[26] Vgl. den Entwurf des Senats der Freien und Hansestadt Hamburg vom Mai 1988, Bundesrat Drs. 207/88, den Entwurf Drs. 11/4268 der SPD-Fraktion des Deutschen Bundestages vom März 1989, den Entwurf Drs. 12/4533 der SPD-Fraktion des Deutschen Bundestages vom März 1993, den Entwurf Drs. 402/93Niedersachsens vom Juni 1993, den Entwurf Drs. 13/2833der SPD Fraktion des Deutschen Bundestages vom Oktober 1995, den Entwurf Drs. 7457/95der Länder Hamburg, Hessen, Niedersachsen, Saarland, Sachsen-Anhalt und Schleswig-Holstein vom November 1995

de sie eine umfassende Reform des Staatsangehörigkeitsrechts im Sinne der oben genannten Ziele durchsetzen.

Die Bündnisgrünen vertraten in ihren Stellungnahmen zu Einwanderung, Integration, Einbürgerung und Asyl die weitestgehenden Positionen innerhalb der etablierten Parteien im Bundestag. Für sie ist es kein Diskussionsthema, dass die Bundesrepublik Deutschland längst ein Einwanderungsland geworden ist. Nach fünfjährigem Aufenthalt sollten ihrer Auffassung nach Einwanderer die Einbürgerung erhalten können. Die in Deutschland geborenen Kinder der Einwanderer sollen automatisch eingebürgert werden, wenn ein Elternteil im Besitz einer Aufenthaltserlaubnis ist. Generell sollten die Nichtdeutschen auch die doppelte Staatsangehörigkeit erhalten können. Schon 1989 hatten die Grünen entsprechende Gesetzentwürfe im Bundestag eingereicht.[27]

Später schlugen die Bündnisgrünen sogar die Gleichstellung der Einwanderer aus Drittstaaten mit EU-Staatsbürgern in Deutschland vor.

Die oben dargelegten Positionen von SPD und Bündnisgrünen zur Reform des deutschen Staatsangehörigkeitsrechts sahen folgende wichtigen Änderungen vor:

- Ergänzung des Abstammungsprinzips um das Territorialprinzip. Dies hätte bedeutet, dass die in Deutschland geborenen Kinder der Nichtdeutschen automatisch die deutsche Staatsbürgerschaft erhielten. Ein wichtiger Unterschied: zwischen den Parteien bestand allerdings darin, dass die Bündnisgrünen als Voraussetzung dafür die Aufenthaltserlaubnis lediglich eines Elternteils forderten, die SPD hingegen verlangte, dass wenigstens ein Elternteil des Kindes in Deutschland geboren war.
- Für die in Deutschland rechtmäßig lebenden Nichtdeutschen sollte die Einbürgerung erleichtert werden, auch unter der Hinnahme des Erhalts der alten Staatsbürgerschaft. Die Bündnisgrünen sahen dafür fünf Jahre, die SPD acht Jahre Aufenthalt für Erwachsene und fünf Jahre für Jugendliche vor.

Diese beiden Punkte ergänzen sich sinnvoll und sind für eine »umfassende Reform« des Einbürgerungsrechts unverzichtbar, Forderungen, die vor der Bundestagswahl und auch noch nach Bildung der rot-grünen Koalitionsregierung beibehalten wurden. Für eine erleichterte Einbürgerung war die Tolerierung der Beibehaltung der alten Staatsbürgerschaft, in der Öffentlichkeit als »Doppelpass« bezeichnet, das wichtigste Element dieses Reformvorhabens. Die Erfahrung nicht nur in der Bundesrepublik Deutschland, sondern auch in anderen Einwanderungsländern hat gezeigt, dass die erzwungene Aufgabe der alten Staatsange-

---

[27] Vgl. zur rechtlichen Gleichstellung der ausländischen Wohnbevölkerung durch Einbürgerung und Geburt – Einbürgerungsgesetz, Bundestags-Drucksache 11/4464

hörigkeit als Voraussetzung bei der Einbürgerung das Haupthindernis für die Einbürgerungswilligen darstellte.

Der erste Gesetzentwurf von Bundesinnenminister Otto Schily von Mitte Januar 1999 sah in der Tat die Realisierung dieser beiden Elemente vor. Dieses umfassende Reformvorhaben wurde von den Regierungsparteien als ein ganz entscheidender Schritt zur Modernisierung der Gesellschaft bezeichnet.
Nach diesem Entwurf sollte(n)

- junge Ausländer nach fünf Jahren rechtsmäßigem und straffreiem Aufenthalt einen Rechtsanspruch auf Einbürgerung erhalten, wenn ein Elternteil eine unbefristete Aufenthaltserlaubnis besitzt,
- erwachsene Ausländer nach achtjährigem rechtsmäßigem und straffreiem Aufenthalt einen Rechtsanspruch auf Einbürgerung erhalten, wenn der eigene Lebensunterhalt sowie der der Familie durch eigene Arbeit gesichert ist, sich in deutscher Sprache verständigt werden kann und keine Handlungen gegen die freiheitlich demokratische Grundordnung der Bundesrepublik Deutschland vorliegen,
- Ehegatten von Deutschen nach dreijährigem rechtsmäßigem und straffreiem Aufenthalt ohne Inanspruchnahme von Sozialhilfe einen Rechtsanspruch auf Einbürgerung erhalten,
- Kinder durch Geburt in Deutschland eingebürgert werden, wenn ein Elternteil bereits in Deutschland geboren wurde oder sich bereits vor Vollendung des 14. Lebensjahres in Deutschland aufgehalten hat,
- die Beibehaltung der bisherigen Staatsbürgerschaft des Antragstellers toleriert werden.

Die Einwandererorganisationen begrüßten diesen Gesetzentwurf zur Reform des Staatsangehörigkeitsrechts. Als Bundesvorsitzender der Türkischen Gemeinde in Deutschland hatte ich unsre große Freude in einer Pressekonferenz und vielen Interviews unterstrichen. »Wir freuen uns. Nach vielen Jahren endlich eine gute Nachricht für die nichtdeutsche Bevölkerung!« So lautete die Überschrift der Einladung zur Pressekonferenz am 16. 10.1998. »Die SPD und Bündnis 90/Die Grünen einigten sich auf eine grundlegende Reform des Staatsangehörigkeitsrechts. Eine unserer wichtigsten Forderungen scheint somit endlich in Erfüllung zu gehen. […] Wir begrüßen diese Koalitionsvereinbarung als ein wichtiges Signal für eine zukunftsgerechte Politik für die hier dauerhaft lebende Einwandererbevölkerung«.[28] Jetzt beginne eine ‚neue Ära' für die rund 7,4 Millionen Aus-

[28] TGD, Einladung zur Pressekonferenz, Hamburg, 15.10.1998

länder in Deutschland, erklärte der Bundesvorsitzende der Türkischen Gemeinde in Deutschland, so »Die Welt«.[29]

Während die Unionsparteien diese Pläne der Bundesregierung massiv kritisierten, erhielten sie Lob und Unterstützung von den Gewerkschaften und anderen Organisationen. Die geplante Änderung des Staatsangehörigkeitsrechts bezeichnete der DGB Vorsitzende Dieter Schulte als »ein positives Signal für die Integration von Migrantinnen und Migranten in die Gesellschaft.«[30]

Die Resonanz zu diesem Gesetzentwurf war in der deutschen Öffentlichkeit und bei den Medien durchaus positiv. Vor allem die Tolerierung der doppelten Staatsbürgerschaft fand ein großes und durchgehend positives Echo. Hier einige Beispiele:

Heribert Prantl schrieb in der Süddeutschen Zeitung: »... die Union, die es jahrelang versäumt hat, eine zeitgemäße, europäische Reform zu entwickeln und umzusetzen für die Integration der hier rechtsmäßig lebenden Ausländer. Und genau deswegen wäre es begrüßenswert, den hier jahrelang von der Union schikanierten (vor allem Gastarbeiterinnen) auch unter Hinnahme von Mehrstaatigkeit die Einbürgerung zu ermöglichen.«[31]

> »Sozialdemokraten und Grüne, die sich vorgenommen haben, dieses Land maßvoll zu reformieren, müssen jetzt zu ihrem Vorhaben stehen. Und dürfen sich nicht einreden lassen, es wäre doch besser, auf konservative Besorgnisse Rücksicht zu nehmen.«[32]

Die Unionsparteien und die FDP blockieren eine umfassende Reform des Staatsangehörigkeitsrechts

Die CDU/CSU, hatten das Land 16 Jahre lang regiert, bevor »Rot-Grün« die Regierungsgeschäfte übernahmen. Trotz mancher Verbesserungswünsche des Koalitionspartners FDP und Gesetzesinitiativen der SPD hatte sich die Union stets einer Reform des Staatsangehörigkeitsrechts verweigert. Es war daher nicht zu erwarten, dass sie nun einen solch umfassenden Gesetzentwurf der Regierung mittragen oder tolerieren würde.

Die Einbürgerung sollte nach Ansicht der Unionsparteien nicht am Anfang, sondern am Ende des Integrationsprozesses stehen.[33] »Eine Einbürgerung [...]

[29] Die Welt, 16.10.1998

[30] Ebda.

[31] Süddeutsche Zeitung vom 9.1.1999

[32] So ein Kommentar der Frankfurter Rundschau vom 17.1.1999

[33] Vgl. Zuwanderung steuern und begrenzen, Integration fördern. Beschluss des Bundesausschusses der CDU Deutschlands, Berlin, 7. Juni 2001

ohne hinreichende Integration verändert die Grundlegen der Identität des deutschen Volkes.«[34]

Während die CSU sich generell gegen eine Reform des alten Staatsangehörigkeitsrechts stellte, hat die CDU sich ganz vehement vor allem gegen die Tolerierung der Beibehaltung der alten Staatsbürgerschaft eingesetzt.[35] Eine solche berge den Keim vielfältiger Loyalitätsprobleme. Doppelstaatler seien Bürger mit doppelter Identität und könnten daher keine Deutschen sein. Man könne nicht zwei Staaten gegenüber loyal sein.[36] Wolfgang Schäuble betrachtete die geplante doppelte Staatsbürgerschaft der Bundesregierung als einen »Akt der Provokation«.[37] Die vorgesehene Zulassung des Doppelpasses wurde strategisch als Hauptangriffspunkt gegen den Gesetzentwurf ausgewählt, um Bevölkerung und Öffentlichkeit dagegen zu mobilisieren.

Der CSU-Vorsitzende Stoiber ging dabei sogar so weit, dass er in der Legalisierung der doppelten Staatsbürgerschaft eine größere Gefahr für Deutschland sah als seinerzeit durch die Terroranschläge der RAF.[38]

Auf einige der damals gängigsten Argumente der Unionsparteien möchte ich an dieser Stelle kurz eingehen. Hinter den Argumenten, die CDU und CSU seinerzeit gegen diese Reform des Staatsangehörigkeitsrechts ins Feld führten, dürften große Teile der Unionsparteien auch heute noch stehen.

1. Die Einbürgerung müsse, so CDU/CSU, am Ende der Integration stehen und nicht am Anfang. Daher würde diese Reform die Integration verhindern.

Die Erfahrungen, die in vielen Einwanderungsländern diesbezüglich bereits gemacht wurden, belegen jedoch, dass die Einbürgerung ein ganz entscheidendes Instrumentarium für den Integrationsprozess ist. Daher wird die Beibehaltung der bisherigen Staatsbürgerschaft von Belgien, Dänemark, Frankreich, Griechenland, Großbritannien, Italien, den Niederlanden, Irland, Schweden, Portugal, der Schweiz, Spanien und der Türkei sowie von den klassischen Einwanderungsländern USA, Kanada und Australien regelmäßig hingenommen. Nur Deutschland, Österreich und Luxemburg machen innerhalb der EU die erzwungene Aufgabe der bisherigen Staatsbürgerschaft bei der Einbürgerung zur Voraussetzung. Bei

[34] Frankfurter Allgemeine Zeitung, 4.1.1999, S. 1
[35] Vgl. Rüttgers, J., Integration und Toleranz. Das Integrationskonzept der Union, in: Godberg/Şen, a.a.O., S. 107-114
[36] Frankfurter Allgemeine, 4.1.1999
[37] Der Spiegel, 15.2. 1999.
[38] Süddeutsche Zeitung, 5.1.1999

den Aussiedlern und den Kindern aus binationalen Ehen wird der Doppelpass jedoch auch von Deutschland akzeptiert.

Wie aber soll eine Integration, also eine Angleichung, ein »Zusammenwachsen« der kulturellen Minderheiten mit der deutschen Bevölkerung möglich sein, solange diese kulturellen Minderheiten mit einem Sonderrecht, dem Ausländerrecht nämlich, abgesondert, abgeschottet, rechtlich, sozial und politisch von der Gesellschaft diskriminiert leben müssen? Wenn heute, rund ein halbes Jahrhundert nach der Anwerbung der sogenannten »Gastarbeiter«, immer noch Integrationsdefizite und Reibungsfelder, die es durchaus gibt, beklagt werden, so deshalb, weil die deutsche Politik es versäumt hat, diese Menschen als einen festen Bestandteil der deutschen Gesellschaft zu akzeptieren und zu behandeln.

Die Befürworter einer doppelten Staatsbürgerschaft, zu denen auch ich gehöre, sehen diese nicht als Ziel, sonder als Mittel für das Ziel einer rechtlichen, politischen und sozialen Gleichstellung und somit der Integration an. Daher ist das Argument der Unionsparteien, »erst die Integration dann die Einbürgerung« ein ganz falscher Ansatz und widerspricht den gemachten positiven Erfahrungen vieler Länder. Die Unionsparteien nennen keine klaren Kriterien dafür, wann für sie diese eingeforderte »integrationsreife« erreicht sei, zumal sie selbst den in Deutschland geborenen und aufgewachsenen Menschen dieses Recht verwehren wollen.

Zugute kommen soll dieses Recht selbstverständlich aber den rund eine Million Deutschen, die im Ausland spanische, Italienische, griechische, usamerikanische und türkische Staatsbürgerschaften erwerben, zu Recht jedoch auf die ursprüngliche, die deutsche Staatsangehörigkeit nicht verzichten wollen.

2. Man könne nicht zwei Ländern gegenüber loyal sein, deshalb müsse die Entscheidung eindeutig für die deutsche Staatsbürgerschaft fallen, wenn man sich einbürgern lassen wolle.

> »Doppelte Loyalität birgt die Gefahr von Parallelgesellschaften und Ghettobildung, deren negative Folgen bereits in vielen Städten zu spüren sind.«[39]

Loyalität zu einem Staat, einer Gesellschaft stellt sich nicht von allein ein. Eine Grundvoraussetzung dafür ist die gleichberechtigte Aufnahme in dem Staat, in der Gesellschaft, welche diese Loyalität erwartet. Sie setzt auch voraus, dass man sich einer Gesellschaft zugehörig und in ihr Zuhause fühlen kann, sich als Teil des Ganzen betrachtet. Die bisherige Politik hat aber genau dieses versäumt. Bereits der Begriff »Ausländer« für Menschen, die seit 20, 30 und gar 40 Jahren

[39] Bayerns Innenminister Günther Beckstein, zitiert nach Fietz, M., Doppelte Staatsangehörigkeit hat drastisch zugenommen, in: Welt am Sonntag, 4.8.2002

hier leben, die sogar gebürtiger Hamburger, Berliner oder Hannoveraner sind, ist diskriminierend und provokativ. Dies scheinen die Gegner der erleichterten Einbürgerung nicht begriffen zu haben.

Wahr ist aber auch, dass die Eingewanderten und ihre Kinder auch Wurzeln im Herkunftsland haben. Die Sozialisation der ersten und von Teilen der zweiten Generation fand vollständig dort statt. Diese prägt bis heute die eigene Identität nachhaltig. Auch die Eltern und Verwandten, zu denen sie in der Regel immer noch enge Kontakte pflegen, leben dort.

Die Staatsbürgerschaft ist nicht nur ein Stück Papier, sondern ein Teil der Identität.

Wurzeln in zwei Ländern zu haben, ist in unserer Zeit für viele Menschen durch die massenhafte Migration in die Nord- und Westeuropäischen Staaten zu einer Realität geworden. Wem aber könnte dies schaden? Ich denke, eher das Gegenteil ist der Fall. Die Migranten könnten als eine Art menschlicher Brücke zwischen Deutschland und den Herkunftsländern dienen und dazu beitragen, die Beziehungen zwischen diesen Ländern nachhaltig zu verbessern.

3. Die deutsche Bevölkerung wolle die doppelte Staatsbürgerschaft mehrheitlich nicht, sagen die Unionsparteien.

Zu diesem Thema gibt es zahlreiche Erhebungen, die sowohl Zustimmung als auch Ablehnung einer doppelten Staatsangehörigkeit durch die Bevölkerung belegen. Dieser Widerspruch ist dadurch zu erklären, dass das Ergebnis einer Befragung sehr viel mit der Fragestellung zu tun hat.

Doch selbst dann, wenn eine Bevölkerungsmehrheit gegen eine als richtig angesehene Reform eingestellt, wäre es die Aufgabe der verantwortlichen Politiker, bei der Bevölkerung für ein solches Reformvorhaben zu werben. War etwa die Mehrheit der deutschen Bevölkerung für die Übernahme des Euro anstelle der DM? Sicherlich nicht, dennoch wurde ganz massiv von allen demokratischen Parteien in Deutschland dafür geworben.

4. Die doppelte Staatsbürgerschaft würde die innere Sicherheit Deutschlands gefährden, sagt die CDU/CSU.

Bekanntlich gibt es bei der Einbürgerung Kriterien, die als Voraussetzung zur erfüllen sind. Unter anderem die Straflosigkeit. Es ist gesetzlich festgelegt, diejenigen, die straffällig geworden sind und diejenigen, die für die innere Sicherheit nachweislich eine Gefahr darstellen, nicht einzubürgern. Daher ist dieses Argument gänzlich falsch.

5. Die doppelte Staatsbürgerschaft wäre verfassungswidrig.

Namhafte Verfassungsrechtler, darunter auch der konservative Jurist Prof. Heilbronner, sehen keinerlei verfassungsrechtliche Bedenken für den Doppelpass.[40]

Das Bundesverfassungsgericht hatte 1990 in seiner Entscheidung das Kommunale Wahlrecht für Ausländer abgelehnt und zugleich den Gesetzgeber aufgefordert, die Einbürgerung zu erleichtern, um ihnen das Wahlrecht auf diesem Wege zu ermöglichen.

6. Die doppelte Staatsbürgerschaft würde zur Masseneinwanderung führen

Art. 6 des Grundgesetzes garantiert für Ehe und Familie den besonderen Schütz der staatlichen Ordnung. Dieses Recht gilt auch uneingeschränkt für die hier lebenden nichtdeutschen Ehen und Familien. Dementsprechend können heute die in Deutschland lebenden Ausländer ihre Kinder unter 16 Jahren und ihre Ehepartner auch nach geltendem Recht bereits zu sich holen, wenn sie ihren Lebensunterhalt garantieren und ausreichenden Wohnraum nachweisen können. Diese Voraussetzungen sind aber auch im Entwurf der Bundesregierung festgeschrieben. Insofern ist auch diese Befürchtung unbegründet.

Mir scheinen die Gegenargumente der Unionsparteien in keiner Weise überzeugend und sachgerecht zu sein. Die wahren Gründe für ihre ablehnende Haltung sind nach meiner Einschätzung vielmehr andere. Zum einen sind die Unionsparteien auf die Homogenität des deutschen Volkes so weit fixiert, dass eine Tolerierung der doppelten Staatsbürgerschaft nicht zu ihrer auf ethnisch-völkischen Grundlagen basierenden Auffassungen von Staatsbürgerschaft und Staatsvolk passen würde.[41] CDU und CSU müssten also erst die Realität akzeptieren, dass es in Deutschland heute und in Zukunft Millionen deutsche Staatsbürger geben wird, die nicht deutscher Abstammung sind, weil sie oder ihre Vorfahren eben eingewandert sind Der andere und möglicherweise noch gewichtigerer Grund ist folgender. CDU und CSU haben in ihrer 16-jährigen Regierungszeit aufgrund ihrer restriktiven Ausländerpolitik und wegen ihrer ablehnenden Haltung gegenüber allen Forderungen der Einwandererbevölkerung bei diesen keinerlei Sympathie erwerben können. Zu Recht befürchten sie daher, von

[40] Vgl. Hailbronner, K., Rechtsfragen der Doppelten Staatsangehörigkeit bei der erleichterten Einbürgerung von Wanderarbeitnehmern und ihren Familienangehörigen. Rechtsgutachten im Auftrage des Ausländerbeauftragten des Senats der Freien und Hansestadt Hamburg, Hamburg 1992

[41] Vgl. Todd, a.a.O., S. 222, und Konight, U./Kowalsky, W., Deutschland nur den Deutschen? Die Ausländerfragrage in Deutschland, Frankreich und den USA, Erlangen, Bonn und Wien 1991, S. 131

den neuen Staatsbürgern bei Wahlen kaum Stimmen zu erhalten. Auch die Erhebungen zeigen dies sehr eindeutig.[42]

Nach dem 1998 vorgelegten Gesetzentwurf hätten rund vier Millionen Einwanderer und ihre Kinder die deutsche Staatsangehörigkeit erwerben können. Diese Stimmen hätten sicherlich Wahlergebnisse beeinflusst. Diese Angst ist es, weshalb die Unionsparteien mit einer Reihe Hilfsargumenten ihre wahre Haltung zu verschleiern suchen und daher eine unangemessen radikale Politik gegen eine erleichterte Einbürgerung verfolgen.

Die Landtagswahlen in Hessen kippen die Reformpolitik der SPD

Die Landtagswahlen am 7. Februar 1999 in Hessen nahm der Kandidat der CDU für das Amt des Ministerpräsidenten, Roland Koch, zum Anlass, eine ganz massive Kampagne gegen den vorgelegten Gesetzentwurf des Bundesinnenministeriums zu starten. Unter der Überschrift »Die doppelte Staatsbürgerschaft dient nicht der Integration der Ausländer in Deutschland, sondern verhindert sie« startete er eine Anzeigenkampagne in den Medien.[43] Diese Anzeige gegen die Einführung der doppelten Staatsbürgerschaft enthält völlig falsche Behauptungen, wie: »Millionen von Menschen werden in gespaltene Loyalität getrieben«, »niemand kann auf Dauer in zwei Heimaten leben«, die doppelte Staatsbürgerschaft [...] schafft ein neues Einfallstor für Zuwanderung«, mit ihr »holt sich Deutschland verstärkt die politischen Konflikte anderer Länder ins Land«, und »türkische Parteien bereiten Parteigründung in Deutschland vor«. An anderer Stelle wurde gar behauptet, dass es eine wie die von Rot-Grün geplante doppelte Staatsbürgerschaft »in keinem anderen Land« gebe.

In einer bis dahin von Seiten der CDU nicht nur unüblichen, sondern auch explizit abgelehnten Art und Weise führte die CDU eine Unterschriftenaktion gegen dieses Reformvorhaben durch. Bekanntlich ist die CDU eine absolute Befürworterin der parlamentarischen Demokratie und im Allgemeinen gegen Plebiszite bei den Entscheidungen, die in Bundestag und Bundesrat getroffen werden. Damals jedoch wurde unter dem Motto »Ja zur Integration – nein zur doppelten Staatsangehörigkeit« versucht, die Wähler in Hessen zu mobilisieren und Unterschriften gegen den Gesetzentwurf zu sammeln. Auch der Ministerprä-

[42] Laut einer Erhebung des Zentrums für Türkeistudien vom Juli 2002 »Parteienpräferenz türkischer Migranten«, S. 4, gaben 61,5% der türkischen Befragten an, eine klare Präferenz für die SPD zu haben. 16,6% votierten für die Bündnisgrünen und lediglich 11,1% für die CDU. Diese Orientierung bestätigte eine weitere Erhebung vom April 2004 »Wahlabsicht und Parteienpräferenz türkischstämmiger Migranten bei der Wahl zum Europaparlament 2004«, S. 4, ebenfalls Zentrum für Türkeistudien.

[43] Vgl. die Anzeige der CDU-Hessen, Offenbacher Zeitung, 6.2.1999

sident des Landes Bayern, CSU-Chef Stoiber, hat sich mit aller Kraft an dieser Kampagne beteiligt.

SPD und Bündnisgrüne haben sich, noch in der Euphorie des Erfolges der Bundestagswahlen, auch bei den Landtagswahlen in Hessen zu siegessicher gefühlt und sich nicht ausreichend bemüht, einen engagierten Wahlkampf zu führen. Überdies wurde es versäumt, sich inhaltlich mit den Parolen und Aussagen der Unionsparteien ernsthaft auseinanderzusetzen.

Die Hessenwahlen gewann die CDU mit ihrem Koalitionspartner FDP mit nur 1,9% Stimmenabstand zu SPD und Bündnisgrünen. Der Erfolg der CDU wurde auch als eine Aussage gegen die doppelte Staatsbürgerschaft verstanden. Ganz sicher hatte dieses Thema eine nicht zu unterschätzende Rolle dabei gespielt. Den unerwarteten Erfolg der CDU titulierte »Bild« als »Hessen-Sensation« und erhob den Wahlsieger Koch zum »Held von Hessen«.[44]

Die Wahlniederlage in Hessen war für die Bundesregierung ein herber Rückschlag, weil sie dadurch ihre absolute Mehrheit im Bundesrat einbüßten. Der FDP fiel aufgrund ihrer Beteiligung an einigen Länderregierungen dadurch eine ganz entscheidende Rolle zu. Sie hätte dem Reformgesetz der Bundesregierung nämlich immer noch zum Erfolg verhelfen können. Dass sie es nicht tat, ist nicht nur bedauerlich sondern unverständlich angesichts der Tatsache, dass die Ausländerbeauftragten der Bundesregierung mit Liselotte Funcke und Cornelia Schmalz-Jacobsen aus den Reihen der FDP kamen. Beide hatten jedoch stets für eine erleichterte Einbürgerung auch unter Hinnahme der doppelten Staatsbürgerschaft votiert. »Auf Dauer werden wir«, so Frau Funke, »uns um diese Frage nicht herumdrücken können. Ich denke, wir sollten die Doppelstaatlichkeit anerkennen, nicht zuletzt im Interesse unserer eigenen Staatsbürger«.[45] Die beiden Ausländerbeauftragten, die eine höchst respektvolle Arbeit geleistet haben, waren Befürworterinnen dieser Forderung, aber auch die FDP als Partei. »Doch weil die FDP, stets um ihr Profil besorgt, von ihrer noch 1993 verfochtenen ‚Abkehr vom Grundsatz der Vermeidung der doppelten Staatsbürgerschaft' nichts mehr wissen wollte, ist zumindest der ersten Generation der Migranten diese Brücke auch in Zukunft verbaut.«[46]

Längst war die FDP nicht mehr die alte, auch in der Ausländerpolitik liberale Partei. Sie hat sich vielmehr in jeder Hinsicht der CDU angepasst. In einem Gespräch zwischen Vertretern des Innenausschusses der FDP am 20.4.1999 in Bonn, an dem auch der ehemalige Bundesjustizminister Prof. Edzard Schmidt-

---

[44] 8.2.1999

[45] Doppelte Staatsbürgerschaft – ein europäischer Normalfall?, Ausländerbeauftragte von Berlin und Bündnis Türkischer Einwanderer Hamburg (Hg), Berlin 1990, S.181

[46] Kiessler, R., Reform ohne Doppelpass, in: Goldberg, A. / Şen, F., Deutsche Türken – Türkische Deutsche?, Münster 1999, S. 40

Jorzig teilnahm, und des Geschäftsführenden Bundesvorstandes der Türkischen Gemeinde in Deutschland, sagten unsere Gesprächspartner von der FDP, dass die deutsche Bevölkerung noch nicht so weit sei, eine massenweise Einbürgerung der Türken zu akzeptieren. Wie es allgemein üblich ist, versteckte sich auch die FDP hinter einer angeblich ablehnenden Haltung der deutschen Bevölkerung.

Der FDP-Vorsitzende Gerhardt und ihr Generalsekretär Westerwelle distanzierten sich allerdings von der Unterschriftenaktion der CDU in Hessen. Doppelte Staatsbürgerschaft sei zwar als ein Integrationsangebot wichtig, jedoch nicht als Regelpraxis. Die in Deutschland geborenen Kinder sollten automatisch die deutsche Staatsbürgerschaft erwerben können, wenn mindestens ein Elternteil seit zehn Jahren rechtmäßig in Deutschland gelebt hat. Das Kind müsse sich aber bei Volljährigkeit für eine der Staatsangehörigkeiten entscheiden. Somit unterstützte die FDP zwar die Ergänzung des Abstammungsprinzips durch das Territorialprinzip, jedoch mit einem so genannten Optionsmodell.[47]

Wäre die FDP ihrer liberalen Ausrichtung der Ausländerpolitik treu geblieben und hätte sich nicht von den Unionsparteien und politischen Opportunitäten leiten lassen, so wäre die Reform nicht gescheitert. Sie hätte lediglich in Rheinland-Pfalz, wo sie zusammen mit der SPD die Regierung bildete, zustimmen müssen. Statt dessen haben sie für ein »Optionsmodel« votiert, und damit zum Scheitern der Reform des Staatsangehörigkeitsrechts ganz entscheidend beigetragen.

Doch auch die Haltung der SPD zu ihrem eigenen oben skizzierten Gesetzentwurf zum Staatsangehörigkeitsrecht änderte sich bereits einen Tag nach der Hessenwahl in ganz wesentlichen Punkten. Ohne weitere Konsultationen mit den Bündnisgrünen wurde eine radikale Wende angekündigt.

Nicht einmal einen Monat zuvor hatte Bundeskanzler Schröder in einem Interview mit dem Spiegel die doppelte Staatsbürgerschaft konsequent gegen die Angriffe der Unionsparteien verteidigt. »Der Grundsatz der Vermeidung von Mehrstaatigkeit hat sich in der Vergangenheit als das wesentliche Einbürgerungshindernis erwiesen. Daher soll den Ausländern gezeigt werden, dass Deutschland sich ihnen gegenüber öffnet, u.a. auch durch Duldung der doppelten Staatsangehörigkeit.«[48] Diese Sätze bringen in der Tat den Kern der Problematik zutreffend und in aller Klarheit zum Ausdruck.

Der Kanzler klang in diesem Interview so überzeugend, dass der Spiegel seine Haltung mit den Worten kommentierte: »Nicht einen Millimeter will der Bundeskanzler von dem Entwurf seines Innenministers zur Reform des Staatsangehörigkeitsrechts abweichen.«[49]

[47] Vgl. Frankfurter Allgemeine, 14.1.1999
[48] Der Spiegel, 1.11.1999
[49] Ebda.

Daher ist diese plötzliche politische Wende nicht nachvollziehbar, selbst dann nicht, wenn der Regierung zur Mehrheit im Bundesrat zwei Stimmen fehlten. Die SPD hat leider nicht ernsthaft versucht, sich zumindest nicht hinreichend dafür eingesetzt, die Unterstützung der FDP für dieses ganz wichtige Reformvorhaben bei der Modernisierung der Gesellschaft zu erhalten.

Das neue Staatsangehörigkeitsrecht: einen halben Schritt voran und eine Reihe von Verschlechterungen

Fünf Wochen nach der Hessenwahl legte die Bundesregierung in beinahe panischer Eile ihren neuen Gesetzentwurf zur Reform des Staatsangehörigkeitsrechts vor, der nun deutlich dem Optionsmodell der FDP angenähert war.

Die Zielsetzung des vorgelegten Gesetzentwurfs der Fraktionen von SPD und Bündnis 90/Die Grünen vom 16.03.1999 lautete: »Verbesserung der Integration der dauerhaft in der Bundesrepublik Deutschland lebenden Ausländer und ihrer hier geborenen Kinder durch Erleichterung des Erwerbs der deutschen Staatsangehörigkeit.«

Das ursprüngliche Reformvorhaben hatte, wie oben erörtert, zwei unverzichtbare Säulen: die Ergänzung des Abstammungsprinzips durch das Territorialprinzip und die Erleichterung der Einbürgerung auch unter Hinnahme von Mehrstaatigkeit.

Der neue Gesetzentwurf, der als neues Einbürgerungsrecht am 7. Mai 1999 vom Bundestag und am 21.Mai vom Bundesrat verabschiedet wurde, trat, nachdem es am 15. Juli von Bundespräsidenten unterzeichnet worden war, ab dem 31. Dezember 1999 in Kraft.

Somit wurde das noch aus dem Jahr 1913 stammende deutschen Staatsangehörigkeitsrechts erstmalig um das Territorialprinzip, ius soli, ergänzt. Das »Reichs- und Staatsangehörigkeitsgesetz (RuStG) vom 22. Juni 1913 wiederum basierte auf dem Staatsangehörigkeitsgesetz Preußens von 1870 und sah ebenfalls nur das Abstammungsprinzip vor. Mit geringen Änderungen hatte dieses Recht im Wesentlichen bis zum Jahre 2000 Bestand.

Das neue Staatsangehörigkeitsrecht sieht den Erwerb der deutschen Staatsbürgerschaft durch Geburt vor. »Durch die Geburt im Inland erwirbt ein Kind ausländischer Eltern die deutsche Staatsbürgerschaft, wenn ein Elternteil 1. seit acht Jahren rechtmäßig seinen gewöhnlichen Aufenthalt im Inland hat und 2. eine Aufenthaltsberechtigung oder seit drei Jahren eine unbefristete Aufenthaltserlaubnis besitzt.«[50] Allerdings bleibt dieser ganz wichtige und richtige Säule ein

[50] § 4 (3) Staatsengehörigkeitsgesetz

doch sehr halbherziger Schritt. Zum einen wegen des Optionsmodells, also durch die Befristung bis zur Vollendung des 23. Lebensjahres und zum anderen, weil diejenigen, die vor Inkrafttreten des Gesetzes in Deutschland geborenen wurden, nicht von ihm profitieren.

Kinder müssen sich zwischen dem 18. und 23. Lebensjahr für eine der beiden Staatsbürgerschaften durch schriftliche Erklärung entscheiden, da sie sonst die deutsche Staatsbürgerschaft verlieren. würden.[51] Das Gesetz gilt rückwirkend auch für Kinder, welche die Einbürgerungsvoraussetzungen erfüllten und das zehnte Lebensjahr bei Inkrafttreten des Gesetzes noch nicht vollendet hatten.[52] Allerdings auch diese Möglichkeit war bis zum 31. Dezember 2000 befristet. Weshalb nicht alle in Deutschland geborenen Menschen rückwirkend in den Genuss des neuen Rechts kamen, ist nicht nachvollziehbar. Diese Fristsetzung jedenfalls bewirkte eine in keiner Weise zu rechtfertigende Ungleichbehandlung, von der oft selbst Geschwistern betroffen waren.

Die zweite Säule des Reformvorhabens, nämlich eine erleichterte Einbürgerung unter Hinnahme der doppelten Staatsbürgerschaft, wurde als Norm fallengelassen. Es wurden jedoch einige Ausnahmeregelungen hierfür geschaffen. Das Haupthindernis beim Erwerb der deutschen Staatsbürgerschaft war und ist, wie auch Kanzler Schröder in seinem Spiegelinterview[53] unterstrich, die fehlende Tolerierung der Doppelstaatsbürgerschaft.

- Deshalb war im ersten Gesetzentwurf der Bundesregierung die generelle Hinnahme der doppelten Staatsbürgerschaft vorgesehen. Nach dem neuen Recht wurde jedoch eine bis dahin bestehende Möglichkeit, nach Maßgabe derer die alte, also die aufgegebene Staatsbürgerschaft nachträglich erneut erworben werden konnte, beseitigt.[54] Über diesen Umweg war es bis dahin vielen Hunderttausenden vor allem türkischer Staatsbürger möglich gewesen, nachträglich die alte Staatsbürgerschaft wieder zu erlangen. Selbst von der Regierung Kohl war diese Möglichkeit nicht angetastet worden.
- Im alten und neuen Staatsangehörigkeitsrecht sind einige Ausnahmen vorgesehen, unter denen die Aufgabe der alten Staatsbürgerschaft nicht verlangt wird. Dies ist z.B. der Fall, wenn das Recht des Herkunftsstaates die Ausbürgerung des Einbürgerungsbewerbers nicht zulässt. Das Staatsangehörigkeitsrecht einer Reihe von Staaten sieht eine Entlassung aus der Staatsbürgerschaft nicht vor, so dass die Bürger dieser Staaten auch nach deutschem Recht in den Genuss einer doppelten Staatsbürgerschaft kommen

[51] § 29, ebda.
[52] § 40b, ebda.
[53] Vgl. Der Spiegel, 1.11.1999
[54] Vgl. § 25 (1) Staatsangehörigkeitsgesetz

können. Die Türkei aber entlässt aus der eigenen Staatsbürgerschaft, so dass die größte Einwanderergruppe Deutschlands von dieser Ausnahmeregelung keinen Gebrauch machen kann.

Die Türkische Gemeinde in Deutschland hatte aus diesem Grunde bereits vor Inkrafttreten des neuen Staatsangehörigkeitsrechtes versucht, die Regierung in Ankara dazu zu bewegen, ähnlich wie Griechenland, der Iran, Marokko, Jugoslawien-Montenegro, der Libanon und andere Staaten das Einbürgerungsrecht der Türkei so abzuändern, dass keine Entlassung mehr möglich wäre. Dann könnten auch die Deutschlandtürken von dieser Regelung profitieren. Zu unserem Erstaunen war in der türkischen Presse zu lesen, dass sich der Bundesminister des Inneren, Otto Schily, wie auch die Ausländerbeauftragte der Bundesregierung, Marieluise Beck (Bündnisgrüne), gegen eine solche Änderung im Staatsangehörigkeitsrecht der Türkei ausgesprochen hätten. Diese Kontroverse führte zu einer öffentlichen Auseinandersetzung zwischen Frau Beck und mir in den Medien.[55]

Gerade auch sie hatten sich ja vorher dafür ausgesprochen, dass möglichst viele Nichtdeutsche die deutsche Staatsbürgerschaft erhalten sollten, was aber nur durch die Hinnahme doppelter Staatsbürgerschaften gelingen konnte. Hätten sie dies ehrlich gemeint, so war nun, als die eigenen Vorstellungen aufgrund der Mehrheitsverhältnisse in Deutschland nach der Wahl in Hessen nicht durchsetzbar waren, die Möglichkeit gegeben, dies unter Beweis zu stellen. Denn hätte die Türkei nach den Interventionen der Auslandstürken eine solche gesetzliche Änderung vorgenommen, um auch den Deutschlandtürken die Einbürgerung zu erleichtern, so wäre es doch eigentlich im Sinne der Bundesregierung gewesen und hätte sie zumindest nicht stören dürfen. Die heftige Reaktion gegen eine solche Gesetzesänderung in der Türkei wirkte deshalb überzogen und war für uns überhaupt nicht nachvollziehbar. Es sei denn, die vor der Bundestagswahl gemachten Äußerungen waren reine Lippenbekenntnisse und niemand wollte ernsthaft, dass viele Deutschlandtürken den Doppelpass bekämen.

- Eine weitere Ausnahme sieht das neue Staatsangehörigkeitsrecht bei der Einbürgerung unter Hinnahme von Mehrstaatigkeit für Ausländer mit längerem Aufenthalt vor, und zwar »wenn der Ausländer *die Staatsangehörigkeit eines anderen Mitgliedsstaates der Europäischen Union besitzt und Gegenseitigkeit besteht*«.[56] Auch hierbei werden ganz offensichtlich vor allem die Deutschlandtürken benachteiligt. Dieser Paragraph ist weder rechtlich, noch moralisch und noch weniger gesellschaftspolitisch vertretbar. Hier sollte es

[55] Vgl. Hürriyet, 30.6. und 1.7. 2000; Sabah, 30.6.2000

[56] § 87 (2) Ausländergesetz. Im Züge der Änderung des Staatsangehörigkeitsrechts wurde auch das Ausländergesetz von 1990 geändert

ausschließlich um das Prinzip der Gegenseitigkeit gehen. Eine EU-Mitgliedschaft hat hier nichts zu suchen.

Gerade diese beiden Ausnahmeregelungen hätten jedoch vielen Deutschlandtürken die Möglichkeit eröffnet, auf diese Weise ihre alte Staatsbürgerschaft zu erhalten. Offensichtlich war es vom Gesetzgeber gewollt, wie auch von FDP-Politikern offen zugestanden wurde, die größte Gruppe der Einwandererbevölkerung Deutschlands hiervon auszuschließen. Diese Formulierungen der Gesetze bezeichnete die Türkische Gemeinde in Deutschland deshalb als ein »Türkenverhinderungsgesetz«.
Das neue Einbürgerungsrecht wollte den Erwerb der deutschen Staatsbürgerschaft insgesamt erleichtern. Das war die eigentliche Intention des Reformvorhabens. In einigen wichtigen Punkten wurde die Einbürgerung für die erste und zweite Einwanderergeneration allerdings erheblich erschwert. Vor allem für Millionen Menschen der ersten Ausländergeneration bringt das neue Gesetz bei den Einbürgerungsvoraussetzungen einige wesentliche Verschlechterungen.

- Nach dem alten Recht reichen »einfache Deutschkenntnisse« als Voraussetzung für die Einbürgerung aus. In dem ersten Entwurf von Innenminister Schily war deshalb von einer »*Verständigung mit dem Einbürgerungserwerb in deutscher Sprache*« vorgesehen, was der geltenden Praxis entsprach. Nach den neuen, geänderten Bestimmungen müssen die Einbürgerungswilligen nun »über ausreichende Kenntnisse der deutschen Sprache« verfügen.[57]
- Dies ist für Millionen von Nichtdeutschen, vor allem für große Teile der ersten und der zweiten Generation, eine ganz wesentliche Erschwernis. Diese »ausreichenden Kenntnisse der deutschen Sprache« erfordern nämlich eine schriftliche Prüfung, ein für Menschen, die in Deutschland nicht die Schule besucht haben, kaum überwindbares Hindernis.
- Das neue Gesetz erhöht die Gebühren von DM 100,– auf DM 500,– für Erwachsene. Eine Notwendigkeit hierfür sehe ich nicht. Es handelt sich vielmehr um eine weitere Barriere, zumal dann, wenn mehrere Personen aus einer Familie eingebürgert werden wollen.

Die Einführung des Territorialprinzips ist dennoch, eine wichtige Neuerung und Verbesserung für Deutschland, selbst wenn sie nur bis zum 23. Lebensjahr gilt.

[57] § 86 (1) Ausländergesetz

Von dem groß angekündigten »Modernisierungsprojekt der deutschen Gesellschaft«, von *dem* Reformvorhaben der Rot-Grünen Koalitionsregierung ist jedoch – nüchtern betrachtet – in der Gesamtbewertung wenig übriggeblieben.

40 Abgeordnete der SPD und die gesamte Fraktion von Bündnis 90/Die Grünen gaben zu dem Gesetzentwurf vor ihrem Votum folgende gemeinsame Erklärung ab, in der sie ihre Unzufriedenheit zum Ausdruck brachten:

> »Erstens: die vorgelegte Neuregelung des Staatsangehörigkeitsrechts stellt einen historischen Einschnitt in der deutschen Rechtsgeschichte dar. An der Schwelle zum 21. Jahrhundert wird nach 86 Jahren das alte wilhelminische Staatsbürgerschaftsrecht mit seiner völkischen Philosophie des deutschen Blutes durchbrochen. [...]
>
> Zweitens: Wir sehen die Probleme, die das im Gesetzentwurf vorgesehene Optionsmodell mit sich bringt. Aus unserer Sicht wäre ein klares und vorbehaltloses Angebot an die hier geborenen Kinder der Einwandererbevölkerung, gleichwertige Rechte und Pflichten als deutscher Staatsbürger zu erhalten, notwendig und angemessen gewesen.
>
> Wir bedauern auch, dass dieses Gesetz zwei Generationen von Immigrantinnen und Immigranten, die ein unverzichtbarer Bestandteil unserer Gesellschaft sind, nicht durch ein großzügigeres Einbürgerungsangebot unter Hinnahme von Mehrstaatigkeit berücksichtigt. Sie sind die Verlierer der Auseinandersetzungen um diese Reform«.[58]

Die Türkische Gemeinde in Deutschland hat in zahlreichen Gesprächen mit Vertretern der politischen Parteien und der Regierung sowie durch Öffentlichkeitsarbeit versucht, im Sinne der Einwandererbevölkerung Einfluss auf die Gesetzgebung zu nehmen. Leider ohne Erfolg.

Bundesinnenminister Schily setzte Mitte September 2000 die »Unabhängige Kommission Zuwanderung« ein, die unter dem Vorsitz von Frau Süssmuth einen umfassenden Bericht über Integration und Zuwanderung in Deutschland ausarbeiten sollte. Unter anderem wurden die Türkische Gemeinde in Deutschland und ich zu einer Anhörung durch die Kommission eingeladen. Wir appellierten an die Kommission, zumindest für die erste und zweite Ausländergeneration eine erleichterte Einbürgerung auch unter Hinnahme von Mehrstaatigkeit zu empfehlen. Die Kommission hat daraufhin folgende mit uns abgestimmte Forderung in ihrem Bericht aufgenommen: »Die Kommission empfiehlt eine großzügigere Handhabung der Zulassung der Mehrstaatigkeit. Migranten, die bis zum Anwerbestopp im Jahre 1973 nach Deutschland gekommen sind, und ihre Ehepartner sollten generell die Möglichkeit der Mehrstaatigkeit haben. Sie sind außerdem von den Anforderungen des Nachweises deutscher Sprachkenntnisse als Einbür-

[58] Deutscher Bundestag, 14. Wahlperiode, 40. Sitzung. Bonn, Freitag den 7. Mai 1999, Referat Öffentlichkeitsarbeit, Berlin 1999, Seite 590/594

gerungsvoraussetzung zu befreien.«[59] Nicht nur diese Forderung, sondern viele andere sehr konstruktive Vorschläge der Kommission fanden im neuen Zuwanderungsgesetz der Bundesregierung keine Berücksichtigung.

Nicht nur in der Einwanderungs- und Integrationspolitik, sondern auch bei der Einbürgerungspolitik bleibt Deutschland nach wie vor eines der rückständigsten Länder der EU.

> »Als Hauptbetroffene und Befürworter dieser Reform in ihrer ursprünglichen Fassung sind wir nun mit unserem Vertrauen in und unseren Erwartungen an diese Regierung bitter enttäuscht worden. Dies wird bleibende Spuren hinterlassen.
>
> Die hauptsächlichen Verhinderer dieses für Deutschland und für die hier lebenden Migranten so eminent wichtigen Reformprojekts sind jedoch unverkennbar die Unionsparteien und die FDP. Dies wird von der Einwandererbevölkerung und ihren Kindern sicherlich nicht vergessen werden. Die, die es blockiert haben, können stolz sein auf ihren Erfolg, Millionen von Menschen erneut für viele weitere Jahre zum Ausländerdasein verurteilt zu haben.
>
> Deutschland hat im Vergleich zu seinen europäischen Nachbarn seine das Staatsbürgerschaftsrecht betreffende Rückständigkeit nicht überwinden können.
>
> Unser Eintreten, unser Kampf für Bürgerrechte bleibt aktueller denn je und wird mit allen demokratischen Mitteln konsequent weitergehen. Wir geben unsere Hoffnung nicht auf, dass ein demokratischer Rechtsstaat inmitten Europas Millionen seiner Bewohner nicht auf Dauer als Ausländer mit minderen Rechten leben lassen kann und darf. Diese Tatsache werden auch die Konservativen und die so genannten Liberalen dieses Landes begreifen müssen.«[60]

Weshalb die doppelte Staatsbürgerschaft?

Bei der Durchsetzung der rechtlichen Gleichstellung zwischen der deutschen und der Einwandererbevölkerung gibt es zum Erwerb der deutschen Staatsbürgerschaft keine Alternative. Eine Reihe von Hürden erschwert jedoch unbestritten die Einbürgerung der Nichtdeutschen. Das Haupthindernis bei der Annahme der deutschen Staatsbürgerschaft ist ohne Zweifel die erzwungene Aufgabe der Staatsbürgerschaft des Herkunftslandes.

Eine Reihe durchaus nachvollziehbarer Gründe aber verhindert die Entscheidung, auf die angestammte Staatsbürgerschaft zu verzichten. Die Menschen aus dem Mittelmeerraum verbinden mit einem solchen Verzicht eine Art von Verrat und die Vorstellung, der ehemaligen Heimat und den dort lebenden Ver-

[59] Bericht der Unabhängigen Kommission Zuwanderung (Hg.), Zuwanderung gestalten, Integration fördern, Berlin 2001

[60] Keskin, H., Der Kampf für Bürgerrechte muss fortgesetzt werden, in: Deutsche Türken – Türkische Deutsche?, Goldberg, A. / Şen, F. (Hg), Münster 1999, S. 30 ff

wandten und Freunden den Rücken zu kehren. Dies aber wird als eine Absage an alles, was im Herkunftsland geblieben ist, betrachtet und verbindet sich mit Schuldgefühlen. Damit wird es oft zu einem großen psychologischen Problem.

Die Bewältigung dieses Zwiespaltes wird überdies dadurch erschwert, dass der Einbürgerungswillige nicht selten feststellen muss, dass er in der neuen Heimat von der Politik und Teilen der deutschen Gesellschaft abgelehnt, weder akzeptiert noch toleriert wird. Der Einbürgerungsbewerber befürchtet also, am Ende ohne Kompensation für die Aufgabe seiner bisherigen Staatsbürgerschaft und den damit verbundenen Verlust vieler emotionaler Bindungen dazustehen, weil die neue Gesellschaft ihn nicht annimmt. Die Angst, am Ende gar nichts mehr in Händen zu halten, keinen Boden mehr unter den Füßen zu haben, verhindert dann sehr oft eine Entscheidung für die neue Gesellschaft, die ihm nicht Heimat sein will.

Auch eine stets vorhandene, von Zeit zu Zeit zunehmende Ausländerfeindlichkeit insbesondere nach der deutschen Wiedervereinigung, die in den 1990er Jahren durch die Ereignisse von Hoyerswerda, Rostock, Mölln, Solingen oder Lübeck augenfällig geworden ist, hat dazu beigetragen, die Einwanderer zu verunsichern. Viele von ihnen wollen sich daher zumindest die Option auf eine spätere Rückkehr offen halten, um dann nicht wiederum als »Ausländer«, diesmal im Herkunftsland, leben zu müssen.

Viele der Einwanderer der ersten Generation hegen die Hoffnung, im Rentenalter einen Teil des Jahres im Herkunftsland zu verbringen, teils wegen der dort lebenden Verwandten und Freunde, aber auch wegen des Klimas. Nicht zuletzt spielt auch die Einkommenslage bei dieser Entscheidung eine nicht unwesentliche Rolle. Im Durchschnitt beträgt das monatliche Einkommen eines nichtdeutschen Rentners knapp 500 €. Dies hat mit den durchschnittlich niedrigen Einkommen im Erwerbsleben aber auch mit im Vergleich zu den Deutschen geringeren Anzahl an Erwerbsjahren zu tun. Mit dieser Monatsrente können sie in Deutschland nur schwer auskommen, es würde aber ausreichen, um im Herkunftsland, beispielsweise in der Türkei, besser leben zu können, zumal dann, wenn sie dort aus ihren Ersparnissen bereits eine Wohnung gekauft haben.

Zu diesen Aspekten kommen weitere rechtlich-materielle Hindernisse. Die Arbeitsimmigration vor allem aus den Mittelmeerländern in die Staaten Nord- und Mitteleuropas hat einen ganz anderen Charakter als die klassischen Auswanderungen nach Nordamerika oder Australien. Die Nähe, schnelle Verkehrsanbindungen und die damit verbundenen ständigen Kontakte zu den Verwandten und damit zum Herkunftsland, die Urlaubsaufenthalte sowie der Besitz von Wohnungen oder Grundstücken machen staatsbürgerliche Bindungen oft notwendig.

Diese Situation wurde von der zweiten Ausländerbeauftragten der Bundesregierung, Frau Funcke, sehr anschaulich dargelegt. »Wenn früher Menschen in andere Länder auswanderten, so war vielfach dieser Schritt als ein endgültiger gemeint. Man verließ die Heimat, machte dort Schluss und fing in Amerika oder Australien neu an. Die heutige Einwanderung dagegen versteht sich zunächst als vorläufig. Man behält sich vor, wieder in die Heimat zurückzukehren. [...] Wenn der Aufenthalt dann länger wird, kann daraus ein Daueraufenthalt werden. Und dennoch bleiben die Menschen in irgendeiner Form innerlich mit der Heimat verbunden, besonders die erste Generation, aber ich glaube, das Bewusstsein, einer Nation anzugehören, setzt sich auch in den nächsten Generationen fort.«[61]

Aus diesen und weiteren, oft individuellen Gründen wollen fast alle Nichtdeutschen, aus welchen Lande auch immer, die alte Staatsbürgerschaft beibehalten. In der Öffentlichkeit wird dieses Problem lediglich auf die Türken reduziert. Dies ist aber völlig abwegig. Auch die meisten Menschen aus den EU-Staaten wollen die deutsche Staatsbürgerschaft nur dann erwerben, wenn sie ihre bisherige beibehalten können.

Eine andere Frage ist die, ob der Bundesrepublik Deutschland Nachteile durch Doppelstaatler entstehen. Das Gegenteil aber ist der Fall. Gäbe es in Deutschland Millionen von Doppelstaatlern, so wären diese eine für beide Seiten fruchtbare menschliche Brücke vor allem für kulturelle, aber auch wirtschaftliche Beziehungen zwischen Deutschland und den Herkunftsländern. Diese Bindungen stellen nicht nur eine wichtige Bereicherung des kulturellen Lebens dar, sie werden sich auch für die politische und wirtschaftliche Entwicklung Deutschlands als vorteilhaft erweisen. »Doppel- und Mehrstaatler schlagen Brücken zu anderen Staaten und Völkern; sie leisten zur Völkerverständigung und Friedenssicherung einen wirksameren Beitrag als der vermeintliche Vorrang nationaler Interessen«, so die Bewertung des Oberverwaltungsrichters und Staatsrechtlers Fritz Franz.[62]

Die Kritiker doppelter Staatsbürgerschaften führen, noch einmal in aller kürze zusammengefasst, folgende wesentliche Gegenargumente vor:

- Doppelstaatsbürger wären privilegiert, da sie die für sie jeweils günstigsten Bedingungen frei wählen könnten,
- durch viele Doppelstaatsbürger entstünden Probleme in den zwischenstaatlichen Beziehungen,
- Die Loyalitätsfrage bliebe ungeklärt.

[61] Ebda., S. 180

[62] Staatsrechtliche Aspekte der Doppelstaatsangehörigkeit in der Bundesrepublik Deutschland, in: Ausländerbeauftragte von Berlin und Bündnis Türkischer Einwanderer, Doppelte Staatsbürgerschaft – ein europäischer Normalfall?, Berlin 1990, S. 196

Diese Argumente treffen, wenn genau hingeschaut und analysiert wird, nicht zu. Die Doppelstaatler genießen faktisch nur in dem Staat, in dem sie leben, staatsbürgerlichen Rechte und sind damit allein den Rechten und Pflichten des neuen Staates unterworfen. Solange sie sich in ihrer neuen Heimat, Deutschland, aufhalten, ruht die Staatsbürgerschaft des Herkunftslandes und hat daher keine praktische Bedeutung.

In anderen EU-Staaten besitzen auch viele Millionen Immigranten die doppelte Staatsbürgerschaft

Auch die »Probleme in den zwischenstaatlichen Beziehungen« sind in den letzten Jahren weitgehend gegenstandslos geworden, da die westeuropäischen Staaten alle aufgetretenen Schwierigkeiten wie z.B. bei der Wehrpflicht inzwischen durch bilaterale Vereinbarungen aus der Welt geschafft haben. Zwischen der Türkei und Deutschland, beide Mitglieder der NATO, bestehen ebenfalls diesbezügliche Übereinkommen. Doppelstaatler können wählen, wo sie ihren Militärdienst ableisten wollen. Generell ist es aber nach geltendem europäischen Recht so, dass die Einwanderer in dem Lande ihren Militärdienst ableisten müssen, in dem sie ihren Lebensmittelpunkt haben.

Ungeachtet aller politischen Attacken gegen doppelte Staatsbürgerschaften leben selbst nach vorsichtigen Schätzungen weit mehr als zweieinhalb Millionen Doppelstaatler allein in Deutschland. Kinder aus binationalen Ehen können beispielsweise die Staatsbürgerschaft beider Eltern erwerben. Auch fast alle Aussiedler aus Polen, Tschechien, Ungarn, Rumänien, der ehemaligen UdSSR bzw. jetzt GUS-Staaten erhalten die deutsche Staatsbürgerschaft, ohne dass sich die Behörden noch um den Pass des Herkunftslandes kümmern würden. Es ist bemerkenswert, dass die Unionsparteien keinerlei Einwände gegen diese Doppelstaatler haben, weil sie eben deutscher Herkunft sind. Dieses millionenfach praktizierte und ohne Widerspruch akzeptierte Beispiel bei den Aussiedlern belegt, dass es den Unionsparteien letztendlich um die Frage geht, wer eigentlich Doppellstaatler werden soll. Für die Aussiedler wird diese Regelung akzeptiert, sogar unterstützt, weil auch damit am Abstammungsprinzip festgehalten wird und offensichtlich auch, weil die erbrechtlichen Ansprüche dieser Menschen in den Herkunftsländern nicht verloren gehen sollen. Das letztere begrüße ich ausdrücklich. Was aber nicht zu verstehen ist und nicht akzeptiert werden kann, ist, wenn gleiche Tatbestände rechtlich unterschiedlich behandelt werden, wenn also mit »zweierlei Maß« gemessen wird. Wenn Doppelstaatler bei Millionen Aussiedlern als völlig problemlos angesehen werden, weshalb sollen die übrigen Eingewanderten und ihre Nachkommen nicht entsprechend behandelt werden?

Trotz dieser Millionen von Doppelstaatlern in Deutschland ergaben sich aus deren unterschiedlichen Staatsbürgerschaften bislang keine nennenswerten Probleme. Das vehemente Eintreten mancher Politiker dagegen ist also allein ideologischen Vorbehalten geschuldet, für die es keinerlei rationale Gründe gibt.

Die Frage nach der Loyalität ist nicht allein mit der Staatsbürgerschaft zu begründen. Der Erwerb der deutschen Staatsbürgerschaft ist für jeden Einwanderer ein sehr weitreichender und bedeutender Schritt für das Zugehörigkeitsgefühl zu dieser Gesellschaft und deren Staatswesen. Doch die Einwanderer werden bis zur dritten oder gar vierten Generation ihre Herkunft sicher nicht verleugnen wollen, ist diese Herkunft doch für viele ein unverzichtbarer Teil ihrer Identität. Diese emotionalen Bindungen an die Heimat der Eltern und Großeltern führen ganz sicher nicht zu einem Loyalitätskonflikt. Auch die Siebenbürger Schwaben in Rumänien, die Wolgadeutschen in Russland oder Kasachstan oder die deutschstämmigen US-Amerikaner haben oft noch emotionale Bindungen an das Herkunftsland Deutschland. Doch insbesondere die US-Amerikaner deutscher Abstammung bekennen sich zu ihrem Staat, weil sie dort in aller Regel eine gleichberechtigte Aufnahme gefunden haben. Bei den Wolgadeutschen oder den Siebenbürger Schwaben ist dies vielleicht nicht im gleichen Maße der Fall. Loyalität hängt demnach weitgehend davon ab, wie die Mehrheitsgesellschaft in der neuen Heimat mit ihren Einwanderern umgeht, kaum davon, ob der Neubürger einen oder zwei Pässe in seiner Tasche trägt.

Der Erwerb der deutschen Staatsbürgerschaft darf jedenfalls nicht so verstanden werden, dass die Eingebürgerten ihrer Herkunftssprache, Religion oder ihrer kulturellen Werte verlustig gehen müssen. Integration darf nicht mit Assimilation verwechselt werden. Auch nach dem Erwerb der deutschen Staatsbürgerschaft muss die dynamisch gemeinte und sich erweiternde kulturelle Identität und Vielfalt der Minderheiten bewahrt und gepflegt werden.

Mit seinem Diskurs »Bekenntnis zur multiethnischen Gesellschaft von Morgen« geht Theo Sommer auf den Kern des Problems ein. Zu Recht fokussiert er sein Augenmerk bei der Kontroverse um die doppelte Staatsbürgerschaft auf die Deutschlandtürken, um die es letztlich bei diesem Thema geht. Er drückt dies treffend und prägnant aus:

> »Wie weit reicht Deutschland? Die jüngste, kontrovers geführte Diskussion um die doppelte Staatsbürgerschaft wirft die Frage nach den inneren Grenzen des Landes auf.
>
> Es leben in Deutschland 2,3 Millionen Türken in der Bundesrepublik. Wollen wir sie integrieren – oder sollen sie ausgegrenzt bleiben? Wollen sie sich integrieren – oder wollen sie sich selber an den Rändern unserer Gesellschaft isolieren?
>
> Sind sie Gäste – erwünschte oder unerwünschte – oder stellen sie eine Bereicherung unseres Landes dar?

Sind sie Arbeitskräfte – unentbehrliche oder überflüssige Arbeitskräfte?

Sind sie Deutsche in spe – vollgültige Bürger von morgen anstelle der in ihren Rechten auf ein Minimum beschnittenen ‚Mitbürger von heute' oder sind sie Abschiebekandidaten – Opfer im Wartestand auf administrativem Wege?

Es ist höchste Zeit, dass wir diese Fragen offen diskutieren. Meine eigene Position ist seit langem klar, – und ich vertrete diese Position auch angesichts einer Fülle von unflätigen Zuschriften auf meine Artikel, ohne mich beirren zu lassen. Ich bin kein blauäugiger Anhänger einer multikulturellen Gesellschaft, in der es neben türkischen, griechischen, afghanischen und anderen Ghettos auch eine Handvoll Ghettos für Deutsche gibt. Wohl aber bin ich der Auffassung, dass die 2,3 Millionen Türken zu uns gehören in der multiethnischen Gesellschaft von morgen, in der es viele Bindestriche Deutsche gibt. Turko-Deutsche, Italo-Deutsche, Graeco-Deutsche. Ich bin dafür, dass wir ihnen eine Heimat bieten, so sie dies wollen, wie wir einst Hugenotten eine Heimat geboten hatten.«[63]

Die Einwanderer und ihre Kinder wollen die deutsche Staatsbürgerschaft

Gegner der erleichterten Einbürgerung und der doppelten Staatsbürgerschaft werfen den Nichtdeutschen vor, dass sie es sind, die die Einbürgerung nicht wollen. Sie müssten nur die Bedingungen der Einbürgerung akzeptieren. Somit machen gerade die Verhinderer der Erleichterungen die Einwanderer und ihre Nachkommen für die im Vergleich zu den übrigen europäischen und nordamerikanischen Staaten niedrigen Einbürgerungsquoten in Deutschland verantwortlich. Wie aber sieht die Realität aus?

Seit Jahren erforscht die Studie MAHEPLAN die soziale Lage von Deutschland- Griechen, -Italienern, Staatsangehörigen des ehemaligen Jugoslawiens, -Spaniern und -Türken und führt darüber repräsentative Umfragen durch. Rund zwei Drittel der genannten Nichtdeutschen über 15 Jahren werden von dieser Befragung erfasst.

Die MAHEPLAN Studie belegt wiederholt ein großes und nachhaltiges Interesse der in Deutschland lebenden Nichtdeutschen am Erwerb der deutschen Staatsbürgerschaft. Demnach waren beispielsweise 57% der befragten Erwachsenen an dem Erwerb der deutschen Staatsbürgerschaft interessiert. Das Interesse liegt sogar bei den Türken mit 66% weit über den Durchschnitt.[64] Laut anderen Umfragen ist das Interesse der jüngeren Nichtdeutschen an der deutschen Staatsbürgerschaft noch größer.[65]

---

[63] Sommer, Th., in: Goldberg/Şen, a.a.O., S.115f

[64] Vgl. den Bericht der Ausländerbeauftragten der Bundesregierung für Ausländerfragen, Berlin und Bonn, September 2002, S. 51 sowie die vorangegangenen Berichte

[65] Vgl. Weidacher, A. (Hg.), in: In Deutschland zu Hause, politische Orientierungen griechischer, italienischer, türkischer und deutscher junger Erwachsener im Vergleich, Opladen 2000; Urbahn, J.

Die Türkische Gemeinde in Deutschland führte mit ihren Landesorganisationen eine bundesweite Aktion unter dem Motto »Wir wollen deutsche Staatsbürger werden« durch. Die Kampagne begann mit einer Pressekonferenz in Hamburg am 4. November 1996 und wurde mit jeweils einer Woche Abstand in Frankfurt, Essen, Hannover, Berlin und Bremen fortgesetzt.

»Wir, Einwanderer türkischer Herkunft in der Bundesrepublik Deutschland, wollen nichts anderes, denn als gleichberechtigte Bürger in Deutschland zu leben. Deshalb treten wir seit Jahren für eine erleichterte Einbürgerungspolitik ein.

Die Vorstellung mancher politischen Kreise, mehr als 7 Millionen Menschen[66] auf Dauer als Ausländer, d.h. einem Sondergesetz mit minderen Rechten unterworfen, hier leben zu lassen, ist nicht nur perspektivlos, sie birgt auch in vielerlei Hinsicht ernsthafte Gefahren für ein friedliches Zusammenleben, ja sogar für die Demokratie in Deutschland. Die historischen Erfahrungen zeigen, dass ungleiche Behandlung von Millionen von Menschen letztlich zu Unruhen führt [...]

Wir möchten Sie höflich bitten«, so der Appell an die Medien, »unsere bundesweite Aktion »Wir wollen deutsche Staatsbürger werden« mit Engagement zu unterstützen, damit unsere berechtigten Forderungen, welche wir seit 15 Jahren erheben, nunmehr realisiert werden können. Wir fordern:

1. Unsere in Deutschland geborenen Kinder müssen automatisch die Staatsbürgerschaft ihres Geburtslandes erwerben, wie dies auch bei den meisten unserer Nachbarn längst der Fall ist,
2. einen Anspruch auf den Erwerb der deutschen Staatsbürgerschaft nach längstens achtjährigem rechtmäßigen Aufenthalt, und zwar ohne die erzwungene Aufgabe der bisherigen, also unter Hinnahme der doppelten Staatsbürgerschaft,
3. eine Bearbeitung der Anträge auf Einbürgerung innerhalb einer Frist von drei Monaten« [67], so die Presseerklärung der Türkischen Gemeinde in Deutschland.

Dank einer seit Jahren betriebenen Informationspolitik der türkischen Organisationen gelang es mit Unterstützung der türkischsprachigen Medien, die Einbürgerungszahlen unter den Deutschlandtürken in den letzten Jahren erheblich zu steigern.

---

und Diehl, C. Arbeitspapier und politische Einstellungen und Partizipationsverhalten von Immigranten in der Bundesrepublik Deutschland: Eine Bestandaufnahme, Mannheim 1997

[66] das sind 8,8% der gesamten Bevölkerung!

[67] Presseerklärung der TGD vom 4.11.1996

Wenn dennoch die Einbürgerungsquoten in Deutschland trotz steigender Zahlen in den letzten zehn Jahren sehr unbefriedigend sind, muss es wohl nicht an den Einbürgerungswilligen, sondern ganz eindeutig an den für diese Menschen schwer erfüllbaren Kriterien liegen. So stieg die Einbürgerungsquote in Deutschland zwar langsam an bleibt jedoch weit hinter den Erwartungen und hinter den Einbürgerungsquoten anderer Länder zurück. [68]

Ein beachtlicher Teil dieser Einbürgerungen erfolgte unter Hinnahme von Mehrstaatigkeit, durch Personen also, die von den oben geschilderten Ausnahmeregelungen Gebrauch machen durften. So wurden 99,7% der Iraner, 90,0% der Griechen und Ex-Jugoslawen, 81,3% der Libanesen, 85,1% der Marokkaner und 92,4% der Afghanen im Jahre 2000 als Doppelstaatler eingebürgert, weil das Staatsangehörigkeitsrecht dieser Länder keine Ausbürgerungen vorsieht.

Die Deutschlandtürken haben dagegen vor allem von § 25 /Abs.1 des Reichs- und Staatsangehörigkeitsgesetzes (Inlandsklausel) gebraucht gemacht. Nach Maßgabe dessen war es für die im Inland lebenden deutschen Staatsbürger möglich, die alte, also die aufgegebene Staatsbürgerschaft nachträglich erneut zu erwerben. So haben viele, um die deutsche Staatsangehörigkeit zu erhalten, sich erzwungenermaßen von der türkischen Staatsbürgerschaft ausbürgern lassen und sie nachträglich erneut beantragt und zurückerhalten.

Wenn auch nach einem langwierigen Weg war es auch für die Deutschlandtürken möglich, den Doppelpass zu erhalten. Dank der genannten Inlandsklausel konnte die Zahl der Einbürgerungen bei ihnen von 2034 Personen im Jahre 1990 auf 103.900 Ende 1999 steigen.

Ab Januar 2000 trat das neue Staatsangehörigkeitsrecht in Kraft, in dem die bis dahin bestehende Möglichkeit der Rückgewinnung der alten Staatsbürgerschaft gestrichen wurde. Daher gingen die Einbürgerungszahlen insbesondere bei den Türken als der größten Gruppe der Einwanderer Deutschlands ab 2000 ganz erheblich zurück[69].

Anfang 2005 waren deshalb viele Zehntausend vor allem eingebürgerten Türken, aber auch Russlanddeutsche mit dem Verlust ihrer deutschen Staatsbürgerschaft konfrontiert. Sie hatten vor 2000 die deutsche Staatsbürgerschaft erworben und anschließend den Erhalt der alten Staatsbürgerschaft beantragt, diese jedoch wegen langer Bearbeitungszeiten erst nach 2000 zurückerhalten. Die Antragsteller von 1997,1998 und 1999, die mit Vertrauen auf das geltende Recht die alte Staatsangehörigkeit beantragt hatten, konnten nicht ahnen, dass sie durch

[68] Der prozentuale Anteil der Einbürgerungen an der nichtdeutschen Gesamtbevölkerung betrug 1994: 0,88%, 2000: 2,56%

[69] Vgl. Statistisches Bundesamt 2004: (1999: 248.206 (103.900); 2000: 186.886 (82.861); 2001: 177.145 (76.573); 2002: 144.572 (64.631) und 2003: 140.031 (56.244). Einbürgerungen für türkische Staatsbürger in Klammern

ein nachträglich geschaffenes Gesetz ihre deutsche Staatsbürgerschaft verlieren würden. Der Gesetzgeber hätte eine Übergangsregelung für diese Fälle vorsehen und die Einwandererbevölkerung über die Einbürgerungsmodalitäten besser informieren müssen.

Völlig inakzeptabel ist jedoch, dass diese Menschen nach dem neuen Zuwanderungsgesetz nicht einmal ihren alten, gesicherten Aufenthaltsstatus, den sie zur Zeit der Einbürgerung besaßen, behalten können. Sie verlieren nicht nur ihre deutsche Staatsbürgerschaft, sondern müssen sogar um ihren alten Aufenthaltsstatus bangen, so, als seien sie neu nach Deutschland gekommen. Auch hier wird der Abwehrcharakter dieser Gesetze ganz deutlich. Die Türkische Gemeinde in Deutschland führte mit dem Bundesinnenministerium sowie mit Politikern aus den Unionsparteien Gespräche, um zur Lösung des Problems beizutragen, und versuchte mit Öffentlichkeitsarbeit auf diese gravierende Problematik hinzuweisen.[70]

Die Angaben des statistischen Bundesamtes belegen, dass ein sehr großer Teil der Einbürgerungen nur dank der Tolerierung doppelter Staatsbürgerschaften möglich wurde. Gäbe es diese Möglichkeit für alle dauerhaft in Deutschland lebenden Nichtdeutschen, hätten wir auch in Deutschland wesentlich höhere Einbürgerungszahlen. Hier wird durch die Statistik der Beweis erbracht, welche Bedeutung der Hinnahme von Mehrstaatigkeit bei der Einbürgerung zukommt, und unsere häufig geäußerte Kritik am neuen Gesetz bestätigt.

Würden wir die geltenden Einbürgerungsquoten als Basis für eine Prognose benutzen, so würde es mehr als 40 Jahre dauern, bis alle heute in Deutschland lebenden 7,3 Millionen Nichtdeutschen eingebürgert worden wären. Dies hätte zur Folge, dass viele dieser Menschen nie in den Genuss staatsbürgerlicher Rechten kämen und in Deutschland als Ausländer sterben würden.

Gegnern einer erleichterten Einbürgerung empfehle ich einen Blick auf die Einbürgerungsquoten in den Nachbarländern Deutschlands: in Frankreich, den Niederlanden, Großbritannien, Schweden, Belgien, Dänemark aber auch in den USA und in Kanada liegt diese Quote oft um ein Vielfaches über der von Deutschland.

»Basisdemokratie« ohne Beteiligung der Basis

Zu unserem Demokratieverständnis, und damit meine ich das europäische, und zu unserer Streitkultur gehört es, dass die Meinung der gesellschaftlichen Gruppen, die von einer Gesetzgebung betroffenen sind, Gehör finden. Die Einwande-

[70] Vgl. die Pressekonferenz der TGD in Berlin am 7.2.2005 sowie zahlreiche Gespräche mit den Medien.

rerbevölkerung gehört in ihrer großen Mehrheit nicht zum Wahlvolk, weil sie ohne die deutsche Staatsbürgerschaft eben nicht über das Wahlrecht verfügen. Sie sind demzufolge in den Parlamenten ohne Interessenvertretung und somit vom »good will« der dort vertretenen Parteien abhängig.

Weil Einwanderer kaum in den Parlamenten vertreten sind. müssten die demokratischen Parteien und ihrer Fraktionen über die notwendige Sensibilität verfügen, sie immer dann einzubeziehen, wenn sie von bestimmten Gesetzen vornehmlich betroffen sind. Die meisten Einwanderer haben inzwischen ihre eigenen Selbsthilfeorganisationen in Deutschland gegründet. Die Vertreter dieser Gruppen wenigstens bei den Gesetzgebungsprozessen einzubeziehen, die in erster Linie die Nichtdeutschen betreffen, müsste eigentlich selbstverständlich sein.

Dies insbesondere von den Bündnisgrünen zu erwarten, die sich die Basisdemokratie als ihre wichtigste parteipolitische Orientierung auf die Fahne geschrieben haben, ist nicht zuviel verlangt. Auch bei den in demokratischen Gepflogenheiten sehr geübten und volksnahen Sozialdemokraten sollte es gängige Praxis sein.

Doch weder bei der Gesetzesinitiative zum Staatsangehörigkeitsrecht, noch bei dem Zuwanderungsgesetz, auch nicht als die Kommission „Zuwanderung" einberufen wurde, war dies der Fall. Von keiner der beiden Parteien erhielt die Türkische Gemeinde in Deutschland mit ihren mehr als 230 Mitgliedsvereinen, und damit einer der wichtigsten Interessendachverbände der Deutschlandtürken, eine Einladung zu den Anhörungen vor oder während des Gesetzgebungsverfahrens. Selbstverständlich hätten alle Selbsthilfeorganisationen der Einwandererbevölkerung, zuförderst die der größten Gruppe, der Türken, an diesem Verfahren beteiligt werden müssen. Beteiligung und Mitwirkung aber bedeutet, dass diese Gruppen um Stellungnahmen zu den Gesetzesvorhaben und Gesetzentwürfen gebeten und diese dann aufmerksam registriert werden. Die letzte Entscheidung bleibt selbstverständlich den Fraktionen und Parlamentariern im Bundestag vorbehalten.

Sowohl beim Staatsangehörigkeits- als auch beim Zuwanderungsgesetz hat sich die Türkische Gemeinde in Deutschland direkt an die Fraktionen der Regierungsparteien und an den Bundesminister des Inneren gewandt und ihre Mitwirkung angeboten, sie hat um Gesprächstermine gebeten und gebeten, gehört zu werden.

Erst nachdem die Vorentscheidungen bereits gefallen waren, erhielten wir einen Gesprächstermin am 15.3.1999 mit den Sprecherinnen der Bündnisgrünen Antje Radcke und Gunda Röstel. In diesem sehr ausführlichen Gespräch haben wir unsere Kritik über den mit der FDP abgestimmten Gesetzentwurf zum Staatsangehörigkeitsrecht erläutert. Zu unserer Verblüffung erfuhren wir, dass die Fraktion der Bündnisgrünen stets nur positive Stellungnahmen über die Gesetzesinhalte von ihrem ausländerpolitischen Sprecher, Cem Özdemir, erhalten hatte. Obwohl wir auch Herrn Özdemir gebeten hatten, an diesem Gespräch teilzunehmen, war er nicht zugegen. Erst viel später, als der Gesetzentwurf nicht mehr zur Disposition stand, hat er einige Vertreter der Einwandererorganisationen zu einem Informationstreffen eingeladen. Aus Protest nahmen wir daran nicht teil.

Die Türkische Gemeinde in Deutschland versuchte in Gesprächen mit Vertretern der SPD, der Bündnisgrünen und der FDP ihre Bedenken gegen den Gesetzentwurf deutlich zu machen. Gerade bei dem zuständigen Minister des Innern, aber auch bei der Fraktionsspitze der SPD fanden wir kein Echo. Unsre öffentliche Kritik hatte ganz offensichtlich dazu geführt, dass die Meinung der Türkischen Gemeinde in Deutschland in Regierungskreisen nicht mehr gefragt, ja unerwünscht war.

Die Zusammensetzung der Kommission Zuwanderung durch Otto Schily war der Gipfel dieses inakzeptabeln Demokratieverständnisses. Ohne einen einzigen Vertreter der Einwandererbevölkerung hat er zu Fragen von Integration und Zuwanderung eine Kommission einberufen, in der die üblichen gesellschaftlichen Gruppen vertreten waren. Unter den 20 Mitgliedern gab es jedoch keine einzige Person mit Migrationshintergrund. Diese Praxis rief die heftige Kritik der Medien sowie der Einwandererorganisationen, darunter der Türkischen Gemeinde in Deutschland, hervor. Erst auf Grund dieser Intervention wurde der Unternehmer Vural Öger nachträglich als 21. Mitglied in die Kommission berufen. Eine Einladung zu der Anhörung der »Kommission Zuwanderung« haben wir wahrgenommen, Monate zuvor hatten wir selbst darum gebeten.

In einer umfassenden schriftlichen Stellungnahme hat die Türkische Gemeinde in Deutschland Vorschläge zu der zukünftige Integrations- und Einwanderungspolitik Deutschlands gemacht und diese auch den Mitgliedern der »Unabhängigen Kommission Zuwanderung« und der Öffentlichkeit bekannt gemacht. Dabei wurde auch das mangelhafte Demokratieverständnis der am Verfahren beteiligten Minister und Fraktionen kritisiert.

> »Es widerspricht den Grundprinzipien einer Demokratie die zukünftige Zuwanderungs- und Integrationspolitik weiterhin ohne Mitwirkung der Betroffenen selbst zu gestalten. Ein solches Politikverständnis ist für uns inakzeptabel und muss überdacht werden. Hierbei kann vor allem von den Niederlanden und Schweden viel gelernt werden. [...]
>
> Eine neue Einwanderungs- und Integrationspolitik bedarf neuer Strukturen. Sowohl auf Bundes-, als auch auf Landesebene sowie in den Kommunen muss dies als Querschnittsaufgabe erkannt und die Zuständigkeiten gebündelt werden. [...]

Nach bestimmten Kriterien ausgewählte Migrantenorganisationen sollten als Vertreter der jeweiligen Bevölkerungsgruppen anerkannt, mit Kompetenzen und Mitentscheidungsmöglichkeiten in den zu schaffenden Einrichtungen »für Einwanderung und Integration« vertreten sein und institutionell gefördert werden. Nur so wird ein stetiger Dialog und die Einbeziehung der kulturellen Minderheiten in die sie direkt betreffenden Aufgabenbereiche gewährleistet sein. Ihnen sollten auch bestimmte integrationspolitische Aufgaben übertragen werden.«[71]

[71] Es ist an der Zeit Mut zu zeigen für Visionen einer gemeinsamen Zukunft und eines Miteinanders der deutschen Bevölkerung und der kulturellen Minderheiten. Stellungnahme der Türkischen Gemeinde in Deutschland anlässlich der Anhörung der »Unabhängigen Kommission Zuwanderung« am 26./27. April 2001 in Berlin

3 Viele Kulturen – eine Zukunft: Perspektiven eines toleranten Miteinanders in Deutschland

»Zwischen 1960 und 1990 drängt die deutsche differentialistische Kultur die Türken in die Rolle der stigmatisierten Gruppe, als wären sie von der Geschichte dazu auserkoren, das Prinzip der menschlichen Verschiedenheit auf deutschem Boden zu verkörpern«[72]*, Emmanuel Todd*

Nach Jahrzehnten kontroverser Diskussionen darüber, ob Deutschland ein Einwanderungsland sei, sind wir nun offensichtlich dabei, mit der gleichen Intensität über eine längst vollzogene Realität zu streiten. Ist Deutschland, ebenso wie es unumkehrbar ein Einwanderungsland geworden ist, auch eine multikulturelle Gesellschaft? Diejenigen, die Deutschland immer noch nicht als Einwanderungsland akzeptieren wollen, lehnen auch die Multikulturalität Deutschlands als gesellschaftliche Realität aus ideologischen Gründen ab.
Was ist eigentlich eine multikulturelle Gesellschaft?

Sie ist für mich nichts anderes als eine Gesellschaft, in der keine Monokultur, auch keine national-homogene Einheits-Kultur, sondern in der mehrere Kulturen im Austausch miteinander in Vielfalt existieren. In Deutschland werden Dutzende Sprachen als Muttersprache von Hunderttausenden und Millionen von Menschen gesprochen, Türkisch, Italienisch, Serbisch, Bosnisch, Spanisch, Griechisch, Portugiesisch, Kroatisch, Arabisch, Persisch, Japanisch, , Polnisch, Russisch, usw. Gleichfalls Hunderttausende und Millionen glauben an unterschiedlichen Religionen und Konfessionen: Christen, Moslems, Juden, Hindus, Buddhisten und Angehörige anderer Religions- und Glaubensrichtungen. Zählt man auch die bereits eingebürgerten Menschen ausländischer Herkunft und mit einem anderen kulturellen Hintergrund dazu, kommt im Bundesdurchschnitt mehr als jede zehnte, in den Grosstädten sogar jeder sechste, fünfte oder gar vierte Einwohner Deutschlands aus einem anderen Kulturkreis und hat eine andere ethnische Herkunft. Sie haben nicht nur unterschiedliche Sprachen und Religionen, sondern auch differenzierte Lebensformen, eine andere Esskultur, Musik, Kommunikationsstruktur, Kunst, Literatur sowie oft ganz anders geartete familiäre, nachbarschaftliche und gesellschaftliche Beziehungen.

---

[72] Todd, E., Das Schicksal der Immigranten, Hildesheim 1998, S. 213

Unter einer multikulturellen Gesellschaft verstehe ich aber nicht allein die Addition der Kulturen, die nebeneinander in Deutschland bestehen, sondern deren bewusste Wahrnehmung und Respektierung. Sie ist Ausdruck eines freiwilligen Kennenlernens, ist Austausch und Dialog zwischen den unterschiedlichen Kulturen. Sie ist aber auch freiwillige Aufnahme von Teilen anderer Kulturen, ohne sich eine andere Kultur insgesamt zu eigen zu machen. Die Dominanz einer Kultur, meist die der Mehrheitsgesellschaft, darf nicht von »oben« angeordnet, nicht erzwungen werden. Die Individuen sollen das Recht haben, sich gemäß den eigenen Wünschen, der eigenen Prägung und Überzeugung durch Übernahme von Teilen anderer Kulturen zu bereichern und für sich eine neue Kultur zu bilden oder auch sich in einer anderen Kultur besser zu Hause zu fühlen.

Mit dem Begriff »multikulturelle Gesellschaft« wird nichts anders als die gesellschaftliche Realität beschrieben. Sie formuliert aber zugleich perspektivisch die Zielsetzung, was dies bedeutet könnte und wie mit dieser Realität in der Bundesrepublik Deutschland umgangen werden sollte. Sie will mit eigenen Ideen und Vorgaben präventiv gesellschaftlichen Konflikten zwischen der Mehrheitsbevölkerung und den kulturellen Minderheiten entgegenwirken und möglichen Konfliktpotentialen den Boden entziehen.

Der neueste Bericht des globalen Entwicklungsnetzwerks der Vereinten Nationen (UNDP) von 2004 plädiert für kulturelle und ethnische Vielfalt. Der Bericht trägt den Titel: »Kulturelle Freiheit in unserer Welt der Vielfalt«. Diese Vielfalt wird gefordert, damit »Menschen in der Lage sind, zu leben wie sie leben wollen und diejenigen zu sein, die sie sein wollen, wobei ihnen ausreichende Wahlmöglichkeiten zur Verfügung stehen.«

> »[…] Kultur ist keine totale Anhäufung von Werten und Bräuchen. Sie wird vielmehr ständig neu mit Leben erfüllt, wenn Menschen ihre Werte und Bräuche hinterfragen, an veränderte Gegebenheiten anpassen und im Gedankenaustausch mit anderen neu definieren.«[73]

Die europäischen Kultusminister verabschiedeten im Mai 1984 ihre Berliner Deklaration, in der sie die Kultur als Gesamtheit der Werte, die der Menschheit den Sinn ihres Daseins und Handelns vermittelt, definierten. Darin hieß es: »Die Europäer sollen ihre Anstrengungen darauf richten, das kulturelle Erbe zu erhalten, die schöpferischen Tätigkeiten zu entfalten, die menschlichen Fähigkeiten zu entwickeln, die Freiheit zu sichern, die Mitwirkung zu fördern, die Solidarität zu stärken und die Zukunft zu gestalten.« In dieser Deklaration wurde auch »die Anerkennung der kulturellen Identität von Arbeitsemigranten, von Minderheiten

[73] Dokumentation der Frankfurter Rundschau, 16.Juli 2004, S. 9

und von Regionen« gefordert sowie die Schaffung von »Bedingungen, die einem besseren Verständnis unter Menschen verschiedener Alters und verschiedener Kulturen, verschiedener Regionen und Traditionen dienen.«[74]

Allein in der angloamerikanischen Kulturanthropologie werden über 150 Definitionen des Begriffes »Kultur« angeboten.[75] Es fällt schwer, einer der Definitionen den Vorzug zu geben, zumal diese sich eher gegenseitig ergänzen. Ich halte den Kulturbegriff, wie er von der UNESCO verwendet wird, für gelungen: »Kultur umfasst die Strukturen, Ausdrucksformen und Bedingungen des Lebens einer Gesellschaft und die verschiedenen Arten, mit denen sich das Individuum in dieser Gesellschaft zum Ausdruck bringt und erfüllt.«[76]

Kann ein vernünftiger Mensch glaubhaft behaupten, dass es in Deutschland nichts anders gäbe außer der deutschen Kultur, also der deutschen Sprache, Lebensweise, Musik, Kunst, Literatur und der christlichen Religion?. Oder vermag jemand die Augen davor zu verschließen, dass sich neben deutscher Kultur nicht auch zahlreiche andere Kulturen und Lebensweisen in Deutschland etabliert haben? Wer dies dennoch tut, versucht nicht nur sich selbst, sondern auch die Bevölkerung und die Öffentlichkeit zu täuschen und zu betrügen.

Mit anderen Worten: Weil in Deutschland unübersehbar Millionen von Eingewanderte und ihre Nachkommen aus unterschiedlichen Kulturen in allen Bereichen des Lebens präsent sind und hier dauerhaft leben, ist es bereits überholt und kaum produktiv, sich weiterhin bei der Diskussion aufzuhalten, ob Deutschland eine multikulturelle Gesellschaft ist.

Deutschland hatte und hat, wie auch fast alle Länder dieser Erde, längst diese kulturelle Vielfalt. Es muss und müsste daher nunmehr darüber gestritten werden, wie und mit welchen Konzepten diese kulturelle Vielfalt, die Multikulturalität also, als eine gesellschaftliche Perspektive nicht des Nebeneinanders, sondern des Miteinanders gestaltet und entfaltet werden kann. Auch muss darüber diskutiert werden, wie diese kulturelle Vielfalt für alle Bewohner Deutschlands zu einer sich gegenseitig bereichernden, befruchtenden, nützlichen, Freude bereitenden und dynamisch-kreativen Form des gesellschaftlichen Lebens gemacht werden kann.

Wären nicht Deutschland, Frankreich, die USA, Großbritannien, Italien, die Türkei, China, Indien, Rußland und Brasilien, um hier nur einige Länder aufzuzählen, in jeder Hinsicht bitter arm, wenn sie nicht ihre existierende reiche kulturelle Vielfalt, sondern eine Monokultur hätten?

---

[74] Deutsche UNESCO-Kommission (Hg.), Die Multikulturellen, Bonn 1985, S.127ff.

[75] Vgl. Auernheimer, G., Der sogenannte Kulturkonflikt, Frankfurt a.M. 1998, S. 97

[76] UNESCO, z.n. Kula, O.B., Türkische Migrantenkultur als Determinante der Interkulturellen Pädagogik, Saarbrücken 1986, S. 16

Die Politik und die kulturellen Minderheiten in Deutschland sind gefordert, die kulturelle Vielfalt als Reichtum zu nutzen

In der von Bundeskanzler Kohl und dem Präsidenten der Sowjetunion, Gorbatschow, unterzeichneten Erklärung vom 13. Juli 1990 über die deutsche Einheit hieß es u.a.: »[…] kulturelle Vielfalt ist einer der größten Schätze des Kontinents.«

Der CDU-Politiker Heiner Geißler ist trotz heftiger Widerstände aus den eigenen Reihen, insbesondere der Schwesterpartei CSU, seit langem einer der prominentesten Befürworter der Akzeptanz dieser Realität einer multikulturellen Gesellschaft. Diese Gesellschaft definiert er als »die Bereitschaft, mit Menschen aus anderen Kulturen und Ländern zusammenzuleben, ihre Eigenart zu respektieren, ohne sie germanisieren und assimilieren zu wollen. Das heißt auf der anderen Seite, ihnen, wenn sie es wollen, ihre kulturelle Identität zu lassen, aber gleichzeitig von ihnen zu verlangen, dass sie die universellen und die Grundwerte der Republik, z. B. die Gleichberechtigung der Frau und die Glaubens- und Gewissensfreiheit, achten und zweitens die deutsche Sprache beherrschen.«[77]

Eine bessere und klarere Beschreibung dessen, was unter einer multikulturellen Gesellschaft zu verstehen ist und was von beiden Seiten, von der deutschen und von der Einwandererbevölkerung, dabei erwartet wird, habe ich in der Literatur nicht gefunden.

An anderer Stelle plädiert er für einen Verfassungspatriotismus. In einer Epoche, in der Völker zusammenwachsen, sei dies die Konzeption der Zukunft. Das persönliche Bekenntnis zum Grundgesetz sollte das verbindende Element für die Nicht-Deutschen an die Bundesrepublik und für ihren Erwerb der deutschen Staatsbürgerschaft sein, nicht jedoch die deutsche Abstammung, so Geißler.[78]

Geißlers These kann uns helfen, nicht nur bei der Ausgestaltung der multikulturellen Gesellschaft, sondern auch bei dem sehr strittigen Begriff der »Integration« weiterzukommen.

Die deutsche Politik wie die Bevölkerung insgesamt sollte die unterschiedliche Kultur und die kulturelle Identität der Einwanderer und ihrer Kinder und Enkel wahrnehmen und respektieren. Dies bedeutet, dass Integration nicht als Angleichung im Sinne einer Assimilation und damit gewissermaßen als Aufgabe der eigenen Kultur und Identität verstanden werden darf. Anders gesagt, die kulturellen Minderheiten werden ihre eigene Muttersprache auch in den Schulen

[77] Geißler, Heiner Zugluft, München 1990, S. 193; vgl. auch: Multikulturelle Gesellschaft: Ja!, in: Klöcker, M. u. Tworuschka, U. [Hrsg.], Miteinander was sonst? Die multikulturelle Gesellschaft im Brennpunkt, Köln / Wien 1990, S. 57f

[78] Vgl. ebda. S. 211ff.

weiter lernen, die eigene Lebensart, ihre Sitten und eigenen religiösen Überzeugungen uneingeschränkt weiter leben können. Dies ist heute bereits größtenteils Lebensrealität in Deutschland, obwohl die Muttersprache nicht in allen Schulen gelernt werden kann.

Die kulturellen Minderheiten hingegen sollten sich zu den universellen Menschenrechten und zu den Grundwerten der Verfassung der Bundesrepublik Deutschland bekennen und sie akzeptieren. Der Verfassungspatriotismus, das Bekenntnis zum Grundgesetz also, das ja die Grund- und Menschenrechte beinhaltet, auf denen die Republik fußt, stellt somit in der Hauptsache das verbindende Glied zwischen der deutschen und nichtdeutschen Bevölkerung dar.

Die in ihren Wesensgehalten als unantastbar geltenden Menschen- und Grundrechte von Art.1 bis Art. 19 des Grundgesetzes sowie Art 20, in dem die Strukturprinzipien der Bundesrepublik Deutschland als unveränderbar festgelegt sind, stellen auch für die kulturellen Minderheiten eine ganz solide Basis für ihr Bekenntnis zu Deutschland dar, selbst dann, wenn einige der Grundrechte nur für deutsche Staatsbürger gelten. Mit den Grundwerten der Bundesrepublik Deutschland, die im Grundgesetz klar beschrieben sind, müssen sich alle kulturellen Minderheiten ohne Wenn und Aber voll identifizieren. An einem so definierten Verfassungspatriotismus kann auch die nichtdeutsche Bevölkerung als Grundorientierung und Voraussetzung für ein Leben in einem multikulturellen Deutschland festhalten.

Die sonstigen Gesetze in Deutschland, vom Straf- bis zum Zivilrecht, gelten selbstverständlich nicht nur für die Staatsbürger, sondern auch für alle Nichtdeutschen. Die einzige Ausnahme dürfte hier das Scheidungsrecht betreffen, welches mit der Staatsbürgerschaft verbunden ist.

Die Frage ist nun, ob zunächst einmal die politisch Verantwortlichen in Deutschland bereit sind, ihrerseits zu akzeptieren, was Herr Geißler für die multikulturelle Gesellschaft voraussetzt.

Im Kapitel über die deutsche Staatsbürgerschaft haben wir erläutert, mit welcher Begründung die führenden Politiker der Unionsparteien gegen die Einführung des Geburtsortprinzips und gegen die doppelte Staatsbürgerschaft mobil machten. Diese Argumente werden seit Jahrzehnten auch im Zusammenhang mit der Ablehnung einer multikulturellen Gesellschaft genannt. Hier einige Beispiele:

- Der ehemaligen Bundesinnenminister Zimmermann schrieb im Entwurf zur Novellierung des Ausländerrechts 1988, eine fortlaufende Zuwanderung bedeute »den Verzicht auf die Homogenität der Gesellschaft.«[79]

[79] Argumente, Die multikulturelle Gesellschaft, die Grünen im Bundestag (Hg.), Bonn 1990, S.90

- Eine multikulturelle Gesellschaft und die Wahrung der nationalen Identität »schlössen sich aus«, so Alfred Dregger vor der Bundestagsfraktion am 29. November 1988.[80]
- Nach Aussagen von Bayerns Ministerpräsidenten, dem CSU-Vorsitzenden Stoiber, lege das Gerede von der multikulturellen Gesellschaft die Axt an die Wurzeln unserer in Jahrhunderten entwickelten nationalen und kulturellen Identität.[81]
- Bayerns Innenminister Günther Beckstein vertrat zumindest 1991 in dieser Frage eine andere Position. »Ohne Zweifel wird unsere Kultur – im weitesten Sinne verstanden – »in den kommenden Jahren vielfältiger, bunter und facettenreicher werden. Dies ist gut so, auch wenn dabei immer wieder Probleme entstehen, über die man sich keine Illusionen machen sollte«, und fügte zu Recht hinzu, seine eigene Identität sei »europäisch, deutsch und bayerisch«.[82]

Wie diesen beispielhaft zitierten führenden Politikern der Unionsparteien zeigen, wird dort in der Hauptsache die Meinung vertreten, multikulturelle Gesellschaft sowie »nationale und kulturelle Identität« schlössen einander in Deutschland aus, erstere gefährde gar Deutschlands kulturelle Wurzeln. Diese Behauptung ist in der Tat bei sehr vielen Gesprächen und Diskussionen zu hören.

Eine Erklärung für diese Vorstellungen finden wir bei dem Anthropologen und Historiker Emmanuel Todd. Er nennt in seiner Analyse der Familienstrukturen Gründe dafür, weshalb Gesellschaften anderen Gesellschaften so unterschiedlich gegenübertreten. Manche, wie z.B. Frankreich, seien ihrem Charakter nach universalistisch, d.h. sie betrachten die Menschen und Völker a priori als gleichwertig. Andere, wie beispielsweise Deutschland, ordnet er einem *»Differenzialistischen Stammfamiliensystem«* zu. In diesem System »bleibt man der Vorstellung verhaftet, dass die Menschheit uneinheitlich und zergliedert ist.«[83]

Er führt weiter aus: »Eine ethnische Minderheit wird zum Symbol der Differenz schlechthin abgestempelt; das ermöglicht es, alle anderen Unterschiede zu verwischen und die anderen Minderheiten als der vorherrschenden Ethnien gleichwertig und assimilierbar zu betrachten.

Die Existenz einer Paria-Gruppe (gemeint sind die Deutschland-Türken (H.K.) führt außerdem dazu, dass sich die herrschende Bevölkerung intern in gewisser Weise als gleichwertig begreift.[...] Der Differentialismus macht aus

---

[80] Ebda., S. 180
[81] Ebda., S. 181
[82] In: Viele Kulturen eine Zukunft. Ökumenischer Vorbereitungsausschuss zur Woche des ausländischen Mitbürgers, Frankfurt 1991, S. 13
[83] Todd, E., a.a.O., S. 17ff, 181ff

der ethnischen Identität ein ererbtes Merkmal, das auf mythische Weise durch die Familie oder das Blut übertragen wird.«[84]

In einem weiteren Kapitel analysiert Todd das deutsche Familiensystem in seinem historischen Werdegang und führt aus, dass es unter Krisensituationen zu ganz bitteren Folgen führen kann, wie dies bereits unter dem Nationalsozialismus und des anthropologischen Mechanismus mit der Vernichtung der Juden der Fall gewesen ist.

> »Die Kombination der beiden für das Stammfamiliensystem typischen Werte Ungleichheit und Autorität führt zu einem Nebeneinander zwei widersprüchlicher Zielsetzungen: Die Ungleichheit zielt auf Unterscheidung, die Autorität auf Einheit. Wenn man die Unterschiede für unauflöslich hält, zugleich aber von Homogenität träumt, dann kann man auf die Idee verfallen, dass die Eliminierung der als ‚andersartig' stigmatisierten Bevölkerungsgruppe eine mögliche Lösung wäre. In bestimmten historischen – vor allem religiösen oder ökonomischen – Krisenzeiten kann diese logische Schlussfolgerung zur Vertreibung oder zur Vernichtung einer Bevölkerungsgruppe führen, an der sich der Begriff der Differenz festgemacht hat.«[85]

Keinem deutschen Politiker aus den im Bundestag vertretenen demokratischen Parteien kann auch im Geringsten derartiges unterstellt werden, dies tut auch der zitierte namhafte und für dieses Werk mit dem Preis der französischen Nationalversammlung ausgezeichnete Wissenschaftler nicht.

Diese Analyse zeigt aber, dass die oben zitierten deutschen Politiker sich in einer Weise begrifflicher und ideologischer Instrumentarien bedienen, die den Strukturen des Stammfamiliensystems voll entsprechen. Das Festhalten an einer ethnisch definierten und vererbbaren Zugehörigkeit zu einer Nation und Identität sowie der hierdurch hergestellten Homogenität der deutschen Kultur basiert auf der Idee der Ungleichheit und führt notwendig zu einer Differenzierung und damit auch Trennung von Deutschen und Nichtdeutschen. Dies bedeutet auch, dass die eingebürgerten Neu- Deutschen ohne deutsche Abstammung gar nicht Deutsche sein können und daher auch nicht der deutschen Nation angehören dürfen. Dies bedeutet wiederum, dass die Kulturen und kulturellen Identitäten der Nichtdeutschen keine Existenzberechtigung in Deutschland haben dürfen, da sie zu diesem Weltbild der Homogenität der deutschen Kultur gar nicht passen. Das ist die logische Schlussfolgerung aus dieser Auffassung vom Deutsch-Sein, der Zugehörigkeit zur deutschen Nation und der Homogenität der deutschen Gesellschaft.

---

[84] Ebda, S. 19 u.27

[85] Ebda, a.a.O., S. 206 ff.

Dieser Auffassung nach ist die deutsche Nation und die deutsche Bevölkerung ein »ethnisch reines«, also völlig ungemischtes Volk. Das dies für ein Land wie Deutschland, inmitten Europas, in Folge von teilweise Jahrhunderte währender fremder Herrschaft, z.B. römischer oder französischer, sowie Einwanderungen gegen Ende des 19. Jahrhunderts vor allem aus Polen und nach dem Zweiten Weltkrieg durch millionenfache Mischehen nicht möglich ist, dürfte kaum bestritten werden und müsste jedem rational denkenden Menschen eigentlich klar sein.

Von den Vertretern dieser Positionen wird implizit unterstellt – und dies ist auch gelegentlich zu hören –, dass durch die multikulturelle Gesellschaft die Gefahr einer *»kulturellen Überfremdung« für* Deutschland drohe. Manfred Rommel, der viele Jahre in Stuttgart als Bürgermeister diente, geht dieser Frage in einem Beitrag zu »multikulturelle Vielfalt in den Städten« mit folgender Bewertung nach. »Es gibt ein Schlagwort ‚kulturelle Überfremdung'. Was heißt das? Das klingt so gefährlich. Überfremdung und auch noch Überfremdung der Kultur. Ich habe durch Erfahrung festgestellt, dass die Furcht von kultureller Überfremdung vordringlich vor allem von Leuten geäußert wird, die unter Kultur eigentlich nicht viel mehr verstehen als die Kulturbeutel. Kultur heißt Vielfalt, heißt Begegnung mit dem Neuen […]. Die Frage was ist fremd? Fremd ist im allgemeinen Sprachgebrauch oft, was nicht gleichen Blutes ist. [...]. Ich glaube, es kommt weniger auf fragwürdige Blutgemeinschaften an, sondern auf Gemeinschaften von Persönlichkeiten.«[86]

Es fällt schwer, sich mit solch unwirklichen und unwahren Positionen heute noch auseinanderzusetzen. Gab es und gibt es überhaupt eine homogene deutsche, französische, Italienische, spanische, türkische oder sonstige Kultur? Kulturen entstehen nicht in abgeschlossenen Staatsgrenzen oder Gebieten. In den Jahrtausenden der historisch fassbaren Menschheitsgeschichte haben sich die verschiedenen Kulturen weltweit stets gegenseitig beeinflusst und befruchtet.

Der Politikprofessor und Vorsitzende des Rates für Migration, Oberndörfer, geht auf diese Frage mit folgender Feststellung ein. »Kulturelle Homogenität im Sinne fugenloser, konfliktfreier Übereinstimmung kulturelle Werte hat es nie und nirgendwo gegeben. Versuche, sie herzustellen und als status quo festzuschreiben, führten stets zu kultureller Unterdruckung bis hin zu kultureller Inquisition. [...] Die Kultur des republikanischen Verfassungsstaates ist offen für den Wandel ihrer Inhalte. Sie kann niemals abschließend und übereinstimmend definiert werden.«[87]

---

[86] In: Multikulturelle Vielfalt in den Städten, Cappenberger Gespräche der Freiherr-Von-Stein-Gesellschaft, Band 24, Köln 1990, S.14

[87] Oberndörfer, D., Multikulturalismus und kultureller Pluralismus werden durch das Grundgesetz der Bundesrepublik Deutschland gestützt, in: Goldberg / Şen, a.a.O., S. 51 und 55.

Der oben zitierte Bericht der UNO über die menschliche Entwicklung setzt sich unter anderem mit dem Mythos auseinander, dass nämlich die Anerkennung der kulturellen Vielfalt die staatliche Einheit gefährden und Konfliktpotentiale freigeben würde. Hier nur die Kernaussagen: »[…] die meisten Staaten haben sich bemüht, kulturelle homogene Staatsgefüge mit einer gemeinsamen Identität aufzubauen. Manchmal hatten sie damit Erfolg, doch nur um den Preis von Unterdruckung und Verfolgung. Wenn die Geschichte des 20. Jahrhunderts etwas gezeigt hat, dann dies, dass der Versuch, kulturelle Gruppierungen entweder zu beseitigen oder sie wegzuwünschen, hartnäckigen Widerstand hervorruft. Im Gegensatz dazu hat die Anerkennung kultureller Identitäten dazu geführt, dass nie enden wollende Spannungen aufgelöst werden konnten. [...] Bei Vielfalt versus staatliche Einheit gibt es kein Entweder – Oder. Durch eine Politik der Multikulturalität lassen sich Staaten aufbauen, in denen es Vielfalt in der Einheit gibt.«[88]

Pastor Jürgen Micksch, der sich jahrzehntelang mit Fragen der Migration und Integration befasst hat, nannte sein Buch »Deutschland – Einheit in kultureller Vielfalt.«[89] Dies meint, dass die Einheit Deutschlands durch die Annerkennung der kulturellen Vielfalt nicht gefährdet, sondern vielmehr gesichert werden wird.

Integration ja – Assimilation nein!

»Es ist jetzt Aufgabe der Politik, eine neue Form für die Gesellschaft zu finden. Eine Form, in der Einwanderer als gleichberechtigte Konstituenten der sich erneuernden Republik auf- und angenommen werden.«[90], Ulrich Preuß
»Integration heißt heimisch werden«[91], Wolfgang Huber

Mit diesen vier Worten bringt EKD-Präsident Huber die zentrale Botschaft des viel diskutierten Begriffs auf den Punkt.

Die »Integration« gehört in der Ausländerpolitik und bei der Ausländerdiskussion zu den meistverwendeten Begriffen. Ausnahmslos von allen politischen Parteien, gesellschaftlichen Gruppen und Verbänden, auch unter den Einwanderern, sowie in der Öffentlichkeit wird der Begriff Integration verwendet. »Die ausländische Bevölkerung soll sich in die deutsche Gesellschaft integrieren, wir

[88] Dokumentation der Frankfurter Rundschau, 16. Juli 2004
[89] Frankfurt/M 1991
[90] Preuß, Ulrich K., Die Zeit, 31. Mai 2001
[91] Meditation zum Motto, in: Ökonomischer Vorbereitungsausschuss zur Woche der ausländischen Mitbürger (Hg.), Frankfurt a. M., 2004, S. 22

sind für die Integration«, so lautet die gängige Anwendung, die längst ein Schlagwort geworden ist. Viele der Benutzer fügen sofort hinzu, dass sie darunter nicht die Aufgabe der kulturellen Identität der Eingewanderten und ihrer Kinder und Enkel verstehen.

So auch – wie oben zitiert – Herr Geißler. In der multikulturellen Gesellschaft sollen Politik und Gesellschaft die Eigenarten der kulturellen Minderheiten respektieren, ohne sie assimilieren, das heißt germanisieren zu wollen. Dies jedoch setzt voraus, die kulturelle Identität dieser Menschen anzuerkennen.

Kultur und kulturelle Identität sind nicht eingefrorene, statische Gebilde, sondern viel mehr dem Prozess einer ständigen Veränderung, Erneuerung und Bereicherung unterworfen. Insbesondere in der Diaspora, wo die Kultur der Mehrheitsbevölkerung ganz eindeutig dominiert, ist ein unveränderlicher Fortbestand der Kultur für die Minderheiten ausgeschlossen. Dies kann in allen Ländern bei kulturellen Minderheiten beobachtet werden. Dieser Prozess, in dem die Einzelnen oder ganze Gruppen, die noch als Heranwachsende in ihrer ursprünglichen Kultur verankert waren, nun in der neuen Umgebung von anderen Kulturen weitere Elemente aufnehmen, wird als Akkulturation beschrieben.[92]

Selbst die Türken, mit über 2,7 Millionen Menschen die größte nichtdeutsche Bevölkerungsgruppe, denen von manchen eine selbstgewollte Gettoisierung unterstellt wird, haben sich in Deutschlandhaben beachtlich gewandelt. Die Einflüsse der deutschen Kultur sind trotz der Konzentration dieser Menschen auf bestimmte Stadtteile in den Großstädten unübersehbar, bereits bei Teilen der zweiten, insbesondere aber bei der dritten Generation. Darauf komme ich in einem gesonderten Kapitel zurück.[93]

Die Türkische Gemeinde in Deutschland und ihre über 230 Mitgliedsvereine bekennen sich ohne Wenn und Aber zur Integration der Deutschland-Türken in die deutsche Gesellschaft. Auf dem Bundeskongress am 22. Januar 2000 in Hamburg habe ich unsere Vorstellungen hierzu wie folgt unterstrichen:

> »Die Bundesrepublik Deutschland ist die neue Heimat der ersten und zweiten Einwanderergeneration und die Heimat ihrer hier geborenen Kinder und Enkel. Wir wollen in allen Bereichen der Gesellschaft mit vollen Bürgerrechten als ein integraler Bestandteil der deutschen Gesellschaft solidarisch in ihr leben und Gleichberechtigung erfahren.

---

[92] Vgl. Schrader, A. / Nikels, B.W. / Grise, H. M., Die zweite Generation: Sozialisation und Akkulturation ausländischer Kinder in der Bundesrepublik, Königstein 1979, S. 54 ff.)

[93] Vgl. unten Kapital 8, »Die Deutschlandtürken als das vermeintliche Problem«

> Wir wollen zugleich unsere eigene kulturelle Identität bewahren, wie auch durch Einflüsse der deutschen Kultur weiterentwickeln. Gleichzeitig wollen wir auch die deutsche Kultur mit neuen Elementen und Farben bereichern.«[94]

Diese Grundorientierung der Türkischen Gemeinde in Deutschland steht auch in ihrer Satzung, die von allem Mitgliedern voll bejaht und akzeptiert wird.

Als ganz bewusst gewählten Auftrag der Satzung der Türkischen Gemeinde in Deutschland benennen wir Deutschland als unsere neue Heimat und als Heimat unser Kinder und Enkel. Eine Heimat muss jedoch den Millionen von Menschen, die sich so eindeutig zu Deutschland bekennen, auch als Heimat entgegentreten und ihren heimatlichen Pflichten genügen.

Dazu gehört, diese Manschen als festen Bestandteil der Gesellschaft wohlwollend zu akzeptieren. Menschen, die sich seit Jahrzehnten in Deutschland niedergelassen, die stets ihre Pflichten erfüllt haben, sollen an sich selbst erfahren, dass die Heimat sie als gleichberechtigten Teil akzeptiert und aufnimmt. Die Grundvoraussetzung der Gewährung voller Bürgerrechte ist nur mit dem Erwerb der deutschen Staatsbürgerschaft möglich.

Heimat bedeutet in türkischer Sprache im übertragenen Sinne vor allem Geborgenheit, Umarmung, Zuversicht, Schutz, Verlässlichkeit und Liebe. Etwa wie eine Mutter, die ihren Kindern zu ihrem Wohlbefinden alles gibt, was nötig und möglich ist.

Im türkischen wird das Wort Heimat zumeist mit dem Zusatzwort »Anavatan« verwendet, wobei »Ana« »Mutter« bedeutet. Genau so wollen wir von Deutschland aufgenommen, umarmt und behandelt werden. Erfüllt Deutschland zumindest annähernd in diesem von uns verstandenen Sinne seine Heimatpflicht?

Kommt Deutschland für ihre Eingewanderten, für die neuen »Mitbürger«, wie sie neuerdings heißen, Ihrer Pflicht als Heimat nach? Kann diese Frage mit gutem Gewissen bejaht werden? Nicht nur subjektiv betrachtet, sondern auch Objektiv gesehen leider nicht!

Integration ist ein zweiseitiger Prozess, bei dem sowohl die Mehrheitsbevölkerung als auch die kulturellen Minderheiten aufeinander zugehen müssen. Der Grad der Integration ist nicht messbar, sie gelingt aber nur unter bestimmten Voraussetzungen. Politik und die Mehrheitsbevölkerung müssen die dauerhaft in Deutschland niedergelassenen Einwanderer gleichberechtigt in die Gesellschaft aufnehmen, diese als Teil ihrer selbst betrachten und behandeln.

Die Grundvoraussetzung für eine Integration ist ohne rechtliche, politische und soziale Gleichstellung und das heißt ohne Gleichberechtigung der kulturel-

---

[94] Keskin, H., Eröffnungsrede des Bundeskongresses der TGD, in: Dokumentation 2000, Türkische Gemeinde in Deutschland (Hg.), Hamburg 2000, S. 9

len Minderheiten mit der deutschen Bevölkerung nicht gegeben. Die Lösung dieser Frage liegt allein in der unmittelbaren Verantwortlichkeit der deutschen Politik. Daher gehört es weiterhin zu den wichtigsten Aufgaben der Politik, den Erwerb der deutschen Staatsbürgerschaft auch für die erste und zweite Einwanderergeneration so zu erleichtern, dass alle, die dies wollen, davon Gebrauch machen können.

Integration wäre für Migranten erst dann zielgerecht erreicht, wenn sie sich in dieser Gesellschaft Zuhause fühlen. Integration ist ein Prozess der Angleichung beider Teile, der kulturellen Minderheiten, die integriert werden wollen und sollen und der Mehrheitsbevölkerung. Angleichung darf aber nicht als Assimilation verstanden werden. Integration leugnet die eigene Identität nicht. Im Gegenteil: die Identität, also Sprache, Kultur, Religion und eigene Lebensformen der Minderheiten, wird als Reichtum verstanden und vom Staat und von der aufnehmenden Gesellschaft respektiert und gefördert.

Integration setz auch Teilhabe voraus, also eine passiv annehmende vor allem aber eine aktiv wirkende, mitgestaltende, beitragende Teilnahme am gesellschaftlichen Leben. Nur so kann sich das Gefühl der Zugehörigkeit zur Gesellschaft bei den kulturellen Minderheiten entwickeln und verfestigen.

Assimilation will hingegen die Unterschiede von Kulturen nicht bestehen lassen, sie will diese vielmehr durch Verschmelzung und durch ein Aufgehen in der Mehrheitsgesellschaft schrittweise eliminieren. Assimilation führt zu Entfremdung, kann zum Bruch der Kontakte und des Zugehörigkeitsgefühls zu den Menschen des eigenen Kulturkreises führen. Letztlich ist diese eine Art Entwurzelung, verbunden mit der Gefahr, zwischen zwei Kulturen und Gesellschaften ohne Bodenhaftung zu bleiben.

Viele Politiker verstehen unter Integration ganz offensichtlich Assimilation. Dies kommt in der Integrationspolitik des Bundesinnenministers deutlich zum Ausdruck: *»Integration hat die Einbeziehung in den deutschen Kulturraum zum Ziel. Da können wir nicht noch alle möglichen Sprachen fördern. Das führte doch zu einem völligen Chaos«*[95], so Otto Schily in einem Interview mit der Süddeutschen Zeitung.

Auf die Frage der Süddeutschen Zeitung, ob Minderheitenschutz nicht vielmehr gerade in einer Zeit, in der man alle neuen Nationalstaaten Europas von der zentralen Bedeutung dieses Schutzes zu überzeugen versuche, nicht gar Verfassungsrang haben solle, antwortet Schily: *»Minderheitenschutz heißt doch nicht, dass wir neue Minderheiten fördern müssen und dass jemand, der hierher kommt, eine Minderheit bleiben kann. Integration heißt für mich: Der Zuwanderer lebt sich in die deutsche Kultur, in die deutsche Sprache ein. Ich möchte in*

[95] 27. Juni 2002.

Deutschland keine Entwicklung haben, in der viele Sprachen nebeneinander bestehen und die uns am Ende große Spannungen und Konflikte bescheren würde. [...] Ich sage Ihnen ganz offen: Die beste Form der Integration ist Assimilation. [...] Assimilation heißt wörtlich Anähnlichung.«[96]

Noch deutlicher als durch Otto Schily kann der Unterschied zwischen Integration und Assimilation nicht erklärt werden.

Die Türkische Gemeinde hatte Herrn Schily wegen seiner Assimilationspolitik scharf kritisiert. Bundespräsident Rau, Bundeskanzler Schröder und viele andere Politiker haben sich von diesen Äußerungen Schilys distanziert, indem sie klarstellten, dass die Politik Deutschlands nicht die Assimilation, sondern die Integration, also die Beibehaltung der eigenen kulturellen Identität der Emigranten zum Ziel habe.

Integration hat zwei Gegenpole: Ghettobildung auf der einen und Assimilation auf der anderen Seite. Gettoisierung zielt darauf, sich ausschließlich in die eigene Kultur, Sprache und Lebenswelt zurückzuziehen und losgelöst von der Mehrheitsgesellschaft zu leben. Ghettos entstehen sehr oft als Reaktion der Minderheiten gegen Diskriminierung, Abschottung und Absonderung durch die Mehrheitsgesellschaft.

Diese beiden extremen Pole, also sowohl die Assimilation, welche die Aufgabe der eigenen Kultur und kulturellen Identität will, als auch die Ghettobildung, die sich von den übrigen Kulturen und deren Einflüssen absondern will, sind inakzeptabel. Gerade diese können erhebliche Konfliktpotentiale in sich bergen.

Gegen eine freiwillig gewollte Übernahme der deutschen Kultur und kulturelle Identität durch Teile der Einwandererbevölkerung ist überhaupt nichts einzuwenden. Dies kann und darf jedoch nicht von Oben befohlen oder auch durch Maßnahmen mittelbar erzwungen werden, kann dann nämlich erhebliche Gegenreaktionen hervorrufen.

Die Auffassung Schilys wird oft stillschweigend von vielen anderen verantwortlichen Politikern in fast allen politischen Parteien vertreten. Zu Recht sorgt diese Sichtweise für Unruhe und Ablehnung bei den kulturellen Minderheiten. Sie belastet eine spannungs- und zwangfreie Entfaltung der Beziehungen und des Miteinanders zwischen der deutschen und der nichtdeutschen Bevölkerung.

[96] Ebda.

Vertreter einer »Leitkultur« wollen Assimilation

Mitte Oktober 2000 löste die vom ehemaligen Fraktionschef der Union, Friedrich Merz, verbreitete Auffassung, dass die Nichtdeutschen sich der »deutschen Leitkultur« anpassen sollten, in der Öffentlichkeit eine heftige Debatte aus. Die Einwanderer müssen nach Merz einen eigenen Integrationsbeitrag leisten, vor allem dadurch, dass sie sich »an die in diesem Land gewachsene kulturellen Grundvorstellungen anpassen«.[97]

Die Übernahme einer »deutschen Leitkultur« als Maßstab der Integrationspolitik drückt offensichtlich die Erwartung nicht nach Integration, welche die Beibehaltung und Weiterentwicklung der eigenen Kultur beinhaltet, sondern die nach Assimilation aus. Das Wort »Anpassung« ist ja nicht anders zu verstehen. »Muss ein Zuwanderer sich so integrieren«, fragt Schoeps, Direktor des Moses-Mendelssohn-Zentrums für europäisch-jüdische Studien in Potsdam, »dass er sich nicht mehr von anderen Menschen unterscheidet? Diese Forderung nämlich scheint hinter Merz' Worten zu stecken.«[98]

Kraul ruft in seinem Beitrag mit der Überschrift »Was ist deutsche Leitkultur?« zu einer Konsensfindung auf: »[...] nur über das Selbstverständliche, dass der leitende Maßstab die Toleranz sei, dass Zuwanderer die deutschen Gegebenheiten achten und nicht mit missionarischen Zielen kommen. Ebenso klar aber sollte sein, dass auch viele Deutsche sich gegen die Einengung durch eine ‚Leitkultur' wehren und die heutigen deutschen Traditionen keine Ewigkeitsgarantie in sich bergen.«[99]

Die moderne, tolerante, demokratische Gesellschaft verlangt von ihren Bürgern und kulturellen Minderheiten nicht die »Anähnlichung«, sondern einen Verfassungspatriotismus, die Akzeptanz der Menschen- und der Grundrechte sowie die Achtung der darauf basierende Werteordnung als deutsche Gegebenheiten, zu der alle größeren Gruppen der kulturellen Minderheiten sich bekennen. Ein breiter Konsens könnte in der Tat hier zu finden sein.

Der Rechtsprofessor Preuß unterstreicht zu Recht, das Ideal einer homogenen Gesellschaft sei ein für allemal passé. Es könne und dürfe auch nicht mehr die Norm sein. »Die Idee, die ‚deutschen Leitkultur' zum Maßstab für Integration zu erklären, musste scheitern, denn in einer pluralistischen Gesellschaft gibt es keine einheitliche Nationalkultur mehr. Unter keinen Umständen kann sie zum verbindlichen Kanon werden, ohne zugleich mit den zentralen Prinzipien des Grundgesetzes in Konflikt zu geraten.[100]

---

[97] Rheinische Post, 18.10.2003
[98] Die Welt, 26.10.2000
[99] Kraul, T., Die Welt, 20.10.2002
[100] Vgl. Preuß, Ulrich K., in: Die Zeit, 31. Mai 2001

Die »deutsche Leitkultur« löste auch innerhalb der Union eine Diskussion aus. Am 10. Mai 2001 wurde der Öffentlichkeit das »gemeinsame Positionspapier von CDU und CSU zur Steuerung und Begrenzung der Zuwanderung« vorgelegt.

Wenn auch in der Überschrift dieses Positionspapers von Integration nicht die Rede ist, wird dazu Stellung genommen. »Integration bedeutet die gleichberechtigte Möglichkeit der Teilhabe am gesellschaftlichen, sozialen, ökonomischen, politischen und kulturellen Leben in Deutschland. Integration ist ein zweiseitiger Prozess. [...] Dies bedeutet, dass die Werteordnung unserer christlich-abendländischen Kultur, die vom Christentum, antiker Philosophie, Humanismus, römischen Recht und der Aufklärung geprägt wurde, akzeptiert wird. Dies heißt nicht Aufgabe der eigenen kulturellen und religiösen Prägung, aber Bejahung und Einordnung in den bei uns für das Zusammenleben geltenden Werte- und Ordnungsrahmen.«

Am 7.Juni folgte ein umfassender und detaillierter Beschluss des Bundesausschusses der CDU Deutschlands unter dem Titel »Zuwanderung steuern und begrenzen. Integration fördern.« Diese 28 Seiten starkes Konzept der CDU verdient aufmerksame Betrachtung. Mit diesem Papier scheint die CDU ihre bisherige restriktive Position gegen die nichtdeutsche Bevölkerung zu überdenken und eine Neuorientierung einzuleiten. Vieles, was über die Integration geschrieben wird, ist durchaus bemerkenswert, wenn mit der ‚Werteordnung' die oben beschriebenen Menschen- und Grundrechte der Bundesrepublik Deutschland gemeint sind. Integration wird zu recht als ein beidseitiger Prozess verstanden. Die kulturelle Vielfalt Deutschlands und die Bewahrung der eigenen Kultur und Religion für die Eingewanderten und somit eine Absage an die Assimilation kommt deutlich zum Ausdruck.

> »Integration setzt eine Kultur der Toleranz und des Miteinanders voraus, auf deren Grundlage Deutsche und Zuwanderer auf dem Boden unserer Verfassungswerte aufeinander zugehen. Integration bedeutet die Einbindung in das gesellschaftliche, wirtschaftliche, geistig-kulturelle und rechtliche Gefüge des Aufnahmelandes ohne Aufgabe der eigenen kulturellen Identität. Ein erfolgreicher Integrationsprozess beinhaltet die Chance zur Bereicherung der Aufnahmegesellschaft, zu kulturellen Vielfalt und zu einer Verbesserung der globalen Wettbewerbsfähigkeit. [...] Ziel der Integration ist die gleichberechtigte Möglichkeit der Teilhabe am gesellschaftlichen, sozialen, ökonomischen, politischen und kulturellen Leben in Deutschland [...].Sie beinhaltet aber auch die Möglichkeit zur Bewahrung der eigenen kulturellen und religiösen Prägung im Rahmen des geltenden Rechts- und Verfassungsordnung. [...] Integration beinhaltet die Bejahung kultureller Vielfalt [...]. Grundlage des Zusammenlebens in Deutschland ist nicht die multikulturelle Beliebigkeit, sondern die Werteordnung der christlich-abendländischen Kultur, die von Christentum, Judentum, an-

> tiker Philosophie, Humanismus, römischem Recht und Aufklärung geprägt wurde. Integration setzt voraus, dass diese Werteordnung akzeptiert wird«.[101]

Dieser Beschluss der CDU ist insgesamt ein Fortschritt, wenn auch darin eine Reihe von Positionen weiterhin der alten politischen Linie der Partei treu und in sich widersprüchlich bleiben. So wird beispielsweise die Einbürgerung am Ende der Integrationsprozesse gesehen und am Grundsatz der Vermeidung doppelter Staatsbürgerschaften festgehalten. Während von der Bewahrung der eigenen kulturellen und religiösen Identität der Eingewanderten die Rede ist, wird die Werteordnung der christlich-abendländischen Kultur als Grundlage des Zusammenlebens in Deutschland angesehen.

Ein Vergleich der Position der CDU mit dem gemeinsamen Positionspapier von CDU/CSU lässt bedeutende Unterschiede erkennen. Mir scheint, die CDU insgesamt wäre, was ihre Migrationspolitik anbetrifft, offensichtlich viel weiter, wenn sie von der Schwesterpartei nicht daran gehindert werden würde.

Die Widersprüche in den beiden oben zitierten Positionspapieren basieren vielleicht auch auf dieser Rücksichtnahme der CDU auf die CSU. In beiden Positionen wird Integration unter anderem als Möglichkeit der gleichberechtigten Teilhabe in allen Bereichen der Gesellschaft definiert. Dass dies mit dem Ausländerstatus, also mit minderen Rechten der Einwandererbevölkerung im wirtschaftlichen, sozialen, politischen Bereich überhaupt nicht möglich ist, wird übersehen. Vielmehr wird weiterhin gegen die erleichterte Einbürgerungspolitik unter Tolerierung der bisherigen Staatsbürgerschaft Position bezogen.

Genauso problematisch, widersprüchlich und völlig inakzeptabel ist die Haltung, die »Werteordnung unserer christlich-abendländischen Kultur«, zur Grundalge des Zusammenlebens in Deutschland zu machen. Wie soll und wieso soll nun ein Nicht-Christ, ein Moslem, Jude, Hindus etc. die christlich-abendländische Kultur akzeptieren, um integriert zu werden? Und noch dazu die eigene Kultur und Religion bewahren können. In beiden Positionspapieren ist von »akzeptieren«, nicht etwa »respektieren« die Rede. Das Wort scheint bewusst gewählt zu sein und verrät daher die tatsächlich Orientierung beider Unionsparteien. Herr März hat ganz offensichtlich mit seiner »deutschen Leitkultur« genau dass gemeint. Dies schließt allerdings die Bewahrung der eigenen Kultur und kulturellen Identität von Einwanderern und ihren Nachkommen aus und setzt deren Assimilation voraus. Wenn dies nicht so sein sollte, bedarf es einer Klarstellung beider Parteien.

Trotz dieser Bewegung der CDU in Richtung auf eine schrittweise Anerkennung der vollzogenen Realität in Deutschland trifft die Feststellung des CDU-Politikers Michel Friedmann zu, wenn er sagt, die CDU sei noch nicht reif

---

[101] A.a.O., S. 19 ff.

für die Zukunft einer offenen, multikulturellen Gesellschaft. Mit folgender Aussage trifft die langjährige Ausländerbeauftragte des Senats von Berlin, Barbara John, ebenso CDU-Politikerin, den Nagel auf den Kopf: »Die CDU hat immer Realitätsverweigerungspolitik betrieben, sich den Ausländern verschlossen.«[102]

Bayerns Innenminister Günther Beckstein stellt zumindest für seine Partei klar, was er zur »Leitkultur« versteht. In seinem Artikel »Zwischen Hysterie und Utopie – Annäherung an die Leitkultur« schreibt er: »Mit dem Begriff ‚multikulturell' wird meist die Vorstellung verknüpft, dass verschiedene ausländische Kulturen gleichberechtigt neben der deutschen stehen und, ausgestattet mit Schutz- und Förderansprüchen, als Teil unserer Nationalkultur anerkannt werden.[...] Folgen wären letztlich eine Preisgabe der Nation als Rechts- und Schicksalsgemeinschaft, ein Verlust an Identität und Zusammengehörigkeitsgefühl […].«[103]

Ein Kommentar hierzu erübrigt sich. Nur so viel: Beckstein will keine anderen Kulturen als die Deutsche in Deutschland haben. Seine Hysterie geht sogar noch weiter, indem er dadurch sogar eine Preisgabe der deutschen Nation und ihre Identität prophezeit. Ganz offensichtlich steht er damit im Widerspruch zu seinen eigenen Bewertungen von 1991.[104]

Die Untersuchungen des US-amerikanischen Soziologen Park, dem Begründer der von vielen hochgelobten sogenannten »Chicagoer Schule«, verdienen Beachtung. In der Untersuchung wird ausgearbeitet, dass eine Abgrenzung der neuen Einwanderer ihre Integration und sogar ihre von manchen ja gewollte Assimilation in die Gesellschaft verhindert. Die Eingewanderten brauchen, um im Dschungel der neuen Gesellschaft überleben zu können, den Boden unter den eigenen Füßen. Dies gewährt ihnen zunächst einmal die eigene Kultur und Ethnizität. Dies sollte aber nicht als Abgrenzung von der Mehrheitsgesellschaft verstanden werden, so Park. Durch die Vermischung der Kultur der Einwanderer und des Einwanderungslandes einsteht eine neue Kultur und Lebensweise, die nicht nur in den USA sondern überall positiv zu bewerten wäre.

> »Die Assimilation verlangt aber die Unterwerfung aller Zuwanderer mit der Aufgabe ihrer Kultur unter den »American way of life«, das amerikanischen Lebensmodell. Dieses Zusammenschmelzen von Ethnien, deren Kultur und Lebensweisen kann für die Gesellschaft nicht produktiv sein.«[105]

---

[102] Z.n. Meier-Braun, K-H., a.a.O., S.142
[103] In: ifa – Zeitschrift für Kulturaustausch 3/99
[104] Vgl. oben S. 51 m. Anm. 82
[105] Z.n. Cohn-Bendit / Schmidt, Heimat Babylon, Hamburg 1992, S. 316 ff.

Auf längere Sicht provoziert die Assimilation nach Cohn-Bendit eine Gegenreaktion, »vor allem dann, wenn die Eingewanderten (oft in der dritten oder gar vierten Generation) merken, dass sie trotz aller Bereitschaft zur Integration eben doch nicht ganz integriert sind.«[106] Es folgt ein Rückzug zu den eigenen Wurzeln.

Die Gestaltung des Zusammenlebens, und damit meine ich ein gleichberechtigtes, gut nachbarliches, ein solidarisches Zusammenleben, ein Leben nicht nebeneinander sondern miteinander, ist nicht nur mit Hilfe von Gesetzen allein zu regeln. Diese Art des Zusammenlebens bedarf eines neuen Klimas, eines besseren Verständnisses seitens der deutschen Politik und der Gesellschaft überhaupt.

Die Nichtdeutschen sollten mit eigenem Empfinden, mit eigener Überzeugung sagen dürfen, wir gehören zu diesem Lande, Deutschland ist unsere Heimat. Diese Regierung und diese Fußballnationalmannschaft sind auch unsere.

Die Nichtdeutschen sollten erleben, dass ihre Muttersprache, ihre Kultur und Religion in der Gesellschaft, in der Schule und in der Nachbarschaft nicht als Bedrohung, sondern als Bereicherung empfunden und gefördert werden.

In diesem neuen Klima sollten manche der politischen Parteien aufhören, die Nichtdeutschen für ihre Wahlzwecke zu instrumentalisieren und sie als Sündenböcke für Fehlentwicklungen oder soziale Einschnitte in der Gesellschaft verantwortlich zu machen, wie wir dies nicht zuletzt bei den Wahlen in Hessen 1999 haben erleben müssen.

Für eine zukunftsorientierte Integrationspolitik brauchen wir ein grundlegend neues Politikverständnis bei der Einwanderungs- und Integrationspolitik. Es sollte Schluss sein mit den parteipolitischen Debatten, ob wir Einwanderungsland oder multikulturelle Gesellschaft sind oder nicht. Das Verständnis der Politik für und die Sichtweise gegenüber den Eingewanderten und ihren Familienmitgliedern sollte dabei auf neue Grundlagen gestellt werden.

Wir brauchen eine neue Begrifflichkeit, die der vollzogenen Realität entspricht. Der bis heute noch häufig verwendete Begriff »Ausländer« ist für Menschen, die seit Jahrzehnten in Deutschland leben und sogar hier geboren und aufgewachsen sind, diskriminierend und damit integrationshemmend.

Die in Deutschland niedergelassenen Einwanderer und ihre Familien sind weder Gäste noch Ausländer, auch nicht ausländische Mitbürger. Es ist an der Zeit, sie so zu benennen, wie es der Lebensrealität dieser Menschen entspricht: sie sind Deutschland-Türken, Deutschland-Italiener, Deutschland-Griechen, Deutschland-Spanier usw. Sie sind die neuen »*kulturellen Minderheiten*« Deutschlands. Kulturelle Minderheit sollte nunmehr als gängiger allgemeiner

[106] Ebda, S. 318

Oberbegriff für alle in Deutschland dauerhaft lebenden Menschen ohne deutsche Herkunft Anwendung finden.

Wir brauchen die Aufnahme der hier dauerhaft lebenden Eingewanderten und ihrer Familienangehörigen in die deutsche Gesellschaft: Die Eingewanderten warten noch vor der Tür der deutschen Gesellschaft, obwohl sie längst ein fester Bestandteil der deutschen Gesellschaft sind. Deutschland ist auch ihre Heimat. Diesen Menschen eine gleichberechtigte Aufnahme in die Gesellschaft zu ermöglichen, ist die Grundvoraussetzung für eine Integration und eine vordringliche Aufgabe der Politik. In der eigenen Heimat kann und will man nicht als Ausländer mit minderen Rechten leben. Um es an dieser Stelle erneut zu unterstreichen: Ohne eine rechtliche, politische und soziale Gleichstellung der hier dauerhaft lebenden kulturellen Minderheiten wird eine Integration nicht gelingen; wer dies annimmt, belügt sich selbst.

Die Identität ist der Boden unter den Füßen

Die Identität ist die wichtigste Stütze, eine Art Kompass für die Orientierung der Menschen. Sie hilft dem einzelnen, sich bei Auseinandersetzungen in der Gesellschaft auch in einem neuen Umfeld zurechtzufinden.

Die Identitätsbildung wird maßgeblich vom Prozess der Sozialisation beeinflusst. Die so genannte primäre Sozialisation findet insbesondere in der Familie statt. In dieser Phase als Neugeborene und als Kleinkind wird die Basispersönlichkeit des Kindes aufgebaut. Die so genannte sekundäre Sozialisation wird ganz entscheidend außerfamiliär von Schule, Berufsausbildung, Jungendgruppen und gesellschaftlichem Umfeld beeinflusst.[107]

In der Psychologie wird die Identität als die Kontinuität des Selbstbildes für den Einzelnen dargestellt. Bei kollektiven Identitäten ist sie die Gemeinsamkeit des Selbstbildes als Teil des Kollektivs. Kollektive Identitäten, auch nationale und kulturelle Identität genant, sind Ergebnisse historischer Entwicklungen und Auseinandersetzungen sowie sozialer Faktoren in den Gesellschaften.

Der einzelne wird ständig von innerer Realität, aus eigenen Gefühlen und von seiner äußeren Realität, seiner Umwelt, d.h. Familie, Schule, Nachbarschaft, Gesellschaft, durchdrungen und beeinflusst. Er versucht sich in beiden Realitäten zurechtzufinden. Die Identität des einzelnen entsteht einerseits aus der eigenen individualpsychologischen Entwicklung, zugleich aber auch durch gesellschaftliche Einflüsse auf den einzelnen. Die individuelle Identität ist daher von der kollektiven Identität und somit von sozialen und gesellschaftlichen Einflüssen und

[107] Vgl. Schrader, A. / Nikels, B.W. / Grise, H.M, Die zweite Generation: Sozialisation und Akkulturation ausländischer Kinder in der Bundesrepublik, Königstein 1979, S. 54 ff.

Erfahrungen nicht zu trennen. Die Verbindung und Balance der inneren und äußeren Realität sind das Selbstbild des einzelnen.[108]

Es findet also ein ständiger Interaktionsprozess zwischen der Umgebung und dem Ich des einzelnen bei der Entwicklung seiner Identität statt. Die Bedeutung einer Gesellschaft für die Entwicklung der persönlichen Identität der Menschen darf nicht außer Acht gelassen werden.

Wenn die oben zitierten Politiker auf diese Bedeutung der Gesellschaft und der Nation als Kollektiv bei der Identitätsbildung und -findung hinweisen wollen, sind sie sicherlich nicht im Unrecht. Sie irren sich aber gänzlich, wenn sie sich sowohl die individuelle als auch die kollektive Identität als etwas Statisches vorstellen, losgelöst von den Einflüssen der übrigen Welt. Beide Identitäten, individuelle und kollektive, sind aber nicht nur einmal erworben und dann eingefroren, sondern sie ändern sich durch die neuen Erfahrungen, Auseinandersetzungen und Einflüsse ständig, wie auch der oben zitierte UN-Bericht über die menschliche Entwicklung dies unterstreicht.

Durch eine sich verändernde Umwelt, Gesellschaft, soziale und ökonomische Bedingungen gerät die Identitätsentwicklung der Eingewanderten in der Migration unter starkem Druck. Die Einwanderer müssen sich auf neue Verhaltenserwartungen aufgrund einer neuen Umwelt, Sprache, gesellschaftlicher Struktur, anderer Lebensweisen und Bräuchen einstellen und sich neu orientieren. Somit steht die eigene mitgebrachte Identität der Migranten unter dem Druck der Veränderung. Das kann für viele Desorientierung und Verwirrung bedeuten.

Wenn die neue Gesellschaft den Eingewanderten hierbei nicht dabei hilft, Orientierung, Geborgenheit und Schutz bei dem Prozess der neuen Identitätsfindung zu erfahren, besteht keine Alternative dazu, sich in dem vertrauten und daher sicheren Fahrwasser zu bewegen. Dies ist das bekannte und vertraute Kollektiv, die Kultur des Heimatlandes. Dies ist für den einzelnen die Chance, sich vor der Orientierungslosigkeit zu schützen und wieder Boden unter den Füßen zu spüren, Selbstsicherheit zurückzugewinnen. Ohne dies würden sich große persönlich Probleme ergeben, womöglich mit psychischen Folgen. Diese Situation darf nicht als Abkapselung, als gewollte Absonderung der Eingewanderten und als Gefahr für Deutschland gesehen werden.

Es gehört zur Biographie vieler Eingewanderter, mit zwei Identitäten zu leben. Die Frage dabei ist, in welchem Verhältnis die eingewanderten Minderheiten zu ihrem neuen beziehungsweise zu ihrem alten Heimatstaat stehen. Es geht zugleich auch um die Frage, welche Beziehung die Migranten oder ihre Kinder zu ihrem Herkunftsland haben.

---

[108] Vgl. Hurelmann,K., Einführung in die Sozialisationstheorie, Weinheim und Basel 1990, S. 166 ff.

Bei dieser Betrachtung müssen wir zwischen den Eingewanderten der ersten und zweiten und denen der hier geborenen dritten Generation unterschieden.

Bekanntlich prägt die kindliche und jugendliche Sozialisation eines Menschen vor allem seine emotionalen Neigungen sowie seine Verbundenheit mit dem Ort und mit der Umgebung, an der diese Sozialisation stattgefunden hat. Die unterschiedlichsten Einflüsse der kindlichen Sozialisation bleiben lebenslang erhalten. Wer von uns kann vor allem die vielfältigen Prägungen während der Kindheit durch Familie, Schule, Kultur, Lebensweise, durch Freundeskreis oder gar durch die Besonderheiten der geographischen Lage vergessen? Sie begleiten uns lebenslang in unserem Denken, Handeln, Verhalten und bei unseren emotionalen Neigungen und Bindungen. Dies gilt ebenso für die Kinder und Enkel der Migranten, die in Deutschland geboren wurden und hier aufwachsen.

Die Heimatverbundenheit der Migranten ist ein Bestandteil der Identität dieser Menschen wie auch für ihre hier geborenen Kinder, für die Deutschland die Heimat ist oder sein müsste.

Wer seit Jahrzehnten seinen Lebensmittelpunkt, wer Arbeit, Wohnung und Freunde hier in Deutschland hat, hier familiär verwurzelt ist, wer seit zehn, zwanzig, dreißig oder gar vierzig und mehr Jahren in Berlin, Hamburg, Frankfurt, Köln oder München lebt, für den sind die Erlebnisse und Erfahrungen dieses Lebensabschnitts oft gravierender als die Prägung durch die Kindheit.

Die zentrale Frage hierbei ist, inwieweit Deutschland als neue Heimat für die Immigrierten und als alleinige Heimat für die hier geborenen auch emotional das Bewusstsein dieser Menschen prägt, inwieweit Deutschland als Heimat akzeptiert wird. Deutschland muss, will es »Heimatgefühle« erwecken, den hier dauerhaft lebenden Migranten und ihren Kindern ohne Wenn und Aber ein neues und sicheres Zuhause bieten, ihnen das Zugehörigkeitsgefühl zu diesem Land als einem gleichberechtigten Mitglied dieser Gesellschaft überzeugend vermitteln.

Die Einflüsse der neuen dominanten deutschen Umwelt mit der herrschenden Sprache, Kultur, Arbeits- und Lebensbedingungen, und die sonstigen sozialen Faktoren nehmen auf die Erweiterung der Identität aller Eingewanderten und vor allem auf ihre Kinder und Enkeln gewollt oder ungewollt unweigerlich einen beachtlichen Einfluss.

Je nachdem, wie stark die neue äußere Umwelt auf die Migranten wirkt, verändert sie diese und damit auch ihre Identität. Dies kann zu einer Erweiterung des Horizontes führen. Die Eingewanderten können mit der Annahme neuer Elementen und der Aufgabe alter Gewohnheiten zu einem Wandel ihrer Identität kommen. Es ist hier vom Wandel, von Erweiterung der Identität die Rede, nicht von deren Aufgabe. Dies ist nicht möglich, weil sich kein Mensch von seiner Identität völlig trennen oder sie aufgeben kann.[109]

Wandel und Erweiterung der Identität in der Migration bedeuten, dass die Eingewanderten zu ihrer vom Herkunftsland mitgebrachten Identität durch neue Einflüsse und Wandel eine Art neue Identität bilden. Man könnte hier fast von zwei Identitäten sprechen. Das ist auch eine Erklärung dafür, weshalb die Nichtdeutschen ihre alte Staatsbürgerschaft nicht aufgeben wollen, weil sie eben zwei kulturelle Bindungen haben. Die Staatsbürgerschaft ist ein Teil der Identität. Die Aufgabe dieser Identität kann nicht befohlen werden, weil sie in Folge eines langen Sozialisationsprozesses entstanden ist.

Das Einwanderungsland Deutschland kann sich von den Einflüssen durch die Kultur der Eingewanderten, die mittlerweile ein Zehntel der Gesamtbevölkerung ausmachen, nicht völlig abschotten. Deutschland und vor allem seine Kultur nimmt unweigerlich neue Elemente der Kulturen der Minderheiten in sich auf. Durch millionenfache neue Biographien, Identitäten, Geschichten, und Dutzende neue Kulturen und Sprachen erfährt auch die Kultur Deutschlands eine Erweiterung, einen Wandel. Dies kann in allen Bereichen des Lebens der deutschen Gesellschaft beobachtet werden. Es ist daher völlig abwegig und unbegründet, wenn von einer Homogenität der Deutschen Kultur und Nation gesprochen und daran festgehalten wird. Mit einer solcher Begründung eine vollzogene Realität, nämlich die Multikulturalität Deutschlands, zu verneinen, ist reine Ideologie oder bornierte Blindheit.

Die Vorschläge der deutschen UNESCO-Kommission verdienen hierbei Beachtung: »Die Vielfalt kultureller Identität darf nicht durch Nivellierung beseitigt werden. Die interkulturelle Chance, die wir dadurch erleben, muss zunehmend genutzt werden, das Phänomen Angst vor dem Andersartigen muss als Problem erkannt und entschärft werden. [...] Das Gespräch und der Austausch zwischen den Kulturen muss als Instrument der Völkerverständigung und der Friedenssicherung sorgsam gepflegt und entwickelt werden.«[110]

[109] Vgl. Abali, M.-L., Entwicklungsprobleme bei türkischen Kindern und Jugendlichen in Berlin, Psychologische Aspekte der Identitätsbildung, in: Elsas, Ch., Identität Veränderungen kulturelle Eigenarten im Zusammenleben von Türken und Deutschen, Hamburg 1983, S. 174ff.; vgl auch Strupek, K., Wandel der kulturellen Identität, in: Die Multikulturellen, a.a.O., S 9 ff.

[110] Z.n. Struppek, K., a.a.O., S. 11

Die multikulturelle Gesellschaft ist keine Bedrohung, vielmehr eine Chance auf Bereicherung

Ziel aller Beteiligten, an erster Stelle der Politik sowohl der Mehrheitsbevölkerung als auch der kulturellen Minderheiten Deutschlands, müsste es sein, trotz aller Differenzen und möglicherweise auch Reibungen zwischen den Kulturen, zu einem gemeinsamen Wertesystem zu gelangen, welches als gemeinsame humane »Oberidentität« von der ganzen Gesellschaft akzeptiert und getragen werden kann.

Kultur dient heute in der ganzen Welt als Mittler für eine bessere Verständigung zwischen den Völkern und Ländern. Weshalb sollte dies nicht auch und gerade im eigenen Lande für ein besseres Kennenlernen und Verstehen zwischen der deutschen Bevölkerung und den kulturellen Minderheiten genutzt werden, die aus Dutzenden von Ländern als niedergelassene Menschen hier leben?

Dies setzt zunächst einmal voraus, die Existenz der kulturellen Vielfalt in Deutschland durch die Politik offiziell anzuerkennen und diese nicht, wie oben erläutert, als eine Gefahr für die Gesellschaft und für Deutschland heraufzubeschwören, sondern sie als eine Bereicherung und Chance für das Land zu betrachten und zu fördern.

Die Politik auf Bundes-, Länder- und Kommunalebene sollte den Weg einschlagen, die Multikulturalität zum Konzept eines toleranten Miteinanders zu entwickeln. Ein intensiver und vielfältiger kultureller Austausch und ein Kennenlernen der deutschen Kultur durch die Nichtdeutschen und umgekehrt der Kultur der Minderheiten durch die deutsche Bevölkerung sollte zu einem wichtigen Ziel erhoben werden.

Die bisher ergriffenen Maßnahmen der Städte und Kommunen haben zwar das Ziel verfolgt, Begegnungen zwischen der deutschen Bevölkerung und den kulturellen Minderheiten zu intensivieren, haben jedoch nicht zu dem erwünschten Ergebnis geführt. Zum einen waren die erforderlichen Rahmenbedingungen und Mittel hierfür nicht ausreichend, erfordert Kulturarbeit doch meist finanzielle Unterstützung. Auch die Kultur der Nichtdeutschen müsste entsprechend ihrem Bevölkerungsanteil aus den Kulturetats mitfinanziert werden, da auch sie mit ihren Steuern zu den Finanzhaushalten beitragen. Die Unterstützung und Förderung der Kulturarbeit der Eingewanderten ist heute kaum erwähnenswert. »Doch schon die Rahmenbedingungen enthüllen das negative Chancengefälle von der Mehrheit zu den Minderheiten. [...] Minderheiten erfahren Kultur nur in Ansätzen als Möglichkeit der Selbstverwirklichung und Integration« so Pöhler in seiner Bewertung ‚Minderheiten und Kultur'.[111]

[111] Pöhler, W., Minderheiten und Kultur, in: Die Multikulturellen, a.a.O., S. 132 ff.

Bisher waren die Kulturdarbietungen der Minderheiten schon aus Geldmangel vor allem auf Folklore und Exotik reduziert und wurden auf Festen vorgeführt.[112] Diese Kulturarbeit hat insbesondere das Ziel verfolgt, Begegnungen zu ermöglichen. Die einzelnen Kulturen der Minderheiten konnten nicht in ihrer Vielfalt und ihrem Reichtum, sondern nur in Teilbereichen dargestellt werden. Die türkische Musik wurde auf Saz und Folklore, die Küche auf Döner reduziert, um hier nur ein Beispiel zu geben. Diese Art der Begegnung hat nicht selten Unkenntnis und Vorurteile eher verschärft und bewirkt, dass die türkische Kultur als eintönig und unspektakulär wahrgenommen wurde. Dabei haben die »klassische Türkische Musik« wie auch die »Volksmusik« mit ihren zahlreichen, fein aufeinander abgestimmten Instrumenten eine ganz andere Dimension. Die türkische Küche gehört zu den angesehenen und vielfältigsten Küchen der Welt. Türkische Literatur und türkisches Theater konnten nur in sehr begrenztem und bescheidenem Maße der deutschen Bevölkerung bekannt gemacht werden. Wie viele der Werke auch nur der bekanntesten türkischen Schriftsteller sind bislang ins Deutsche übersetzt worden? Wer kennt die vielfältige türkische Keramikkunst? Dabei leben in Deutschland seit knapp einem halben Jahrhundert Hunderttausende und heute mehr als zweieinhalb Millionen Menschen aus der Türkei!

Diese Kritik darf nicht nur an die Adresse der deutschen Seite gerichtet werden, wir müssen sie zugleich auch an die Deutschland-Türken und deren Herkunftsland Türkei richten. Eine ganz wichtige Aufgabe kommt bei diesem Prozess des vielfältigen Kulturaustausches vor allem den Medien zu. Die kulturellen Minderheiten und ihre Herkunftsländer kommen in den Medien zumeist nur dann vor, wenn Probleme und Konflikte dargestellt werden. Gerade die Medien, zumindest die öffentlich-rechtlichen Rundfunk- und Fernsehanstalten, könnten aber einen großen Beitrag hierzu leisten und zum Kennenlernen der Vielfalt der Kultur der neuen Minderheiten Deutschlands und ihrer Herkunftsländer entscheidend beitragen.

Das vielseitige Kennenlernen, Erfahren und Erleben der deutschen Kultur in ihrer Vielfalt durch die kulturellen Minderheiten und umgekehrt deren Kultur durch die deutsche Bevölkerung wird helfen, Ängste und Vorurteile abzubauen, Vertrauen und Zugang zu einander zu entwickeln und zu einem besseren Dialog zu gelangen. Die kulturelle Vielfalt Deutschland bietet uns eine echte Chance, über Kulturarbeit zu einem soliden, dauerhaften, sich gegenseitig bereichernden Miteinander zwischen der deutschen und der nichtdeutschen Bevölkerung zu gelangen. Sie ist die Grundlage für ein tolerantes, friedliches, vielleicht sogar solidarisches Zusammenleben in Deutschland. Die kulturelle Vielfalt Deutsch-

---

[112] Akpınar, Ü., in: Peter, E.K., (Hg.), Wir sind alle Ausländer, Basel-Beltz 1983, S. 91ff.

lands kann auch die Demokratie in Deutschland weiter festigen und gedeihen lassen.

Multikulturalität und Globalisierung

Die Deutschen sind eine große Industrie- und Kulturnation. Dies verdankt Deutschland vor allem den Leistungen der deutschen Bevölkerung, aber auch der Weltoffenheit und der engen Verflechtung und Vernetzung der deutschen Wirtschaft und des Handel mit den Märkten der Welt. Trotz vieler bestehender wirtschaftlicher Schwierigkeiten verdankt Deutschland aber seine Entwicklung und seinen Wohlstand mit Sicherheit auch dem beachtlichen Beitrag der Einwandererbevölkerung nach dem zweiten Weltkrieg.

Ein ganz wesentliches Kennzeichen dieses 21. Jahrhunderts ist, wie auch immer wir dazu stehen mögen, die Globalisierung. Ganz allgemein wird die Globalisierung definiert[113] als ein multidimensionaler und multinationaler Prozess der Entgrenzung und Enträumlichung auf der einen und Verdichtung und Vernetzung auf der anderen Seite.[114] Am wenigsten kann sich ein Land wie Deutschland, dessen Wirtschaft und deren Arbeitsplätze zu einem Drittel vom Weltweitenexport abhängen und dessen multinationale Konzerne und Unternehmen hiervon am meisten profitieren, diesem Prozess entziehen. Selbst kommunistische Regierungen haben sich diesem Drang der Öffnung und Verflechtung nach Außen nicht entziehen können.

Diese außenwirtschaftliche aber auch politische und sicherheitspolitische weltweite Verflechtung und Vernetzung Deutschlands kann nicht an der Grenze der kulturellen Verflechtung dieses Landes halt machen. Genau so, wie das Kapital binnen Sekunden überall in der Welt operiert, ermöglichen neue Technologien eine rasche Verbreitung von Nachrichten, Ideen und die Darstellung kultureller und religiöser Einstellungen und Lebensweisen.

Es ist mir daher völlig unverständlich, wenn manche verantwortliche Politiker/innen weiterhin die kulturelle Vielfalt in Deutschland negieren und von einer »kulturellen Homogenität« Deutschlands sprechen oder dies als gegeben darstellen wollen. Die deutsche Kultur wurde während ihrer ganzen Geschichte stets durch fremde Einflüsse befruchtet und wurde selbstverständlich auch durch die Kulturen, Sprachen Religionen und Lebensweisen von Millionen von Eingewanderten bereichert. Die deutsche Kultur beeinflusst und bereichert ihrerseits auch anderen Kulturen, vor allem die der hier lebenden kulturellen Minderheiten.

[113] darauf gehe ich im Kapitel 7 gesondert ein
[114] Vgl. Tetzlaf, R. (Hg.),Weltkulturen unter Globalisierung, Bonn 2000, S. 24

Mir scheint, dass die Vertreter dieser Auffassung von einer »nationalen oder kulturellen Homogenität« Deutschlands ganz offensichtlich von den Ideen und Thesen des US-amerikanischen Politikwissenschaftlers und Beraters der US-Administration, Samuel Huntington, stark beeinflusst wurden. Er hatte mit seinem Buch »Kampf der Kulturen« nicht nur in den USA, sondern auch in Europa und in Deutschland große Beachtung erfahren. Dieses Buch wurde nach Hamburger »zur Bibel der außenpolitischern Berater der früheren Bundesregierung und Pflichtlektüre in der Deutschen Bank.«[115]

Gemäß den Thesen von Huntington ist nach dem Zusammenbruch des Kommunismus als Hauptgefahr für den Westen nunmehr ein Kampf der Kulturen, besser ein Krieg zwischen den Kulturen unvermeidlich. Die zukünftige Weltordnung, so Huntington, wird von sieben oder acht großen Kulturen bestimmt werden. Darunter werden China als kommende Großmacht und der Islam als Hauptfeinde der westlichen Zivilisation betrachtet. »Die gefährlichste Form des Krieges wären Kernwaffenkriege zwischen den großen Staaten unterschiedlicher Kulturen. Die Hauptursachen für diese beiden Formen des Konflikts und damit für die politische Instabilität im nächsten Vierteljahrhundert werden die Resurgenz des Islams und der Aufstieg Chinas sein. Die Beziehungen des Westens zu diesen Herausfordererkulturen, Islam und China, werden sich besonders schwierig und feindselig gestalten.«[116]

Interessanterweise gibt er auch eine Erklärung, weshalb es zu diesen Kriegen kommen wird. »Die wichtigste Achse der Weltpolitik wird jedoch das Verhältnis des Westens zum Rest der Welt sein, wobei der Westen versucht, anderen Gesellschaften seine Werte und seine Zivilisation aufzuzwingen, obwohl er hierzu immer weniger imstande ist.«[117]

Er scheut sich nicht, offen auszusprechen, dass die westliche Zivilisation ein neues Feindbild braucht. »Hassen ist menschlich. Die Menschen brauchen Feinde zu ihrer Selbstdefinition und Motivation: Konkurrenten in der Wirtschaft, Gegner in der Politik. Von Natur aus misstrauen sie und fühlen sich bedroht von denjenigen, die anders sind und die Fähigkeit haben, ihnen zu schaden.«[118]

Wenn auch das Buch »Kampf der Kulturen« durchaus interessante Aspekte anspricht, müssten diese Ansichten über Kampf und Krieg zwischen den Kulturen, gerade für die westliche Zivilisation mehr als peinlich sein. Ein Autor, der solche Szenarien zwischen den Kulturen offen für unvermeidbar hält und sich

---

[115] Hamburger, F., Modernisierung, Migration und Ethnisierung, in: Gemende, M. /Schroer, W. /Sting, St. (Hg.), Zwischen den Kulturen, Weinheim und München 1999, S.40
[116] Huntington, S., Kampf der Kulturen, München und Wien 1996, S.20
[117] Ebda.
[118] Ebda., S. 202

auch mittelbar für einen Krieg ausspricht, dürfte nirgends in der Welt, am wenigsten aber in Europa und Deutschland, Gehör finden.

Dem ist offensichtlich leider nicht so. US-Präsident Busch und seine Administration scheinen sich auf diesem Wege zu befinden. Der Krieg, den die USA und Großbritannien gegen den Irak mit der Behauptung führten, Saddam Hussein verfüge über atomaren und biologischen Waffen, kooperiere mit der Terrororganisation Al-Qaida, war weder durch die UNO legitimiert noch konnten dergleichen Behauptungen belegt werden. Im Gegenteil: Heute wissen wir durch Untersuchungen des US-Congresses, dass diese Inszenierungen ganz bewußt eingesetzt wurden, um den Krieg gegen Irak zu begründen. Dies ist in diesem Kontext mehr als beängstigend.

Die Weltkulturen und Religionen sind seit Jahrhunderten, wenn nicht seit Jahrtausenden, miteinander verwoben. Hunderte von Millionen von Menschen christlichen Glaubens leben in mehrheitlich islamischen, Hunderte von Millionen von Moslems in mehrheitlich von Christen bewohnten Ländern. Kriege und Konflikte hat es nicht nur zwischen unterschiedlichen Religionen und Kulturen gegeben, sonder auch zwischen Ländern gleicher Weltanschauung und Religionen. Die Religionskriege unter den Christen in Europa bedürfen hier keiner Erwähnung. Die Kriege und Konflikte zwischen den Kulturen und vor allem Religionen sind in der Geschichte und Gegenwart nur dann und dort entstanden, wo die Instrumentalisierung der Religion für politische Ziele gelingt.

Im beginnenden 21. Jahrhundert müssen wir unsere Kräfte und Möglichkeiten viel mehr für den engen Dialog, ja sogar Kooperation, wo erforderlich für die Versöhnung zwischen den Religionen und Kulturen stark machen. Wir haben keine andere Wahl als diesen Weg der Verständigung und des friedlichen Miteinanders zu gehen. Das Konzept der Multikulturalität ist hierfür die Chance des Weges für ein friedliches und tolerantes Miteinander der unterschiedlichen Kulturen.

Multi Kulturalität ist ein unschätzbarer kultureller Reichtum für alle Länder. Die Millionen von Menschen aus unterschiedlichen Kulturen bereichern einerseits die Kultur Deutschlands in verschiedenen Lebensbereichen. Anderseits bilden sie aber auch eine menschliche Brücke zwischen ihren Herkunftsländern und Deutschland. In einer Zeit der Globalisierung ist diese Ressource für Deutschland ein unverzichtbarer Standortvorteil. Die Eingewanderten und ihr Nachkommen machen Deutschland in bezug auf Sprache, Musik, Literatur, Kunst, Sport, Religion, auf unterschiedliche Lebensweise und nicht zuletzt in der Gastronomie bunter, reicher, genüsslicher und attraktiver. Es kommt nun mehr darauf an, dieser Reichtum zum Wohle aller Menschen zu nutzen, anstelle ihn aus ideologischer Borniertheit kaputt zu reden.

Um aber diese kulturelle Vielfalt und Reichtum für alle Einwohner und gesellschaftliche Gruppen vorteilhaft und nützlich zu gestalten, müssen die gesellschaftspolitischen Rahmenbedingungen geschaffen werden. Dies ist vor erst die Aufgabe der Politik, aber auch sowohl der Mehrheitsbevölkerung als auch der kulturellen Minderheiten.

4 Interkulturelle Erziehung als Konzept der Bildungspolitik

»Die Teilnehmerstaaten unterstreichen, dass die Bewahrung und Achtung der kulturellen Identität fundamentale menschliche Bedürfnisse sind, vor allem für Menschen, die lange im Ausland leben oder sich dort niederlassen. [...] Sie stellen fest, dass diese neue Situation es noch dringlicher erscheinen läßt, Multikulturalismus als eine normale Struktur ihrer Kulturpolitik zugrunde zu legen «[119]*, Konferenz der Europäischen Kultusminister*

Wir brauchen Visionen darüber, wie ein dauerhaft friedliches Zusammenleben und des Miteinanders der deutschen Bevölkerung mit den kulturellen Minderheiten Deutschlands in Zukunft aussehen und gestaltet werden soll.

Keinem von uns wäre geholfen, wenn wir uns nicht offen und mutig darüber auseinandersetzen, was mit welchen Schritten getan werden sollte, ja müsste, um die bestehenden Ängste, Ressentiments, Vorurteile und Schwierigkeiten beim Zusammenleben verschiedener Bevölkerungsteile bewältigen zu können.

Unsere Chance besteht darin, dass wir in der Gesellschaft viele wichtige Bereiche haben, die uns große Möglichkeiten bieten, auf eine zielorientierte gemeinsame Zukunft der deutschen und nichtdeutschen Bevölkerung hinzusteuern. Hierfür sind die substantiellen Grundlagen und die Grundvoraussetzungen bereits vorhanden.

Kindertagesstädten, Schulen und Hochschulen sind bereits heute Orte einer lebendigen und dynamischen kulturellen Vielfalt. Diese Orte können im Erziehungs- und Bildungsbereich für alle Kinder und junge Menschen zu Laboratorien sprachlicher Vielfalt, des gegenseitigen Verstehens und Lernens, der Toleranz, der Dialogfähigkeit, der Verständigung und des Abbaus von Vorurteilen gemacht werden. Wir haben die Chance, unsere Kinder in Schulklassen mit Kindern unterschiedlicher Herkunft und Kultur zu toleranten, dialogfähigen und vorurteilsfreien Menschen zu erziehen und auszubilden.

Die Kindertagestätten, vor allem aber die Schulen haben für die persönliche Entwicklung und für die sekundäre Sozialisation der Kinder und jungen Menschen in der Gesellschaft eine sehr entscheidende Bedeutung. Gerade diese Lebensphase beansprucht die lernfähigsten und wichtigsten Jahre dieser Menschen. Die Schule bereitet – oder sollte dies zumindest – die Kinder und Jungendlichen

---

[119] Berlin, Mai 1984

neben der Familie auf den Umgang und die Kommunikation mit anderen Menschen vor. Die Schule sollte sich nicht nur mit reiner Wissensvermittlung begnügen, sonder der Ort sein, wo die vorhandene kulturelle Vielfalt der Schüler/innen zu Austausch und Voneinander-Lernen genutzt wird, wo die Fundamente eines vorurteilsfreien Zusammenlebens und Lernens gelegt werden. Nur so kann die Schule mit ihrem interkulturellen Bildungsauftrag Ausländerhass, Rassismus und Antisemitismus den Boden entziehen und die Grundlagen für eine tolerante und dialogfähige Gesellschaft schaffen.

Die Ressourcen der Schulen optimal zu nutzen, ist offensichtlich bislang nicht gelungen. In der Shell-Studie 2000 wurde unter anderem nach dem Kontakt deutscher Jugendlicher zu gleichaltrigen ausländischen gefragt. Auf die Frage »Wie häufig hast du mit Ausländern zu tun?« antwortete rund ein Viertel der befragten deutschen Jugendlichen »überhaupt nicht« und knapp die Hälfte hatten »wenig häufig« mit ausländischen Jugendlichen zu tun. Dieser Zustand ist sicherlich nicht hinnehmbar.

Konzepte, Entwürfe, Empfehlungen und Vorschläge über interkulturelle Erziehung und Bildung liegen seit Ende der siebziger Jahre in Deutschland und in anderen Ländern vor. Viele Fachwissenschaftlerinnen und -wissenschaftler nennen diesen Ansatz »Interkulturelle Erziehung und Bildung«.
Was ist diese interkulturelle Erziehung und Bildung?

Multikulturelle Gesellschaft und interkulturelle Erziehung und Bildung bilden für mich gemeinsam eine konzeptionelle Einheit. Sie beide sind Teil einer gesellschaftlichen Konzeption für die gleiche Zielsetzung. Während die multikulturelle Gesellschaft eine Art Haus darstellt, sollen interkulturelle Erziehung und Bildung mit den Kindertagesstätten, Schulen und Hochschulen die passenden Einrichtungen dieses Konzeptes darstellen.

Diese Einrichtungen können zu den wichtigsten Säulen der Gesellschaft gemacht werden, die das Zusammenleben der deutschen Bevölkerung mit den kulturellen Minderheiten entscheidend mitprägen. Hauptziel hierbei ist es, die Bildungseinrichtungen zu Orten sozialen Lernens, besserer Verständigung, Offenheit und Toleranz zwischen Kindern, Jugendlichen und auch Erwachsenen aus unterschiedlichen Kulturen zu entwickeln.

Multikulturalität ist das Ergebnis der vollzogenen Einwanderungsprozesses, die Beschreibung des Ist-Zustands. Interkulturelle Erziehung und Bildung dagegen ist der Versuch, Antworten auf die Folgen dieser Migration zu geben und für die bereits vorhandenen wie die künftig denkbaren Probleme Lösungen anzubieten, im Bildungsbereich pädagogische, bildungspolitische, soziale und kulturelle Zielvorstellungen zu entwickeln und Konzepte zu entwerfen.

Interkulturelle Erziehung gibt sich nicht mit einem beziehungslosen Nebeneinander von Menschen zufrieden, ihr Ziel ist vielmehr ein partnerschaftliches

Verhältnis aller Menschen in der Gesellschaft. Sie ist nicht eingeschränkt auf die Realität, sonder sie entwickelt konkrete Veränderungsstrategien.[120]

Interkulturelle Erziehung und Bildung wollen alle Ressourcen und Begabungen, die in den Kindern stecken, durch neue erweiterte Dimensionen der Pädagogik mobilisieren. Sie versucht vor allem, die sprachlichen Ressourcen und Fähigkeiten der Kinder durch den Einsatz vom muttersprachlichen Unterricht zur Geltung zu bringen.

Interkulturell bedeutet wörtlich Austausch »zwischen den Kulturen«. Die deutsche Bevölkerung und die kulturelle Minderheiten leben nicht nur nebeneinander, sondern sie leben in einem freiwillig gewollten Dialog und Austausch gemeinsam miteinander. Sie wollen sich vorurteilsfrei gegenseitig kennen lernen, von einander lernen und sich gegenseitig bereichern.

Interkulturelle Erziehung und Bildung bedeutet, die Erziehungs-, Bildungs- und Ausbildungseinrichtungen so zu gestalten, dass sie der realen Lebenslage Deutschlands entsprechen. Das Grundverständnis müsste sein, dass in diesen Einrichtungen nicht allein deutsche Kinder erzogen und beschult werden, sondern je nach Standort zehn bis fünfzig Prozent der Kinder aus anderen Ethnien und aus einem anderen Kulturkreis stammen. Die Erziehungs- und Bildungseinrichtungen müssen dieser Tatsache, dieser kulturellen Vielfalt der Kinder mit ihrer eigenen Muttersprache, mit einer anderen Religion und das heißt mit einem anderen kulturellen Hintergrund Rechnung tragen.

Interkulturelle Erziehung und Bildung bedeutet auch, die Erzieherinnen und Erzieher, Lehrerinnen und Lehrer, Sozialpädagoginnen und -pädagogen, Hochschullehrerinnen und Hochschullehrer so aus- und fortzubilden sind, dass sie den Anforderungen dieser kulturellen Vielfalt entsprechen können. Genauso müssten die Unterrichts- und Lehrmaterialien dieser Realität und Philosophie entsprechen und das heißt überarbeitet und ergänzt werden.

»Interkulturelle Bildung«, so die Erziehungswissenschaftlerin Neumann, »besagt etwas zunächst sehr einfaches und Einleuchtendes, dass nämlich pädagogisches Denken und Handeln die Tatsache der Kulturenvielfalt nicht ignorieren darf, sonder sie bewusst in unterrichtliche, curriculare und bildungspolitische Entscheidungen einzubeziehen hat«.[121]

Interkulturelle Erziehung und Bildung bedeutet auch, Chancengleichheit in der Bildung, Ausbildung und im Berufsleben für alle Kinder, darunter auch für die Kinder und Enkel der Einwanderer zu ermöglichen. Chancengleichheit darf nicht nur bedeuten, dass formell jedes Kind den ungehinderten Zugang zu jeder Schul-, Ausbildungs- und Berufsart hat, sondern auch, dass den Kindern, die aus

---

[120] Vgl. Friesenhahn, G. J., .Zur Entwicklung Interkultureller Pädagogik, Berlin 1988, 131 ff.

[121] Neumann, U., Interkulturelle Erziehung als Aufgabe der Schule, in: Standpunkt: sozial, Heft 1/1992, Hamburg, S. 43-44

vielerlei Gründen ungleiche Startchancen haben als andere, durch Fördermaßnahmen geholfen wird, um eine tatsächliche Chancengleichheit herzustellen.

Interkulturelle Erziehung und Bildung bedeutet weiter, dass »Anderssein« nicht als Bedrohung und als Problem, sondern vielmehr als Normalität, vielleicht sogar als Bereicherung empfunden wird, um somit mittel- und längerfristig Antisemitismus, Rassismus und Ausländerhass den Boden dauerhaft entziehen zu können.

Interkulturelle Erziehung und Bildung ist ein Bildungssystem, dessen Ziel nicht nur die Vermittlung von Fachwissen in den jeweiligen Schulklassen ist, sondern das Kennen lernen und reflektieren der Vielfältigkeit der kulturellen Landschaft in der Klasse durch eigene Erfahrung und Auseinandersetzung. Ziel ist es auch, durch beidseitige Lernprozesse den deutschen Kindern und den Schülern aus anderen Kulturen neue Lebenswege und Handlungsstrategien erschließen zu helfen.[122]

Interkulturelle Erziehung und Bildung heißt, eine pädagogische Antwort auf die kulturelle Pluralität von Schule und Gesellschaft zu geben und die daraus resultierenden Schwierigkeiten zu lösen, Chancen und Aufgaben im Interesse von Schule und Gesellschaft zu nutzen.

Interkulturelle Erziehung und Bildung bedeutet nicht zuletzt auch eine ertragreiche Investition für eine sozial friedliche, tolerante, vorurteilsfreie und dialogfähige Gesellschaft der Zukunft. Sie ist eine Erziehung und Bildung für die Entwicklung und Erweiterung der Konfliktfähigkeit aller Kinder und jungen Menschen und somit auch die Festigung und Erweiterung der Demokratie in Deutschland überhaupt.

Die bisherige Schulpolitik in Deutschland hat in manchen Bundesländern nur in Ansätzen interkulturelle Aspekte gehab, ohne allerdings den interkulturellen Ansatz als Konzept oder als Ziel zu haben.

Die offizielle Schulpolitik Deutschlands wollte und will die rasche Eingliederung und das heißt die Integration der Kinder der nichtdeutschen Bevölkerung in das deutsche Schulsystem. Diese Kinder sollten, wenn sie aus dem Ausland zu ihren Eltern in Deutschland nachziehen, in möglichst kurzer Zeit, also in ein bis zwei Jahren, dem Unterricht in den Regelklassen folgen können. Integration der nichtdeutschen Schüler sollte über Schulpflicht und gemeinsamen Unterricht aller Schüler, der deutschen wie der nichtdeutschen, erreicht werden. Diese Orientierung war durchaus richtig, die Fördermaßnahmen reichten jedoch zumeist nicht aus, dieses Konzept in der Praxis umzusetzen.

Wenn auch unter Integration von nicht-deutschen Kindern offiziell nicht deren Assimilation verstanden wurde, berücksichtigten die Vorschul- und Schul-

---

[122] Vgl. Essinger, H. / Hellmich, A. / Hoff, G., Generation und Identität: Theoretische und empirische Beiträge zur Migrationssoziologie, Opladen 1990, S. 10

einrichtungen deren kulturelle Vielfalt nur in Ausnahmefällen. Das deutsche Schulsystem war und wurde bis heute den selbstgestellten Zielen und Anforderungen bei der *»Integration in das deutsche Schulsystem«* nicht gerecht. Die deutschen Kindertagesstätten und Schulen hatten und haben sich trotz einer ganzen Reihe von Ankündigungen und Anstrengungen auf die Erziehung und Bildung weit über 1,1 Millionen nichtdeutscher Schülerinnen und Schüler allein in den allgemein bildenden und beruflichen Schulen, bis heute nicht vorbereiten und deren Chancengleichheit gewährleisten können. Die Ergebnisse der PISA Untersuchung haben dies eindeutig belegt, wie unten zu sehen ist.

Zu Recht spricht die Erziehungswissenschaftlerin Boos-Nünning von »Erziehung und Bildung für ein Zusammenleben in einer multikulturellen Gesellschaft«. Dies erfordere zweierlei: »Die Schaffung von Entwicklungschancen für alle Teilgruppen, d.h. auch für Einwanderer, und die Einübung in Formen des Miteinanderumgehens von Mehrheit und ethno-kulturellen Minderheiten. Wird das erste Ziel verfehlt, besteht die Gefahr, dass die Einwanderer ihren Migrantenstatus vererben. Der Proletariserungsprozess, der für die Mehrheit der Kinder und Kindeskinder der Arbeitsmigranten von damals bereits begonnen hat, würde sich verstärken. Wird das zweite Ziel verfehlt, wird also [...] nicht in allen Gruppen schrittweise ethnozentristisches Denken aufgebrochen, würde der innere Frieden in Deutschland gefährdet.«[123]

Eine interkulturelle Erziehung als Konzept gegen Rassismus und Antisemitismus müsste als Gesamtkonzept gegen Rassismus und Antisemitismus im Vorschul-, Schul- und Hochschulbereich als neue Erziehungs- und Bildungspolitik akzeptiert und eingesetzt werden.
Interkulturell bedeutet dabei:

- Voneinander lernen, Dialog, Austausch, Entgrenzung, Gegenseitigkeit, Erziehung zur Solidarität;
- Anerkennung der Lebensweisen, der Verschiedenheit des Verhaltens und der kulturellen Werte, ihrer Bedeutsamkeit und ihrer Funktionsweisen.[124]
- Die interkulturelle Erziehung und Bildung sollte als Chance verstanden werden, in der angestrebten Erziehungs- und Bildungspolitik folgende Ziele zu ermöglichen:
- Verständigung zwischen den Menschen aus unterschiedlichen Kulturen.
- Offenheit und Toleranz gegenüber den Andersseienden.

---

[123] Boos–Nünning, U., Abbau von Arbeitslosigkeit bei Jugendlichen mit Migrationshintergrund, Vortrag bei der Türkischen Gemeinde in Deutschland am 24.10.02, Manuskript S. 18

[124] Vgl. Rey /von Allmen, Interkulturalismus – Holzwege und Herausforderungen in: M. Hohmann/H.H. Reich (Hg.), Ein Europa für Mehrheiten und Minderheiten, Münster und New York 1989, S. 47 ff

- Abbau von Vorurteilen um eine vorurteilsfreie Auseinandersetzung mit anderen Kulturen zu ermöglichen.

Das Hauptziel interkultureller Erziehung ist eine Antwort auf die Frage: Was kann ich von anderen Kulturen lernen, was können die Menschen aus anderen Kulturen von mir lernen?
Weitere Ziele dieser Erziehungs- und Bildungspolitik sind:

- Die Weltoffenheit und weltweite Verständigung zwischen den Menschen unterschiedlicher Rasse, Herkunft, Religion, Muttersprache und elterlicher Tradition und Lebensweise.
- Erziehung zum Engagement für Frieden, Gleichheit, Brüderlichkeit und Solidarität im eigenen Lande und in der Welt.
- Erziehung zum Eintreten für eine gerechte Welt und Weltwirtschaftsordnung, in der Benachteiligung und Ausbeutung anderer Länder keinen Platz findet, in der kein Mensch mehr verhungert und in der die Grundbedürfnisse aller Menschen gestillt werden.
- Erziehung zur Bewahrung der Erde und des ganzen Planeten auch für die kommenden Jahrtausende für die Menschen und alle Lebewesen.[125]

Diese Erziehung müsste bereits in den Kindergärten beginnen. Wie wir wissen, wirken die Vorurteile der Eltern und des Umfeldes über angeblich negative Eigenschaften anderer Kulturen bereits recht früh auf die anfangs vorurteilsfreien Kinder. Deshalb sollte die interkulturelle Erziehung in den Vorschul- und Schuleinrichtungen bei den Elternabenden und Festen mit pädagogischen Mitteln auch die Eltern erfassen.

Das Zusammenleben mit anderen Kulturen kann man nur in einem langwierigen Prozess erlernen, mit dem man nicht früh genug beginnen kann. »Das ‚Andere' zu bejahen ohne das ‚Eigene' zu missbilligen, einen realistischen und relativierenden Blick für kulturelle Unterschiede zu erwerben, das ist die Aufgabe, vor die der interkulturelle Unterricht gestellt ist.«[126]

Mit Hilfe des interkulturellen Lernens könnten die Menschen »als Träger der Kultur den Schritt vom Nebeneinander zu einem Miteinander bei sich selbst

[125] Vgl. Keskin, H., Gleichstellung und Identitätsbewahrung für ethnisch-kulturelle Minderheiten in Deutschland, in Standpunkt: Sozial Nr.1/92, Hamburg 1992
[126] G. van Geertruyen, Eine kulturanthropologische Sicht auf die Praxis des interkulturellen Unterrichts, a.a. O., S. 189

erleben…«, um sich mit den Problemstellungen und Chancen dieses Wandels identifizieren zu können.[127]

Interkulturelle Erziehung heißt auch die Bewahrung der kulturellen Identität der Minderheiten. Die Lippenbekenntnisse vieler Politiker, sie wollten die »kulturelle Identität« der Einwanderer und ihrer Kinder bewahrt sehen, widersprechen der praktizierten Politik im Vorschul-, Schul- und Hochschulbereich. In vielen Kindertagesheimen und Schulen, in denen ein beachtlicher Teil der Kinder Einwandererkinder ist, kann von interkultureller Erziehung, Lernen und Lehren in keiner Weise die Rede sein. Die Lehrprogramme, -inhalte und -methoden zeigen vielmehr ein Bild, als seien diese Einrichtungen ausschließlich von deutschen Kindern besucht.

Zur Bewahrung der eigenen kulturellen Identität für ethnisch-kulturelle Minderheiten gehört selbstverständlich auch das Erlernen der Muttersprache im Rahmen des regulären Unterrichtsprogramms.

Die Kinder und Kindeskinder der ethnisch-kulturellen Minderheiten müssen die Möglichkeit haben, ihre Muttersprache als erste oder zweite Fremdsprache, also auch als Prüfungsfach, zu wählen.

Die Kinder mit einer anderen Religion müssen die Möglichkeit haben, in der Schule parallel zu dem üblichen Religionsunterricht über ihre eigene Religion unterrichtet zu werden. Noch besser wäre es allerdings, wenn der Religionsunterricht im Sinne der interkulturellen Erziehung in einer Mischform die Grundzüge der Religionen aller Kinder behandeln würde.

Bis heute berücksichtigt die Ausbildung der Lehrer/innen und Sozialpädagog/innen – von wenigen Ausnahmen abgesehen – die unterschiedliche Lage kultureller Minderheiten nicht. Auch bei der Ausbildung von Erzieher/innen, Lehrer/innen und Sozialarbeiter/innen müssten die Lehrprogramme, -inhalte und -methoden der realen Situation gerecht werden.

Interkulturelle Erziehung in Bildungseinrichtungen

Die Kinder und Jugendlichen sind unsere Zukunft. Investitionen, die heute diesem Bereich zufließen, sind die Sicherung der Zukunft für unser Rentenalter und weit darüber hinaus.

In einer Zeit der Globalisierung, der weltweit grenzenlosen Verflechtung von Wirtschaft und Handel, rücken Nationen und Kulturen zwangsläufig zusammen. Nur durch gemeinsames Bemühen und durch internationale Zusammenarbeit kann der Frieden gesichert, können Umweltprobleme gelöst werden.

[127] O. B. Kula, Türkische Migranten-Kultur als Determinante der interkulturellen Pädagogik, Saarbrücken 1986, S.330

Auf diese Situation muss sich die Erziehung und Bildung von Kindern und junger Menschen vorbereiten und kann und darf sich nicht auf nationale Sichtweisen und Beschränktheit reduzieren.

Bei der Konzeption einer interkulturellen Erziehung und Bildung sehe ich folgende Grundelemente als unverzichtbar an.

- Deutsch als Schul- und Unterrichtssprache muss von allen Kindern, selbstverständlich auch von den nichtdeutschen Schülerinnen und Schülern gut beherrscht werden. Dies sollte mit gezielten Förderunterrichtsmaßnahmen bereits in den Vorschuleinrichtungen unterstützt werden.
- Das Erlernen der Muttersprache ist als Reichtum und als eine berufliche Chance für die Zukunft der Kinder zu verstehen und sollte gezielt gefördert werden.
- Schulbücher und -materialien, vor allem über Geschichte, Länderkunde und Religionsunterricht, sollten den kulturellen Hintergrund der Herkunftsländer der Kinder, ihrer Eltern und Großeltern berücksichtigen und demgemäß ergänzt und aktualisiert werden. Inhalte, die Vorurteile gegen Schüler mit anderem kulturellen Hintergrund schüren könnten, sollten aus den Unterrichtsmaterialien und -büchern eliminiert werden.
- Die Erzieherinnen, Lehrer, Sozialpädagogen und Professoren sollten durch Fort- und Weiterbildung befähigt werden, diesem interkulturellen Ansatz und der neuen Schulrealität gerecht zu werden. Das Studium insbesondere für diese Fachrichtungen müsste in den Hochschulen gemäß dem interkulturellen Ansatz ausgebaut, durch Bildung von Studienschwerpunkten Lehrerinnen und Lehrern, Sozialpädagoginnen und -pädagogen, Erzieherinnen und Erziehern für dies spezifische Aufgabe ausgebildet werden.

Gute Deutschkenntnisse sind unverzichtbare Voraussetzung der Bildungspolitik

Zu den allgemeinen Zielen schulischer Bildungspolitik gehört ohne Zweifel, vorrangig allen Kindern die bestmögliche Bildung zu ermöglichen.

Eine große Zahl von Kindern der Eingewanderten, vor allem der Kinder türkischer Herkunft, die in Deutschland geboren sind und größtenteils in den Ballungsgebieten aufwachsen, verfügt beim Schulbeginn oft nur über unzureichende oder sehr geringe Kenntnisse der deutschen Sprache. Laut einer Erhebung von Prof. Reich im Auftrage der Schulbehörde Hamburg »zum Sprachstand türkisch-deutscher Schulanfängerinnen und Schulanfänger – mündliche Sprachkenntnisse bei Schuleintritt« im Schuljahr 1999/2000, sprachen 8% fast kein

Deutsch, 13% konnten sich nur mit Mühe verständigen und 23% verfügten über einfache Deutschkenntnisse.[128]

Die Tatsache, dass 44% der türkischen Kinder bei Schulbeginn kaum in der Lage sind, einem Unterricht in deutscher Sprache zu folgen, ist alarmierend und ein Problem, dem wir uns stellen und das wir mit aller Kraft lösen müssen. Diese Entwicklung ist hauptsächlich dadurch zu erklären, dass jene Kinder gar nicht oder nur in geringem Umfang vorschulische Einrichtungen besuchen. Die Erfahrung zeigt, dass Kinder nichtdeutscher Eltern nach mindestens zweijährigem Besuch einer Kindertagesstätte zum Zeitpunkt der Einschulung kaum noch sprachliche Defizite aufweisen.

Gute, zumindest aber ausreichende Kenntnisse der deutschen Sprache sind aber die Grundvoraussetzung für gleiche Start- und Bildungschancen, wie später für erfolgreiche Schulabschlüsse. Deshalb sind dringend Maßnahmen erforderlich, um Defizite bei der deutschen Sprache bis zum Schulbeginn zu beheben, zumindest aber zu verringern.

Die Behörden gehen irrtümlicherweise davon aus, dass nichtdeutsche Kinder, die in Deutschland aufwachsen, die deutsche Sprache bis zum Schulbeginn gelernt haben müssten. Deshalb werden für diese Kinder zumeist keine gesonderten Sprachfördermaßnahmen organisiert. Wenn aber manche dieser Kinder keine Kindertagesstätten besuchen, weil ein Elterteil zu Hause bleibt, ist das Erlernen der deutschen Sprache vor Schulbeginn kaum gewährleistet. Auch deshalb, weil diese Kinder zumindest in den Ballungsgebieten in ihrer Umgebung fast nur in ihrer Muttersprache kommunizieren.

Von unverzichtbarer Bedeutung ist daher der Besuch der Kindertagesstätten für nichtdeutsche Kinder. Deshalb müsste für alle Kinder ohne deutsche Muttersprache in diesen Einrichtungen ein Platz gesichert werden, selbst dann, wenn ein Elternteil nicht berufstätig ist. Trotz des oft gegebenen Rechtsanspruchs auf einen Platz in einer Kindertagesstätte bekommen die Kinder in der Praxis oft keinen Platz, wenn ein Elternteil nicht berufstätig ist. Die nichtdeutschen Eltern sollten informiert und motiviert werden, ihre Kinder spätestens ab dem vierten Lebensjahr in Kindertagesstätten zu schicken. Wie eine Untersuchung von Steinmüller[129] nachweist, hatten nur 30% der Kinder kultureller Minderheiten in der ersten Klasse ein Kindertagesstätte besucht.

Eine weitere elementare Möglichkeit zum Erlernen der deutschen Sprache bereits vor dem Schuleintritt wäre ein einjähriger obligatorischer Besuch von Einrichtungen im Elementarbereich für alle Kinder, deutscher und nichtdeutscher

---

[128] Vgl. Reich, H., Hamburger Erhebung, März 2000

[129] Vgl. Steinmüller, U., in: Marburger, H. (Hg), Schule in der multikulturellen Gesellschaft; Ziele, Aufgaben, Wege Interkultureller Erziehung, Frankfurt/M 1991, S.116

Herkunft. Dieses »Vorschuljahr« könnte beispielsweise unmittelbar vor Schulbeginn erfolgen.

In den Kindertagesstätten und Vorschulklassen sollten geeignete Rahmenbedingungen mit dem Ziel geschaffen werden, die sprachliche Kompetenz der Kinder gezielt zu fördern. Hierfür sollte die sprachliche Förderung den Altersbedürfnissen entsprechend ausgeweitet werden. Die Vermittlung der deutschen Sprache sollte durch geschulte und kompetente Pädagoginnen und Pädagogen erfolgen. Hierzu bedarf es der Qualifizierung der im Elementarbereich tätigen Erziehungs- und Lehrkräfte. Die Bemühungen und Fördermaßnahmen sollten sich vor allem auf die Stadtteile konzentrieren, in denen der Anteil der Kinder ohne deutsche Muttersprache hoch ist.

Darüber hinaus ist eine enge Zusammenarbeit der nichtdeutschen Eltern- und Lehrervereine mit den Schulen und Schulbehörden wichtig. Nötigenfalls sollten die Eltern durch Briefe, Informationsveranstaltungen, Öffentlichkeitsarbeit und Beratungen vor allem in den Schulen und Vorschuleinrichtungen sowie den Migrantenvereinen umfassend über das deutsche Schulsystem und über die Bedeutung der deutschen Sprache, aber auch der eigenen Muttersprache informiert werden. Die Türkische Gemeinde in Deutschland und ihre Mitgliedsverbände versuchen mit bundesweiten Kampagnen, die türkischen Eltern zu informieren und zu motivieren, ihre Kinder spätestens nach dem dritten Lebensjahr in Kindertagesstätten zu schicken, damit die Kinder bis zum Schulbeginn ihre Deutschkenntnisse verbessern können.[130]

Einer der Hauptgründe für das schlechte Abschneiden des deutschen Bildungssystems im internationalen Vergleich – das zeigt die PISA-Studie deutlich – ist die ungenügende Förderung gerade sozial benachteiligter Kinder und Jugendlicher durch das deutsche Schulsystem. Deshalb sollten besonders diese Schüler gezielt durch Verkleinerung der Schülerzahl in den Klassen und durch gezielten Nachhilfeunterricht gefördert werden.

Da sozial- und bildungsschwache Eltern nicht in der Lage sind, ihren Kindern bei den Hausaufgaben zu helfen, muss deren Kindern verstärkt Hausaufgabenhilfe angeboten werden. Elternvereine und andere Initiativen, die Hausaufgabenhilfe und Nachhilfe für Schüler/innen anbieten, sollen finanziell unterstützt werden.

[130] Vgl. hierzu die Bildungskampagne der Türkischen Gemeinde in Deutschland, Presseerklärung vom 30.11.99

Das Erlernen der Muttersprache ist Reichtum und eine berufliche Chance

Das Erlernen der Muttersprache in Vorschuleinrichtungen und in der Schule ist nicht nur für die Entwicklung der Persönlichkeit und die psychische Stabilisierung der Kinder, nicht nur als Kommunikationssprache mit ihren Eltern, Großeltern und Verwandten in Deutschland und in den Herkunftsländern, nicht nur zur Verbesserung der Chancen im Berufsleben wichtig, sondern gerade auch für das Erlernen der deutschen Sprache, wie der weiterer Zweitsprachen von elementarer Bedeutung. Dies konnten Fachwissenschaftler durch zahlreiche Untersuchungen belegen.

Das Erlernen der deutschen Sprache bleibt lückenhaft, wenn das Kind die eigene Muttersprache in der Phase der primären Sozialisation bis etwa zu dem elften und zwölften Lebensjahr nicht entsprechend gelernt hat. Wenn die notwendigen Vorstufen der Sprachentwicklung und Begriffsbildung bei den Kindern der kulturellen Minderheiten fehlen oder nicht genügend entwickelt sind, kann das Kind dem Unterricht in der Schule nicht ohne weiteres folgen. »Dies hat eine Desorientierung der betroffenen Kinder zur Folge, deren Resultate neben schulischem Versagen häufig Identitätsprobleme und Konflikte in der psychischen Entwicklung sind«[131]. Auch die oben zitierte Analyse von Steinmüller belegt dies. Von türkischen Schüler/innen, die drei bis vier Jahre eine türkische Grundschule besucht hatten, verfügten später 84% über ausreichende bis sehr gute Deutschkenntnisse. Nur 16% hatten dort starke Defizite. Bei den türkischen Schüler/innen, die jedoch ausschließlich die Schule in Deutschland besuchten, besaßen nur 56% ausreichende bis sehr gute Deutschkenntnisse. 44% der befragten Schüler/innen hatten dagegen starke Defizite.[132] Dies möchte ich jedoch nicht als Priorisierung dieses Weges verstanden wissen.

Die optimale sprachliche Entwicklung der Kinder und das heißt auch das Erlernen der deutschen Sprache ist von der Beherrschung der Muttersprache abhängig. Zahlreiche sprachwissenschaftliche Forschungen in Deutschland und in einigen anderen europäischen Ländern untermauern und belegen diese These.[133] Der Erwerb der Zweitsprache von Migrantenkindern scheitere oft, wenn der Erwerb der Muttersprache nicht gefördert wird.[134]

---

[131] Essinger/Hellmlich/Hoff, a.a.O., S. 90

[132] Vgl. Steinmüller, a.a.O., S. 120

[133] Vgl. u.a. Gogolin, I., Erziehungsziel Zweisprachigkeit, Hamburg 1988; Boos-Nünning, U./Hohmann,M. /Reich,H.H./Wittek,F. Aufnahmeunterricht Muttersprachlicher Unterricht Interkultureller Unterricht, Oldenburg 1983; Freie und Hansestdt Hamburg, Behörde für Bildung und Sport (Hg.): Spracherwerb zweisprachig aufwachsender Kinder und jugendlicher, ein Überblick über den Stand der nationalen und internationalen Forschung, Hamburg 2002; Butzkamm,W.,Pscholinguistik des Fremdsprchenunterrichts, von der Muttersprache zur Fremdsprache, Tübingen, Basel 2003;

Zahlreiche empirische Untersuchungen in Schweden belegen ebenfalls, dass die gute Beherrschung der Muttersprache die Grundlage für den Erwerb anderer Sprachen bildet.[135]

Deshalb sollte der Zweisprachigkeit, dem Erlernen der Muttersprache neben der Schul- und Unterrichtssprache Deutsch, sowohl in den Vorschuleinrichtungen als auch in den Schulen die notwendige Bedeutung beigemessen werden. Es gehört zu den unverzichtbaren Voraussetzungen der interkulturellen Pädagogik, den muttersprachlichen Unterricht in den regulären Unterrichtsplan zu integrieren. Um die Bedeutung des Erlernens der Muttersprache zu gewichten, sollten schulischen Leistungen im muttersprachlichen Unterricht im Zeugnis aufgeführt und als versetzungsrelevant eingestuft werden.

Kinder von Einwanderern wachsen aufgrund ihrer familiären und gesellschaftlichen Umwelt mit der eigenen Muttersprache und mit der deutschen Sprache auf. Sie haben also beste Voraussetzungen, sich in zwei Sprachen und zugleich auch in zwei Kulturkreisen zu entwickeln. Sie können ihr Denken aus zwei Sprachen und Kulturen zugleich speisen, können beide Kulturen einander gegenüberstellen, sie vergleichen, sich mit beiden auseinandersetzen und für sich das Beste heraussuchen und neue Synthesen bilden. Das sind Alltagsleben und Alltagsrealität der Kinder der Nichtdeutschen. Das ist ihre zusätzliche Qualifikation und ihr Reichtum zugleich.

Aus der Erfahrung durch zahlreiche Gespräche mit Lehrer/innen, darunter auch türkische Lehrer/innen in Deutschland, kann ich diese Ergebnisse voll bestätigen. Die Kinder, die über Grundkenntnisse der eigenen Muttersprache verfügen, sind aufgrund ihrer kognitiven Entwicklung besser in der Lage, bei der deutschen oder bei einer zweiten Sprache Begriffe einzuordnen und Gedankengänge zu formulieren, als Kinder, bei denen das Fundament der Muttersprache fehlt.

Im Allgemeinen aber ist das deutsche Schulwesen so organisiert, als hätten alle Kinder Deutsch als Muttersprache. Der Muttersprache kultureller Minderheiten wird selten die Bedeutung beigemessen, die sie in vielfältiger Weise verdient. Zu Recht bemerkt Marburger, dass Kinder und Jugendliche von Nichtdeutschen in der Schule erleben müssen, wie ihre Muttersprache als Barriere für das Erlernen der deutschen Sprache und für eine erfolgreiche Teilnahme am Unterricht betrachtet wird.[136] Die meisten Schulen in Deutschland ignorieren die bilinguale

Oksaar,E., Zweitspracherwerb, Wege zur Mehrsprachigkeit und zur interkulturellen Verständigung, Stuttgart 2003

[134] Vgl. Steinmüller, U., / Engin, H., Gutachten: Türkischunterricht an allgemeinbildenden Schulen in der Bundesrepublik Deutschland, Berlin 1999, S.5

[135] Vgl. Yletyinen, R., Probleme der Zweisprachigkeit bei Migrantenkindern. Schweden als Bildungspolitisches Beispiel, Berlin 1978

[136] Vgl. Marburger, a.a.O., S. 27

Sprachkompetenz der Kinder und Jugendlichen mit Migrationshintergrund. Durch diese geringe Wertschätzung der Muttersprache kann es nicht nur zu einer Störung der Persönlichkeits- und Lernentwicklung, sondern auch der sprachlichen und geistige Entwicklung des Kindes kommen.[137]

Diese fehlende Akzeptanz und Ignoranz der Muttersprache der kulturellen Minderheiten als bildungspolitische Orientierung im Allgemeinen führt paradoxerweise zu den Schwierigkeiten im sprachlichen Lernen. Erst seit einigen Jahren wird in manchen Bundesländern die Bedeutung der Muttersprache auch für das Erlernen der deutschen Sprache schrittweise von Bildungspolitiker/innen eingestanden. Die entscheidenden Schritte hierzu bleiben halbherzig und sind vom Bundesland zu Bundesland unterschiedlich und widersprüchlich.

Die Muttersprache ist dabei das wichtigste Element der eigenen Kultur und zugleich Vermittler zwischen den Kulturen.

In der Schlussakte der „Konferenz über Sicherheit und Zusammenarbeit in Europa (KSZE) vom 1.8.1975 in Helsinki werden die Mitgliedsstaaten in Bezug auf die Migrantenkinder aufgefordert: » [...] unter den gleichen Bedingungen wie die Kinder dieses Landes Zugang zum dort üblichen Unterricht zu haben und zu gestatten, dass sie darüber hinaus in ihrer eigenen Sprache, Kultur, Geschichte und Geographie unterrichtet werden.«[138]

Die Kultusministerkonferenz hatte bereits 1976 empfohlen, in den Schulen das Erlernen der Muttersprache als Ergänzungsunterricht in Deutschland einzuführen. Der Rat der Europäischen Gemeinschaft forderte die Mitgleistaten mit seiner Richtlinie vom 25.7.97 auf, das Erlernen der Muttersprache im Rahmen des Regelunterrichts einzuführen. 1977 beschloss die Gewerkschaft Erziehung und Wissenschaft und 1978 der Deutsche Gewerkschaftsbund, Muttersprachlichen Unterricht als Pflichtfach in den Schulen einzuführen.[139]

Die Charta von Paris für ein neues Europa vom November 1979, die ständige »Konferenz der europäischen Kultusminister« vom Mai 1983 in Dublin, und vom Mai 1984 in Berlin unterstreichen wiederholt die Bedeutung der Förderung der Muttersprache, Kultur und der kulturellen Identität der Migrantenbevölkerung.[140]

Auf der Basis der von der Bundesrepublik Deutschland unterzeichneten internationalen und bilateralen Verträge, Vereinbarungen, Beschlüsse und Ver-

---

[137] Vgl. Stellungnahme zur PISA-Studie, Anadolu Külübü Münster und Föderation türkischer Elternvereine in NRW (Hg.), Münster 2002, S.5

[138] Auswärtiges Amt (Hg.), Sicherheit und Zusammenarbeit in Europa, Dokumentation zum KSZE-Prozess, Bonn 1990, S.55

[139] Vgl. GEW-Hauptvorstand (Hg.), GEW-Skript, Integrierter Muttersprachlicher Unterricht, Darmstadt 1988 .

[140] BAGIV (Hg.), muttersprachlicher Unterricht in der Bundesrepublik Deutschland, Hamburg 1985, S.237

pflichtungen müsste das Erlernen der Muttersprache als ein allgemeines Recht anerkannt und rechtlich abgesichert werden.
Das Erlernen der Muttersprache ist bedeutsam:

- für den Zweisprachenerwerb,
- für die schulische Integration der Migrantenkinder wegen lernpsychologischer und sozialer Komponenten,
- für künftige Berufschancen
- für das Wissen über das Herkunftsland der Eltern und für die Verarbeitung dieses Wissens im Kontakt mit den Eltern, Verwandten und Freunden,
- für die Multikulturalität in der Gesellschaf und
- für die Stabilisierung der Persönlichkeit der Migrantenkinder.[141]

Die Kindertagesstätten und Schulen dürfen diese Realität und diesen Reichtum nicht ignorieren, vielmehr muss diese Möglichkeit als eine Chance genutzt werden. Die vorhandene Zweisprachigkeit der Kinder bietet auch die Möglichkeit, diese sprachliche und kulturelle Vielfalt als Ressource zum Gegenstand des Unterrichts zu machen. Hiervon könnten selbstverständlich auch die deutschen Kinder profitieren. Sie erleben diese sprachliche und kulturelle Vielfalt in ihrer unmittelbaren Umgebung, im eigenen Freundeskreis. Sie lernen und erleben zahlreiche Kulturen nicht nur abstrakt aus den Büchern, sondern direkt durch ihre Mitschüler. Die Thematisierung und Auseinadersetzung über Kulturen und kulturelle Unterschiede sowie über Religionen können helfen, wenn vorhanden, Ängste und Vorurteile abzubauen und einen erweiterten Horizont durch neue Kenntnisse auch für deutsche Kinder entstehen zu lassen. Diese Möglichkeit stärkt für alle Schülerinnen und Schüler die Fähigkeit sich lernend auseinanderzusetzen, weltoffener und toleranter zu sein. Die deutschen Schüler können auch eine der lebendigen Sprachen ihrer Schulfreunde lernen, was heute teilweise der Fall ist. Gerade in einer Epoche der Globalisierung legen die Unternehmen heute oft größeren Wert genau auf diese Fähigkeiten als auf theoretische Kenntnisse über fachspezifisches Wissen.

Der muttersprachliche Unterricht stellt somit Beziehungen zwischen zwei und mehr Sprachen her, ermöglicht den Kindern eine weitere Qualifikationschance für das spätere Berufsleben, bereitet junge Menschen auf ihr Leben in einer kulturell pluralistischen Gesellschaft in einer globalisierten Welt vor. Die vielseitige Bedeutung des Erlernens der Muttersprache wird durch eine Vielzahl von wissenschaftlichen Analysen nachgewiesen.[142]

---

[141] Vgl. GEW, a.a.O., S. 23-32
[142] Vgl. u.a. die zitierte Literatur

Deshalb sollte die Integration des Muttersprachen Unterrichts als reguläres Fach in das deutsche Bildungssystem nicht als Belastung, sondern als eine große Bildungschance verstanden werden. Die hierfür durchaus erforderlichen zusätzlichen Investitionen von heute werden sich morgen und übermorgen reichlich bezahlt machen. Untersuchungsergebnisse zeigen auf, dass dies die Leistungsfähigkeit und die soziale Integration der Kinder erhöht.[143]

Ziel der Bildungspolitik sollte daher sein, die Vorschuleinrichtungen und allgemein bildenden Schulen in allen ihren Schulformen so zu organisieren, damit die Kinder:

- Ihre Muttersprache in Kernzeiten lernen und weiterentwickeln können,
- die Muttersprache, wie die Schul- und Unterrichtssprache Deutsch, als Pflichtfach anzuerkennen und
- den muttersprachlichen Unterricht als zeugnis- und versetzungsrelevant einzustufen.

Der muttersprachliche Unterricht sollte als Fach in die Lehreraus- und -weiterbildung integriert werden.

Bezüglich des muttersprachlichen Unterrichts Türkisch in den Schulen ging die Türkische Gemeinde in Deutschland unter anderem mit folgender Feststellungen in die Öffentlichkeit: »Türkisch ist nach Deutsch die in Deutschland am meisten verbreitete Muttersprache. Weltweit wird Türkisch von mehr als 300 Millionen Menschen gesprochen. Neben der Türkei ist das Türkische in weiteren sechs Ländern Staatssprache bzw. Verkehrssprache.

Dieser Realität wird im deutschen Bildungssystem nicht die erforderliche Bedeutung beigemessen. Sie wird in Deutschland in keinem Bundesland als eine der wählbaren Fremdsprachen durchgängig angeboten. Dies stellt auch angesichts der Tatsache, dass mehr als eine halbe Millionen Kinder aus dem türkischen Sprachraum an deutschen Schulen unterrichtet werden, eine Diskriminierung türkischer Sprache und Kultur dar. Dabei kann Türkisch für das Ergreifen eines Berufes in einem der vielen tausend deutschen und türkischen Unternehmen in Deutschland und in der Türkei von großem Vorteil sein. [...] Deshalb fordern wir als bildungspolitische Neuerung, dass Türkisch sowohl als Muttersprache angeboten, als auch als zweite, dritte und / oder vierte Fremdsprache nunmehr in den Fremdsprachenkanon aufgenommen wird.“[144]

Die Lehrkräfte, die beispielsweise das Fach »Türkische Muttersprache und Kultur« unterrichten, sollten unter Berücksichtigung der kulturellen Besonder-

[143] Vgl. Gogolin, I., Erziehungsziel Zweisprachigkeit, a.a.O., S. 118 ff.
[144] Pressemitteilung der Türkischen Gemeinde in Deutschland vom 20.2.02

heiten und der multikulturellen Lebensbedingungen der Kinder fortgebildet werden.

Für die Ausbildung des Lehrpersonals für den muttersprachlichen Unterricht sollten zumindest an einigen Universitäten entsprechende Studiengänge eingerichtet werden. Beispielsweise hat die Gesamthochschule Essen seit 1995/96 das »Lehramt für Türkisch« im Angebot. Diesem Beispiel sollten andere Universitäten und Hochschulen folgen. Das Hauptziel dabei sollte sein, den Bedarf an Lehrer/innen für den muttersprachlichen Unterricht grundsätzlich mit Hochschulabsolventen aus Deutschland zu decken. Hierbei sollten Austauschprogramme zwischen den deutschen Hochschulen und denen der zahlenmäßig stark vertretenen Herkunftsländer durchgeführt werden.

Die Studierenden dieses Fachbereichs aber auch die der Erziehungswissenschaften im allgemeinen sollten während des Studiums mit einem interkulturellen Ansatz ausgebildet und mit der multikulturellen Wirklichkeit vertraut gemacht werden.

Die Schulbücher und Unterrichtsmaterialien bedürfen einer Überarbeitung

Die im Schulbereich verwendeten Bücher und Materialien über Geschichte, Geographie, Sachunterricht, Gemeinschaftskunde, Politik, Gesellschafts- und Wirtschaftslehre (PGW), Fremdsprachen, Deutschunterricht, Musik, Kunst und Ethik (je nach Bundesland werden sie zum Teil anders genannt) müssten überarbeitet und ergänzt werden. Erstaunlicherweise fehlen zu diesem Bereich die Bundesländer übergreifende aktuelle Analysen, inwieweit die Lehrpläne, Bücher und Lehrmaterialien zum einem den heutigen Erfordernissen und real vollzogenen Gegebenheiten der deutschen Gesellschaft und Schulwirklichkeit und zum anderen dem interkulturellen Ansatz entsprechen.

In einem 1993 erschienen Buch von M. Spohn wurden sechs Geschichtsbücher der Jahre 1963 bis 1986 im Bezug auf das Türkenbild analysiert und bewertet. Das Ergebnis: »...einseitig negativ vermitteltes Bild über die Türken, [...]. Das eurozentristische Geschichtsbild lässt keinen Platz für Menschen, die nicht die gleiche Geschichte hatten. Insofern wirkt der Unterricht ausgrenzend und diskriminierend«[145].

Möglicherweise wurden solche Bücher inzwischen überarbeitet. Was jedoch noch nicht im nötigen Umfang erfolgt ist, dass Länder wie die Türkei, Ex-Jugoslawien, Tunesien oder Iran, um nur wenige zu nennen, in den Schulbüchern für Geschichte oder Geographie kaum vorkommen. Im Gemeinschaftskunde-

---

145 Spohn, M., Alles getürkt, 500 Jahre (Vor)Urteile der Deutschen über die Türken, Universität Oldenburg, 1993, S. 121

bzw. Sachkundeunterricht, in Politik, Gesellschafts- und Wirtschaftslehre (PGW) müssten beispielsweise die Themen Migration sowie die, soziale, rechtliche und politische Lage der nichtdeutschen Bevölkerung erläutert und diskutiert werden. Der Beitrag der Migrantenbevölkerung zum Wiederaufbau und Wohlstand Deutschlands müsste in solchen Fächern Gegenstand des Unterrichts sein. Über das Anderssein, die unterschiedliche Kultur, Sprache, Ethik, Religion, Lebensformen der Kinder, die einen beachtlichen Teil der Schulkinder ausmachen, sowie über deren Herkunftsländer müsste im Unterricht aufgeklärt und diskutiert werden.

Unter diesen Bedingungen werden sich die nichtdeutschen Kinder viel mehr mit der Schule und mit dem Unterricht identifizieren können. Nur so werden sie feststellen können, dass im Geschichts- und Geographieunterricht die Länder, aus denen ihre Eltern und Großeltern kommen, nicht ignoriert werden. Nur so können sich die deutschen und nichtdeutschen Kinder gegenseitig besser kennen lernen. Nur so können Vorurteile, die auf Unwissen bzw. falsches Wissen basieren, überdacht und möglicherweise behoben werden. Nur so können die Kinder mit Migrationhintergrund ihre Identität und Persönlichkeit festigen. Nur so kann gerade im schulfähigen Alter der Fremdenangst, der Ausländerfeindlichkeit und dem Rassismus der Boden entzogen werden. Nur wer sich und seine Geschichte gut kennt, kann zu einem offenen und gleichberechtigten Dialog fähig sein und auch bessere Berufschancen haben. Nur so kann zwischen den Lehrenden und den Kindern mit Migrationshintergrund das Vertrauen gestärkt werden.

Ein Märchen, eine Geschichte, ein Gedicht, ein Witz aus der Literatur der Türkei, Serbiens, Bosniens, der arabischen Länder, aus Persien etc. würde den Unterricht maßgeblich positiv Beeinflüssen und bereichern. Das ist der interkulturelle Ansatz, das ist die multikulturelle Wirklichkeit, der im Schulunterricht Rechnung getragen werden sollte.

Seit zwei Jahrzehnten belegen die Wissenschaftlerinnen und Wissenschaftler mit Dutzenden Publikationen die Notwendigkeit einer interkulturellen Bildungspolitik, nicht nur im Interesse der Kinder mit Migrationshintergrund, sondern auch der deutschen Kinder. Dank dieser beharrlichen Bemühungen hat auch in Deutschland in dieser Hinsicht ein Umdenkungsprozess begonnen. Andere europäische Staaten können bereits auf Erfolge verweisen. »Ein Vergleich der Schulsysteme erfolgreicher PISA-Teilnehmerstaaten verdeutlicht, dass die ethnische und soziale Heterogenität dort von den Lehrkräften durchweg nicht als belastend, sondern positiv eingeschätzt wird [...]«[146].

[146] Arbeitsgruppe Internationale Vergleichsstudie (2003): Vertiefender Vergleich der Schulsysteme ausgewählter PISA-Teilnehmerstaaten, Bonn: BMBF, z.n. Neumann, U. / Reuter, L. R., Interkulturelle Bildung in den Lehrplänen – neuere Entwicklungen, in: Zeitschrift für Pädagogik, 2004

In einer wirtschaftlich, politisch und kulturell zunehmend dichter zusammenwachsenden Welt sind heute Personen und Persönlichkeiten gefragt, die nicht nur gute Zeugnisse vorweisen können, sondern auch mehrere Sprachen beherrschen und durch ihre soziale Kompetenz die Fähigkeit besitzen, Widersprüche und Konflikte in Interaktion und Kommunikation zu lösen.

Rahmenpläne mit diesem modernen Ansatz wurden erst in den letzten Jahren in einigen Bundesländern wie Berlin, Schleswig-Holstein und in Mecklenburg-Vorpommern in Angriff genommen. Diesen Ansatz einer interkulturellen Bildungspolitik müssten sich jedoch alle Bundesländer zu eigen machen.

Erzieher/innen, Sozialpädagog/innen, Lehrer/innen, und Professor/innen für interkulturelle Konzepte fortbilden

Die Kindertagesstätten, Schulen und Hochschulen können der interkulturellen Erziehungs- und Bildungsaufgabe nur dann gerecht werden, wenn sie hierfür gut ausgerüstet und ihr Personal ausgebildet ist. Diese Einrichtungen sind nach dem Verständnis und Auftrag der interkulturellen Erziehungs- und Bildungsarbeit nicht mehr allein als Instanzen der Wissensvermittlung zu verstehen, sondern gleichzeitig als Orte der intensiven Begegnung, des Kennen- und voneinander Lernens, des Miteinanders; als Instanzen, die Werte wie Toleranz, Verständnis, Freundschaft und Solidarität vermitteln.

Diese Einrichtungen existieren nicht losgelöst von der Gesellschaft und ihren alltäglichen Schwierigkeiten, Auseinbandersetzungen und Versuchen, dafür Lösungswege zu finden. Vielmehr müssten diese Erziehungs- und Bildungseinrichtungen die Diskussionen und Auseinandersetzungen über die Fragen, Problemen und Lösungsansätze in den eigenen Bildungsaufgabenbereich entsprechen dem Alter der Kinder und jungen Menschen und dem Inhalt des Unterrichts aufnehmen. Nur so können die Kinder, Heranwachsenden und Studierenden sich über die Fragen, Schwierigkeiten und Lösungen der Gesellschaft und des Landes auch weit über die eigenen Grenzen hinaus sensibilisieren und vorbereiten.

Erzieher/innen, Sozialarbeiter/innen, Lehrer/innen oder Professor/innen sind meist unzureichend vorbereitet und daher überfordert, auf Fragen und Situationen Antworten zu geben, die in unmittelbarer Nähe, in der eigenen Klasse oder Schule auftauchen. Manche der Verhaltensweisen, Wünsche und Äußerungen der Kinder und jungen Heranwachsenden der kulturellen Minderheiten in den Bildungseinrichtungen erfahren nicht nur keine Berücksichtigung, sie stoßen vielmehr nicht selten auf Unverständnis von Seiten der Erzieher/innen und Lehrer/innen. Die verinnerlichten Maßstäbe der deutschen Lehrenden geraten mit den nicht verstandenen Wertvorstellungen und Verhaltensweisen der nichtdeutschen Schüler in Konflikt. Fehlendes Hintergrundwissen und mangelnde Akzeptanz der Erzieher/innen und Lehrenden bei Fragen zu den Kulturen der Kinder und Schüler verursachen Missverständnisse und Konflikte.

Wie sollen sich die Lehrenden verhalten, wenn z.B. eine Schülerin muslimischen Glaubens nicht am Schwimmunterricht teilnehmen will oder wenn es Diskussionen über die Frage des Kopftuchtragens in der eigenen Klasse oder Schule gibt. Wenn einige Schüler/innen im Ramadan fasten, wenn ein großer religiöser Festtag von Moslems, Juden, Buddhisten etc. vorkommt, wenn in den Abgangsklassen die Berufsberatung von Schülern der kulturellen Minderheiten erfolgen soll. Wenn in der eigenen Schule oder Stadt ausländische Schüler/innen wegen ihres Glaubens, der ethnischen Zugehörigkeit oder Hautfarbe belästigt bzw. diskriminiert werden, ja sogar Gewalt gegen sie angewendet wird.

Wäre es nicht angebracht, ja erforderlich, wenn die Erzieher/innen, Sozialarbeiter/innen und Lehrenden gut vorbereitet wären, solche Situationen und Themen sachgerecht in der Klasse zu behandeln? Wäre es nicht für alle bereichernd, nicht nur Weinachten und Ostern im Kindergarten und in der Schule mit allen Kindern zu feiern, sondern auch ein Ramadanfest, Opferfest, ein Fest der Juden, der Buddhisten etc. mit dem entsprechenden kulturellen Hintergrundwissen auch mit allen Kindern gemeinsam zu feiern und die Kinder, Schüler/innen und Studierenden anlässlich solcher besonderen Festtage darüber in den Fächern Gesellschaftskunde, Religion, Landeskunde, Geschichte oder in den Fremdsprachen zu informieren und den Unterricht diesem Zweck entsprechend umzuwidmen? Die Kinder und Schüler hätten die Möglichkeit, in der eigenen unmittelbaren Nähe mit den eigenen Schulfreuden die andere Kultur durch Essen, Musik und Gespräche sinnlich zu erfahren.

Auch die wichtigen Ereignisse in den Herkunftsländern der Kinder und Schüler in der Klasse könnten zum Anlass genommen werden, über das jeweilige Land mit den Schülern aus diesem Lande zu diskutieren.

Ein solcher Unterricht wäre nicht nur für die soziale Integration der nichtdeutschen Kinder und ihrer Eltern von sehr großer Bedeutung, sondern für die inhaltliche Bereicherung des Unterrichts überhaupt. So sind Unterricht und Kinderbetreuung nicht abstrakt, sondern ganz konkret und lebendig. Die Informationen und das konkret erlebte bleiben bei den Kindern und Schülern haften.

Solch eine interkulturelle Arbeit ist deshalb insbesondere für die nichtdeutschen Kinder, aber auch für ihre Eltern besonders integrativ, weil sie erleben, dass ihre eigene Kultur mit Musik, Essen, Spielen und Religion in der Kindertagesstätte und in der Schule nicht ignoriert wird, vielmehr Beachtung findet. Auf diese Weise wird Neugierde auch für andere Kulturen und Religionen für Kinder und Eltern geweckt. Selbst Kinder und Eltern, die auf die eigene Kultur und Religion fixiert sind, erfahren etwas über andere, für sie völlig fremde Kulturen und Religionen. Möglicherweise sehen viele Gemeinsamkeiten bei den Religionen oder auch viele Unterscheide bei den Kulturen. Diese Denkanstöße erweitern die Sichtweisen und den Horizont, führen zur Hinterfragung eigener Urteile oder Vorurteile und können die Toleranz und Dialogfähigkeiten erweitern helfen. Weiter könnte dies zu einer Identifizierung der Kinder, und ihrer Eltern mit der Kindertagestätte und der Schule beitragen.

Der Elterarbeit der Erzieher/innen und Lehrer/innen kommt bei der interkulturellen Erziehung und Bildung eine besondere Bedeutung zu. Die Beteiligung gerade auch der nichtdeutschen Eltern an den Elternabenden in den Schulen lässt, zu mindest was die türkischen Eltern betrifft, leider viel zu wünschen übrig. Sie sind nicht nur wegen schwacher Deutschkenntnisse verunsichert, sondern verfügen auch nicht über ausreichende Kenntnisse im deutschen Bildungswesen. Die wichtigen Informationen über die Schule und über Mitteilungen an Eltern müssten daher auch in der Herkunftssprache der Eltern, zumindest bei den zahlenmäßig großen Ethnien, erfolgen. In diesen Fällen könnte Lehrpersonal aus den Herkunftsländern Abhilfe leisten. Voraussetzung dafür ist jedoch, solche Lehrenden auch einzustellen. Diese Lehrer/innen könnten auch für die erfolgreiche Elternarbeit einen ganz wichtigen Beitrag leisten.

Nur mittels besonderer Aufmerksamkeit und Zuwendung seitens der Erzieher/innen, Sozialpädagogen/innen und Lehrer/innen können die Elter ermuntert und motiviert werden aktiver an den Elterngesprächen teilzunehmen und sich intensiver um die Erziehung und Bildung ihrer Kinder zu kümmern. Die Lehrenden haben beispielsweise in der türkischen Kultur eine hohe Autorität. Daher könnten ihre Informationen und Empfehlungen, könnte ihr Rat für die Eltern und damit für den erfolgreichen Schulbesuch der Kinder sehr wichtig sein. Auch Hausbesuche der Sozialarbeiter und Lehrer könnten motivierend für die Mitarbeit der Eltern sein. Die Sozialpädagogen/innen und Lehrer/innen müssten allerdings die Möglichkeit haben, mit Hilfe der entsprechenden Entlastung in ihrer regulären Arbeitszeit solche Elternbesuche auch in den Abendstunden wahrnehmen zu können. Durch eine enge Zusammenarbeit mit den nichtdeutschen Eltern- und Lehrervereinen könnten die Schulen diese Aufgabe besser bewältigen.

Somit könnten die Kindertagesstädte und Schulen nicht nur für die soziale Integration und für eine erfolgreiche Erziehung und Bildung der nichtdeutschen Kinder, sonder ebenfalls für die Integration der nichtdeutschen Eltern eine ganz wichtige Rolle spielen.

Hierfür müssen die Lehrpläne und Unterrichtsmaterialien, wie oben erörtert, diesem interkulturellen Bildungsansatz entsprechend ergänzt und erweitert werden, damit die Lehrenden die Zeit und den Rahmen haben, auch diese Themen behandeln zu können.

Allerdings müssten die Erzieher/innen, Sozialpädagogen/innen und die Lehrenden eine entsprechende Ausbildung durchlaufen oder sich durch Fort- und Weiterbildung hierfür qualifizieren, um dem interkulturellen Ansatz entsprechend sachgerecht arbeiten zu können. Sie müssten zumindest über die Kultur und Religion der Länder, aus denen ein nicht ignorierbarer Teil der Kinder, Schüler und Studierenden kommt, das für eine solche Arbeit erforderliche Grundwissen erwerben. Es geht also darum, die Curricula bei der Ausbildung der Erzieher/innen, Sozialpädagogen/innen, und Lehrenden so auszubauen, dass sie eine interkulturelle Arbeit in ihren Bereichen leisten können.

In zahlreichen Hochschulen und Universitäten sind in diesem Bereich wichtige Ansätze und Entwicklungen zu sehen. Manche der Hochschulen und Universitäten haben diese Notwendigkeit erkannt und in einigen Fakultäten entsprechende Schwerpunkte für »Interkulturelle Pädagogik«, »Interkulturelle Sozialarbeit« oder »Arbeit mit Migranten und Flüchtlingen« etc. gegründet.[147]. In einigen Hochschulen und Universitäten sind Zusatzstudien entstanden, wie in der Universität von Hamburg, um berufstätige Lehrer/innen für interkulturelle Schularbeit im Unterricht weiterzubilden.

In diesem Bereich stecken wir jedoch noch in den Anfängen und sind weit entfernt davon, den realen Erfordernissen gerecht zu werden. Die Ergänzung des Studiums müsste nicht nur für einen bestimmten Teil der Sozialarbeiter/innen und Lehrenden, sondern für alle genannten Berufsgruppen in Ausbildung und Studium etabliert werden. Nicht nur der Religions-, Geschichts-, Politik-, Erkunde- und Sozialkundelehrer, sondern auch ein Mathematik- oder Physiklehrer benötigt Grundkenntnisse in interkultureller Pädagogik.

Lehren aus der PISA-Studie

Die Ergebnisse der weltweit umfassendsten Schulleistungs-Untersuchung im Jahre 2000 unter Einbeziehung von 265.000 Schuler/innen aus 32 Industrienationen, genannt PISA-Studie, sowie die PISA-Ergänzungsstudie waren für Deutschland schockierend.

Bei diesen PISA-Studien wurde neben den Ländervergleichen bei 15 jährigen Schüler/innen zu Lesekompetenz, mathematischer und naturwissenschaftlicher Grundbildung auch das Schulsystem am Beispiel der Gymnasien unter die Lupe genommen. Untersucht wurden gleichzeitig die Zusammenhänge zwischen sozialer Herkunft und Schulerfolg, soziale Disparitäten hinsichtlich der Bil-

[147] Ich selbst leite seit 1982 den Studienschwerpunkt »sozialpädagogische Arbeit mit Einwanderern und Flüchtlingen« im Fachbereich Sozialpädagogik der Hochschule für Angewandte Wissenschaften in Hamburg

dungsbeteiligung, die Situation von Schüler/innen aus Migrantenfamilien im Bildungsbetrieb, sowie die bildungspolitischen Bedingungen des Lernens in der Schule.

Beim Lesen und Verstehen von Texten bekamen deutsche SchulerInnen unter 32 Ländern die Plätze 21 bis 25, in mathematischer Grundbildung die Plätze 20 bis 22 und bei Naturwissenschaften den Rang 19 bis 23. Auch das gesamte Schulsystem der Bundesrepublik Deutschland erhielt ein ganz schlechtes Zeugnis. »Die PISA-Studie hat die deutsche Bildungsnation auf die hinteren Ränge verwiesen und das Selbstbild unseres Bildungssystems erschüttert.«, so die Bewertung von Smolka.[148]

Ein Teil der Kinder mit Migrationshintergrund haben bei Lesekompetenz erhebliche Defizite. Fehlende Deutschkenntnisse wirken sich auch in den meisten anderen Fächern aus. Diesen Kindern kann im Elternhaus kaum geholfen werden. Dies gilt auch für deutsche Kinder aus den sozial benachteiligten Familien.

Eine gründliche Analyse zeigt eindeutig, woran es im deutschen Bildungssystem krankt. Deutschland hält eine Spitzenreiterrolle dabei, Kinder aus sozial schwachen Bevölkerungsgruppen nicht zu unterstützen und zu fördern, seien es nun Kinder aus deutschen oder Migrantenfamilien. Nach diesen Studien ist in keinem der Vergleichländer die soziale und ethnisch-kulturelle Herkunft der Schüler/innen über ihren Erfolg oder Misserfolg so entscheidend wie in Deutschland. Die familiäre und herkunftsbedingte Benachteiligung wird durch das deutsche Schulsystem nicht behoben, sondern offensichtlich eher verstärkt. Kinder aus der Oberschicht haben viermal größere Chancen Abitur zu machen als Kinder aus unteren Bevölkerungsschichten. Das Gefälle zwischen den Schülern mit guten und schlechten Leistungen ist in Deutschland am stärksten. Das »Sozialstaatspostulat« Deutschlands verlangt aber von der Politik, auch im Bildungsbereich das vorhandene Gefälle mit entschiedenen Maßnahmen beheben zu helfen.

»In keinem der 32 PISA-Länder sind die Unterschiede in der Lesekompetenz zwischen Jugendlichen aus höheren und niedrigeren Sozialschichten (Kinder aus bildungsfernen Familien bzw. mit Migrationshintergrund) so groß wie in Deutschland.[...] Die PISA-Studie zeigt , dass die wesentlichen Zielsetzungen eines demokratischen Schulsystems von keinem Bundesland angemessen erreicht werden, nämlich allen Heranwachsenden gleich gute Bildungschancen zu geben, sie individuell optimal zu fördern und gleichzeitig soziale, ethnische und kulturelle Disparitäten der Bildungsbeteiligung und des Bildungserfolges auszugleichen. Die soziale Herkunft entscheidet in hohem Maße über den Bildungs-

[148] Smolka, D., Die PISA-Studie. Konsequenzen und Empfehlungen für Bildungspolitik und Schulpraxis, in: Beilage zur Wochenzeitung das Parlament, Berlin, B 41/2002, S.3

erfolg der Schülerinnen und Schüler. Hier liegt eine zentrale bildungspolitische Herausforderung«.[149].

Die deutsche Bildungspolitik hat also dabei versagt, Kinder aus sozial benachteiligten Familien in ihrer Schullaufbahn zu unterstützen und zu fördern. Genau dies haben im Gegensatz zu Deutschland die Länder geleistet, deren Schüler und Schulen die besten Noten bei diesem Vergleich erhalten haben. Die Politik muss aus diesen PISA-Studien die richtigen Lehren ziehen und gemäß dem Gebot des »Sozialstaates« rasch handeln.

Wie oben erläutert, gehört es zu den wichtigsten Aufgaben der »Türkischen Gemeinde in Deutschland« (TGD), der »Föderation Türkischer Elternvereine in Deutschland« und vom »Bund der türkischen Lehrervereine in Deutschland«, die Bildungs- und Ausbildungschancen türkischstämmiger Kinder verbessern zu helfen. Das wichtigste für Kinder mit Migrationshintergrund ist hierbei, ihnen das Beherrschen der deutschen Sprache durch notwendige Fördermaßnahmen zu ermöglichen. Hierfür müssten die Kinder spätesten ab dem vierten Lebensjahr eine Kindertagesstätte besuchen und zu einem obligatorischen »Vorschuljahr« verpflichtet werden. Kinder aus sozial benachteiligen Familien sollten mit Nachhilfeunterricht gezielt unterstütz werden.

Deutschland sollte für sein Bildungssystem mehr Mittel bereitstellen, als dies in den letzten Jahren in Folge der Sparmaßnahmen der Fall war.

Das deutsche Schulsystem sollte insgesamt unter die Lupe genommen und gemäß den Erkenntnissen der Länder, die bei diesen Studien die besten Ergebnisse erzielten, entsprechende Korrekturen vorgenommen werden. Vor allem die zu frühe Selektion der Schüler/innen nach bereits vier Schuljahren in die verschiedenen Schulformen scheint höchst fragwürdig zu sein. In Finnland beispielsweise, dem Land mit den besten Noten bei den genannten PISA-Studien, erfolgt die Selektion für das Gymnasium oder für die Berufsschule erst nach neunjähriger gemeinsamer allgemeiner Schulbildung aller Kinder.

Die Überlegungen über die Einführung von Ganztagsschulen bekommen hierbei auch eine große Bedeutung. Diese Vorschläge sollten sorgfältig geprüft werden.

Die Schüler aus Familien der unteren Einkommensgruppen und sozialen Schichten sowie den Migrantenfamilien bedürfen einer gezielten Förderung von der Schule, vor allem durch eine Hausaufgabenhilfe.

Die Hauptschwierigkeiten der Migrantenkinder liegen, wie bereits oben erwähnt, vor allem in defizitären Deutschkenntnissen. Um diese Schwierigkeiten grundlegend zu beheben sollte gegebenenfalls ein Pflichtbesuch dieser Kinder in einer Kindertagesstätte ab dem vierten Lebensjahr eingeführt werden. Für das

---

[149] Smolka, a.a.O., S. 7-8

Erlernen der deutschen Sprache müssten entsprechende Hilfsmaßnahmen in diesen Einrichtungen getroffen werden. Ganz entscheidend wäre auch, ein obligatorisches Vorschuljahr für alle Kinder einzuführen, mit dem Ziel, das Erlernen der deutschen Sprache zu fördern.

5 Rassismus, Ausländerfeindlichkeit und Antisemitismus in Deutschland

»Wo Rassismus herrscht, ist mit der menschlichen Würde auch die kulturelle Freiheit und mit ihr die Freiheit überhaupt wie die Kultur in tödlicher Gefahr. Ein Volk, das sich der Pest des Antisemitismus nicht zu erwehren versteht, schwächt, erniedrigt und entehrt sich selbst«[150]*, Willy Brandt*

Rassistische, ausländerfeindliche und antisemitische Äußerungen, Handlungen und Straftaten gehören vor allem seit den 1980er Jahren zum Alltag Deutschlands. Hierfür genügt es die jährlichen Berichte der Bundesverfassungsschutzes zu sichten. Die Zahlen für Gewalttaten mit fremdenfeindlichem Hintergrund in den 80er und 90er Jahren gehen in die Zehntausende und liegen damit jenseits zumindest meiner Vorstellungskraft. Rechtsradikalen Straftaten richteten und richten sich insbesondere gegen die nichtdeutsche Bevölkerung. Allein in den Jahren 1991-bis Ende 2003 wurden 110.960 Straftaten mit rechtsextremistischem Hintergrund registriert, davon sind 11.160 dem Gewaltspektrum zuzuordnen, also vollendete und versuchte Tötungsdelikte, Sprengstoffanschläge, Brandstiftungen, Körperverletzungen und Landfriedensbrüche.

Die unzähligen Beleidigungen, Beschimpfungen, Erniedrigungen und Diskriminierungen auf den Straßen, in öffentlichen Verkehrsmitteln, bei der Arbeit, am Wohnort, die die Nichtdeutschen täglich erleben, können kaum erfasst werden, weil sie bei der Polizei nicht gemeldet werden. Nicht immer wehren sich die Betroffenen dagegen und wenden sich an die Polizei. Manche der psychischen Erkrankungen unter den Migranten haben ganz offensichtlich mit dieser Lage zu tun.

Die Zunahme der Ausländerfeindlichkeit und des Rassismus seit den 1980er Jahren hat unter anderem mit der sich verschärfenden Arbeitslosigkeit und den ökonomischen und sozialen Problemen in Deutschland zu tun. Vor allem rechtsextreme Parteien, aber auch Politikerinnen konservativer Orientierung machen dafür die Einwandererbevölkerung verantwortlich. Nicht überall ist jedoch eine ausländerfeindliche und rassistische Stimmung, ja sogar Gewaltanwendung die Reaktion, wenn wirtschaftliche und soziale Schwierigkeiten im Lande entstehen. Auch in manchen anderen europäischen Staaten können wir Rassismus und

---

[150] Berlin, 1952, z.n. Burckhardt, J. in: Fremdenfeindlichkeit und Rassismus, Friedrich Ebert Stiftung (Hg), Bonn 1993, S. 7

Fremdenhass beobachten. Deutschland scheint jedoch, besonders was die Gewaltanwendung gegen Nichtdeutschen anbetrifft eine besondere Lage aufzuweisen. Ziel und Funktion dieser Gewaltanwendung ist es, die sogenannten »Feinde« in Furcht zu versetzen oder zu vertreiben, im Extremfall gar zu vernichten.[151] Diese Art der Ablehnung und des Hasses gegen die Eingewanderten in Deutschland muss jedoch andere Gründe haben. Dies hat nach meiner Beobachtung vor allem mit der in den vorangegangenen Kapiteln erläuterten Migrationspolitik Deutschlands zu tun. Die Politik hat es versäumt die Eingewanderten und hier seit Jahrzehnten dauerhaft lebenden kulturellen Minderheiten als einen fester Bestandteil der deutschen Gesellschaft anzusehen und auch rechtlich so zu behandeln. Diese Politik schlägt sich bei Teilen der deutschen Bevölkerung in ihrer strikten Ablehnung, ja sogar in Feindseligkeit gegenüber denjenigen nieder, deren Status als »provisorisch«, die selbst als »Ausländer« angesehen werden. Die von Teilen der Politik seit Jahrzehnten vehement vertretene und verbreitete Position des Gesellschaftsbildes in Deutschland, nämlich die von einer homogenen und monokulturellen Gesellschaft, findet zwar bei Teilen der Bevölkerung durchaus Anklang, ist aber nicht mehr real vorhanden. Diese »Ausländer«, die der Gesellschaft nicht angehören dürfen, konkurrieren mit ihnen auf dem Arbeits- und Wohnungsmarkt, leben »auf Kosten der sozialen Kassen« und verursachen noch dazu eine »Überfremdung« der Deutschen, so die gängige Meinung bei diesen Menschen. Die Verursacher hierfür sollen daher mit Ablehnung, Hass und gegebenenfalls mit Gewalt konfrontiert werden, damit sie ihr Unerwünscht-Sein erleben und vielleicht deshalb auch das Land verlassen.

Ein breiter Teil der deutschen Bevölkerung hat es ganz offensichtlich nicht leicht, das Anderssein der kulturellen Minderheiten als selbstverständlich und diese Menschen als Teil der Gesamtbevölkerung hinzunehmen und sie so, wie sie sind, zu akzeptieren. Sie stehen den für sie fremden Äußerlichkeiten, Verhaltensweisen und religiös-ethischen Werteorientierungen der Eingewanderten kritisch bis ablehnend gegenüber. Umgang mit und Toleranz gegenüber dem Anderssein bedarf eines langen Prozesses und eventuell daraus resultierende Schwierigkeiten brauchen nicht notwendig ausländerfeindlich oder rassistisch zu sein. Im Gegensatz zu Engländern, Franzosen oder Holländern haben die Deutschen keine lange Kolonialgeschichte, in der sie mit völlig fremden Kulturen, Religionen und Werteorientierungen konfrontiert waren oder sich gar an ein Zusammenleben mit Fremden gewöhnen konnten. Zwar hat Deutschland als Land in der Mitte Europas in der Geschichte immer Zuwanderer gehabt, diese

[151] Vgl. Wagner, B., (Hg) Handbuch Rechtsextremismus, Hamburg, 1994, S.18; Dieses Buch informiert umfassend über die Rechtsextremen Organisationen, über ihre Ideologie, Struktur auch mit Beispielen aus anderen Ländern; zu diesem Thema auch: Backers, U. / Jesse, E., Politischer Extremismus in der Bundesrepublik Deutschland, Bundeszentrale für politische Bildung, Bonn 1989

aber sehr rasch assimilieren können, wie dies zuletzt mit den polnischen Einwanderern gegen Ende des 19. und zu Beginn des 20. Jahrhunderts geschehen ist. Das Fremde und Anderssein erscheint den Deutschen nicht nur ungewöhnlich, sondern bedenklich und sogar manchmal gefährlich. Der Druck auf die Eingewanderten und ihre Kinder, sich anzupassen, ja sogar zu assimilieren, ist sehr stark spürbar.

Deutschland gehört zu den wenigen Ländern in der westlichen Welt, in dem trotz gegenteiliger Beschlüsse der EU-Kommission noch kein Antidiskriminierungsgesetz gibt.

Haben wir es in Deutschland mit Rassismus oder Ausländerfeindlichkeit zu tun?

In einer Vielzahl von Publikationen werden die Themen Rassismus, Ausländer- und Fremdenfeindlichkeit behandelt. Ist das, was wir in Deutschland erleben und von vielen Ausländer- oder Fremdenfeindlichkeit genannt wird, auch Rassismus? Darüber gibt es unterschiedliche Meinungen und Bewertungen.

Rassismus reicht als Ideologie bis zu den kolonialen Eroberungen, vielleicht sogar noch weiter zurück und galt lange als Rechfertigung für die unmenschliche Behandlung der Ureinwohner in Amerika, Afrika und Asien durch den europäischen Kolonialismus. Die grausame Behandlung der Ureinwohner in den Kolonien zum Teil auch als Sklaven wurde damit begründet, dass diese eine »primitive Menschenrasse« sei und von den Europäern als weiße »Herrenrasse« beherrscht und zivilisiert werden müsse. Dies wurde ideologisch mit der Lehre von einer angeblich angeborenen »rassischen« und kulturellen Überlegenheit der »Arier« und ihrer Nachfahren begründet.[152] Bekanntlich wurden in manchen Kolonien, vor allem in Süd- und Nordamerika und in Australien die Ureinwohner in ihrer großen Mehrzahl ausgerottet. Nach Schätzungen sollen allein in Südamerika in den ersten Jahrzehnten nach der spanischen Eroberung seit dem 16. Jahrhundert rund 30 Millionen Indianer getötet worden sein.[153] Für die Arbeit zur Ausbeutung der Edelmetalle, wie Gold, Silber etc. und für die Arbeit bei der Landwirtschaft, zunächst in Süd- und später auch in Nordamerika, wurden Millionen Schwarzafrikaner in den folgenden Jahrhunderten gewaltsam aus ihren Ländern geraubt und als Sklaven verkauft.

---

[152] Vgl. Geiss, I., Geschichte des Rassismus, Frankfurt am M.1988, S. 14 ff., vgl. auch Mieles, R. Rassismus: Einführung in die Geschichte und Theorie eines Begriffs, Hamburg 1991, S. 103 ff.

[153] Vgl. Weber, H., Die Opfer des Kolumbus: 500 Jahre Gewalt und Hoffnung, Hamburg 1982, S.145 f

Rassismus ist von seinem Ursprung her eine Ideologie, um Macht und Herrschaft der weißen Rasse in einer aggressiven Form über andere, als minderwertig betrachteten Menschen auszuüben. Hierbei werden Menschengruppen negativ besetzte und angeblich biologisch vererbliche äußerliche Merkmale, so genannte »Rassemerkmale« zugeschrieben. Dadurch werden gegenüber den Menschen, die zu der »minderwertigen Rasse« zählen, Vorurteile, Ablehnung und Feinseligkeit geschürt.

Deutschland hat unter der Hitler-Diktatur die barbarischste Form des Rassismus in einer unvorstellbaren Weise erlebt, die in der planmäßigen Vernichtung der europäischen Juden gipfelte. In Nordamerika hat es bis zum Massenaufstand der Schwarzen unter Martin Luther King bis in die 1960er Jahre und in Südafrika bis 1994 mit der Apartheidpolitik andere Formen des Rassismus gegeben.

Unter Ausländerhass oder Fremdenfeindlichkeit (Xenophobie) wird die Ablehnung und Ausgrenzung des Unbekannten, des Fremden, des Andersseienden verstanden, die sich in diffuser Aggressivität verselbständigen kann.[154]

In der Antwort der Bundesregierung vom 22.7.1992 auf eine große Anfrage der SPD-Fraktion zum Rechtsextremismus wird eine klare Definition dieser Begriffe vorgenommen. »Die Bundesregierung geht von dem Verständnis aus, dass Rassismus durch eine mit dem Schütz der Menschenwürde (Artikel 1 Grundgesetz) und dem Gleichheitsgrundsatz (Artikel 3 Grundgesetz) unvereinbare Form der Fremdenfeindlichkeit gegenüber all denjenigen gekennzeichnet ist, die einer fremden ethnischen Gruppe zugeordnet werden. Die rassistisch motivierte und damit rechtsextremistische Fremdenfeindlichkeit wird durch den Begriff ‚Ausländerfeindlichkeit' nur unzureichend beschrieben. Denn ein Rassist bekämpft auch die inzwischen naturalisierten, d.h. zu deutschen Staatsangehörigen gewordenen Ausländer, nicht jedoch diejenigen Ausländer, die er der »nordischen Rasse« zuordnet. [...] Bei Sprengstoff- und Brandanschlägen gegen Ausländerunterkünfte ist, falls im Einzelfall keine andere Motive erkennbar sind, Rechtsextremismus anzunehmen, denen folgen, von Ausnahmefällen abgesehen, solche Gewalttaten aus einer offensichtlich rassistischen Motivation.«[155]

In ihrem Beitrag unter dem Titel: »Die Schwierigkeit, nicht rassistisch zu sein« sprechen sich Kalpaka/Räthzel gegen diese Differenzierung zwischen Ausländerfeindlichkeit und Rassismus aus. Ausländerfeindlichkeit verschleiere und bagatellisiere ethnozentristische und rassistische Verhaltensweisen. Zu Recht unterstreichen sie, dass Fremdenfeindlichkeit und Ablehnung nicht alle Ausländer erfahren. Es wird zwischen Amerikanern und Engländern auf der einen und Jugoslawen und Türken auf der anderen Seite wohl unterschieden. Das Verhalten

[154] Vgl. Zerger, J., Was ist Rassismus?, Göttingen 1997, S. 94 ff.
[155] Drucksache 12/3074 vom 22.7.1992, Deutscher Bundestag, 12.Wahlperiode

gegenüber manchen als minderwertig betrachteten Ausländern bezieht sich auf ihre Abstammung und Kultur. »Rassismus heißt, andere ethnische Gruppen aufgrund ihrer Abstammung einzustufen. Ethnozentrismus bezeichnet eine Sichtweise, die die Kulturen andere ethnischer Gruppen als minderwertig einstuft, wobei die eigene als Maßstab und Zielperspektive dient.«.[156]

Die Untersuchungen untermauern diese Bewertung. Die Feindseligkeit oder Ausländerhass stehen in der Tat mit der Abstammung und mit dem Kulturkreis in enger Beziehung. In einer repräsentativen Befragung von 1994 antworten die Befragten auf die Frage, welche Gruppen sich in einer Weise benimmt, die Feindseligkeit hervorruft. 44% nannten die Zigeuner, 22% die Türken, 18% Araber, 11% Afrikaner, und 8% die Juden.[157]

Die Ergebnisse dieser Befragung können sicherlich unterschiedlich bewertet werden. Es ist aber auffällig, dass Abstammung, Kulturkreis und Religion bei der Haltung der Menschen eine große Rolle spielen. Die Stigmatisierung der hier genannten Gruppen kann auf dem Anders-Sein und auf dem Fremd-Sein basieren. Sie kann aber auch interpretiert werden als eine minderwertige Betrachtung dieser Gruppen wegen ihrer Abstammung, Kultur oder Religion.

Die Ausländerfeindlichkeit richtet sich also gezielt gegen bestimmte Nichtdeutsche und nicht gegen die Ausländer insgesamt. Gerade deshalb hat diese Form der Ausländerfeindlichkeit eher rassistische Züge, und gerade deshalb ist sie wesentlich gefährlicher.

Nach einer Befragung von 16.154 Bürgern im Auftrage des Statistischen Amtes der EU in 15 EU-Staaten bezeichneten sich Ende 1997 ein Drittel der Befragten als »ziemlich« oder gar »sehr« rassistisch. »Die Ergebnisse für die Bundesrepublik liegen nahe beim EU-Durchschnitt.«.[158]

Ausländerfeindlichkeit und Rassismus sind aber nicht nur eine Sache der rechtsradikalen und neonazistischen Parteien und Gruppen, die ganz offensiv gegen Nichtdeutsche und Juden vorgehen. Dies erleben die kulturellen Minderheiten in ganz unterschiedlichen Formen. Nach einer EMNID-Umfrage vom Januar 1992 bejahten 22% der Bundesbürger die Anwendung von Gewalt gegen Ausländer und Asylbewerber als Mittel der politischen Auseinandersetzung, darunter 14% nur gegen Sachen und 8% auch gegen Personen.[159]

[156] Kalpaka, A. /Räthzel, N., Die Schwierigkeit, nicht rassistisch zu sein, in: Autrata, O. u.a. (Hg), Theorien über Rassismus, Hamburg 1989, S. 86ff.

[157] Vgl. Bergmann, W., Antisemitismus und fremdenfeindliche Einstellungen, in: Antisemitismus und Fremdenfeindlichkeit: Herausforderungen für die Demokratie, Forschungsinstitut der Friedrich-Ebert-Stiftung (Hg), Bonn 1995, S.29

[158] Frankfurter Rundschau, 20.12.1997

[159] Vgl. Drucksache 12/3074, a.a.O., S. 100

Die Grenzen zwischen Rassismus und Ausländerfeindlichkeit scheinen verschwommen und fließend zu sein. Deshalb ziehe ich es vor, die beiden Begriffe Ausländerfeindlichkeit und Rassismus nebeneinander zu verwenden.

Nach den Erfahrungen von Bubis ist nicht jeder, der antisemitische denkt, unbedingt fremdenfeindlich. »Aber wer fremdenfeindlich denkt, der ist in jedem Fall auch antisemitisch.«[160]

Ungehinderte Agitation rechtsextremistischer Parteien und Gruppen

»Die rechtsextreme Gedankenwelt wird von nationalistischen und rassistischen Anschauungen geprägt. Dabei ist die Denkweise vorherrschend, die ethnische Zugehörigkeit zu einer Nation oder Rasse entscheide über den Wert eines Menschen. [...] Sie treten für ein autoritäres politisches System ein, in dem oftmals Staat und Volk – nach ihren Vorbestellungen ein ethnisch homogenes Volk – als angeblich natürliche Ordnung in einer Einheit verschmelzen [...]«[161], so die Beschreibung rechtsextremer Ideologie im Bericht des Bundesverfassungsschutzes.

Die rechtsextreme Parteien und Gruppen sind Vertreter des Nationalismus in aggressiver und militanter Form, in dem sie mit Feindschaft gegen Ausländer, Minderheiten, fremde Völker und Staaten agitieren und manche von ihnen auch die Anwendung der Gewalt für ihre Ziele rechtfertigen.

Ihre rassistische und antisemitische Ideologie begründen sie mit biologischen und sozialdarwinistischen Theorien, mit Überlegenheit der eigenen, der arischen Rasse gegenüber anderen, minderwertigen Rassen. Sie glauben an das Recht durch Stärke. Sie vertreten eine Staatsform nach dem »Führer-System« mit bedingungsloser Unterordnung. Sie verherrlichen den NS-Staat als ihr Vorbild und verneinen die NS-Verbrechen.[162]
Vier Beispiele aus der Gedankenwelt der Neo-Nazis:

> »Greift das System und ihre Knechte an, wo immer es geht. Auch sie, die gegen unsere Rasse vorgehen und sie zu vernichten suchen. Staatsschutz, Staatsanwälte, Richter haben Namen, Adresse und Familie. Eurer Phantasie sind hierbei keine Grenzen gesetzt. Als Vorbild mag uns hierbei die baskische ETA dienen [...]. Zeigt kein Erbarmen, keine Reue. Der weiße arische Widerstand lebt, bildet Zellen nach dem Vorbild des führerlosen Widerstandes. Unterstützt die national-revolutionären Zellen. Sieg oder Walhalla!«[163]

---

[160] Bubis, I., a.a.O., S. 34
[161] 2001, a.a.O., S.26
[162] Vgl. Benz, W. (Hg), Rechtsextremismus in der Bundesrepublik, Frankfurt am M. 1993, S.10 ff.
[163] Krick, M., ZDF-Sendung »Frontal 21« am 15.Mai 2000

> »[...] Ich sags immer wieder, die ISLAMISTEN, sie müssen von dieser Welt verbannt werden Wie NA Kopf kürzer«
> »[...] wirklich scheiss Islam, [...] 88 und schlagt sie tot!«[164]
> »Unverzüglicher Ausländerstopp muss das Gebot der Stunde sein. Deutschland muss wieder das Land der Deutschen werden [...]. Wir fordern den Erhalt deutscher Kultur, den Erhalt der nationalen Identität. Wir sind gegen die Integration der in Deutschland lebenden Ausländer, weil es unser erklärtes Ziel ist, die in Deutschland lebenden Ausländer wieder in ihre angestammte Heimat zurückzuführen. [...] Wir Nationaldemokraten bekennen uns zum Staatsangehörigkeitsrecht auf der Grundlage völkischer Abstammung. Nur wer deutsches Blut in seiner Adern fließen hat, kann für uns ein Deutscher sein.«[165]
> »Der Judaismus ist eine tödliche Gefahr für alle Völker [...]. Der Krieg der jüdischen Organisationen gegen das deutsche Volk dauert an.«[166]

Ende 2003 gab es in Deutschland laut Bundesverfassungsschutz 169 rechtsextremistische Organisationen und Personenzusammenschlüsse. Laut einer Schätzung des Bundesinnenministeriums hatten diese Gruppen im Jahre 2001 ca. 49.700 Mitglieder. Nach Angaben des Bundesverfassungsschutzes ist zwar die Zahl rechtsextremistischer Personen rückläufig, jedoch ist eine Zunahme im gewaltbereiten und neonazistischen Spektrum zu verzeichnen. Dieser Trend dauere seit den 1990er Jahren an. Vor allem die Skinheads erhalten durch Jugendliche weiteren Zulauf.[167]

Auf Bundesebene agieren drei rechtsextreme Parteien, in manchen Bundesländern treten nicht selten noch mehr rechtsradikale Parteien zu Wahlen an.

Die »Nationaldemokratische Partei Deutschlands« (NPD) gilt mit ihren 6500 Mitgliedern als aggressivste rechtsextremistische Partei. Diese Partei zeigt in wesentlichen Punkten eine Ähnlichkeit mit der Ideologie des Nationalsozialismus. Das Bundesinnenministerium bewertet diese Partei als verfassungsfeindlich und hat deshalb gegen sie ein Verbotsantrag beim Bundesverfassungsgericht eingereicht. Der Antrag wurde allerdings vom Bundesverfassungsgericht unter anderem aus formalen Gründen verworfen.

Die »Deutsche Volksunion« (DVU) verlor zwar in jüngster Zeit 2000 ihre Mitglieder, ist aber mit 15.000 Mitgliedern im Jahre 2001 die mitglieder- und finanzstärkste rechtsextremistische Partei. Sie ist zur Zeit in drei Landtagen vertreten.

---

[164] Gästebuch der Homepage »White Power MP 3«

[165] Rede Apfels während der NPD-Demonstration am 1.Mai 2000 in Dresden

[166] »Deutsches Kolleg«: »Ausrufung des Aufstandes der Anständigen«, S.2ff. Anm. 72 bis 75, z.n.: Verfassungsschutzbericht 2001 (Pressefassung), S. 44, 45, 73 und 76

[167] Vgl. Verfassungsschutzbericht 2001, S. 31

Die »Republikaner« (REP) verloren in den letzten Jahren durch innerparteiliche Auseinandersetzungen einen Teil ihrer Mitglieder, hatten aber 2001 weiterhin 11.500.

Die rechtsextremen Parteien und Gruppen wetteifern untereinander mit harten Parolen, Slogans und Äußerungen gegen die ausländische Bevölkerung. Sie verfügen über eine Vielzahl von Publikationsorganen. Zeitweilig haben sie beachtliche Stimmengewinne bei den Landtagswahlen erzielen können. Dank ihrer Zersplitterung schaffen es die neonazistisch oder rechtsradikal orientierten Parteien zwar nur selten, in die Landtage einzuziehen, doch können diese Parteien und Gruppen insgesamt oft 6 – 8% der Stimmen für sich verbuchen. Möglicherweise verhinderte es nur diese parteipolitische Zersplitterung, dass diese Parteien in den deutschen Parlamenten nicht weitaus häufiger vertreten sind.

Die von Schönhuber im November 1983 gegründete Partei »Republikaner« schien sich als diejenige rechtsradikal-ausländerfeindliche Partei etabliert zu haben, welche die größten Aussichten auf den Einzug in die Parlamente hat. So waren sie u.a. in den Landesparlamenten von West-Berlin und Hessen sowie im Europaparlament vertreten. Bei den Europawahlen 1989 erhielten die »Republikaner« im Bundesdurchschnitt 7,7% der Stimmen. Der innerparteiliche Streit hat ihre Erfolgaussichten bei den Wahlen jedoch geschmälert.

Neuerdings gehen die rechtsradikalen Parteien neue Wege, indem sie durch Wahlbündnisse ihr Stimmpotential vereinigen, so dass nun der Einzug in die Parlamente gelingt.

Ausländerbezogene Themen werden, ähnlich wie bei den oben genannten Parteien schwerpunktmäßig behandelt. In ihrer Wahlzeitung zur Europawahl 1989 mit einer Auflage von 3 Mio., mit Plakaten und Werbespots im Fernsehen hat sie in manipulativ geschickter Weise Ausländerhass geschürt.[168]

Der ehemalige Vorsitzende der »Republikaner«, Schönhuber, widmete der »Ausländerfrage« soviel Beachtung, dass er 1989 ein Buch über die »Türken, Geschichte und Gegenwart« veröffentlichte. Hier wird die ausländerpolitische Orientierung der »Republikaner« klar dargestellt:

»Vorbei sind Friede und Friedenszeiten. Demonstrationen, z.T. gewalttätige, beherrschen die Straßen. Nicht selten bilden von verfassungsfeindlichen Organisationen irregeführte und missbrauchte Türken die Speerspitze.

Ängste machen sich breit. Die Türkei ist uns näher gerückt. Sie liegt buchstäblich vor unserer Haustür. Die Türken pochen an die Türen, begehren Wohn-, Arbeits- und Wahlrecht. Das geht vielen Deutschen zu weit. So war's nicht gedacht. Aus Gastrecht muss kein Wohnrecht werden. Die Hausregeln wollen die Einheimischen bestimmen.«

---

[168] Vgl. Der Republikaner, Sonderausgabe 1/1989

Immer wieder malt er ein Bild der Bedrohung durch die Türken in Deutschland. »Das Frankfurter Bahnhofsviertel und Berlin-Gropiusstadt haben wenig mit Deutschland zu tun, Berlin-Kreuzberg ist z.T. bereits Ausland. Es ist fünf Minuten vor zwölf auf der europäischen Uhr. Oder hat die Stunde bereits geschlagen?«[169], betont er.

Außer den »Republikanern« werden die oben genannten rechtsradikalen Parteien vom Verfassungsschutz observiert. Rechtliche Schritte wurden nur gegen die NPD eingeleitet.

Rassistische Ideologien finden Unterstützung und geistigen Nährboden auch aus dem Hochschulbereich. In dem so genannten »Heidelberger Manifest« wandten sich 15 Hochschulprofessoren 1982 an die Öffentlichkeit: »Mit großer Sorge beobachten wir die Unterwanderung des deutschen Volkes durch Millionen von Ausländern und ihren Familien, Überfremdung unserer Sprache, unserer Kultur und unseres Volkstums.«[170]

Stand der Ausländerfeindlichkeit und des Rassismus in Deutschland

Die 25-jährige Türkin Semra Ertan beging an ihrem Geburtstag am 30. Mai 1982 Selbstmord durch Verbrennung, um auf die zunehmende Ausländerfeindlichkeit in der deutschen Öffentlichkeit aufmerksam zu machen. Eine große türkische Tageszeitung nahm dies zum Anlass und widmete die ganze erste Seite in türkischer und deutscher Sprache einem Aufruf an die politisch Verantwortlichen und an die Öffentlichkeit, ohne Verzögerung notwendige Maßnahmen gegen die Ausländerfeindlichkeit zu treffen.[171] Eine junge Türkin opferte ihr Leben, um die deutsche Politik und Gesellschaft zu einer Neuorientierung in der Ausländerpolitik zu bewegen.

Ende Juni 1982 wurden zwei Ausländer ohne jegliche Veranlassung von einem Rechtsradikalen in Nürnberg erschossen, drei weitere wurden schwer verletzt.[172] Diese waren weder die ersten noch die letzten Opfer rassistischer Anschläge. Bereits Anfang Dezember 1980 waren zwei junge Vietnamesen in Hamburg rassistischer Gewalt zum Opfer gefallen. Über dieses Ereignis berichtete der Spiegel mit der Überschrift »Bomben und Hetzparolen – in der Bundesrepublik wächst der Hass gegen Ausländer«.[173]

---

[169] Schönhuber, F., Die Türken, Geschichte und Gegenwart, München 1989, S. 12 u. 215
[170] Vgl. Die Zeit, 5. Februar 1982
[171] Vgl. Milliyet, 3. Juni 1982
[172] Vgl. Der Tagesspiegel, 26. Juni 1982
[173] Vgl. Der Spiegel, 15. September 1980, S. 19-26

Seit Anfang der 1980er Jahre sind wiederholt die Einwanderer, ihre Wohnunterkünfte und ihre Läden, aber auch Flüchtlinge Ziel ungezählter Angriffe von rechtsradikalen Personen und Gruppen geworden, vor allem durch so genannten Skinheads.

Hier sollen lediglich einige der Morde und Übergriffe durch Neonazis beispielhaft skizziert werden.

Zwei junge Türken werden von Skinheads 1985 in Hamburg im Abstand von sechs Monaten durch Schläge ermordet.[174]

Danach eskaliert die Gewalt von verschiedenen Gruppen der Neonazis und Skinheads gegen die Nichtdeutsche Bevölkerung bundesweit. Es folgen unzählige Brandanschläge auf Flüchtlingsheime und Wohnungen von Ausländern, Dutzende werden dabei getötet, viele Hunderte zum Teil schwer verletz.

Um einen Blick auf diese Entwicklung zu ermöglichen und damit diese Schandtaten nicht in Vergessenheit geraten, gebe ich hier die Liste der Gewalttaten nebst Tatorten wieder, die Schumacher für die Jahre 1987-1995 in chronologischer Folge veröffentlicht hat.[175]

Im Juni 1987 starben infolge eines Brandanschlags auf ein Flüchtlingsheim in Detmold zwei Tamilen, vier wurden verletz.

Im Januar 1988 überfallen Skinheads das Flüchtlingsheim in Schriesheim und verletzen zwei Inder. Im März müssen die Bewohner des Zirndorfer Sammellagers für Asylbewerber nach einem Brandanschlag evakuiert werden. Im Juli wird das Flüchtlingsheim in Gundelfingen von Skinheads überfallen.

Im Mai1989 wird der junge Türke Ufuk Şahin von einem Neonazi in West-Berlin getötet. Weitere Brandanschläge auf Asylbewerberheime in Marktoberdorf, Maisch und Münster finden statt.

Im Januar 1990 wird der pakistanischer Wissenschaftler Mahmut Ashar an der Freien Universität von einem Nazi mit dem Ausruf »Deutschland den Deutschen« niedergeschlagen. Ashar starb an den Folgen seiner Verletzungen. Im März zerstören Skinheads mit Äxen und Eisenschlägen ein Ausländerheim in Essen. Im April werden bei einem Brandanschlags auf ein Flüchtlingsheim drei Kinder und ein Erwachsener verletz. Im Mai verprügeln über Hundert Skinhead Mozambikaner mit Stöcken. 1.500 Menschen schauen begeistert zu. Auf ein von Türken bewohntes Haus in Kempen wird ein Brandanschlag verübt, ein Türke stirbt, fünf werden verletz. 50 Skinheads überfallen das Ausländerheim in Eberswald, der Angolaner Antonio Amedeu stirbt an den Folgen seiner Verletzungen. Im Dezember wird der türkischer Staatsbürger Nihat Yusufoğlu auf offener Straße von Skinheads erstochen.

---

[174] Vom Protest zum Bündnis, Dokumentation des »Bündnis Türkischer Einwanderer«, Hamburg 1986

[175] Vgl. Schumacher, H., a.a.O., S.87 ff

1991 werden bundesweit Dutzende Brandanschläge und Überfälle auf Ausländer und Flüchtlinge verübt, darunter in Dessau, Eisenhüttenstadt, Geisa, Klötze, Zielitz, Borna, Dresden, Freising, Lübeck, Ost-Berlin, Eisenhüttenstadt, Hamburg, Hettstedt, Kerken-Neukerk, Rockolding, Schwerin, Soest, Zittau, Bochum, Bonn, Görlitz, Herne, Magdeburg, Nauenheim, Pirna, Schwalbach, Stade, Trollenhagen, Ahlen, Altenow, Bad Honnef, Brandenburg, Chemnitz, Dortmund, Duisburg, Edemissen, Essen, Frechen, Freiburg/Breisgau, Freital, Greifswald, Haffkrug, Hamburg, Hannover, Herfeld, Ibenbüren, Issum, Kerken, Klein-Burgwedel, Lünen, March, Meckelfeld, Pätz, Recklinghausen, Reichenbach, Rostock, Saarbrücken, Saarwelling, Spring, Steinhagen, Tambach-Dietharz, Thindorf, Wallendorf, Weingarten, Weisenfels, Jüterborg, Schwest, Wesendahl. Im März wird ein Vietnamese in Ost-Berlin scher verletzt. Nach einem Überfall auf eine Flüchtlingsunterkunft in Leising starb ein Afghane, viele werden verletzt. In Eisenhüttenstadt wird eine Wagenkolonne französischer Roma von rund einhundert deutschen Jugendlichen überfallen. Im April wird der junge Mosambikaner Jorge Gomandai von Skinheads aus der fahrenden Straßenbahn gestoßen und getötet. Ein polnisches Ehepaar wird in ihrem Auto von Nazis überfallen und schwer verletzt. Im Mai folgt ein Übergriff durch Skinheads auf die Wohnung von Namibiern in Wittenberge, vier von ihnen werden aus dem vierten Stock gestürzt und erhalten bleibende Schäden. Im August werden ein Vietnamese und eine Mosambikanerin in Dresden von Skins verletz.

Dies sind die Beispiele aus Hunderten rassistischer Gewalttaten aus den 1980er und 1990er Jahren, als die Jagd auf die nichtdeutsche Bevölkerung Tag für Tag grausame Realität war.

In der Bundesrepublik Deutschland fehlt es an nicht-staatlichen Institutionen, die sich auf Bundes- oder Landesebene kontinuierlich mit Rassismus und Ausländerfeindlichkeit befassen und derartige Ereignisse, auch die, die nicht bei der Polizei gemeldet werden, chronologisch registriert. Eine genaue Zahl derer, die infolge rassistischer Übergriffe verletzt oder mit Gewalt konfrontiert wurden, kann daher nur schwer ermittelt werden. Die Angaben des Bundeskriminalamtes und des Bundesverfassungsschutzes geben nur Auskunft über die polizeilich erfassten Straftaten und können daher nicht die vollständige Bilanz der rassistisch-ausländerfeindlichen Gewalt sichtbar machen.

Die Presse nimmt meist nur von den schwerwiegendsten Angriffen Notiz. Die Einwanderer, vor allem die Türken, leiden aber alltäglich unter vielfältigen ausländerfeindlichen und rassistischen Handlungen, Beleidigungen, Beschimpfungen, Erniedrigungen. Alltäglich lesen sie in den Straßen und an den Wänden an den Bushaltestellen und in U-Bahnen »Ausländer raus« oder »Türken raus« und allerlei Schimpfparolen.

Als ich Anfang der achtziger Jahre viele Gespräche mit Ausländern über ihre Verbleibabsichten in der Bundesrepublik Deutschland führte, erfuhr ich nicht selten von ihren Ängsten darüber, wie sich die Stimmung bei der deutschen Bevölkerung entwickeln würde, wenn es zu einer ökonomischen und sozialen Krise käme. Die aus der Vergangenheit abgeleiteten Befürchtungen fand ich extrem übertrieben. »Gerade aus diesem Grunde«, erwiderte ich, »kann hier keine rassistische Bewegung mehr Fuß fassen.«

Mitte November 1989 sorgte ein Flugblatt unter den Hamburger Nichtdeutschen für große Unruhe und Angst. Neben dem abgebildeten Hakenkreuz war zu lesen: »Führer Befiel wir folgen Dir! DER 100ste Geburtstag von Adolf Hitler wird für euch die zweite Kristallnacht sein.« (Rechtschreibfehler des Originals wurden übernommen.) Namentlich wurden die Türken als diejenigen genannt, die eine zweite Kristallnacht erleben sollten. Über die Medien fand diese Ankündigung sehr rasch bei großen Teilen der Bevölkerung Verbreitung. Viele Hamburger Türken fragten sich und uns, ob sie am 20. April, Hitlers Geburtstag, ihre Kinder zur Schule schicken und ob sie selbst zur Arbeit gehen sollten. Obwohl Bürgermeister und Innensenator der Freien und Hansestadt Hamburg erklärten, dass »keine Erkenntnisse über einen ‚Aufmarsch' von Rechtsextremisten in Hamburg vorlägen und Maßnahmen für die Sicherheit ausländischer Mitbürger getroffen seien«,[176] blieben fast alle Einwandererkinder zu Hause und viele ihrer Eltern hatten Angst, zur Arbeit zu gehen. Zu den angekündigten und befürchteten Angriffen von Neonazis kam es in der Tat nicht. Diese hatten aber mit einem Flugblatt erreicht, die gesamt nichtdeutsche Bevölkerung in Angst und Empörung zu versetzen.

Wer hätte sich vorstellen können, dass in der Bundesrepublik Deutschland ein Tag käme, an dem Menschen Angst hätten, zur Arbeit zu gehen oder ihre Kinder in die Schule zu schicken, weil sie keine Deutschen sind?

Dies geschah nicht in irgendeinem Land, sondern in diesem demokratischen Staat Bundesrepublik Deutschland, in dessen Vorgängerstaat Millionen von Juden aus rassistischen Gründen auf unvorstellbare Weise noch zu unseren Lebzeiten vernichtet wurden.

Als ich am 19. April 1989 meine siebenjährige Tochter von der Schule abholte, wollte sie wissen, was eigentlich los sei. Auch in ihrer Klasse wurde darüber gesprochen. »Weshalb wollen die Skinheads uns schlagen?«. Ich war nicht imstande, meiner Tochter, einer gebürtigen Berlinerin, zu erläutern, worum es ging. Wie sollte ich das einem siebenjährigen Kind erklären?

Dieses Ereignis macht mehr als deutlich, in welcher psychischen Verfassung sich die Einwanderer-Bevölkerung in der Bundesrepublik Deutschland

[176] Staatliche Pressestelle, Freie und Hansestadt Hamburg, Erklärungen von Senator Hackmann vom 18. April und Bürgermeister Voscherau vom 19. April 1989

befindet. Eine solche Situation entsteht nicht von heute auf morgen und nicht ohne tiefverwurzelte Gefühle von Angst, Unsicherheit und Beunruhigung auf der einen und Schutzlosigkeit und Misstrauen auf der anderen Seite.

Diese Angst der Einwanderer hat nichts mit Feigheit zu tun. Sie ist vielmehr Ausdruck des Misstrauens gegenüber der Politik der Regierenden und Folge der Ausgrenzung aus der Gesellschaft. Die Gesellschaft vermittelt den Minderheiten nicht nur keinen Schutz und keine Geborgenheit, sie zeigt sich vielmehr verschlossen, abweisend, ja zum Teil sogar feindselig.

Die Lebenserfahrung, die die Einwanderer vor allem seit Ende der 1970er Jahre machen, begründet diese Gefühle und die daraus resultierende Haltung gegenüber der Politik, den Regierenden, der Gesellschaft und der Polizei.

Ausländerfeindlichkeit und Rassismus dürfen aber nicht lediglich als eine Sache der Rechtsradikalen und Neonazis angesehen werden. Welche Ablehnung und Intoleranz die Ausländer täglich erfahren, hat eine junge Studentin selbst erlebt und analysieren wollen. Sie kleidete sich wie eine ländliche Türkin mit Kopftuch, änderte ihren Namen und begann in gebrochenem Deutsch zu sprechen. Der Bericht ihrer Erlebnisse gibt die Lebenssituation Hunderttausender Ausländern/innen wieder. Sie schreibt: »Wie gewöhnlich gehe ich zur Haltestelle und warte einige Minuten auf den Bus. Die Leute schauen mich an, mustern mich. Während der Fahrt in die Darmstädter Innenstadt komme ich an Mauern und Häuserwänden vorbei, auf denen »Ausländer raus« oder »Türken raus« steht. Das Gefühl, das ich dabei als »Türkin« empfinde, ist jetzt irgendwie anders. Die Schmierereien machen mir richtig Angst, denn heute bin ich selbst betroffen. Ich bin eine von denen, die ‚raus' sollen. [...] In meiner gewohnten Umgebung war ich plötzlich fremd, fühlte mich als Außenseiter, der hier nichts zu sagen hat und keine Ansprüche stellt.«[177] Die Erfahrung dieser als Türkin verkleideten Frau betitelte die Frankfurter Rundschau als »ein(en) Gang durch eine Arena der Feindseligkeit«.[178]

Günter Wallraff hat zweieinhalb Jahre lang als Türke gearbeitet und den Arbeits- und Lebensbedingungen der Einwanderer nachgeforscht. Die Erfahrungen Wallraffs hatten bekanntlich weltweites Aufsehen erregt. Frau Funcke, Ausländerbeauftragte der Bundesregierung, schrieb in ihrer Stellungnahme zu Wallraffs Buch »Der Bericht von Günter Wallraff's „Ganz unten" macht betroffen [...]. Er ist nicht nur eine Anklage gegen Missstände im Beschäftigungsbereich, er richtet sich zugleich auch an die Gesellschaft insgesamt und hält ihr die Frage vor, wie sie mit Menschen anderer Nationalität umgeht – mit Menschen, die seit Jahren oder Jahrzehnten unter uns leben, mit uns arbeiten, lernen und wohnen.

---

[177] Sozialmagazin, April 1984
[178] Frankfurter Rundschau, 23. Januar 1984

Müssen sich diese Menschen nicht vielleicht abgelehnt, zurückgestoßen, missachtet oder – was noch schlimmer ist – übersehen vorkommen?«.[179]

Organisierte rechtsextreme Gewalt gegen Nichtdeutsche wurde geduldet

Nicht die Asyldiskussion selbst und die Änderung des Asylrechts haben meiner Meinung nach entscheidend zur Eskalation der rassistisch-ausländerfeindlichen Gewalt beigetragen, sondern die Art und Weise der Asyldiskussion.

In den Jahren 1980 bis 1993 wurde eine von Jahr zu Jahr heftiger werdende Asyldiskussion in Deutschland geführt. Mit steigenden Asylbewerberzahlen wurde diese Diskussion zunehmend polemisch, unsachlich und aggressiv geführt. Vor allem die rechtsradikalen Parteien aber auch CDU und CSU zeigten mit erhobenem Zeigefinger zunächst auf Asylsuchende und dann auf die Ausländer insgesamt. Das Asylthema wurde zu einem der am häufigsten diskutierten Themen hochstilisiert, mit dem sich trefflich Emotionen wecken und Stimmen fangen ließen. Selbst liberale Zeitungen, Zeitschriften, vor allem aber die Massenblätter, bedienten sich nicht selten eines Vokabulars, das von Flüchtlingen und Zuwanderern als Bedrohung empfunden wurde, das aber auch bei der deutschen Bevölkerung Ängste schürte.[180]

Bei der Asyldiskussion spielten und spielen die Ursachen der Flucht, also die Beweggründe der Asylbewerber, kaum eine Rolle. Die sicherlich entscheidenden Fragen: Weshalb kommen die Flüchtlinge nach Deutschland und Westeuropa? Was sind also die Gründe für die Flucht? Trägt dabei Deutschland, tragen die Staaten Westeuropas dafür Verantwortung und wenn ja, wodurch? wurden fast immer ausgeklammert.

Ohne die Ursachen eines Problems zu erkennen und wenn möglich zu bekämpfen, kann jedoch die Diskussion über die Auswirkungen nur begrenzt nützlich sein.

Die Ausblendung dieser Ursachenforschung und das Fehlen jeder Diskussion in der Öffentlichkeit über eben diese Ursachen geschehen nicht aus Unwissen, sondern sind möglicherweise Teil einer Strategie. Denn für die Ursachen von Flucht und Immigration, zumindest für die von Süd nach Nord, liegt die Verantwortung ganz maßgeblich bei den westlichen Industriestaaten. Diese Verantwortung und die daraus zu ziehenden Konsequenzen, die im Kapitel 7 noch

---

[179] Frankfurter Rundschau, 24. Oktober 1985; Günter Wallraff, Ganz unten, Köln 1985

[180] Vgl. Scheurer, F., Asyldebatte: Nicht die Opfer zu Tätern machen!, in: standpunkt:sozial 1/92, Hamburg 1992, S. 31-35; Huhnke, B., Intermediale Abhängigkeit bei der Inszenierung rassistischer Feindbilder seit Mitte der achtziger Jahre am Beispiel der Wochenzeitungen »Bild am Sonntag« und »Der Spiegel«, in: Jäger/Link, die vierte Gewalt – Rassismus in den Medien, Duisburg 1993

genauer erläutert werden, klammert vor allem von Politik, klammern aber auch große Teile der Medien aus.

Im Mai 1990 hat sich der demokratische Rechtstaat im sächsischen Hoyerswerda zum ersten Mal in der Geschichte der Bundesrepublik Deutschland durch Neonazis in die Knie zwingen lassen. Der Staat wäre ohne Zweifel im Stande gewesen, der Lage dort mit rechtstaatlichen Mitteln Herr zu werden. Ganz offensichtlich gehörte es jedoch zur politischen Strategie, die Angriffe gegen die mozambikanischen und vietnamesischen Bewohner so weit eskalieren zu lassen, dass sie gezwungen waren, die Stadt zu verlassen. Bei diesen Aktionen wurde den rechtsradikalen Tätern nicht nur eine überaus milde Behandlung seitens der politisch Verantwortlichen und der Gerichte zuteil, die Täter genossen auch die breite Zustimmung und den Applaus der Bevölkerung. Der Weg für weitere Gewaltaktionen gegen nichtdeutsche Menschen war für die Neonazis nunmehr frei. Sie wurden ermutigt, die politisch gewollte Verdrängung der Flüchtlinge mit Hilfe von Gewalt exemplarisch und moralisch zu exekutieren.

Ein weiterer unrühmlicher Höhepunkt auf dem von vielen Politikern geduldeten Wege, die Gewalt der Neonazis eskalieren zu lassen, war die brutale Vertreibung nichtdeutscher Bewohner eines Heimes für Asylsuchende in Rostock-Lichtenhagen am 23.September 1992. Dort wurden die Heimbewohner 13 Stunden lang schutzlos den mit Molotowcocktails und Schlagstöcken angreifenden fanatisierten Neonazis vor den Augen von Millionen Fernsehzuschauern ausgeliefert. Es ist sicher nicht das Verdienst der Ordnungskräfte sondern vielmehr ein glücklicher Zufall, dass niemand bei den Bränden ums Leben kam. Dies war für mich ein unfassbares Ereignis, das ich nie vergessen werde.

Ebenso beunruhigend war für mich jedoch insbesondere im Falle Rostock-Lichtenhagen die Reaktion derjenigen Deutschen, die bei den rassistischen und ausländerfeindlichen Handlungen einfach nur zusahen. Diese Leute handeln oder – wie in diesem Falle – handeln als Zuschauer eben nicht aus rassistischer oder gar ausländerfeindlicher Motivation, machen aber aus Unwissen oder infolge ihrer Verdummung Migranten und Flüchtlinge für viele Engpässe in der Gesellschaft verantwortlich. Diese werden zwar selbst nicht gewalttätig, tolerieren aber durch ihr Schweigen oder gar zustimmendes Verhalten die Handlungen der Täter.

Die vielen Menschen, die in Rostock-Lichtenhagen, sei es als jubelnde oder stille Zuschauer, die Gewalttäter vor einer Wohnunterkunft für Flüchtlinge unterstützten, gehören zu dieser zweiten Kategorie. Die Trennlinie zwischen aktiven Rassisten und passiven, gleichwohl wohlwollenden Zuschauern ist nur schmal und findet in anderer Form auch in manchen Wahlergebnissen ihren Niederschlag.

Ich sage hier ganz bewusst, dass die politisch Verantwortlichen diese Schandtaten duldeten, um zu demonstrieren, dass das Asylrecht geändert werden müsse, um auch mit Hilfe solcher beschämenden Gewalttaten der rechtsradikalen Szene die öffentliche Meinung und vor allem die SPD für eine Grundgesetzänderung gewogen zu machen. Zum einen sollte den Einwanderern signalisiert werden, wie unerwünscht sie sind, andererseits wollte man den Angreifern und den ihnen zujubelnden Volksmassen zu verstehen geben, dass ihr Tun durchaus im Sinne der offiziellen Politik sei.

Nach dieser Erfolgreichen Schandtat gewannen die Neonazis, geduldet von der Politik und unterstützt von Teilen der deutschen Bevölkerung an Motivation, um nunmehr ungehindert und mit noch brutalerer Gewalt gegen die nichtdeutsche Bevölkerung vorzugehen.

Am 23 November 1992 kam es zu einem Brandanschlag mit Molotowcocktails auf das Haus der Familie Aslan. Frau Bahide Aslan, ihre kleine Enkelin Yeliz und deren Cousine Ayşe starben in den Flamen. Ein Anrufer meldete dieses mit »Heil Hitler« bei der Polizei. Die Täter wurden gefasst und es fand unter den Augen der Weltöffentlichkeit ein Prozess gegen sie statt. Der bei der Tat 19 Jahre alte Lars Christiansen wurde zu 10 Jahren Haft verurteilt, kam jedoch bereits nach 8 Jahren im Juni 2000 frei. Der ältere Michael Peters erhielt dagegen eine lebenslange Haftstrafe.

> »1992 schien es, als habe der Übergriff plötzlich die Augen für eine Entwicklung geöffnet, vor der man lange zuvor weggesehen hatte: dass sich in Mölln und Umgebung längst eine rechtsradikale und neonazistische Szene gebildet hatte. [...] Im Urteil gegen die beiden Täter deutete der Vorsitzende Richter am Lübecker Landgericht im Dezember 1993 an, dass sich Christiansen und Peters „in ihrer Stimmung gegen Ausländer an der Spitze einer breiten Mehrheit der Bevölkerung wähnten." Zuvor waren deutsche Rechte von der Bevölkerung in Rostock-Lichtenhagen beklatscht worden, als sie über Tage Vietnamesen jagten und mit dem Tod bedrohten. Die Anschläge fallen auch in der Zeit der Debatte über das Asylrecht, in der auch führende Politiker des Landes mit Aussagen wie „das Boot ist voll" hausieren gingen.«[181]

Am 29. Mai 1993 kommt es zu dem wohl folgenschwersten Brandanschlag, ebenfalls auf ein von Türken bewohntes Haus in Solingen. 5 Mitglieder der Familie Genç, zwei Töchter, zwei Enkelinnen und die Nichte von Frau Mevlüde Genç werden dabei bestialisch getötet. Der junge Sohn der Familie, Bekir Genç, musste wegen seiner schwersten Verletzungen 30-mal operiert werden. Auch das damals dreijährige Mädchen Ayşe erleidet schwere Verbrennungen.

[181] Spanner,E., die zweite Flucht der Familie Aslan, Tageszeitung, 23.11.2002

Die vier Täter werden später gefasst. Die jüngeren Täter Felix B., Christian R. und Chris B. werden zur höchstmöglichen Jugendstrafe, zu je zehn Jahren Gefängnis, verurteilt. Der ältere Markus Gartmann bekommt 15 Jahre Haft. Die jüngeren Christian B. und Felix K. werden nach 7 Jahren vorzeitig entlassen. [182]

Im Urteil des Oberlandesgerichts Düsseldorf vom 13. 10. 1995 heißt es: »An der Kreuzung Schlagbaum kamen die Angeklagten R., K. und B. schnell ins Gespräch. Schon bald wurde der Vorschlag laut, den Türken einen Denkzettel' zu verpassen und ‚ein Haus anzuzünden'. Der Angeklagte R. wies auf das von Familie Genç bewohnte Haus hin. Dieser Vorschlag fand sofort allgemeine Zustimmung. Dabei war man sich einig, ohne dass dies näher diskutiert wurde, Benzin zu beschaffen und damit den Brand in unmittelbarer Nähe des Hauses zu legen.«

Zwischen Tätern und Opfern hat es keinerlei Auseinandersetzungen gegeben. Die Täter begingen ihre mörderische Straftat ausschließlich aus rassistischen Motiven. Straftaten dieser Art müssten wesentlich härter bestraft werden, als dies im Rahmen der geltenden Gesetze möglich ist. Die Richter bei dem Prozess Solingen hatten bereits die Höchststrafen verhängt.

Am 18. Januar 1996 starben 10 Asylbewerber an den Folgen eines Brandes in ihrer Wohnunterkunft in Lübeck. Tief erschüttert, empört und betroffen stand ich unmittelbar nach dem Brandanschlag vor der Ruine des abgebrannten Gebäudes. Für den Brandanschlag wurde gegen einen Heimbewohner ermittelt und prozessiert. Er wurde vom Gericht freigesprochen. Die Täter bleiben bis heute unermittelt und konnten nie gefasst werden.

Am 16. Oktober 1996 kam es in Karlsruhe zu einem neuerlichen Brandanschlag, bei dem drei Türkinnen getötet wurden. Bei den Ermittlungen wurde zunächst ein technischer Defekt als Brandursache angegeben. Vieles deutete jedoch später darauf hin, dass es sich auch in diesem Fall um einen Anschlag mit rechtsradikalem Hintergrund gehandelt haben dürfte.

Nach jeder dieser barbarischen Taten, oft mit tödlichen Folgen, erhielt die Gewalt der Neonazis einen weiteren Schub, es folgten, wie oben in chronologischer Folge geschildert, viele weitere Brandanschläge und Straftaten.

Diese dramatische Entwicklung brutalster Gewalt gegen die Nichtdeutschen kommentiert Bundestagspräsident Thierse am 8. Juni 1993 mit folgenden Worten. »Der Bundesinnenminister hat vor ein paar Wochen mitteilen lassen, dass im vergangenen Jahr 2.285 Gewalttaten mit erwiesener oder zu vermutender rechtsextremistischer Motivation registriert wurden, 54% mehr als 1991. 22 Menschen fielen diesen Anschlägen zum Opfer. In Rostock erreichten die Attacken gegen Asylbewerber eine neue Qualität. Bei Hoyerswerda erregten wir uns noch über

[182] Vgl. zu dem Prozess von Solingen, Müller-Münch, J., Biedermänner und Brandstifter, Fremden Feindlichkeit vor Gericht, Bonn 1998, S.137 f.

die schweigende, fast noch verschämte Zustimmung. Aus Rostock hörten wir schon lautstarken, sehr vernehmbaren Beifall. [...] Schließlich verhalfen die Morde von Mölln, diesem bis dato eher beschaulich unauffälligen Städtchen zu trauriger Berühmtheit und bildeten zugleich der vorletzten Höhepunkt einer besinnungslosen Raserei. Und jetzt in Solingen: fünf verbrannte türkische Mitbürgerinnen. Und es geht weiter, jede Nacht. Als wäre Gewalt gegen ausländische Mitbürger eine ansteckende Krankheit.«[183]

Die Weltöffentlichkeit begann mit großer Aufmerksamkeit und zunehmend mit Sorge und heftiger Kritik die Entwicklung in Deutschland zu verfolgen. Dank des Einflusses der Weltöffentlichkeit aber auch dank der kritischen Berichterstattung in Deutschland selbst, kamen die Regierenden zu der Erkenntnis, dass sie über das Ziel hinausgeschossen waren.

Das Ansehen Deutschlands hatte weltweit gelitten, auch die Wirtschaft spürte erste negative Auswirkungen. Auch das Asylrecht wurde schließlich so weit beschnitten, dass die Bewerberzahlen ab 1993 deutlich zurückgingen.

Millionen von Deutsche und Einwanderer, beunruhigt und besorgt, nahmen an Lichterketten und anderen Protestaktionen in vielen Städten der Bundesrepublik Deutschland teil. Es gab eine breite Protestwelle gegen die Gewalt der rechtsextremen Kräfte. Die Medien haben mit einer höchst respektvollen Berichterstattung zu diesem massenhaften Widerstand gegen die extreme Rechte einen wichtigen Beitrag geleistet.

Erst viel zu spät bemerkte Bundeskanzler Kohl, wie sehr die Gewalt der Neonazis dem Ansehen Deutschlands geschadet hatte. Endlich sollte dieser außer Kontrolle geratenen rechtsradikalen Gewalt mit rassistischem Hintergrund Einhalt geboten werden.

Es war diese von Teilen der Politik so gewollte politische Atmosphäre, die diesen Zustand wollte und ermöglichte, und erst die dann einsetzende Reaktion mit ihren für das Ansehen Deutschlands negativen Auswirkungen führte dazu, eine weitere Eskalation einzudämmen.

Rassismus und Ausländerfeindlichkeit sind sicherlich nicht allein ein Phänomen Deutschlands. Dieses ist offensichtlich auch in anderen europäischen Staaten weit verbreitet. »Rassismus eint ein Drittel der Bürger in der europäischen Union – Statistiker sehen Fremdenfeindlichkeit nicht als Randerscheinung, sondern als böse Normalität, zu der man sich offen bekennt«, so der Titel des Berichtes der Frankfurter Rundschau über die Ergebnisse einer Erhebung vom statistischen Amt der EU. »Jeder dritte Bürger der Europäischen Union bezeichnet sich selbst als ‚ziemlich oder sehr rassistisch'. Die deutschen bilden keine

---

[183] Thierse, W., Ausländerfeindlichkeit im vereinten Deutschland, in: Fremdenfeindlichkeit und Rassismus, Friedrich Ebert Stiftung (Hg), Bonn 1993, S.9).

Ausnahme.«[184] Das peinlichste war, dass der Bericht den Repräsentanten der EU während der Abschlusskonferenz zum »Europäischen Jahr gegen Rassismus« überreicht wurde.

Diese Konferenz, an der auch ich mit einem Vortrag teilnahm, endete mit einer deutlichen Absichtserklärung: »Erscheinungen vom Rassismus, Fremdenfeindlichkeit und Antisemitismus dauern überall in Europa an und stellen eine ernste Herausforderung für unsere Gesellschaft dar […]. Der Rat und die Mitgliedstaaten haben diese Herausforderungen anerkannt, indem sie 1997 zum Europäischen Jahr gegen Rassismus bestimmt haben. Wir, die unterzeichnenden Staaten, bestätigen das Grundrecht von jedermann, frei von Diskriminierung oder Verfolgung auf Grund der Rasse, Hautfarbe, Religion oder nationalem oder ethnischen Ursprung zu leben, die Notwendigkeit, Partnerschaften zu bauen, um vereint gegen Rassismus, Fremdenfeindlichkeit und Antisemitismus zu kämpfen. Wir, die Unterzeichnenden, verpflichten uns unsere Anstrengungen zu verstärken, Rassismus, Fremdenfeindlichkeit und Antisemitismus in allen Lebensbereichen zu bekämpfen und dabei alle verfügbaren Mittel und Instrumente einzusetzen […].«

Diese Erklärung ist kaum mehr als eine Reihe weiterer wohlklingender Worte mit den Unterschriften des Präsidenten des Europäischen Parlaments, Gil-Delgado, des Präsidenten des Europäischen Kommission, Santer, und des Ministerpräsidenten der Niederlande, Kok. Die bei der Konferenz gehaltenen Vorträge wurden erst nach reichlicher Verspätung selbst den Referenten in einem Zustand versandt, in dem sie kaum zu lesen waren (Ich habe sie daher in den Papierkorb geworfen!). In den Mitgliedsländern hätte eine Vielzahl von Veranstaltungen zu dem Thema stattfinden müssen, für die durchaus Mittel aus den Kassen der EU zur Verfügung gestanden hätten. In Deutschland hat es jedoch kaum nennenswerte Veranstaltungen gegeben; offenbar wollte man dieses Europäische Jahr gegen Rassismus ganz bewusst ignorieren.

Der entschiedene Kampf gegen Antisemitismus in Deutschland ist menschlich-moralische Pflicht

Als ich nach meinem Abitur in der Türkei Mitte der 1960er Jahre zum Studium nach Hamburg kam, wusste ich zu meinem Bedauern kaum etwas über die Ausrottung der europäischen Juden durch den Nationalsozialismus. Doch schnell hatte ich mich darüber informiert, was geschehen war. Als ich aber an den Kiosken eine Reihe von Zeitungen und Zeitschriften sah, die weiterhin antisemitische

[184] FR vom 20.12.1997

Propaganda vertreiben dürften, war ich tief schockiert. Wieso dürfte so etwas in diesem Lande möglich sein, von dem noch vor 20 Jahren so unvorstellbares Leid gegen die Juden in ganz Europa ausgegangen war, das erst durch den Einsatz der Alliierten hatte beendet werden können. Ich muss gestehen, dass ich auf diese Frage auch als Befürworter freier Meinungsäußerung bis heute keine befriedigende Antwort erhalten habe.

Großen Respekt habe ich hingegen vor dem Bemühen aller demokratischen Parteien und Medien in Deutschland, die die Barbarei Nazi-Deutschlands mit Entschiedenheit verurteilen und sich um Wiedergutmachung bemühen.

Was ich aber bei der Berichterstattung und bei der Diskussion über den Antisemitismus mit Erstaunen feststelle, ist die weitgehende Eingrenzung des Antisemitismus auf die 1930er und 40er Jahre in Deutschland.

Nazideutschland mit seinem rassistisch-faschistisch gefärbte Antisemitismus dürfen auf keinen Fall auf das Phänomen einen psychisch kranken, in Organisationsfragen talentierten, eines geschickten Demagogen Adolf Hitler und seiner Partei reduziert werden. Der Nährboden für eine erfolgreiche antisemitische Agitation, begünstigt und ermöglicht von der Politik, war vielmehr durch die Vorgaben der vorangegangenen Jahrhunderten in der Bevölkerung und in der Gesellschaft bestens bereitet.

Wer die Nazidiktatur und -barbarei nur mit Hitler und der NSDAP erklärt, reduziert bewusst die deutsche Geschichte auf ein Teilaspekt, verharmlost die barbarischen Taten Nazideutschlands und hat offensichtlich gar nichts dazugelernt, es sei denn, er oder sie ist uninformiert geblieben. Keines von beiden ist jedoch entschuldbar.

Antisemitismus ist nicht so alt wie der Antijudaismus, der beinahe 2000 Jahre zurückzuverfolgen ist. Vor allem seit dem Mittelalter wurden gegen die Menschen jüdischen Glaubens, insbesondere durch die Geistlichen, Vorurteile und Hass gepredigt.

Immer wieder kam es zu gewaltsamen Ausschreitungen gegen Juden. Infolge der von Papst Urban II ausgerufenen Kreuzzüge gegen die »Heiden« in den Jahren 1147-1149 verschärften sich auch die Hetzkampagnen gegen Juden. Die Folge waren Barndanschläge, Plünderungen, Vergewaltigungen, Vertreibungen und Morde. Laut Schätzungen sollen infolge dieses ersten Pogroms gegen Juden in Europa in Trier, Worms, Mainz und in anderen deutschen Städten mehr als 12.000 Menschen jüdischen Glaubens ums Leben gekommen sein.[185].

Die Juden wurden oft für die entstehenden Probleme im Lande verantwortlich gemacht. Sie waren die Sündenböcke. Als Mitte des 14. Jahrhunderts in Europa die »Pest« ausbrach und rund ein Drittel der europäischen Bevölkerung

[185] Vgl. Hirsch, R. / Schuder, R., Der gelbe Fleck, Köln 1999, S.85 ff.

dieser Krankheit zum Opfer fiel, wurde das Gerücht verbreitet, die Juden hätten die Brunnen vergiftet. Als Vergeltung folgten Massaker gegen die Juden. Ein Teil der jüdischen Bevölkerung wurde getötet. Die überlebenden Juden mussten ab 1434 über viele Jahrhunderte in abgeriegelten Wohnvierteln, den Ghettos, leben.

Antisemitismus in Deutschland am Beispiel Preußens

Unter dem Großen Kurfürsten Friedrich Wilhelm, der die protestantischen Flüchtlinge aus Frankreich und den Niederlanden ohne Einschränkungen in Brandenburg-Preußen aufnahm, ihnen sogar besondere Privilegien gewährte, galten rechtliche Bestimmungen nicht gleichermaßen für die deutsche Bevölkerung und die jüdischen Einwanderer. Als 1671 zunächst 50 jüdische Familien nach Berlin einwandern wollten, mussten sie ein bestimmtes Vermögen für ihre Aufnahme nachweisen.[186]

Als so genannte »Schutzjuden« durften sie zunächst auf 20 Jahre beschränkt zur »Förderung des Handels« im Bereich des Warenhandels tätig sein. Erst weitere 20 Jahre später durften die Juden auch in Manufakturen und im Handwerken ein Auskommen suchen. Im Unterschied zu anderen Bevölkerungsgruppen mussten die aufgenommenen Juden höhere Steuern zahlen.

Friedrich Wilhelm I (1713-1740) verschärfte die Aufnahmebedingungen für jüdische Einwanderer: sie mussten ein Vermögen von 10.000 Talern nachweisen. Mit einem »Judengesetz« von 1730 mit dem Ziel, den Bevölkerungszuwachs unter den Juden zu begrenzen, bekamen nur die erstgeborenen Kinder der wenigen Schutzjuden ein Niederlassungsrecht. Für Zweitgeborene konnte eine Niederlassungsbewilligung gegen eine hohe Summe erkauft werden. Alle anderen mussten unverheiratet, das heißt kinderlos, bleiben oder auswandern.[187] 1730 wurde die Zahl der jüdischen Familien mit Wohnsitz in Berlin auf 100 begrenzt. Auch die handwerklichen Tätigkeiten für Juden wurden stark eingeschränkt.

Friedrich II verfügte 1750 mit seinem »Reglement für die Judenschaft« ihre Teilung in sechs Klassen. Der rechtliche Status der Juden hing damit unmittelbar von ihrer ökonomischen Lage ab, je reicher umso mehr Rechte und je ärmer um so weniger Rechte. Die erworbenen Rechte mussten mit viel Geld erkauft werden.

Der jüdische Historiker Gidal bewertet die Lage der Juden in Brandenburg-Preußen Mitte des 18. Jahrhunderts so: »Die große Anzahl der heimatlosen Betteljuden war rechtlos, wurde verfolgt und immer wieder aus dem Land getrieben.

---

[186] Geschichte des Jüdischen Volkes, Informationen zur politischen Bildung, Bonn 1991, S.27

[187] Gidal, N. T., Die Juden in Deutschland, Gütersloh 1988, S.115

Kein Jude durfte übrigens auf dem flachen Land wohnen, Landwirtschaft oder ein Handwerk betreiben.«[188]

Erst 1791 erhielt die erste jüdische Familie den preußischen Staatsbürgerbrief, also 126 Jahre nach der Aufnahme der Juden in Preußen. Der größte Teil der Juden befand sich außerhalb der Gesellschaft und damit des staatlichen Schützes. Für die rechtliche Gleichstellung wurde erwartet, ja gefordert, dass die Juden ihre Religion zugunsten des Christentums aufgaben.[189]

Die Auffassung des Staates über die Gewährung von Bürgerrechten an Juden gegen Ende des 18.Jahrhunderts zeigt bemerkenswerte Parallelen zu der heutigen Diskussion über die Verleihung der Staatsbürgerschaft. Damals verlangte man die Aufgabe der Jüdischen Religion und Annahme des Christentums, um als loyaler Staatsbürger gelten zu können. Heute verlangt man mit der gleichen Begründung die Aufgabe der bisherigen Staatsbürgerschaft, um seine Loyalität gegenüber dem Staat zu belegen.

In den folgenden Sätzen des Philosophen Johann Gottlieb Fichte kommt die damalige Staatsphilosophie gegenüber den Juden deutlich zum Ausdruck. »Wenn man den Juden tatsächliche Bürgerrechte geben wolle, dann gebe es kein anderes Mittel als das, in einer Nacht ihnen allen die Köpfe abzuschneiden und andere aufzusetzen, in denen auch nicht eine jüdische Idee ist. Um uns vor ihnen zu schützen, dazu sehe ich wieder kein anderes Mittel, als ihnen ihr gelobtes Land zu erobern (!) und sie alle dorthin zu schicken«[190], so Fichte wörtlich.

Die anti-jüdische Haltung, beladen mit Vorurteilen, ist bereits damals so weit verbreitet, dass Christian Wilhelm Dohm, ein preußischer Staatsrat und Archivar, sich 1781 in seiner Denkschrift die größte Mühe gab, die Leser davon zu überzeugen, dass die Juden normale Menschen sind, auch sie den Staat lieben können, in dem sie leben und ihr Eigentum erwerben.

In seiner Denkschrift wird auch die Diskriminierung der Juden mehr als deutlich: »Diesem Unglücklichen also, der kein Vaterland hat, dessen Tätigkeit allenthalben beschränkt ist, der nirgends seine Talente frei äußern kann, an dessen Tugend nicht geglaubt wird, für den es fast keine Ehre gibt; – ihm bleibt kein anderer Weg des vergünstigten Daseins, zu genießen, sich zu näheren, als der Handel. Aber auch dieser ist durch die vielen Einschränkungen und Abgaben erschwert [...] oder sie werden gezwungen, ihr Geld, das sie selbst nicht benutzen können, an andere zu verleihen.«[191]

---

[188] Ebda, S. 116

[189] Vgl. ebda, S. 122; Geschichte des Jüdischen Volkes, a.a.O., S. 28

[190] »Sämtliche Werke«, herausgegeben von J. G. Fichte, VI. Band, Berlin 1845, S. 149f.

[191] Über die bürgerliche Verbesserung der Juden, Berlin und Stettin 1781, S. 7 ff, z.n. Geschichte der Juden, a.a.O., S. 28

Der in Berlin lebende bekannte jüdische Philosoph und Seidenfabrikant Moses Mendelssohn beschreibt in seinem Brief von 1780 die Lage der Juden mit folgenden Worten: »Allhier in diesem so genannten duldsamen Lande lebe ich gleichwohl so eingeengt, durch wahre Intoleranz so von allen Seiten beschränkt, dass ich meinen Kindern zu Liebe mich den ganzen Tag in einer Seidenfabrik, so wie sie sich in einem Kloster, einsperren muss. Ich ergehe mich zuweilen des Abends mit meiner Frau und meinen Kindern. Papa! fragt die Unschuld, was ruft uns jener Bursch dort nach? Warum werfen sie mit Steinen hinter uns her? Was haben wir ihnen getan? – Ja lieber Papa! spricht ein anderes, sie verfolgen uns immer in den Straßen, und schimpfen: Juden! Juden! Ist denn dieses so ein Schimpfwort bei den Leuten, ein Jude zu sein? [...] Menschen! Menschen! Wohin habt ihr es endlich kommen lassen?«[192]

Mendelssohn versuchte den Christen das Leben und den Glauben der Juden bekannt zu machen und kämpfte für die Emanzipation und rechtliche Gleichstellung der Juden. Viele andere Juden setzten diesen Kampf fort.

Erst die Französische Revolution von 1789, vor allem aber der Vormarsch der französischen Revolutionsarmee nach Osten, machte in den folgenden Jahrzehnten auch in den Nachbarländer Österreich und Deutschland den Weg schrittweise frei für die Gleichbehandlung der jüdischen Bevölkerung.

»Freiheit, Gleichheit und Brüderlichkeit mussten zum ersten Mal in der Geschichte auch auf die Juden angewandt werden, sollten diese Begriffe nicht ihren Sinn verlieren. Aber nicht die Dekrete der Pariser Nationalversammlung, nicht das Verständnis christlicher Aufklärer, sondern die Besatzung durch die Truppen Napoleons brachte den Juden in den deutschen Staaten bürgerliche Gleichstellung«, so Gidal.[193]

1812 wurde durch ein »Toleranzedikt« den preußischen Juden durch Gewährung der Staatsbürgerschaft die formale Gleichstellung zugestanden. Somit waren die Juden in Preußen Staatsbürger. Öffentliche oder militärische Ämter durften sie allerdings auch danach nicht bekleiden.[194]

Die in Folge der 1848er Revolution erfolgte Verfassungsänderung verkündete für alle Religionsbekenntnisse die volle Gleichberechtigung, verschiedene Einschränkungen für die Juden blieben aber faktisch erhalten. Es wurden sogar zahlreiche Versuche unternommen, um die staatsbürgerliche Gleichstellung der Juden rückgängig zu machen.

Die jüdischen Intellektuellen und die jüdische Bevölkerung kämpften für das Ziel, nicht mehr als »Juden in Deutschland«, sondern als »deutsche Juden«

---

[192] Ebda, S. 29

[193] Ebda., S. 133

[194] Vgl. Kessler, J., von Aizenberg bis Zaidelman, Die Ausländerbeauftragte des Senats von Berlin (Hg.), Berlin 1997, S.11

anerkannt zu werden. Die rechtlichen Verbesserungen von 1812 und 1848 waren allerdings von kurzer Dauer. Erst durch die Gesetze von 1869/71 kamen die deutschen Juden ihrem Ziel nach bürgerlicher Gleichstellung näher. Vom Justiz-, Militär- und Schuldienst blieben die Juden aber – von Ausnahmen abgesehen – ausgeschlossen.

Eine zunehmend stärker werdende judenfeindliche Bewegung trat mit religiösem, politischem oder rassistisch gefärbtem Antisemitismus gegen das »Streben der Juden nach bürgerlicher Gleichstellung und gesellschaftlicher Anerkennung« an.

Die Diskussion über die Frage der Juden bekommt schon im 19. Jahrhundert eine viel gefährlichere Richtung. Die antijüdische Position benutzte das Gespenst der *»Verjudung Deutschlands«*. Die Völkisch-Nationalen propagierten, dass die Juden ein gefährlicher »Fremdkörper« im deutschen Volk seien.[195]

Während in früheren Äußerungen deutscher Kreise eher der Wunsch nach Assimilation der Juden zum Ausdruck kam, wurden die Juden nunmehr als Gefahr für Deutschland propagiert. Die judenfeindlichen Ausschreitungen waren nicht mehr, wie es hieß *»spontane Aktionen der kochenden Volksseele«*,[196] sondern das Ergebnis politischer Auseinandersetzungen.

Für die konservativen Kräfte war eine Koexistenz von christlichen und jüdischen Deutschen nicht denkbar. Die Liberalen beteiligten sich zwar nicht an der Hetzkampagne gegen die jüdische Bevölkerung, forderten die Juden aber auf, auf ihre Kultur und religiösen Satzungen zu verzichten, da diese im Widerspruch zum »Zeitgeist«, stünden.[197]

Höchst bedenklich und gefährlich war die Tatsache, dass die judenfeindliche Haltung in Deutschland von großen Teilen des neuen Bürgertums mitgetragen wurde. Die Folgen der industriellen Revolution, die auch gesellschaftspolitische und soziale Umwälzungen zur Folge hatte, sollte mit Hilfe von Sündenböcken gemildert werden. Die Juden wurden verantwortlich gemacht für den sozialen Abstieg und die Deklassierung des Kleinbürgertums und der entwurzelten Bauern in Folge der industriellen Massenproduktion. »Die soziale Frage des 19. Jahrhunderts bekam eine antijüdische Note«.[198] Hofprediger Adolf Stoecker gründete 1879 die antisemitische »Christlich Soziale Arbeiterpartei«.

Heinrich von Treitschke, ein einflussreicher Geschichtsprofessor und Abgeordneter in Berlin, bringt als »Initiator des politisch-völkischen Antisemitismus der gebildeten Klassen« die aufgeputschte Stimmung gegen die jüdische Bevölkerung im 19. Jahrhundert in nur vier Worten präzise zum Ausdruck: *»die Juden*

---

[195] Gidal, a.a.O., S. 254
[196] Geschichte des Jüdischen Volkes, a.a.O., S.31
[197] Ebda.
[198] Ebda.

sind unser Unglück.« In seinen Veröffentlichungen bezeichnete er »'den Juden' als Träger der von ihm gehassten demokratischen Idee und als Rädelsführer der Sozialdemokratie, dieser 'bestialischen Pöbelbewegung', die das gottgewollte deutsch-christliche Konzept von 'Herren und Untertanen' störe«. Diese Gedanken fanden breite Resonanz unter vielen Beamten, Richtern, Akademikern, Offizieren, also den Trägern des künftigen Deutschlands. »Nur die sozialdemokratischen Arbeiter, [...] waren von der Judenhetze wenig beeindruckt.«

In vielen veröffentlichten Karikaturen wurde der Jude als »krummbeiniger, höckernasiger, hässlicher« Mensch abgebildet, der mit unsauberen Mitteln ("wie man schon seinem Gesicht ansieht") nach dem Geld jagt und unschuldigen blonden Mädchen auflauert.« Der Begriff »Jude« wurde in der öffentlichen Darstellung als etwas Verachtenswertes dargestellt.

Der Jude wurde stets als negative Erscheinung porträtiert, neben dem »aufrechten, edlen germanischen Deutschen, der sich gegen die Schliche und Ränke des Juden zur Wehr setzen muss und sich im Geschäftsleben nur von hohen Idealen leiten lässt.«[199]

Vorurteile können sicherlich viele Fiktionen haben. Zumeist helfen sie »der Legitimation und Rechtfertigung von Herrschaftsausübung. [...]. Vorurteile dienen der Stabilisierung von Herrschaftsverhältnissen durch Bereitstellung von 'Sündenböcken' und Mythenbildung.«[200] Sie stabilisieren dabei den Status quo der Machtverteilung zwischen Majoritäten und Minoritäten.

Vor dem Ersten Weltkrieg hatte Berlin 27 Synagogen, 45 Religionsschulen und einen »Zentralverein deutscher Staatsbürger jüdischen Glaubens«. In den 20er Jahren lebten mehr als eine halbe Millionen Juden in Deutschland, davon 172 000 in Berlin, rund 4,3% der Berliner Bevölkerung.[201] Trotz der oben erläuterte massive Einschränkungen oder vielleicht auch gerade deshalb, haben die deutschen Juden für Handel, Industrie, für das geistig-kulturelle Leben, für Wissenschaft, Kunst und Literatur Deutschland unschätzbare Leistungen erbracht.

In den Jahren 1905 bis 1931 erhielten insgesamt elf deutsch Juden den Nobelpreis, darunter vier Chemiker, drei Mediziner, drei Physiker und ein Schriftsteller.[202]

Folgende Sätze von Walter Rathenau, Sohn und Nachfolger des Gründers der AEG, von 21.Januar 1922 bis zu seiner Ermordung durch einen Antisemiten am 24.Juni 1922 Reichsaußenminister, beschreiben die Situation und Empfindungen der deutschen Juden am besten: »In den Jugendjahren jedes deutschen Juden gibt es einen schmerzlichen Augenblick, an den er sich zeitlebens erin-

199 Gidal, a.a.O., S. 254ff
200 Vorurteile – Stereotype – Feindbilder. Informationen zur politischen Bildung, Bonn 2001, S. 4
201 Ebda.
202 Geschichte des Jüdischen Volkes, a.a.O., S.33

nert: Wenn ihm zum ersten Mal voll bewusst wird, dass er als Bürger zweiter Klasse in die Welt getreten ist, und dass keine Tüchtigkeit und kein Verdienst ihn aus dieser Lage befreien kann.«[203]

In einem Brief schrieb er später an Gertrud Wilhelmine von Hindenburg, die Schwägerin des Generalfeldmarschalls: »[...] wenn auch ich und meine Vorfahren nach besten Kräften unserem Lande gedient haben, so bin ich, wie Ihnen bekannt sein dürfte, als Jude Bürger zweiter Klasse. Ich könnte nicht politischer Beamter werden, nicht einmal in Friedenszeiten Leutnant.« Die preußische Judenpolitik bezeichnete er als »die schwerste Kränkung einer Bevölkerungsgruppe, unzweckmäßig und unsittlich.«[204]

Viele Jahre später, als er Reichsaußenminister wurde, war an den Häusermauern Berlins 1922 zu lesen: »*Knallt ab den Walter Rathenau / Die gottverfluchte Judensau*«.[205]

- Die Staatspolitik hat zwischen protestantischen und jüdischen Migranten ganz stark unterschieden: In der gleichen Zeit und von der gleichen Staatsführung wurden die französischen Flüchtlinge weitestgehend als gleichberechtigte Bürger aufgenommen, ja sogar mit privilegierter Stellung gegenüber der einheimischen Bevölkerung ausgestattet. Sie wurden binnen 100-120 Jahren assimiliert und waren als eine ethnisch-kulturelle Minderheit nicht mehr relevant, bzw. fielen nicht mehr auf.
- Die jüdischen Einwanderer wurden dagegen von Anfang an diskriminiert. Sie wurden in den Jahren 1671 bis 1871, also zwei Jahrhunderte lang, von der bürgerlichen Gleichstellung und Gleichbehandlung faktisch ausgeschlossen. Sehr große Teile der deutschen Bevölkerung machte sich diese diskriminierende Staatspolitik zu Eigen, so dass eine Aufnahme der jüdischen Bevölkerung in die deutsche Gesellschaft nicht stattfand. Im Gegenteil: Für die Krisen, für das Versagen der Politik und für die tiefen gesellschaftspolitischen Erschütterungen in Folge der industriellen Revolution wurden sie stets zu Sündenböcken gemacht.
- Diese Diskriminierung, Absonderung und Abschottung der jüdischen Bevölkerung hat mit Sicherheit dazu geführt, dass ein Ineinander- und Zusammenwachsen der deutschen und jüdischen Bevölkerung im Vergleich zu den Hugenotten nicht hat stattfinden können. Die Diskriminierung und Abgrenzung der Juden durch die deutsche Politik und Gesellschaft hat dazu geführt, dass Juden sich in Deutschland stets als Außenseiter fühlen mussten,

[203] Gidal, a.a.O., S.326 ff.
[204] Ebda.
[205] Ebda.

die, getrennt von der übrigen Gesellschaft, als Menschen zweiter Klasse in ganz realen oder eben geistigen Ghettos verbringen mussten.

Die anti-jüdische und antisemitische Vereine und Verbände sowie Politik existierte in Teilen der Gesellschaft durchgehend und wurde von Teilen der Industrielle mitfinanziert.

Die Folgen des verlorenen Ersten Weltkriegs mit hohen Reparationszahlungen und die Schwäche der Weimarer Republik begünstigte eine autoritäre Herrschaft mit einer »eisernen Hand« als Führer. Die NSDAP und Hitler entsprachen diesen Vorstellungen und Erwartungen.

Der Antisemitismus als Ideologie hat unter der Nazi-Diktatur in den Jahren 1933 –1945 mit seiner faschistischen Färbung direkt nach Auschwitz geführt und damit eine in der Weltgeschichte einmalige Barbarei praktiziert.

Der ehemalige Vorsitzende des Zentralrats der Juden in Deutschland, Ignatz Bubis, stellte in seinem Vortrag 1993 in Berlin über den Antisemitismus in Deutschland folgendes fest: »Wir haben jahrzehntelang geglaubt, dass es Antisemitismus gar nicht mehr gibt, dass er eigentlich nach den Erfahrungen der Vergangenheit ein für alle mal aus der Welt sei. Wir wissen aber von Umfragen, dass es einen latenten, unterschwelligen Antisemitismus seit Anfang der 50er Jahre – so lange werden diese Umfragen durchgeführt – gibt, und dass er ziemlich konstant bei etwa 30% der Bevölkerung vorhanden ist. Die Zahl mag sie erschrecken, aber sie trifft leider zu und es ist auch nicht so, dass Antisemitismus plötzlich entstanden wäre oder erheblich zugenommen hätte.«[206]

In seinem Vortrag nennt Bubis eine Reihe sehr bemerkenswerte Beispiele aus eigener Erfahrung über Antisemitismus: »Ein weiteres Phänomen habe ich bei einer Diskussion mit jungen Leuten vom Eintracht-Fanclub kennengelernt. Einer hatte während des Spiels dem Schiedsrichter zugerufen: ‚Jude nach Auschwitzt'. Ich habe mich mit diesem Mann unterhalten und wollte von ihm wissen, was ihn zu dieser Provokation bewogen hat, ob er Juden kennt, oder mit ihnen zu tun hat. Antisemitismus war für ihn ein Fremdwort, Juden kennt er keine, was Jude ist, weiß er nicht, aber was er weiß, ist, dass Jude ein Schimpfwort ist. [...]. Und wenn wir heute danach fragen, ob wir aus der Geschichte nichts gelernt haben, dann kann ich nur sagen: in mancher Beziehung haben wir tatsächlich nichts gelernt.«[207]

Bubis habe ich großen Respekt gezollt und ihn sehr bewundert. Obwohl er viele seiner Familienangehörigen im Holocaust[208] verloren hatte, wandert er

[206] Bubis, I., Aus der Vergangenheit nichts gelernt? Antisemitismus in Deutschland, in: Fremdenfeindlichkeit und Rassismus, Friedrich Ebert Stiftung (Hg), Bonn 1993, S. 31
[207] Ebda., S. 34
[208] Sein Vater wurde in Treblinka ermordet

nicht zusammen mit seinem Onkel Leib Bronspiegel in die USA aus, er entscheidet sich vielmehr dazu, in Frankfurt zu bleiben. Er kämpfte unermüdlich bis zu seinem Tode für die Versöhnung der Juden mit den Deutschen und Deutschland. Die andauernde Schändung jüdischer Grabstätten und Friedhöfe in Deutschland veranlasste ihn aber offensichtlich dazu, sich nicht in Deutschland, sondern in Israel begraben zu lassen. Zu mindest im Grab wollte er Ruhe finden.

Internationale Verträge verbieten jede Form der Diskriminierung

Seit vielen Jahrzehnten wird in vielfältiger Weise, in der UNO, in europäischen und anderen internationalen Organisationen und Gremien, auf Konferenzen und in einzelnen Staaten daran gearbeitet, wie der bestmögliche Schutz des Individuums und von Minderheiten vor Diskriminierung gewährleistet werden kann. Das Hauptziel ist es hierbei, die Menschen und die Minderheiten nicht nur vor jeder Form von Diskriminierung und Benachteiligung aufgrund ihrer Rasse, Hautfarbe, Abstammung, nationaler oder ethnischer Herkunft zu schützen, sondern sie auch auf allen Ebenen des gesellschaftlichen Lebens mit gleichen Chancen auszustatten.

Im Mittelpunkt steht die Vorstellung von der Gleichheit aller Menschen als Individuen mit Rechten und Pflichten. In der allgemeinen Erklärung der Menschenrechte vom 10. Dezember 1948 kommt dies im Artikel 1 sehr klar zum Ausdruck. »Alle Menschen sind frei und gleich an Würde und Rechten geboren. Sie sind mit Vernunft und Gewissen begabt und sollen einender im Geiste der Brüderlichkeit begegnen.«

Zwei Jahre danach, am 4. November 1950, wurde die »Europäische Konvention zum Schutz der Menschenrechte und Grundfreiheiten« angenommen. Diese verbietet jede Form der Diskriminierung von Menschen wegen ihrer Zugehörigkeit zu einer Minderheit und verlangt von den Unterzeichnerstaaten die Gleichbehandlung. Diese Konvention sieht das Klagerecht des Individuums vor und gewährt »den weltweit bisher weitreichendsten Schutz der Menschenrechte.«[209] Alle Mitgliedsstaaten des Europarates haben sich auf diesen Vertrag verpflichtet.

Eines des bedeutendsten völkerrechtlichen Abkommen gegen Rassendiskriminierung ist das »Internationale Übereinkommen zur Beseitigung von jeder Form der Rassendiskriminierung« vom 7. März 1966. Der Vertrag trat im Jahre 1969 in Kraft und wurde bis 1991 von 129 Staaten, darunter allen aktuellen und zukünftigen Mitgliedsstaaten der EU, ratifiziert.

---

[209] Kühnhardt, L., Die Universalität der Menschenrechte, BZB, Bonn 1991, S. 101

Mit der Beschreibung der Rassendiskriminierung wird zugleich das Ziel dieses Vertrages sehr genaue formuliert. Rassendiskriminierung ist »jede Unterscheidung, jeder Ausschluss, jede Beschränkung oder Bevorzugung auf Grund der Rasse, Hautfarbe, Abstammung, nationaler oder ethnischer Herkunft mit dem Ziel oder der Folge, die Anerkennung, den Genuss oder die Ausübung der Menschenrechte und Grundfreiheiten auf gleicher Grundlage im politischen, wirtschaftlichen, sozialen, kulturellen oder jedem anderen Bereich des öffentlichen Lebens aufzuheben oder zu behindern.« (Art.1/1).

Dieses völkerrechtliche Übereinkommen fordert die Vertragsparteien auf, die notwendigen Maßnahmen zu treffen, um neben Verhinderung der Diskriminierung in jeder Form auch die Förderung der Minderheiten oder Einzelpersonen in den sozialen, wirtschaftlichen, kulturellen und in anderen Bereichen sicherzustellen (Art.1 und 2). Darüber hinaus müssen die Unterzeichnerstaaten die Rassendiskriminierung verurteilen und mit ihrer Politik ohne Verzögerung alle Formen der Rassendiskriminierung beseitigen. Hier werden ganz eindeutig die Unterzeichnerstaaten aufgefordert, durch Fördermaßnahmen eine Politik der »positiven Diskriminierung« zu leisten, um dadurch die vorhandenen Benachteiligungen der Minderheiten zu beseitigen und ihnen reale Chancengleichheit zu ermöglichen.

Die Vertragsparteien werden verpflichtet, Organisationen, die Rassendiskriminierung befürworten und dazu aufrufen, für illegal zu erklären, diese zu verbieten und zu bestrafen (Art. 4).

Viele der neonazistischen und rechtsextremen Organisationen und Parteien, müssten nach diesem Artikel des Vertrages in Deutschland längst als illegal erklärt, verboten und bestraft werden. Der Bundesminister des Inneren, Otto Schily, hat hierfür mit dem Verbot einiger neonazistischer Vereine und mit dem Antrag auf ein Verbot der NPD die ersten richtigen, wenn auch verspätetet eingeleiteten Schritte unternommen.

Die Unterzeichnerstaatenstaaten der Konvention sollen den Minderheiten wirksamen Schutz und Rechtsmittel durch die zuständigen Gerichte und andere Staatsorgane gegen jede Form der Diskriminierung innerhalb ihrer Zuständigkeit, insbesondere in den Bereichen der Lehre, Bildung, Kultur und Information zusichern (Art.6 und 7).[210]

Die Vertragsparteien müssen alle zwei Jahre dem Ausschuss, der zur Beseitigung der Rassendiskriminierung eingesetzt wird, einen Bericht vorlegen.

Im gleichen Jahr, am 19. Dezember 1966, wurde von der UNO der »Internationale Pakt über bürgerliche und politische Rechte« angenommen. Hier wird

[210] Vgl. zu diesem Übereinkommen, Niessen, J., Internationale Vertragswerke zur Bekämpfung der Rassendiskriminierung in Europa, in: Schutzgesetze gegen Diskriminierung, Senatsverwaltung für Soziales – Die Ausländerbeauftragte von Berlin (Hg), Berlin 1993, S. 46f.

erneut von den Unterzeichnerstaaten die Gleichbehandlung und ein Verbot der Diskriminierung der Minderheiten verlangt. Den Angehörigen der Minderheiten darf nicht das Recht vorenthalten werden, »gemeinsam mit den Angehörigen ihrer Gruppe ihr eigenes kulturelles Leben zu pflegen, sich zu ihrer eigenen Religion zu bekennen und diese auszuüben oder sich ihrer eigenen Sprache zu bedienen.«[211] Dieser Vertrag garantiert den Angehörigen der Minderheiten Abwehrrechte gegen Zwangsassimilierung.

Nach diesem Vertrag wird der Minderheitenschutz als eine Einheit mit dem Schutz der Menschenrechte betrachtet. Der Vertrag erfasst nach überwiegender Ansicht auch diejenigen Ausländer, die in einem Staat seit längerem ansässig sind.[212]

Das Ziel dieser Verträge ist eine Verpflichtung der Unterzeichnerstaaten, die Eigenarten der jeweiligen Minderheiten zu bewahren. »Der Staat sei verpflichtet, durch Schutz- und Fördermaßnahmen auf dieses Ziel hinzuwirken; insoweit bestehe eine staatliche Bestandsgarantie für die Minderheit, die durch positive Gewährleistungsmaßnahmen zu erfüllen ist.«, so der Richter Alexy beim Oberverwaltungsgericht Bremen.[213]

Die Schlussdokumente des Kopenhagener Treffens von 20 Juni 1986 über die »Menschliche Dimension der KSZE« unterstreichen vom neuen: »Alle Menschen sind vor dem Gesetz gleich und haben ohne Diskriminierung Anspruch auf gleichen Schutz durch das Gesetz. In diesem Zusammenhang wird das Gesetz jede Diskriminierung untersagen und jedermann gleichen und wirkungsvollen Schutz gegen Diskriminierung gleich welcher Art angedeihen lassen.«

In der Erklärung des KSZE-Treffens am 21. November 1990 mit dem Namen »Charta von Paris für ein neues Europa« wurde das Bekenntnis zu den Menschenrechten als »unwiderruflich« bekräftigt. Hier wurden konkrete Maßnahmen zum Minderheitenschutz vereinbart. Dazu gehört, nach Möglichkeit allgemeine Voraussetzungen einer Schulerziehung in der Sprache der Minderheiten zu realisieren, den Gebrauch dieser Sprachen vor Gerichten und Behörden zu ermöglichen und die Förderung der ethnischen, kulturellen und sprachlichen Identität zu verbessern.

Allerdings bestehen unterschiedliche Beurteilungen darüber, wer unter dem Begriff der Minderheit zu verstehen ist. Manche wollen darunter lediglich die »alteingesessenen nationalen, sprachlichen, kulturellen oder religiösen Minderheiten« verstehen, die aufgrund ihrer besonderen kulturellen Merkmale eine von

---

[211] Alsxy, H., Integration und Minderheitenschutz – Überlegungen aus Anlass der Diskussion um die Verankerung des Minderheitenschutzes im Grundgesetz, in: Minderheiten- und Antidiskriminierungspolitik: Alternative zur Integration, Friedrich Ebert Stiftung, Bonn 1994, S. 45

[212] Ebda., S. 45f

[213] Ebda.

der »Staatsnation« unterschiedene Volksgruppe bilden und die Staatsangehörigkeit des jeweiligen Landes besitzen. Andere hingegen sehen diese Einschränkung nicht. Vor allem nach der Einbürgerung der Zugewanderten besehe auch für sie dieser Gruppenschutz als Minderheit.[214]

Die Bundesrepublik Deutschland unterstrich bei der Verabschiedung der »UN-Minderheitenschutzdeklaration« von 1992, dass sie unter diesem Begriff nur die Gruppen verstehe, die die Staatsangehörigkeit des Aufenthaltsstaates besäßen. Nach dieser Auffassung fielen die Migranten ohne die deutsche Staatsbürgerschaft als »neue Minderheiten« nicht unter die Bestimmungen dieser Deklaration.[215]

Durch die UNO-Vollversammlung wurde im Jahre 1990 die »Internationale Konvention über den Schutz der Rechte aller ausländischen Arbeitnehmer und ihrer Familienmitglieder« verabschiedet.

Dieser UNO-Vertrag garantiert ausländischen Arbeitnehmer/innen und ihrer Familienangehörigen umfassende Rechte. In ihren durch diese Konvention gewährten Rechten dürfen die ausländischen Arbeitnehmer auf Grund von Geschlecht, Rasse, Hautfarbe, Religion, Sprache, nationaler oder ethnischer Herkunft keinerlei Diskriminierung oder Unterscheidung erfahren. Dieser Vertag ist noch nicht in Kraft getreten, da die Ratifizierung der Konvention durch wenigstens 20 Staaten noch nicht erfolgt ist.[216]

Im Jahre 1977 wurde das »Europäische Übereinkommen über die Rechtsstellung von ausländischen Arbeitnehmern« verabschiedet. Dieses Übereinkommen verlangt die Gleichbehandlung von ausländischen und einheimischen Arbeitnehmern bei Arbeitsbedingungen, sozialer Sicherheit, Schulunterricht und Berufsausbildung etc. Der Vertrag wurde von nur sieben Staaten ratifiziert: Frankreich, den Niederlanden, Norwegen, Portugal, Schweden, Spanien und der Türkei.

Antidiskriminierungsgesetze (ADG's) am Beispiel der USA, Großbritanniens, Schwedens und der Niederlande

Eine Vielzahl von Staaten, auch in der EU, haben bereits seit vielen Jahren spezielle Gesetze, um jede Form der Diskriminierung oder ungleiche Behandlung der Menschen oder Minderheiten im Geiste der oben zitierten internationalen

---

[214] Ebda., S. 45ff

[215] Vgl. Oeter, S., Minderheitenschutz in internationalen Abkommen, in: Minderheiten- und Antidiskriminierungspolitik: Alternative zur Integration, Friedrich Ebert Stiftung, Bonn 1994, S.29

[216] Ebda., S. 48

Verträge zu unterbinden. Nur mit einigen Beispielen möchte ich zeigen, wie die diesbezügliche Entwicklung bisher in diesen Staaten verlaufen ist.

Beispiel USA

Die Umsetzung der verfassungsmäßig garantierten Grundrechte mit der Ratifizierung des Bill of Rights im Jahre 1789 und mit der Unabhängigkeitserklärung der Vereinigtenstaaten proklamierten Ziele: die Rechte aller Individuen, weiße und Schwarze, Männer und Frauen gleicher Maßen zu gewährleisten, bedurfte es rund zwei Jahrhunderte. Ab 60 er Jahre des 20. Jahrhunderts waren schließlich spezielle Gesetze erforderlich, um die Rassendiskriminierung schrittweise zu beheben.

Das „Bürgerrechtsgesetz" von 1964 verbot jegliche Diskriminierung aufgrund der Rasse, Hautfarbe, nationale Herkunft, Religion oder Geschlechtszugehörigkeit an öffentlichen oder privaten Arbeitsplätzen und öffentlich Einrichtungen, wie in den Restaurants, Hotels, Theaters etc.[217] Mit einer Reihe weiteren Gesetzen, wie das „Gesetz über angemessene Wohnung" vom 1968, welches die Diskriminierung im öffentlichen und privaten Wohnungsbereich untersagte, wurden weitere Verbesserungen zur Umsetzung der Beseitigung der Rassendiskriminierung unternommen.

Auch die US-Präsidenten haben mit eigenen Aktionen die Diskriminierung oder Benachteiligung vor allem im öffentlichen Dienst bei Einstellungen und bei Behandlung der Beschäftigten jede Form der Diskriminierung zu unterbinden. Das bedeutendster unter ihnen ist die Exekutiv-Order 11246 von Präsident Lyndon B. Johnson im Jahre 1965. Hierbei geht es nicht nur um passive Form der Verhinderung der Diskriminierung, sondern mit Ergreifung und Sicherstellung von notwendigen Maßnahmen diese zu verhindern. Dies gilt bei der Einstellung, Beförderung, Zurückstufung oder Versetzung; Anwerbung oder Stellenangebote; vorübergehende Entlassung oder Beendigung des Arbeitsverhältnisses; Höhe des Entgeltes oder anderer Formen der Vergütung und Auswahl für Ausbildung, einschließlich der Lehre.[218]

Wie erforderlich eine solche Maßnahme auch für Deutschland wäre, werden wir noch unten sehen. Der Anteil der Beschäftigten mit Migrationshintergrund im Öffentlichen Dienst, insbesondere bei den mittleren und gehobenen Stellen ist in Deutschland erschreckend gering.

---

[217] Vgl. La Noue, G.R., Die Widersprüche der amerikanischen Bürgerrechtspolitik, in: Schutzgesetze, a.a.O., S.22ff.
[218] Ebda., S.30f

Die Einzelstaaten der USA haben parallel zu den Bundesgesetzen mit eigenen Gesetzen und Vollzugsorganen zur Verstärkung der Bürgerrechten und Antidiskriminierungsgesetze sowie zu derer Umsetzung beigetragen.

Beispiel Großbritannien

In Großbritannien wurde 1965 von der Laborregierung der erste Schritt mit dem »Gesetz über Rassenbeziehungen« (Race Relations Act) verabschiedet. Das Gesetz hatte einen sehr engen Anwendungsbereich, nämlich das Verbot von Diskriminierungen beim Zugang zu öffentlichen Stellen, wie Restaurants, Hotels, Schwimmbädern etc.

Mit einem weiteren Gesetz wurde 1968 versucht, Diskriminierungen im Wohnungswesen und bei der Beschäftigung zu verbieten.

Das bis heute geltende Gesetz trat unter dem gleichen Namen wie das von 1965 als »Race Relations Act« am 13. Juni 1977 in Kraft. Alle drei Gesetze wurden von den Labourregierungen initiiert, fanden aber die Unterstützung anderer Parteien im Parlament. Auch die diesbezüglichen Diskussionen und Gesetzgebungsverfahren in den USA spielten bei der Verabschiedung dieser Gesetze in Großbritannien eine wesentliche Rolle.[219]

Das Gesetz verbietet jede Form diskriminierenden Verhaltes, in direkter oder indirekter Weise, aufgrund der »Rasse, Hautfarbe, Nationalität oder ethnischen Herkunft und verlangst die Gleichbehandlung aller Menschen in allen Bereichen des Lebens. Bei diesem Gesetz fanden gleiche Kriterien wie bei dem im gleichen Jahr verabschiedeten »Gesetz über Chancengleichheit« (Equal Opportunities Act), Anwendung, welches geschlechtsbedingte Diskriminierungen verbot.

Das Gesetz über Rassenbeziehungen erfasst den Beschäftigungsbereich, das Wohnungs-, Erziehungs- und Bildungswesen, Dienstleistungen, Planungsbereiche, Werbung sowie andere Einrichtungen. Rechtswidrige Diskriminierungen werden zivilrechtlich verfolgt. Laut Gesetz sind Veröffentlichungen und die Unterstützung Dritter bei der Diskriminierung und der Anstiftung zum Rassenhass strafbare Handlungen. Die Opfer der Diskriminierung können bei den Zivil- und Arbeitsgerichten Klage erheben. Eine strafrechtliche Verfolgung ist jedoch nur mit Zustimmung des Generalstaatsanwalts möglich Ziel ist, vor einer gerichtlichen Befassung eine Einigung zu erzielen, um damit das »Stigma strafrechtlicher Verurteilung« zu vermeiden, so Dummet.[220]

---

[219] Vgl. Dummett, A., Erfahrungen mit Antidiskriminierungsgesetzen in Großbritannien, in: Schützgesetze gegen Diskriminierung, a.a.O., S. 37ff.

[220] Ebda., vgl. auch. De Beijl, R. Z., Wenn auch gleich vor dem Gesetz…, in: Schutzgesetze, a.a.O., S. 69

Zur Kontrolle der Umsetzung der Gesetzesinhalte entstand die »Unabhängige Kommission für Rassengleichheit« (Comission for Racial Equality) mit Sitz in London.

Diese Kommission hat nicht nur die Aufgabe, gegen jede Form der Diskriminierung mit allen Mitteln vorzugehen, sondern auch die Chancengleichheit zu fördern und durch ihre Arbeit zu guten Beziehungen zwischen den Rassen beizutragen. Vor allem aber überwacht sie die Durchführung und Umsetzung des Gesetzes über Rassenbeziehungen. Außerdem ist sie eine Anlaufstelle für die Informations- und Beratungstätigkeit gegenüber Minderheiten und Öffentlichkeit. Sie koordiniert die Arbeit der lokalen Räte für Gemeinschaftsbeziehungen. Sie ist ermächtigt Verhaltenskodices für die Beseitigung von Rassendiskriminierung und die Förderung der Chancengleichheit in der Beschäftigung herauszugeben. Ein solcher Verhaltenskodex wurde in Zusammenarbeit mit den Gewerkschaften und Unternehmensverbänden 1984 vom Parlament angenommen. Diese Verhaltenskodices müssen von den Gerichten bei den Verhandlungen berücksichtigt werden.[221]

Nach dem Gesetz können sowohl Einzelpersonenen oder Gruppen mit Hilfe der Kommission für Rassengleichheit Beschwerde gegen eine Diskriminierung einleiten. Die Kommission kann auch im eigenen Namen Klage erheben.

Schikanen durch die Arbeitgeberseite wegen einer Beschwerde stellen laut Gesetz eine strafbare Handlung dar. Ein Forschungsinstitut stellte im Arbeits-, Wohnungs- oder anderen Lebensbereichen eine sehr hohe Zahl von Diskriminierungen fest, die allerdings nach dem Inkrafttreten dieses Gesetzes deutlich abgenommen haben.[222]

Das Gesetz verlangt von Regierung und Behörden, jede Form von Diskriminierung durch geeignete Maßnahmen zu verhindern. Hierbei sind »das Vertrauen und die Unterstützung von Minderheiten für das erfolgreiche Funktionieren der Gesetze enorm wichtig.«[223]

Laut Forschungsberichten finden in Großbritannien auf Basis der Rassendiskriminierung insbesondere im Beschäftigungsbereich, bei Einstellungen, bei Beförderungen und Entlassungen Benachteiligungen statt. Die Anzahl diesbezüglicher Beschwerden bei der Kommission für Rassengleichheit ist kontinuierlich gestiegen. Allein für das Jahr 1989 wurden 1307 Anträge registriert.

Während über die Hälfte der Beschwerden durch das Einschalten der Kommission für Rassengleichheit auf dem Verhandlungswege in beidseitigem

[221] Vgl. De Beijl, R. Z, a.a.O., S. 73ff.
[222] Vgl. Ebda., S. 41
[223] Ebda., S. 40

Einvernehmen beigelegt wurden, konnten bei 20% der Klagen vor Gericht zu Gunsten der Kläger entschieden werden.[224]

Viel wirksamer waren jedoch die Untersuchungen der »Unabhängigen Kommission für Rassengleichheit« bei öffentlichen und privaten Unternehmen bezüglich deren Beschäftigungspraktiken. Allein die Möglichkeit, ein Unternehmen mit diskriminierenden Praktiken in die Öffentlichkeit zu bringen, führte zu einer Selbstkontrolle bei den Unternehmen. Der Verhaltenskodex für Unternehmen und Behörden sowie die Möglichkeit zur Veröffentlichung der Diskriminierungen zeigen also durchaus Wirkung.

Anhand der bisherigen Erfahrungen mit dem »Gesetz über Rassenbeziehungen« hat die »Unabhängige Kommission für Rassengleichheit« der Regierung zur Schließung von Gesetzeslücken, insbesondere bei der Ausdehnung der Möglichkeiten für Klagen vor den Arbeitsgerichten, Vorschläge gemacht.

Beispiel Schweden

In Schweden wird der Begriff »ethnische Diskriminierung« an Stelle von Rassendiskriminierung verwendet.

Die schwedische Verfassung von 1974 verbietet ähnlich wie das Grundgesetz jede Form der Diskriminierung aufgrund von Rasse, Hautfarbe, ethnischer Herkunft oder des Geschlechts. Es darf kein Gesetz, keine Bestimmung oder Verordnung geben, welche/s eine ungleiche und ungerechte Behandlung aus diesen Gründen beinhaltet.

Die Verfassung stellt Veröffentlichungen oder Sendungen unter Strafe, die gegen eine Volksgruppe Volksverhetzung beinhalten. Auch das schwedische Strafrecht sieht die strafrechtliche Verfolgung wegen Beleidigung, wegen der Anstiftung zum Hass oder Verhetzung einer Volksgruppe oder deren Angehörigen aufgrund ihrer Rasse, Hautfarbe, ethnischer oder nationaler Herkunft oder Religion vor. Das Strafmaß ist recht flexibel und kann Schadenersatzansprüche wegen Diskriminierung, Schmerzensgeld für seelisches Leid etc. beinhalten.

Das »Gesetz gegen ethnische Diskriminierung« trat 1986 in Schweden in Kraft. Die ethnische Diskriminierung wird als »unfaire, ungerechte oder beleidigende Behandlung einer Person oder Personengruppe im Verhältnis zu den Einheimischen aus Gründen der Rasse, Hautfarbe, nationalen oder ethnischen Herkunft oder des Glaubensbekenntnisses« beschrieben.[225]

Das Gesetz sieht die Ernennung eines »Ombudsmannes« vor, dessen Aufgabe darin besteht, gegen die Diskriminierungen in allen Bereichen des gesellschaftlichen Lebens vorzugehen. Er ist verpflichtet, die Beschwerden, Interessen

---

[224] Vgl. De Beijl, R. Z., a.a.O., S. 76 ff.
[225] Vgl. De Beijl, R. Z., Wenn auch gleich vor dem Gesetz…, in: Schutzgesetze, a.a.O., S. 94ff.

und Belangen der Opfer der Diskriminierung wahrzunehmen, ihnen mit Informationen, Ratschlägen zur Seite zu stehen, durch Gespräche mit den Behörden, mit Unternehmen und durch Öffentlichkeitsarbeit gegen ethnische Diskriminierung vorzugehen. Die Behörden, Unternehmen etc. sind verpflichtet, alle erwünschten Informationen zu erteilen und Aussprachеersuchen des Ombudsmannes Folge zu leisten. Ein Ombudsmann wird von der Regierung ernannt, er ist aber in seiner Tätigkeit und seinen Entscheidungen unabhängig. Er berät und informiert nicht nur die Einwandererorganisationen und Einzelpersonen, sondern führt auch für Beamte, Gewerkschaften, Arbeitgeberverbände etc. Schulungskurse durch und nimmt an öffentlichen Diskussionen über ethnische Diskriminierungen teil.

Das Gesetz gegen ethnische Diskriminierung sieht auch einen Beratungsausschuss vor. Dieser kann wie der Ombudsmann Regierung und Behörden beraten und ihnen Maßnahmen oder Gesetze gegen ethnische Diskriminierung vorschlagen.

1982 wurde in Schweden das »Gesetz zum Schütze der Beschäftigung« verabschiedetet. Danach müssen Kündigungen durch Unternehmen auf objektiven Tatsachen beruhen. Untersagt sind somit Entlassungen aus Gründen ethnischer Diskriminierung. Gerichtsentscheidungen im Geiste dieses Gesetzes untersagen z.B. Entlassungen aufgrund fehlender schwedischer Sprachkenntnisse, da dies keinen objektiven Grund darstelle.

Auch bei den Einstellungen im öffentlichen Dienst müssen objektiven Anforderungen berücksichtigt werden und sind Benachteiligungen aus ethnischen Gründen untersagt.[226]

Anfang der 1990er Jahre wurden jährlich durchschnittlich 600 Beschwerden beim Ombudsmann eingereicht. Bei Rund 200 Klagen, bei denen es meist um die ethnische Diskriminierung im Arbeits- und Wohnbereich sowie im öffentlichen Leben ging, hat der Ombudsmann selbst Untersuchungen und Verhandlungen bei den betroffenen Parteien durchgeführt, um eine akzeptable Lösung für den Kläger zu erzielen. Der Ombudsmann ist jedoch nicht befugt seine Untersuchungsergebnisse über Diskriminierung der Öffentlichkeit vorzulegen. Dies stellt eine erhebliche Einschränkung der Wirkung seiner Tätigkeit dar. Auch die Beweislast in einem Gerichtsverfahren sollte nach den Erfahrungen des Ombudsmannes nicht beim diskriminierten Kläger sondern bei der Beklagten liegen. Sie müsse nachweisen, dass eine diskriminierende Behandlung nicht stattgefunden habe.[227] Eine von der Regierung 1987 eingesetzte »Kommission gegen Rassismus und Fremdenhass«, dessen Mitglied auch der Ombudsmann ist, darf jedoch die Ergebnisse ihrer Untersuchung bei ethnischen Diskriminierungen mit der

[226] Ebda., S. 96
[227] Ebda., S. 99ff.

Benennung der Namen der diskriminierenden Stelle (Arbeitgeber etc.) der Öffentlichkeit vorlegen.

Der Ombudsmann und die Kommission gegen Rassismus und Fremdenhass schlugen eine Sondergesetzgebung gegen ethnische Diskriminierung vor. Sie wurden von der Regierung beauftragt einen solchen Gesetzesvorschlag auszuarbeiten.

Beispiel Niederlande

Die Ratifizierung des »Internationalen Übereinkommens zur Beseitigung jeder Form der Rassendiskriminierung« im Jahre 1971 hat die Regierung der Niederlanden dazu veranlasst, das Straf-, Zivil- und Arbeitsrecht in den folgenden Jahren im Geiste dieses Übereinkommens zu ergänzen.

Der Grundgedanke der Nichtdiskriminierung und der Gleichbehandlung aller Menschen basiert auf Artikel 1 der niederländischen Verfassung, der jede Form der Diskriminierung verbietet und die Gleichbehandlung »aller sich in den Niederlanden aufhaltenden Personen« fordert.

Im Strafgesetzbuch wird die Diskriminierung als »jede Form der Unterscheidung, Ausschließung, Beschränkung oder Bevorzugung« definiert, »deren Zweck oder Wirkung darauf gerichtet ist, die Anerkennung, Inanspruchnahme oder Ausübung der Menschenrechte auf der Grundlage der Gleichheit und die Grundfreiheiten auf politischem, wirtschaftlichem, sozialen, kulturellem oder sonstigem Gebiet des öffentlichen Lebens aufzuheben und zu beeinträchtigen.«[228]

Als Strafbare Handlungen gelten rassistische Beleidigungen, Anstiftung zu Hass, Diskriminierung und Gewaltanwendung sowie die Veröffentlichung und Verbreitung von Schriften mit entsprechendem Inhalt bzw. deren finanzielle Unterstützung. Somit wird jede Art öffentlicher Rassendiskriminierung, etwa im Bereich der Beschäftigung, oder im Arbeits- und Dienstleistungsbereich unter Strafe gestellt.

Für die infolge eines nachlässigen Verhaltens verursachten Schäden wegen rassistischer Diskriminierung oder ungleicher Behandlung kann Wiedergutmachung angeordnet werden.

Im Beschäftigungsbereich wird eine Unterscheidung zwischen niederländischen Staatsangehörigen und Nichtstaatsbürgern als mittelbare Diskriminierung bewertet und ist strikt verboten.

---

[228] Z.n.: De Beijl, R. Z., a.a.O., S. 82

Wenn Organisationen und Vereine Rassendiskriminierung bezwecken oder verbreiten oder dazu aufrufen, so gilt dies als Verstoß gegen die öffentliche Ordnung und die Organisation kann verboten werden.

Anhand der Erfahrungen mit den Gesetzen und Maßnahmen gegen Diskriminierung wurde 1994 ein umfassendes Gesetz über die Gleichbehandlung der ethnisch-kulturellen Minderheiten verabschiedet. Mit einer weiteren Ergänzung dieses Gesetzes im Mai 2004 wurden vor allem im Beschäftigungsbereich verbesserte Maßnahmen gegen ungleiche Behandlung wegen ethnischer, religiöser und nationaler Zugehörigkeit oder wegen des Alters vorgenommen.

Das neue Gesetz geht insbesondere im zivilrechtlichen Bereich umfassender auf die rassistische Diskriminierung und ungleiche Behandlung in den Bereichen Beschäftigung, Wohnung, Bildung, Gesundheitswesen, bei der Altenpflege und im öffentlichen Dienst. ein

Das Gesetz erweitert die Möglichkeit für die Diskriminierungsopfer, gegen ihre ungleiche Behandlung auch mit Hilfe von Organisationen zivilrechtlich vorzugehen.

Ungleiche Behandlung mit dem Ziel der Schaffung von Chancengleichheit für die Benachteiligten mit Hilfe von positiven Maßnahmen und Handlungen in der Gesellschaft wird vom Strafgesetzbuch ausdrücklich befürwortet. So beispielsweise bei der Besetzung von Arbeitsstellen im öffentlichen Dienst und bei der Vergabe von Ausbildungsplätzen, aber auch bei privaten Unternehmen, um eine schrittweise Angleichung des Anteils an Beschäftigung von Minderheiten zu dem der Einheimischen entsprechend ihrem Bevölkerungsanteil zu ermöglichen.

In den Niederlanden wurde 1981 durch das »Gesetz über den Landes-Ombudsmann« ein Amt geschaffen, welches sich unter anderem auch mit Rassendiskriminierung befasst. Das Amt ist mit unfangreichen Kompetenzen ausgestattet. Es kann Untersuchungen mit dem Recht der Zeugenvernehmung und der Beschaffung von Beweismitteln einleiten. Die Untersuchungsergebnisse werden in einem Bericht veröffentlicht. Gerade dies verschafft dem Ombudsmann einen großen Einfluss, obwohl seine Urteile nicht vollstreckbar sind.

Beeinflusst von den Erfahrungen in Großbritannien über die »Unabhängige Kommission für Rassengleichheit« wurde1985 in den Niederlanden das »Landesamt für die Bekämpfung des Rassismus« eingerichtet. Diese nichtstaatliche Einrichtung wird vom Staat finanziert. Das Landesamt hat die Aufgabe, die Opfer zu informieren und über ihr Vorgehen gegen eine Diskriminierung zu beraten, gegebenenfalls ein Gerichtsverfahren in die Wege zu leiten, strukturelle Diskriminierungen zu ermitteln, lokale Einrichtungen gegen Diskriminierung zu unterstützen und mit Hilfe von Schulungsarbeiten die Rechtsberater, Angehörigen der Justiz und Arbeitsverwaltung weiterzubilden sowie Hilfe für ihre landesweite Vernetzung zu leisten.[229]

Es bleibt jedoch die hauptsächliche Aufgabe dieser Einrichtung, den Opfern im Falle einer Rassendiskriminierung im Beschäftigungsbereich mit Ratschlägen und Verweisen an Rechtsanwälte, sowie in Ausnahmefällen auch bei Gerichtsverfahren zu helfen.

Das Landesamt für die Bekämpfung des Rassismus in den Niederlanden hat jedoch im Unterschied zu der »Unabhängigen Kommission für Rassengleichheit« in Großbritannien nicht die Kompetenz, gegen die Unternehmen, Behörden etc., die eines Vergehens bezichtigt werden, formelle Untersuchungen durchzuführen. Dies ist nur mit Zustimmung der in Verdacht geratenen Unternehmen möglich.

Auch in den Niederlanden wird in Zusammenarbeit mit privaten Arbeitsvermittlungsstellen und Versicherungsgesellschaften ein Verhaltenskodex über die Modalitäten der Gleichbehandlung bei der Arbeitsvermittlung, im Beschäftigungsbereich sowie bei der Versicherung zu erlassen.

Die Zahl der Diskriminierungsfälle hat im Vergleich zum Anfang der 80er Jahre erheblich abgenommen. Dies widerspricht den Untersuchungen, wonach die Diskriminierung insbesondere im Beschäftigungsbereich eher zugenommen hat. Dies hat laut Untersuchungen einerseits damit zu tun, dass rund drei Viertel alle vorgebrachten Klagen bereits im Ermittlungsstadium, also noch vor der Aufnahme eines Strafverfahrens abgesetzt werden, weil diese für den Kläger nicht erfolgversprechend seien. Andererseits befürchten die meisten Kläger ihre Diskriminierung nicht beweisen zu können, da die Beweispflicht nicht bei den Unternehmen, sondern beim Kläger liegt. In solchen Fällen ziehen sie ihre Klage von selbst zurück, da sie weitere Nachteile an ihrem Arbeitsplatz befürchten müssen.[230] Dem Landesamt für die Bekämpfung des Rassismus fehlt die Kompetenz, das für eine Klage notwendige Beweismaterial beim Arbeitgeber zu beschaffen.

Deshalb schlägt das Landesamt für die Bekämpfung des Rassismus vor, in der geltenden Rechtslage einiges zu verbessern. Dazu gehört, eine klarere Festlegung dessen, was eine rechtswidrige Diskriminierung ist. Außerdem müsste das Gesetz in bestimmten Fällen eine Beweisumkehr zu Lasten des Unternehmers vorsehen. Zugleich sollte das Gesetz dem Kläger einen effektiveren Schutz vor Benachteiligung durch den Arbeitgeber gewähren. Ähnlich wie in Großbritannien sollten schließlich die Kompetenzen des Landesamtes für die Bekämpfung des Rassismus dahingehend erweitert werden, mit Hilfe von Untersuchungen bei

[229] De Beijl, L. Z., a.a.O., S. 88
[230] Ebda., S. 91

den Unternehmen prüfen zu können, inwieweit die Beschwerden über eine Diskriminierung der Wahrheit entsprechen.

Deutschland bleibt beim Antidiskriminierungsgesetz hinter vielen seiner Nachbarstaaten zurück

Immerhin: drei Jahre nachdem die oben zitierte Erklärung gegen Rassismus und Diskriminierung anlässlich des »Europäischen Jahres gegen Rassismus« feierlich bekundet war, wurde von der Europäischen Union gehandelt.

Die EU beschloss am 29. Juni 2000 die Richtlinie 2000/43/EG des Rates zur »Anwendung des Gleichbehandlungsgrundsatzes ohne Unterschied der Rasse oder der ethnischen Herkunft«. Die Richtlinie erschien im Amtsblatt der Europäischen Gemeinschaft am 19. Juli 2000 L 180/24.

Mit der Richtlinie werden die Mitgliedstaaten aufgefordert, die erforderlichen Maßnahmen zu ergreifen, um sicherzustellen, dass »sämtliche Rechts- und Verwaltungsvorschriften, die dem Gleichbehandlungsgrundsatz zuwiderlaufen, aufgehoben werden; dass sämtliche mit dem Gleichbehandlungsgrundsatz nicht zu vereinbarenden Bestimmungen in Einzel- oder Kollektivverträgen oder der Vereinbarungen, Betriebsordnungen, Statuten von Vereinigungen mit oder ohne Erwerbszweck sowie Statuten der freien Berufe und der Arbeitgeberorganisationen für nichtig erklärt oder geändert werden« (Art. 14). Die Umsetzung dieser Maßnahmen sollte bis zum 19. Juli 2003 erfolgen (Art. 16). Manche der EU-Staaten hatten ihre diesbezüglichen Hausaufgaben bereits in früheren Jahren erfüllt.

Art. 1 dieser Richtlinie des Rates der Europäischen Gemeinschaft beschreibt den Zweck dieser Richtlinie: »[…] die Schaffung eines Rahmens zur Bekämpfung der Diskriminierung aufgrund der Rasse oder der ethnischen Herkunft im Hinblick auf die Verwirklichung des Grundsatzes der Gleichbehandlung in den Mitgliedstaaten«. »Im Sinne dieser Richtlinie bedeutet ‚Gleichbehandlungsrundsatz', dass es keine unmittelbare oder mittelbare Diskriminierung aus Gründen der Rasse oder der ethnischen Herkunft geben darf« (Art. 2/2) und »[…] dass die Würde der betreffenden Person verletzt und ein von Einschüchterungen, Anfeindungen, Erniedrigungen, Entwürdigungchen oder Beleidigungen gekennzeichnetes Umfeld geschaffen wird, sind Belästigungen, die als Diskriminierung im Sinne diese Richtlinie.« (Art.2/ 3). Im Art. 3 wird der Geltungsbereich definiert: »für alle Personen in öffentlichen und privaten Bereichen, einschließlich öffentlicher Stellen.« bei Einstellungsbedingungen, bei allen Formen der Berufsberatung, der Berufsausbildung, der beruflichen Weiterbildung, bei Entlassungsbedingungen und Arbeitsentgelt.

Ganz wichtig sind auch die im Art. 5 vorgesehenen so genannten »positiven Maßnahmen«. Hier werden die Mitgliedstaaten aufgefordert, mit spezifischen Fördermaßnahmen die volle Gleichbehandlung der Benachteiligten aufgrund der Rasse oder ethnischen Herkunft zu gewährleisten. Die Mitgliedsaaten können im Hinblick auf die Wahrung des Gleichbehandlungsgrundsatzes weitgehender Maßnahmen als die in dieser Richtlinie vorgesehen ergreifen (Art.6).

Die von ungleicher Behandlung Betroffenen haben im Art. 7 eine Rechtsschutzgarantie, um ihren Rechten und Ansprüchen auf dem Gerichts- und Verwaltungswege sowie in Schlichtungsverfahren Geltung zu verschaffen.

Ein weiterer ganz entscheidender Aspekt bei den Streitigkeiten ist die Beweislast. Liegt diese bei dem Benachteiligten, so ist es, wie die Erfahrungen in manchen Ländern zeigen, sehr schwierig, eine Diskriminierung zu beweisen. Nach Art. 8 der Richtlinie obliegt es daher der Beklagten zu belegen, dass »keine Verletzung des Gleichbehandlungsgrundsatzes vorgelegen hat.« Und Art. 9 verlangt von den Mitgliedsstaaten, die erforderlichen Maßnahmen zu ergreifen, »um den Einzelnen vor Benachteiligungen zu schützen, die als Reaktion auf eine Beschwerde oder auf die Einleitung eines Verfahrens« erfolgen.

Die rot-grüne Bundesregierung hatte in ihrem Regierungsprogramm gesetzliche Maßnahmen für den »Minderheitenschutz« und den Schutz vor Diskriminierung angekündigt. In einer Resoluten der Ausländerbeauftragten des Bundes, der Länder und der Gemeinden vom 18./19.Mai 1999 wird die Bundesregierung an diese Koalitionsvereinbarung erinnert und aufgefordert ein »Antidiskriminierungsgesetz zügig umzusetzen.« Dies ist seit Jahren auch eine der zentralen Forderungen der Migrantenorganisationen. In ihrer Presseerklärung anlässlich des Antirassismus-Tages der UNO« am 21. März 2000 unterstrich die Türkischen Gemeinde in Deutschland: »Es darf in unserem demokratischen Rechtsstaat Deutschland nicht zum Alltag gehören, dass die Nichtdeutschen wegen ihrer Herkunft, Hautfarbe und aus anderen Gründen Diskriminierungen in den Restaurants, Diskotheken oder von Versicherungsgesellschaften, Wohnungsunternehmen, Betrieben etc. erleiden müssen. (…) Darüber hinaus sollte der Staat auf der Grundlage eines Antidiskriminierungsgesetzes versuchen, mit »positiven Aktionen« ähnlich wie in den Niederlanden, Großbritannien, den USA und Kanada, um nur einige Beispiele zu nennen, schrittweise die vorhandenen Benachteiligungen und Defizite der Migrantenbevölkerung beseitigen zu helfen.«[231] «

Die Türkische Gemeinde hat ihre diesbezügliche Forderung seit Jahren mit konkreten Vorschlägen unterstrichen, bevor von der Europäischen Union die obige Richtlinie erlassen wurde.

---

[231] Türkische Gemeinde in Deutschland, Presseerklärung zum Anti-Rassismustag der UNO, 21.3.2000

Auch darf die Gewalt rechtsextremer Gruppen mit rassistischem Hintergrund nicht als üblicher Gewaltakt beurteilt werden. Diese müssten weitaus härter bestraft werden.

Die rot-grüne Bundesregierung hatte bereits gegen Ende ihrer ersten Legislaturperiode hierfür einen Entwurf vorbereitet, konnte ihn jedoch nicht in den parlamentarischen Entscheidungsprozeß einbringen. Bis heute blieben die notwendigen Schritte aus.

Das Grundgesetz der Bundesrepublik Deutschland bekennt sich mit den Grundrecht-Artikeln 1 bis 19 ohne Einschränkung »zu unverletzlichen und unveräußerlichen Menschenrechten als Grundlage jeder menschlichen Gemeinschaft, des Friedens und der Gerechtigkeit in der Welt.« Diese binden »Gesetzgebung, vollziehende Gewalt und Rechtsprechung als unmittelbar geltendes Recht«. Die Würde eines jeden Menschen gilt als »unantastbar. Sie zu achten und zu schützen ist Verpflichtung aller staatlichen Gewalt.« (Art.1). Die Allgemeine Erklärung der Menschenrechtre der Vereinten Nationen hatte nach Verfassungsrechtler Kühnhardt für zahlreiche Verfassungen eine Modellwirkung, darunter zunächst für das Grundgesetz der Bundesrepublik Deutschland.[232]

Das Grundgesetz erlaubt die rechtliche Differenzierung zwischen den deutschen und nicht-deutschen Staatsangehörigen. Artikel 3/3 GG verlangt allerdings die Gleichbehandlung und verbietet für jeden Menschen, auch für die Nichtdeutschen, eine Benachteiligung oder Bevorzugung, oder eine Diskriminierung u.a. wegen Rasse, Abstammung, Herkunft, Sprache, Religion.[233]

Wie ganz eindeutig erkennbar, besteht zwischen den deklarierten verbindlichen Vorgaben und Zielen des Grundgesetzes und den oben skizzierten internationalen Verträgen eine große Übereinstimmung. Dennoch sind einige der Grundrechte im Grundgesetz auf die »Deutschen«, also auf deutsche Staatsbürger, beschränkt, obwohl die Menschenrechte als universale Rechte für »alle Menschen« gelten. Das sind Versammlungsfreiheit, Vereinigungsfreiheit, Freizügigkeit und freie Berufswahl.

Eine eingehende Analyse von Günter Apel, Senator a. D. und ehemaliger Ausländerbeauftragter des Senats der Freien und Hansestadt Hamburg, über Menschen- und Grundrechte kommt zu folgendem Ergebnis. »Für die Grundrechte […] heißt das, dass sie da, wo sie auf den grundlegenden Menschenrechten beruhen, prinzipiell allen Menschen zu gewähren sind, unabhängig von der Staatsangehörigkeit; denn unabhängig von der Staatsangehörigkeit stehen diese grundlegenden Menschenrechte in der Hierarchie der Werte höher als die Staatsbürgerschaft […]. Zunächst gilt aber ganz allgemein, dass die Menschenrechte im Grundsatz immer allen Menschen zu gewähren sind, und dass erst danach

[232] Vgl. Kühnhardt, L., Die Universalität der Menschenrechte, BZB, Bonn 1991, S. 92).

[233] Vgl. Wollenschläger, M./John, B., Schutzgesetz gegen ethnische Diskriminierung, a.a.O., S. 136

zulässige Einschränkungen (z.B. über Gesetzesvorbehalte) rechtlich realisiert werden.«[234] Apel beruft sich unter anderem auf eine Reihe internationale Verträge. So verbietet die »Europäische Konvention zum Schutz der Menschenrechte und Grundfreiheiten« die Einschränkung beispielsweise der Versammlungs- und Vereinigungsfreiheit auf Personen mit der Staatsbürgerschaft des gesetzgebenden Landes.

Auch In der »Charta von Paris für ein neues Europa« wurde die Einhaltung und uneingeschränkte Ausübung der Menschenrechte für »alle Menschen« bekräftigt. Diese »bilden die Grundlage für Freiheit, Gerechtigkeit und Frieden. Jeder einzelne hat ohne Unterschied das Recht auf: freie Meinungsäußerung, Vereinigung, friedliche Versammlung und Freizügigkeit«.

Artikel 25 des Grundgesetzes stellt unmissverständlich klar: »Die allgemeinen Regeln des Völkerrechts sind Bestandteil des Bundesrechts. Sie gelten den Gesetzen vor und erzeugen Rechte und Pflichten unmittelbar für die Bewohner des Bundesgebietes.« Die aufgezählten völkerrechtlichen Verträge, Deklarationen und Übereinkommen gelten somit nicht nur vor den Gesetzen der Bundesrepublik, sie gelten auch nicht nur für deutsche Staatsbürger, sondern für alle Bewohner des Bundesgebietes.

In Deutschland sehen jedoch eine ganze Reihe von Gesetzen in unterschiedlichen Bereichen eine ungleiche Behandlung von Migranten und ihren Familienangehörigen, wenn sie nicht die deutsche Staatsangehörigkeit besitzen, gegenüber deutschen Staatsbürgern vor. Im Grundrechtbereich sind dieses die Versammlungsfreiheit (Art. 8), die Vereinigungs- und Koalitionsfreiheit (Art. 9), die Freizügigkeit (Art. 11) und die Berufsfreiheit (Art.12 I), die nur deutschen Staatsbürgern vorbehalten sind.

Auch wichtige Gesetze im Arbeits-, Sozial-, Arbeitsförderungs- und Ausbildungsförderungsrecht enthalten Bestimmungen, die eine Diskriminierung der in Deutschland seit vielen Jahren dauerhaft und rechtsmäßig lebenden oder gar in Deutschland geborenen Nichtdeutschen beinhalten.

Im Beschäftigungsbereich diskriminiert das Sozialgesetzbuch/Arbeitsförderung auch in seiner neuesten Fassung vom Juli 1999 die hier lebenden Nichtdeutschen ganz massiv. Nach § 284, 285 und 286 dieses Gesetzes stehen Arbeitsplätze vorerst den Deutschen oder ihnen gleichgestellten EU-Staatsbürgern zur Verfügung. Nur wen in einer bestimmten Zeit keine Besetzung durch sie erfolgen kann, sind andere Ausländer, die noch keine »unbefristete besondere Arbeitserlaubnis« besitzen, berechtigt, sich für diese Stellen zu bewerben. Eine unbefristet besondere Arbeitserlaubnis ist erst nach fünfjähriger sozialversicherungspflichtiger Beschäftigung möglich.

---

[234] Apel, G., Von Menschen und Grundrechten, Ausländerbeauftragter des Senats der Freien und Hansestadt Hamburg (Hg), Hamburg 1993, S. 7

Eine Förderung ausländischer Jugendlicher nach dem Arbeitsförderungsgesetz ist vom Nachweis sozialversicherungspflichtiger Arbeitszeiten der Eltern abhängig.

Das SGB reduziert den Sozialhilfeanspruch von Drittstaatenangehörigen gegenüber Deutschen und Bürgern aus EU-Ländern.

Das Aufenthaltsgesetz nennt einzelne Ausweisungsgründe, darunter auch die Inanspruchnahme von Sozialhilfe, das Hochschulrahmengesetz (§ 27) beschränkt den Zulassungsanspruch auf Deutsche und EU-Inländer.

Die Beseitigung der rechtlichen Ungleichbehandlung, die vor allem auf dem Fehlen der deutschen Staatsbürgerschaft basieren, kann vor allem durch den erleichterten Erwerb der deutschen Staatsbürgerschaft, wie bereits ausgiebig behandelt, oder durch Novellierung der entsprechenden Gesetze erreicht werden. Für die Beseitigung von Diskriminierungen, die nicht auf eine entsprechende Gesetzeslage zurückzuführen sind, sondern auf einer diskriminierten Behandlung aufgrund Hautfarbe, ethnischer bzw. nationaler Herkunft oder religiöser und kultureller Merkmale beruht, bedarf es jedoch dringend im Geiste der oben aufgeführten internationalen Verträge, die auch die Bundesrepublik Deutschland unterzeichnet hat, neuer Gesetze. Diese werden im allgemein als Antidiskriminierungsgesetze, oder Gleichbehandlungsgesetze bezeichnet.

Es gehört leider zum Alltag in Deutschland, dass Restaurants bestimmte Ausländer nicht bedienen wollen, Diskotheken schwarzen oder türkischen Jugendlichen den Zutritt verwehren, Versicherungsgesellschaften es ablehnen, die Kraftfahrzeuge von Ausländern zu versichern, Betriebe in Deutschland geborene ausländische Jugendliche nicht als Lehrlinge oder Beschäftigte einstellen und diese auch von Entlassungen am meisten betroffen sind, in Deutschland aufgewachsene und geborene nichtdeutsche Akademiker selten einen Arbeitsplatz gemäß ihrer Qualifikation finden.

In Wohnungsinseraten wird darauf verwiesen, man wolle nicht an Ausländer vermieten, bei Misshandlungen von Ausländern durch Rechtsradikale sehen manche Polizeibeamte weg, rassistisch motivierte Gewalttaten wegen der Rechtslage milde bestraft werden, neonazistische Publikationen und Parteien Rassenhass, Antisemitismus und Ausländerfeindlichkeit offen schüren und somit zur Gewalt einladen, Neonazis in zahlreichen Gemeinden und Städten Deutschlands ungestraft »befreite Zonen« einrichten können, und schließlich, dass die Migranten in vielen Bereichen des politischen, sozialen, kulturellen und wirtschaftlichen Lebens diskriminiert werden.

Diese Art von Diskriminierung, ungleiche Behandlung oder gar Rassismus gab es und gibt es auch noch in anderen, auch in europäischen Staaten. Wie aber oben am Beispiel einiger Länder ausgeführt, versuchen diese oft seit Jahrzehnten durch rechtliche Maßnahmen gegenzusteuern. Fast alle EU-Staaten haben bereits

Antidiskriminierungs- oder Gleichbehandlungsgesetze, um damit nicht nur die Diskriminierung und ungleiche Behandlung von kulturellen Minderheiten zu unterbinden, sondern auch mit Hilfe von fördernden Maßnahmen, durch so genannte »positive Diskriminierung«, gleiche Behandlung zu bewirken.

Genau das kann für Deutschland leider nicht gesagt werden. Bündnisgrüne und SPD haben einige Male diesbezügliche Schritte unternommen, die jedoch bis heute wegen ihrer Halbherzigkeit bzw. Unentschlossenheit ohne Erfolg blieben.

Wie oben beispielhaft aufgezeigt, versuchen die USA, Großbritannien, Schweden und die Niederlanden mit Hilfe einer Reihe von Maßnahmen die Diskriminierung ihrer Minderheiten im Beschäftigungs-, Wohnungs-, Bildungs- und Ausbildungsbereich nicht nur zu unterbinden, sondern durch gezielte Förderung dieser Minderheiten deren Chancen zu verbessern.

Nehmen wir als Beispiel den Beschäftigungsbereich in Deutschland. Die Arbeitslosigkeit ist unter der Migrantenbevölkerung Doppel so hoch wie unter den Deutschen. Welche Maßnahmen haben die Bundesregierung, haben die Landesregierungen ergriffen, um diese große Diskrepanz zu mindern? Keine! Manche Parteien, oder zumindest einige Politiker machen im Gegenteil die nichtdeutsche Bevölkerung selbst für diese Situation verantwortlich und verweisen mit erhobenem Finger auf nichtdeutsche Arbeitslose, als ob sie selbst ihre Arbeitsplätze gekündigt hätten und nicht arbeiten wollten.

Die in diesem Bereich seltenen Analysen belegen jedoch, dass die hohe Arbeitslosigkeit bei den Nichtdeutschen nicht allein, aber in hohem Masse, auch auf ihre ungleiche Behandlung zurückzuführen ist. Nicht nur, weil einer strukturell bedingten Arbeitslosigkeit zunächst die unqualifizierten Arbeitsplätze zum Opfer fallen, sondern auch weil zunächst die Nichtdeutschen entlassen werden. Dieses Thema wird im Kapitel 7 eingehend erörtert. Dort wird gezeigt, in welchem Ausmaß die Eingewanderten im Vergleich zu ihren deutschen Kollegen ihre Arbeitsplätze verloren haben.

Mit Hilfe von Fallstudien haben Autoren in Zeitabständen verglichen, inwieweit die Nichtdeutschen im Vergleich zu ihren deutschen Arbeitskollegen in den Betrieben Arbeitsplätze verloren haben und in welchem Umfang Arbeitskarrieren, also ein Aufstieg in bessere Positionen erreicht werden konnte. Ihre Untersuchungsergebnisse zeigen eindeutig die Benachteiligungen sowohl beim Arbeitsplatzverlust als auch beim Erreichen qualifizierterer Stellungen in den Betrieben.

> »In Phasen betrieblicher Rationalisierung oder bei generellem Abbau von Mitarbeitern haben ausländische Beschäftigte [...] ein höheres Risiko, ihre Arbeitsplätze zu

verlieren. Ihre Fluktuation war in den 80er Jahren doppelt so hoch, wie jene der deutschen Arbeitnehmer«[235]

Auch beim Erreichen besser qualifizierter Arbeitsplätze stellten die Autoren der Untersuchung eine Benachteiligung der Ausländer fest. Die Autoren haben für einfache Tätigkeiten den Begriff »unspezifischer Arbeitsmarkt«, für mittlere Qualifikationsanforderungen »fachspezifischer Arbeitsmarkt« und für höchste Anforderungen »betriebsspezifischer Arbeitsmarkt« eingeführt und die Entwicklung von deutschen und nichtdeutschen Arbeitnehmern in diesen drei Segmenten miteinander verglichen. »Die Verteilung deutscher und ausländischer Beschäftigter über die Arbeitsmarktsegmente gibt Hinweise auf die relative Ungleichverteilung der Chancen. Während bei deutschen Beschäftigten zwischen 1984 und 1997 eine Verlagerung vom unspezifischen in das fachspezifische Segment zu beobachten war, konzentrieren sich ausländische Beschäftigte aus den Mittelmeerländern auch 1997 noch in hohem Maße im unspezifischen Segment«[236]

Hierbei geht es nicht um die Einstufung bei Ersteinstellungen im Betrieb, sondern inwiefern die Beschäftigten innerhalb des untersuchten Zeitraums in den untersuchten Betrieben einen Aufstieg in der Hierarchie und somit auch eine bessere Bezahlung haben erreichen können.

Auffallend ist, dass die erhebliche Differenz zwischen den deutschen und nichtdeutschen Arbeitnehmer in allen drei betrieblichen Arbeitssegmenten selbst in der zweiten Ausländergeneration fortdauert. 1997 waren rund 50% der Beschäftigten der zweiten Ausländergeneration im unspezifischen Segment tätig. Bei ihren jungen deutschen Kollegen nur 21%. Im fachspezifischen Segment waren im gleichen Jahr Angehörige der zweiten Ausländergeneration zu 30%, ihre deutschen Kollegen zu 41% beschäftigt; in dem Bereich mit der höchsten Qualifikation, im betriebsspezifischen Segment, ist der Unterschied noch krasser, nämlich 19 zu 39%.

Bei ausländischen Frauen lag deren Anteil im Bereich der Tätigkeiten mit niedrigen Qualifikationsanforderungen 1997 bei 70% bei deutschen Frauen bei 31%.[237]

Die Forschungsarbeiten stellen für die Jahre 1993-1997 für die nichtdeutschen Beschäftigten bezüglich eines Wechsels in ein anderes Arbeitssegment kaum Verbesserungen fest.

---

[235] Köhler, Ch./Grüner, H., Stamm- und Randbelegschaften – ein überlebtes Konzept? Paderborn: Sozialwissenschaftliche Arbeitmarktforschung, Paderborn 1988; Köhler, Ch./Preisendörfer, P., Innerbetriebliche Arbeitsmarktsegmentation in Form von Stamm- und Randbelegschaften, in: Mitteilungen aus der Arbeitsmarkt- und Berufsforschung 2, S. 268-277; Ort 1988, z.n. Münz, R., u.a., Zuwanderung nach Deutschland, Frankfurt a.M.1999, S. 103ff

[236] Ebda., S.105

[237] Ebda., S. 106f

Nun könnte hier erwidert werden, dass die berufliche Qualifikation und die sprachlichen Anforderungen vor allem bei der ersten und auch noch der zweiten Ausländergeneration für eine hohe berufliche Segmentierung nicht ausreichten. Die Untersuchung stellt allerdings auch fest, dass selbst diejenigen, die im Ausland einen höheren Bildungsabschluss erworben hatten, zu 51% als angelernte Arbeiter tätig sind. Die Untersuchung belegt allerdings auch, dass diejenigen, die über gute Deutschkenntnisse verfügen, öfter mittlere und höhere berufliche Positionen erreichen.

Nur in sehr begrenzten Umfang können jedoch die Einwände in den Bereichen Qualifikation und Sprache akzeptabel erscheinen, wenn es um die Dritte Ausländergeneration geht, die ihre Schul-, und Bildungsabschlüsse in Deutschland erworben hat. In einer Untersuchung über den Zusammenhang zwischen Stellung im Beruf und Schulbildung im Zeitraum von 1993-1997 in Westdeutschland wird belegt, dass sich die Diskriminierung selbst bei diesen Menschen weitestgehend fortsetzt. »Im Vergleich zu Deutschen mit Hauptschulabschluss sind Ausländer öfter als angelernte Arbeiter und seltener als mittlere und höhere Angestellte tätig. Ausländische Beschäftigte mit Mittlerer Reife erreichen seltener mittlere und höhere Angestelltenpositionen und sind häufiger in un- und angelernten Arbeiterberufen zu finden, Deutsche mit gleichem Bildungsgrad hingegen kaum.«[238]

Während 6% der Nichtdeutschen mit Abitur un- und angelernten Arbeiterberufe und 22% einfache Angestelltenberufe ausüben, beträgt dieser Anteil bei den deutschen Kollegen gleicher Bildung nur 2 bzw. 5%.[239]

Leider fehlen solche Vergleichsdaten über die Akademikerberufe bei Deutschen und Nichtdeutschen, die ihr Hochschulstudium in Deutschland absolviert haben. Meine eigenen Erfahrungen mit nichtdeutschen Hochschulabsolventen legen jedoch den Schluss nahe, dass nur wenige im Vergleich zu ihren deutschen Studienkollegen in ihrem Berufsbereich eine angemessene Tätigkeit finden. Nicht wenige von ihnen sind als Taxifahrer tätig.

Bei persönlichen Gesprächen mit vielen Dutzenden türkischer Arbeiter ist oft zu hören, dass sie sogar nach jahrzehntelanger Beschäftigung im gleichen Betrieb zu einer unqualifizierten Arbeit gedrängt werden. So berichtete mir ein türkischer Arbeiter, der seit 26 Jahren in einem großen Hamburger Betrieb tätig war, dass er von seiner Arbeitsstelle als Kranfahrer mit guter Bezahlung zu einer weit schlechter bezahlten und niedriger qualifizierten Arbeitsstelle umgesetzt wurde, und zwar mit der Begründung, seine Deutschkenntnisse seien nicht ausreichend. Und dies, obwohl er die gleiche Arbeit bereits seit 15 Jahren zur volls-

---

238 Münz, R. u.a., a.a.O.,S.117

239 Sozioökonomische Panels, Langschnittdatensatz 1993-1997, z.n. Münz, R., a.a.O, Tabelle 21, S. 118

ten Zufriedenheit der Betriebsleitung hatte durchführen können. »Als ob ich vor 15 Jahren, als ich Kranfahrer wurde, besser Deutsch gesprochen hätte als jetzt«, so sein Kommentar.

Migranten sind insbesondere im mittleren, gehobenen und höheren Bereich des öffentlichen Dienstes kaum repräsentiert, obwohl hierfür Zehntausende qualifizierte Personen zur Verfügung stehen. Im öffentlichen Dienst Hamburgs war die nichtdeutsche Bevölkerung im Jahr 1994 beispielsweise nur mit 0,7% vertreten.[240] Anfang 2004 betrug der Anteil der Nichtdeutschen weiterhin lediglich 1,9%, von denen der allergrößte Teil als Arbeiter beschäftigt war.[241] Im Vergleich zu ihrem Anteil an der Gesamtbevölkerung von 17 Prozent sind die Nichtdeutschen im Öffentlichen Dienst drastisch unterrepräsentiert. Um diese große Diskrepanz zumindest zu mildern, müsste den nichtdeutschen Bewerbern bei gleicher Qualifikation Vorrang eingeräumt werden.

In den Niederlanden, Schweden, Großbritannien etc., wo ebenfalls die Arbeitslosigkeit unter den kulturellen Minderheiten über dem Durchschnitt liegt, wird über Maßnahmen nachgedacht, wie dieses Problem gelöst werden kann. Mit „positiven Aktionen" versucht der Staat, versuchen die Stadtverwaltungen und Kommunen vor allem im öffentlichen Bereich eine schrittweise Annäherung an den Bevölkerungsanteil der Minderheiten zu erreichen.[242]

Daneben sollten ähnlich wie bei Gleichstellungsbeauftragten für Frauen auch »Antidiskriminierungsbeauftragte« im öffentlichen Dienst sowie in mittleren und größeren privaten Unternehmen eingerichtet werden.

Diskriminierung bei der Wohnungssuche ist auf dem freien Wohnungsmarkt alltäglich. Nicht selten wird in Wohnungsinseraten erwähnt, dass keine Ausländer erwünscht sind. Bei Anrufern mit ausländischem Akzent oder sogar bei einwandfreiem Deutsch aber mit einem ausländischen Namen wird nicht selten gesagt, dass die Wohnung bereits vergeben sei, obwohl nachträgliche Recherchen bewiesen, dass die Wohnungen weiterhin zur Vermietung angeboten wurden.

Genau dieser Art von Diskriminierungen könnten mit Hilfe eines Gleichbehandlungsgesetzes und eines Ombudsmannes entgegengewirkt werden; beides aber fehlt in Deutschland.

Diese Beispiele von ungleicher Behandlung in ganz elementaren Lebensbereichen wie Arbeit, Wohnung, Bildung und Ausbildung könnten beliebig erweitert werden.

---

240 Antwort des Senats der Freien und Hansestadt Hamburg auf eine kleine Anfrage vom 26.09.1994, Drucksache 15/1962

241 Vgl. Personalbericht 2004 der Freien und Hansestadt Hamburg, Tabelle C1.1. und C.2.42

242 Vgl. Ansätze antirassistische Arbeit, Antirassismus Büro Hamburg (Hg), Hamburg 1989, S. 26ff

Laut einer Studie des Zentrums für Türkeistudien fühlen sich 80 Prozent der Deutschlandtürken bei Behördengängen, bei der Wohnungssuche oder bei der Arbeit diskriminiert.[243]

Die Kooperationsvereinbarung zwischen der SPD und der Statt-Partei sowie die Regierungserklärung des Senats der Freien und Hansestadt Hamburg vom 15. Dezember 1993 sahen unter anderem auch die Verwirklichung eines Antidiskriminierungsgesetzes vor.

Am 21.06.1995 wurde ein Petitum des Sozialausschusses[244] von der Hamburger Bürgerschaft mit großer Mehrheit angenommen. Hierin wurde der Senat aufgefordert, »das in der Regierungserklärung vom 15. Dezember 1993 angekündigte Antidiskriminierungsgesetz in die Bürgerschaft einzubringen.« Als Abgeordneter der Hamburger Bürgerschaft in dieser Legislaturperiode legte ich auf dieses Gesetzesvorhaben wegen seiner Signalwirkung für ganz Deutschland sehr großen Wert. Der Hamburger Senat hat leider aus Opportunitätsgründen trotz dieses Beschlusses des Parlaments und trotz einer entsprechenden Koalitionsvereinbarung und Ankündigung in der Regierungserklärung kein Antidiskriminierungsgesetz verabschiedet. Dies hätte für andere Bundesländer und auf Bundesebene beispielhaft sein können und daher hatte ich mich für ein solches Gesetz nachdrücklich eingesetzt. Das Scheitern dieses Vorhabens war neben anderem der wichtigste Grund, mich aus der parlamentarischen Arbeit zurückzuziehen und auch mit öffentlicher Kritik an die SPD nicht hinter dem Berg zu halten.[245]

Beseitigung der institutionalisierten Diskriminierung durch erleichterte Einbürgerung

Selbst wenn es vielen Politikern nicht bewusst und verständlich ist, kann eine dauerhafte Ausgrenzung von rund einem Zehntel der Wohnbevölkerung Deutschland als »Ausländer« mit einem minderen Rechtsstatus nicht anders als eine strukturelle Form der Absonderung, Abschottung, Diskriminierung, also als

---

243 Vgl., Goldberg, A. / Sauer, M., Konstanz und Wandel der Lebenssituation türkischstämmiger Migranten in Nordrhein-Westfalen, Essen 2003, S. 14

244 Drs. 15/3448 zur Drs. 14/4595, Lebenssituation der ausländischen Mitbürgerinnen und Mitbürger in Hamburg

245 Vgl. Keskin, H., Ausländerpolitik in Hamburg, Erfahrungen eines MdBü aus der vergangenen Legislaturperiode, in: standpunkt:sozial Nr. 2/ 97, Hamburg 1997, S. 67-71; zu Reaktionen in der Presse: »Bürgerschaftsabgeordneter Keskin kritisiert die SPD«, Die Welt 25.9.1997; »In der politischen Realität gestrauchelt«, Süddeutsche Zeitung 26.9.1997; »Hakkı Keskin verläßt die Bürgerschaft im Zorn«, Frankfurter Rundschau, 30.9.1997; »Bin kein Vorzeigetürke«, TAZ. 25.9.1997; »Die Abrechnung des Hakkı Keskin«, Hamburger Morgenpost 5.10.1997

eine versteckte Form der Apartheid bezeichnet werden. Es kann auch nicht anders verstanden werden, wenn Menschen, die seit 10, 20, 30 und 40 Jahren nunmehr in vierter Generation mit – bis auf den Wehrdienst, den sie nicht leisten dürfen – allen Pflichten in Deutschland leben, viele von ihnen sogar in Deutschland geboren wurden, Schulen besuchten und ihre Berufe erlernten, mit einem Sonderrecht, also minderen Rechten hier leben müssen.

Da hilft auch nicht der Einwand, sie besäßen nicht die deutsche Staatsbürgerschaft und manche von ihnen könnten unter den jetzigen Bedingungen auch die deutsche Staatsangehörigkeit erwerben. Der Erwerb der deutschen Staatsbürgerschaft wird ihnen so weit erschwert, dass sie diese nur unter großen Opfern oder aber erst gar nicht erwerben können, weil sie die auferlegten Konditionen nicht erfüllen können, wie bereits oben im Kapitel 2 ausführlich beschrieben wurde.

Weit über 7 Millionen Menschen ohne deutsche Staatsbürgerschaft dürfen in Deutschland seit Jahrzehnten weder wählen noch gewählt werden. Selbst das kommunale Wahlrecht, welches den EU-Staatsangehörigen mit Änderung des Grundgesetzes gewährt wurde, blieb 70% von ihnen vorenthalten. Das kommunale Wahlrecht wird in den meisten EU-Staaten, darunter Schweden, Dänemark, Niederlanden, Frankreich, Großbritannien, Norwegen, Irland allen Eingewanderten seit Jahrzehnten gewährt.[246]

In Deutschland dagegen sind die Nichtdeutschen von allen politischen Mitentscheidungsmöglichkeiten völlig ausgeschlossen. Ich habe als Politikwissenschaftler beispielsweise erst im Alter von 50 Jahren wählen und gewählt werden dürfen; 30 Jahre lang durfte ich nicht wählen.

Weil ihnen die deutsche Staatsbürgerschaft fehlt, finden die Nichtdeutschen auch kaum Zugang zu Berufen im Öffentlichen Dienst, selbst wenn dies auch von den Politikern als gesellschaftspolitisch wichtig angesehen wird.

Die Politik müsste also an erster Stelle dort beginnen, wo sie direkte Gestaltungsmöglichkeit hat, nämlich die zahlreichen Formen staatlicher Diskriminierung für die dauerhaft in Deutschland lebenden kulturellen Minderheiten beenden. Ähnlich wie in vielen Nachbarländern müsste der Erwerb der deutschen Staatsbürgerschaft erleichtert werden, vor allem ohne die erzwungene Aufgabe der bisherigen Staatsbürgerschaft.

Wie lange noch will es sich der demokratische Rechtsstaat Deutschland leisten, dieser alltäglichen Diskriminierung von nichtdeutschen Menschen tatenlos zuzusehen?

---

[246] Vgl. Keskin, H. (Hg.), Menschen ohne Rechte? Einwanderungspolitik und Kommunalwahlrecht in Europa, Berlin 1984

Deutschland braucht dringend ein Antidiskriminierungsgesetz

Oben habe ich an Hand der internationalen und völkerrechtlichen Verpflichtungen und Verträge, der Vereinbarungen mit der EU, der Richtlinie der Europäischen Gemeinschaft, im Interesse der Erweiterung und Verfestigung der Demokratie und des gesellschaftlichen Friedens in Deutschland dargelegt, dass auch wir hier in Deutschland nunmehr ohne weitere Zeitverzögerung ein Antidiskriminierungsgesetz brauchen. Die Bezeichnung eines solchen Maßnahmenbündels ist dabei nicht entscheidend. Eine solche umfassende Regelung kann auch als »Gleichstellungs- und Gleichbehandlungsgesetz der kulturellen Minderheiten« bezeichnet werden. Ich persönlich bevorzuge den Namen »Antidiskriminierungsgesetz«, weil er mir in diesem Kontext der passende Name zu sein scheint und auch im internationalen Bereich meist benutzt wird. Deshalb werde ich diesen Begriff weiterhin verwenden.

Im Vergleich zu den oben beispielhaft genannten Ländern legten die Regierungsparteien SPD und Bündnisgrüne am 6. Mai 2004 erst mit reichlicher Verspätung den »Entwurf eines Gesetzes zum Schutz vor Diskriminierung (Antidiskriminierungsgesetz - ADG)« dem Bundestag vor. Der Entwurf knüpft an die EU-Richtlinien des Rates »zur Anwendung des Gleichbehandlungsgrundsatzes ohne Unterschied der Rasse und der ethnischen Herkunft« vom 29. Juni 2000 sowie »zur Festlegung eines allgemeinen Rahmens für die Verwirklichung der Gleichbehandlung in Beschäftigung und Beruf vom 27. November 2000« und des Europäischen Parlaments »zur Verwirklichung des Grundsatzes von Männern und Frauen hinsichtlich des Zugangs zur Beschäftigung, zur Berufsbildung und zum beruflichen Aufstieg sowie in bezug auf die Arbeitsbedingungen« vom 23. September 2002 an.

Das Ziel des Gesetzes wird ganz allgemein formuliert, um »... Benachteiligungen aus Gründen der Rasse oder wegen der ethnischen Herkunft, des Geschlechts, der Religion oder Weltanschauung, einer Behinderung, des Alters oder der sexuellen Identität in Beschäftigung und Beruf zu verhindern oder zu beseitigen.« Arbeitgeber, Beschäftigte und ihre Vertreter werden aufgefordert, an der Verwirklichung dieses Zieles mitzuwirken.

Der Entwurf sieht Benachteiligungsverbote aus den im Ziel genannten Gründen vor. Auch mit Hilfe von positiven Maßnahmen sollen die vorhandenen tatsächlichen Nachteile, die dem Ziel des Gesetzes widersprechen, verhindert oder ausgeglichen werden.

Der Gesetzentwurf sieht individualrechtliche Schadensersatzansprüche für von Diskriminierung Betroffene vor. Bei Verstößen der Arbeitgeber gegen das Benachteiligungsverbot ist eine angemessene Entschädigung in Geld für Beschäftigte vorgesehen.

Zum Schutze vor Diskriminierung sieht der Entwurf eine »Antidiskriminierungsstelle des Bundes« beim Bundesministerium für Familie, Senioren, Frauen und Jugend vor. Die Person zur Leitung dieser Stelle wird von der Bundesregierung bestellt. Alle zwei Jahre soll dem Bundestag und der Bundesregierung von der Antidiskriminierunkstelle ein unabhängiger Bericht vorgelegt werden.

Die Antidiskriminierungsstelle soll mit »Nichtregierungsorganisationen und Einrichtungen« zusammenarbeiten. Zur Förderung des Dialogs mit gesellschaftlichen Gruppen und Organisationen, die mit dem Ziel des Gesetzes in Verbindung stehen, wird der Antidiskriminierungsstelle des Bundes ein Beirat zugeordnet.

Insgesamt kann der Antidiskriminierungs-Gesetzentwurf der Bundesregierung als ein an die Erfahrungen anderer Länder anknüpfendes und daher als durchaus gelungenes Instrumentarium bewertet werden.

In einem wichtigen Bereich, nämlich bei der Beweislast, bleibt er jedoch hinter den Erwartungen zurück. Beim Verstoß trägt der oder die Beschäftigte die Beweislast für das Vorliegen einer Diskriminierung. Dies wird, wie die Erfahrungen in anderen Ländern zeigen, sicherlich schwer zu beweisen sein. Erst wenn das Gericht das Vorliegen der Diskriminierungstatsachen für »überwiegend wahrscheinlich« hält, trägt der Arbeitgeber die Beweislast dafür, dass die unterschiedliche Behandlung kein Vorstoß gegen das Benachteiligungsverbot darstellt.

Obwohl die Bundesregierung mit diesem Entwurf dieses Antidiskriminierungsgesetzes der längst fälligen Verpflichtung gegenüber den Beschlüssen der EU nachkommt, greifen die Opposition und die Arbeitgeberseite mit massiver Kritik den Entwurf an. Wie es bereits bei allen Formen der Kritik üblich geworden ist, klagen sie, dass das Gesetz Arbeitsplätze gefährden würde.

Die Bundesregierung wäre gut beraten, zumindest bei diesem Gesetzesvorhaben konsequent zu bleiben, um dadurch den verfassungsmäßig garantierten Grundrechten zu genügen.

Für ein Antidiskriminierungsgesetz in Deutschland sollten die bereits vorhandenen rechtlichen Bestimmungen und Erfahrungen anderer Länder herangezogen werden.
Ein solches Gesetz sollte in jedem Fall vier wichtige Bereiche erfassen:

1. Maßnahmen, um die vorhandene Rechtslage in Deutschland an internationalen Standards und völkerrechtliche Verpflichtungen anzupassen. Dies bedeutet eine Novellierung der in Frage kommenden Gesetze dergestalt, dass sie den Anforderungen der auch von Deutschland unterzeichneten Verträge entsprechen.

Oben habe ich erläutert, dass sogar einige der Grundrechte in dieser Hinsicht verbesserungswürdig wären. Für eine solche Ergänzung der Grundrechte, nämlich der Versammlungsfreiheit, Vereinigungs- und Koalitionsfreiheit, Freizügigkeit und der Berufsfreiheit gäbe es keinen verfassungsrechtlichen Problemen. Der Wesensgehalt dieser Grundrechte wäre bei einer Erweiterung dieser Rechte, die zur Zeit den Deutschen Staatsbürgern vorbehalten sind, um den Zusatz »alle Menschen« oder für »jeden Menschen« nicht tangiert, handelte es sich doch um eine notwendige Ergänzung. Allerdings ist bekanntlich hierfür eine Zweidrittel Mehrheit im Bundestag und Bundesrat erforderlich, die ganz offensichtlich zur Zeit nicht zu finden wäre. Deshalb sollten wir uns auf die Änderung oder Ergänzung der Gesetze konzentrieren, die für ein Antidiskriminierungsgesetz erforderlich sind.

Als Beispiel sollen hier Benachteiligungsverbote genannt werden. Diese sind Vorschriften des Zivilrechts, die es beispielsweise dem Arbeitgeber verbieten, Nichtdeutsche zu benachteiligen. Wie bereits an Hand von Untersuchungen aufgezeigt, werden die nichtdeutschen Arbeitnehmer am Arbeitsplatz wie auch bei Bewerbungen diskriminiert.[247]

Dabei könnte an § 611a BGB aus dem Arbeitsrecht angeknüpft werden. Diese Vorschrift verbietet es dem Arbeitgeber, einen Arbeitnehmer wegen seines Geschlechts zu benachteiligen. Außerdem beinhaltet diese Vorschrift eine Erleichterung der Beweislast für den Benachteiligten.

Solche Regelungen sollten nicht nur für Arbeitsverhältnisse gelten, sondern z.B. auch im Wohnungsbereich für Mietverhältnisse oder im Dienstleistungsbereich, wie zum Beispiel gegenüber Versicherungsgesellschaften, Gastronomie, Diskotheken etc. Benachteiligungsverbote sollten den Betroffenen Schadenersatz gewähren. Diskriminierungen von erheblichem Umfang sollten zudem mit Strafe bedroht sein. Daneben sollten in den entsprechenden Gesetzen, etwa der Gewerbeordnung oder dem Gaststättengesetz, Regelungen eingefügt werden, gemäß denen dem Gewerbetreibenden oder Gastwirt bei erheblichen Diskriminierungen die Konzession entzogen werden kann. Die Beweislast dafür, dass keine Diskriminierung vorliegt, müsste bei dem Beklagten liegen.

2. Verabschiedung eines Antidiskriminierungsgesetzes, welches im Einklang mit den internationalen Verträgen und den EU Richtlinien jeden Menschen und alle kulturellen Minderheiten in Deutschland vor jeder Art von Diskriminierung, ungleicher Behandlung, Rassismus und Ausländerfeindlichkeit aufgrund der Hautfarbe, ethnischen und nationalen Herkunft, Staatangehörigkeit, Kultur und Religion in allen Bereichen des gesellschaftlichen Le-

[247] Vgl. Goldberg u.a. (Hg.), Arbeitsmarkt – Diskriminierung gegenüber ausländischen Arbeitnehmern in Deutschland, Genf 1995

bens aktiv schützt. Das deutsche Antidiskriminierungsgesetz sollte neben den Diskriminierungsverboten in allen Bereichen des gesellschaftlichen Lebens auch Elemente aus dem Strafgesetzbuch enthalten, um rassistische, antisemitische und ausländerfeindliche Äußerungen, Publikationen, Handlungen und Gewalttaten mit der notwendigen Härte verfolgen zu können.

Hinsichtlich einer strafrechtlichen Sanktionierung von Diskriminierungen kommt einer Strafverschärfung bestehender Vorschriften einerseits und der Einführung neuer Normen andererseits große Bedeutung zu. Straftaten mit rassistischem Hintergrund müssen härter als bisher bestraft werden, damit eine abschreckende Wirkung entsteht.

Das Gesetz sollte einerseits weitgehender strafrechtlicher Sanktionen gegen Diskriminierung, wie in den Niederlanden, der Schweiz, den USA, Kanada und Großbritannien vorsehen. Andererseits aber auch weitgehenden zivilrechtlichen Schutz vor Diskriminierung durch das Einräumung von Ansprüchen auf tatsächliche sowie auf geldwerten Ersatz von Schäden aufgrund materieller und immaterieller Diskriminierung beinhalten, wie dies in den oben genannten Staaten ebenfalls seit langem rechtliche Norm ist.

Bei den Beleidigungsdelikten sollte zudem das Antragserfordernis entfallen, wenn diese diskriminierenden Inhalts sind. Darunter fällt insbesondere die Verbreitung offensichtlich rassistischer Propaganda unter Zuhilfenahme der Medien.

So findet sich seit 1977 in Österreich eine Bestimmung, nach der mit Geldstrafe belegt wird, wer »Personen öffentlich allein aufgrund ihrer Rasse, ihrer Hautfarbe, ihrer nationalen oder ethnischen Herkunft oder ihres religiösen Bekenntnisses ungerechtfertigt benachteiligt oder sie hindert, Orte zu betreten oder Dienstleistungen in Anspruch zu nehmen, die für den allgemeinen öffentlichen Gebrauch bestimmt sind«.[248]

Im Schweizerischen Strafgesetzbuch findet sich folgende Vorschrift: »Wer öffentlich gegen eine Person oder eine Gruppe von Personen wegen ihrer Rasse oder ihrer Zugehörigkeit zu einer ethnischen oder religiösen Gruppe zu Hass oder Diskriminierung aufruft, wer öffentlich Ideologien verbreitet, die auf die systematische Herabsetzung oder Verleumdung der Angehörigen einer Rasse oder einer ethnischen oder religiösen Gruppe gerichtet sind, wer mit dem gleichen Ziel Propagandaaktionen organisiert, fördert oder daran teilnimmt, wer öffentlich durch Wort, Schrift, Bild, Gebärden, Tätlichkeiten oder in anderer Weise eine Person oder eine Gruppe von Personen wegen ihrer Rasse oder ihrer Zugehörigkeit zu einer ethnischen oder religiösen Gruppe in ihrer Menschen-

[248] Kühner, R., NJW 1986, 1397, 1398

würde angreift oder aus einem dieser Gründe das Andenken von Verstorbenen verunglimpft, wer in Ausübung seiner beruflichen Tätigkeit einer Person oder einer Gruppe von Personen wegen ihrer Rasse oder ihrer Zugehörigkeit zu einer ethnischen oder religiösen Gruppe eine öffentlich angebotene Leistung verweigert, wird mit Gefängnis oder mit Buße bestraft«.[249]

Auch und gerade in Deutschland wäre eine ähnliche Strafbestimmung dringend erforderlich.

Deutschland hat eine breite Welle von Gewalttaten erlebt und erlebt sie immer noch, die mit rassistischem antisemitischem oder ausländerfeindlichem Hintergrund verübt wurden und werden. Viele Richter, Staatsanwälte, Rechtsanwälte, und Politiker beklagten die nicht ausreichende Gesetzeslage, um solche Gewalttäter, wie sie oben ausgeführt wurden, mit der erforderlichen Härte zu bestrafen.

3. Positive Aktionen und Maßnahmen, um die vorhandenen Ungleichheiten und Defizite vor allem im Beschäftigungs-, Bildungs-, Ausbildungs-, Wohnungs- und Dienstleistungsbereich schrittweise zu mindern und zu beseitigen.

»Positive Aktionen« umfassen Maßnahmen, welche die benachteiligten kulturellen Minderheiten in bestimmten öffentlichen und privaten Bereichen mit dem Ziel der Chancengleichheit so lange bevorzugt fördern, bis eine Chancengleichheit mit den übrigen gesellschaftlichen Gruppen hergestellt ist. Die Maßnahmen, die getroffen wurden und werden, um die Benachteiligung der Frauen zu beheben, könnten entsprechend gegenüber den kulturellen Minderheiten Anwendung finden.

Insbesondere die öffentliche Hand könnte hier in den Bereichen Beschäftigung, Bildung, Ausbildung und Wohnung beispielgebend sein. Der Anteil von Nichtdeutschen im öffentlichen Dienst, vor allem in der mittleren und gehobenen Ebene, ist, wie oben gezeigt, im Vergleich zu ihrem Anteil an der Gesamtbevölkerung verschwindend gering. Deshalb müssen gerade in diesem Bereich zielgerichtete Verbesserungen vorgenommen werden.

Diese Maßnahmen hätten für den Integrationsprozess eine äußerst positive Wirkung und würden die Akzeptanz der nichtdeutschen bei der deutschen Bevölkerung wesentlich erhöhen. Die Mehrheitsbevölkerung sollte die kulturellen Minderheiten in allen Bereichen des Lebens, in den Behörden, bei der Polizei, in den Schulen und Hochschulen, in den öffentlich-rechtlichen Medien, in Krankenhäusern etc. als gleichberechtigte, kompetente, gesellschaftspolitisch akzep-

[249] SBbl.1992, Bd.3, 332ff

tierte Menschen wahrnehmen und akzeptieren. Die Beschäftigung von Nichtdeutschen vor allem als Sprecher/in, Programmgestalter/in oder Moderator/in bei den Fernsehanstalten hätte mit Sicherheit die effektivste integrative Wirkung bei der deutschen aber auch nichtdeutschen Bevölkerung. Dies ist in Großbritannien oder den Niederlanden seit langem unstrittig. Außerdem sollten die Interessenverbände der Migranten in Institutionen wie den Rundfunk- und Fernsehräten vertreten sein, damit die Einwanderer auch Einfluss auf Programme und Sendungen nehmen können.

Solange die Nichtdeutschen nicht auch entsprechend ihrer Qualifikationen beschäftigt werden und man ihnen meist unqualifizierte und schlecht bezahlte Tätigkeiten vorbehält, werden wir sowohl ihre Akzeptanz bei der Mehrheitsbevölkerung als auch das Zugehörigkeitsgefühl der kulturellen Minderheiten selbst erschweren.

Das gilt auch im privaten Dienstleistungsbereich. Der Anteil der nichtdeutschen Beschäftigten im Bank- und Versicherungswesen ist ebenfalls kaum nennenswert, obwohl sie wie die deutsche Bevölkerung zu den zahlenden Kunden gehören. Aus persönlichen Gesprächen weiß ich, dass die wenigen nichtdeutschen Beschäftigten bei den Banken, bei der Kundenbedienung oder an den Kassen kaum beschäftigt werden, weil »die deutschen Kunden ungern fremd aussehende Menschen an diesen Stallen sehen wollen«, so eine Begründung. Dies ist nichts anders als Rassismus pur. Gerade hier müsste viel häufiger eingegriffen und solchen Vorurteilen entgegengetreten werden.

Die Nichtdeutschen haben es auch auf dem freien Wohnungsmarkt sehr schwer, eine dem durchschnittlichen Preis-Leistungsverhältnis entsprechende Wohnung zu mieten. Wegen ihrer oft größeren Familien und wegen ihres geringeren Einkommens erhalten sie Sozialwohnungen. Diese sind allerdings meist in den Ballungsgebieten, in denen der Anteil der nichtdeutschen Bevölkerung enorm hoch ist und oft weiter zunimmt, weil deutsche Mieter die Gegend verlassen. Folgen sind Probleme in den Kindertagesstätten und Schulen, weil der Anteil der nichtdeutschen Kinder weit über das wünschbare Maß steigt. Auch hier müsste durch Umsteuerung etwas geschehen. Bei der Vergabe von Sozialwohnungen müsste auf die Bevölkerungsstruktur in den Stadteilen geachtet werden. Es gibt viele Wohnungsbaugesellschaften und Genossenschaften, die staatliche Subventionen erhalten. Auch denen müssten Auflagen gemacht werden, damit sie einen entsprechenden Teil ihrer Wohnungen gezielt an die Nichtdeutschen vermieten. Dies kann durch Bindung staatlicher Subventionen und Aufträge an private Unternehmen sowie an die Einhaltung der Ziele der Gleichstellung und Gleichbehandlung kultureller Minderheiten realisiert werden, wie z.B. in den USA, Großbritannien und den Niederlanden.

Im Vorschul- und Schulbereich sollten die Schulen der belasteten Stadtteile durch positive Maßnahmen dergestalt gefördert werden, dass sie durch eine bessere personelle Ausstattung vor allem auch im Bereich sprachlicher Förderung der nichtdeutschen Kinder Akzente setzen können. Die Zahl der Kinder in den Betreuungsklassen müsste entsprechend gering sein, damit die Erzieher/innen und Lehrer/innen sich mit der erforderlichen Intensität solchen Kindern widmen können. Die Lehrer/innen müssten zudem geringere Lehrverpflichtung haben, damit sie eine intensivere und damit aufwendigere Elternarbeit leisten können. Außerdem müssten deutsche und nichtdeutsche Kinder, die sprachliche Defizite aufweisen und deshalb auch in anderen Fächern in der Schule nicht gut vorankommen, durch gezielten Nachhilfeunterricht unterstützt werden.

In den Schulen sollten die Lehrbücher und -materialien auf diskriminierende Inhalte überprüft und mit dem Ansatz der interkulturellen Erziehung und Bildung mit dem Ziel ergänzt werden, damit zu mehr Toleranz, zu einem offenen Dialog und zu größerer Akzeptanz gegenüber kulturellen Minderheiten beizutragen, um damit Rassismus, Ausländerhass und Antisemitismus den Boden zu entziehen.

4. Ergreifen geeigneter Maßnahmen, welche die Umsetzung der Antidiskriminierungsgesetze kontrollieren und koordinieren.

Die Anpassung der rechtlichen Rahmenbedingungen und Gesetze allein reicht sicherlich nicht aus, um die erwünschte Wirkung zu erreichen. Sie müssen mit Hilfe institutioneller Einrichtungen und Instrumentarien wie Ombudsleuten auf Bundes-, Länder- und kommunaler Ebene, unabhängiger Kommissionen auf Bundes- und Länderebene, einer Bundeseinrichtung für Antidiskriminierungsarbeit sowie von Forschungsinstituten unterstützt, beobachtet, koordiniert und gesteuert werden.

Die praktischen Erfahrungen vor allem in Schweden, Großbritannien und den Niederlanden können für Deutschland eine große Hilfe sein.

Diese Einrichtungen müssen rechtlich mit entsprechenden Kompetenzen und Personen ausgestattet sein. Sie sollten ähnlich wie in den genannten Ländern regierungs- und behördenunabhängig, jedoch mit steuerlichen Mitteln finanziert werden.

In den unabhängigen Kommissionen auf Bundes und Länderebene sollten die gesellschaftlich relevanten Gruppen, also Parteien, Gewerkschaften, Kirchen, Arbeitgeberverbände, Einwanderer- und weitere zivile Organisationen vertreten sein. Die Einwandererorganisationen sollten gemäß ihrer Bevölkerungsstärke mit einem Anteil von mehr als 50% der Kommissionsmitglieder in dieser Einrichtung vertreten sein, denn bei dieser Arbeit geht es ja letztendlich um die Umsetzung von Maßnahmen, die unmittelbar auf die kulturellen Minderheiten wirken. Diese unmittelbare Betroffenheit durch die Arbeit der Kommission macht es erforderlich, dass die diskriminierten Bevölkerungsgruppen dort mit einem gewichtigen Anteil vertreten sind.

Die Bundes- und Landeseinrichtungen zur Antidiskriminierungsarbeit müssten mit der Kompetenz ausgestattet sein, gegen die beschuldigten Unternehmen, Behörden, Organisationen etc. formelle Untersuchungen einzuleiten. Die Beweispflicht müsste bei den Unternehmen liegen. Die Erleichterung der Beweislast des § 611a BGB sollte entsprechend übernommen werden. Danach genügt es, wenn der Betroffene Tatsachen glaubhaft macht, die eine Benachteiligung vermuten lassen. Für diesen Fall trägt dann die andere Seite (z.B. der Arbeitgeber) die Beweislast dafür, dass keine Diskriminierung vorliegt.

Darüber hinaus ist ein Anspruch auf Unterlassung gegenüber Diskriminierungen wünschenswert. Dabei sollte dieser Anspruch nicht nur durch den betroffenen Einzelnen geltend gemacht werden können, sondern analog dem Verbraucherrecht auch durch (öffentliche) Institutionen und (private) Verbände verfolgt werden können, zu deren Aufgaben es gehört, die Interessen der Einwanderer durch Aufklärungs- und Beratungsarbeit wahrzunehmen.

Bei den Ombudsleuten auf Bundes, Länder und kommunaler Ebene sollten Beschwerdestellen für die Opfer von Rassismus, Ausländerfeindlichkeit und Antisemitismus zur Abwehr und Beseitigung diskriminierender Maßnahmen wie in den Niederlanden, dem Vereinigten Königreich, den USA und Kanada eingerichtet werden.

Die Arbeit der Ombudsleute sollte von den Bundes- und Landeseinrichtungen zur Antidiskriminierungsarbeit unterstützt werden, Diese sollten mit einer Klagebefugnis ausgestattet und unter anderem auch als Schlichtungsstellen tätig sein. Sie sollten die Erfolge der positiven Aktion im öffentlichen Dienst und in privaten Unternehmen überwachen und prüfen, ob die Voraussetzungen für die Vergabe von Subventionen und Aufträgen, wenn jemand solche Hilfen in Anspruch nehmen, vorliegen.

Die Grundvoraussetzung eines friedlich-solidarischen Zusammenlebens der in Deutschland dauerhaft lebenden kulturellen Minderheiten mit der deutschen Bevölkerung ist nicht nur die rechtliche, politische und soziale Gleichstellung sondern auch ihre Gleichbehandlung und Chancengleichheit in allen Bereichen der Gesellschaft. Dies ist heute nicht gewährleistet. Deshalb braucht auch Deutschland dringend ein Antidiskriminierungsgesetz, welches von den Erfahrungen derartiger Gesetze und Maßnahmen wie in den USA, Kanada, den Niederlanden, Frankreich, Belgien, Großbritannien und Schweden profitiert und ein noch besseres und effektiveres Maßnahmenbündel für Deutschland darstellt.

Wie oben dargelegt, haben viele Länder bereits in den vergangenen Jahrzehnten im Geiste der völkerrechtlichen Abkommen eigene nationale Gesetze mit dem Ziel verabschiedet, einerseits die Diskriminierung von ethnisch-kulturellen Minderheiten von staatlicher und von privater Seite zu beheben, andererseits aber auch mit »positiven Aktionen« die vorhandenen Benachteiligungen der Migranten durch besondere Fördermaßnahmen schrittweise zu beheben, um deren Gleichstellung zu erreichen.

Die Adressaten der Gesetze sind dementsprechend sowohl der Staat als auch private (juristische) Personen.[250]

[250] Vgl. hierzu, Keskin, H., Nationalismus und Rassismus im vereinigten Deutschland – Auswirkungen auf die Einwanderer und Gegenstrategien, in: Die Wiedergeburt des nationalistischen Denkens, Friedrich-Ebert-Stiftung, Bonn Oktober 1995, S. 83-111.

6 Der bedeutende Beitrag der Einwandererbevölke rung für Deutschland wird ignoriert

»Ich konnte es in Deutschland nicht mehr ertragen, mich als Türke immer rechtfertigen zu müssen« (ein in die Türkei zurückgekehrter Biochemiker)

Die Auseinandersetzungen über Fragen der Zuwanderung sowie über die Probleme bei der Integration der sogenannten Ausländer finden seit einem Vierteljahrhundert fast ausschließlich unter negativen Aspekten und Fragestellungen statt. Innerhalb der deutschen Bevölkerung und in der öffentlichen Meinung ist somit mehrheitlich der Eindruck entstanden, die Einwanderer seien eine Belastung für Deutschland. Sie nehmen den Deutschen Arbeitsplätze weg, sie belasten die sozialen Kassen und meist leben sie von Sozialleistungen. Außerdem belasten sie den Wohnungsmarkt, sind krimineller als die Deutschen und mindern das deutsche Bildungsniveau. Die meisten von ihnen – vor allem die Türken – sind nicht integrationswillig, ja sogar nicht fähig dazu.

Diese Schlagwörter sind sehr oft zu hören und werden von vielen Unionspolitikern insbesondere vor Wahlen in verschiedenen Formen und Wendungen benutzt. Zwei Beispiele mögen dies illustrieren. In ihrer Rede in der Bundestagsdebatte über das Zuwanderungsgesetz führte die CDU-Vorsitzende Angela Merkel Folgendes aus: »Ich sage Ihnen, dass wir in der Bundesrepublik Deutschland seit 1972 eine Entwicklung haben, dass sich die Zahlen der ausländischen Bürgerinnen und Bürger, die bei uns leben, mehr als verdoppelt haben, während die Zahl derer, die sozialversicherungspflichtige Beschäftigungsverhältnisse haben, geringer ist als 1972. Das heißt, es hat eine Zuwanderung in die sozialen Sicherungssysteme gegeben und nicht in den Arbeitmarkt.«[251] Eine ähnliche Beschreibung ist auch in einem Beschluss des Bundesausschusses der CDU nachzulesen.[252]

Für wenig bis kaum informierte Menschen, die den Inhalt dieser Aussage nicht überprüfen können, macht eine Äußerung wie diese einen alarmierenden und beängstigenden Eindruck. Eine nähere Betrachtung zeigt aber Folgendes. Bis zu dem allgemeinen Anwerbästop ausländischer Arbeiter im September 1973 kamen fast ausschließlich Arbeitskräfte ohne ihre Ehegatten und Kinder nach Deutschland. Wie weiter unten noch detailliert zu zeigen sein wird, haben rund

---

[251] Rede der Vorsitzenden der Christlich Demokratischen Union Deutschlands am 1.März 2002

[252] »Zuwanderung steuern und begrenzen. Integration fördern« vom 7.Juni 2001, S. 5

800.000 ausländische Arbeiter in Folge der Wirtschaftsrezession allein in den Jahren 1973-1985 ihre Arbeitsplätze verloren und viele von ihnen mussten daraufhin in ihre Herkunftsländer zurückkehren. Die Verringerung der Zahl der Beschäftigten ist also eine Folge der Wirtschaftsrezessionen 1973/78 und 1980/85, von denen vor allem ausländische Arbeiter betroffen waren. Gleichzeitig haben diejenigen Ausländer, die ihren Arbeitsplatz haben bewahren können, ihre Eheleute und Kinder im Rahmen der Familienzusammenführung nach Deutschland geholt. Der ab 1973 erfolgte Nachzug der Ehegatten und Kinder ist also eine Folge der Dauerhaftigkeit, der Verfestigung des Aufenthalts der in Deutschland nach den Entlassungen verbliebenen ausländischen Beschäftigten und insoweit eine Normalisierung der familiären Strukturen.

In dieser Rede treffen zwar die statistischen Angaben über den Bevölkerungswandel bei den Nichtdeutschen zu, sind inhaltlich jedoch falsch. Sie sagt nämlich nichts darüber aus, weshalb die Zahl der versicherungspflichtig Beschäftigten derart signifikant zurückgegangen ist, nämlich dadurch, dass sie Opfer von Wirtschaftskrisen geworden sind und sich durch den Nachzug von Eheleuten und Kindern lediglich eine Normalisierung in ihrer Sozialstruktur ergeben hat. Es müsste vielmehr erklärt werden, weshalb die Arbeitslosigkeit unter den Nichtdeutschen wesentlich höher ist als bei der deutschen Bevölkerung. Das Beispiel zeigt, wie fragwürdig solch verkürzte Aussagen sein können, die meist nur dazu taugen, vorhandene Ängste und Vorurteile zu schüren. Die ursächlichen Gründe für die hohe Arbeitslosigkeit unter den Nichtdeutschen sind zum einen die aufenthalts- und arbeitsrechtliche Lage der nichtdeutschen Arbeitnehmer und zum anderen ihre Tätigkeiten in den nicht qualifizierten Berufen. Anmerkungen hierzu vermisse ich in den Ausführungen von Frau Merkel.

SPD und Bündnisgrüne haben sich, wenn überhaupt, äußerst zurückhaltend von Aussagen wie diesen distanziert. Die Einschätzung der Politik der Grünen bereits aus dem Jahr 1986 durch H.-J. Fuchs hat sich ganz offensichtlich als richtig erwiesen. Er schrieb: »Generell gilt wohl [...], dass ‚linke' Positionen weitgehend defensiv sind, dass auch gründliche Analysen der bundesrepublikanischen Ausgrenzungspolitik gegenüber Einwanderern nur bis zur Frage der ‚Gegenwehr' gelangen«.[253]

Obwohl also Behauptungen wie die oben zitierte von Angela Merkel durch zahlreiche wissenschaftliche Untersuchungen widerlegt worden sind, kommt es nur selten vor, dass SPD, Grüne oder FDP mit einer klare Position den großartigen Beitrag der Einwandererbevölkerung für den raschen wirtschaftlichen Wiederaufbau, für die Jahrzehnte währende Sanierung insbesondere der Renten- und Sozialkassen und für den erreichten Wohlstand Deutschlands gebührend heraus-

[253] Fuchs, H.-J., Das glückliche Bewusstsein und die Krise, Ausländerfeindlichkeit in Deutschland, Frankfurt a.M. 1986, S. 112

stellen und betonen. Unter Hunderten Politikerinnen und Politikern Deutschlands haben sich diesbezüglich vor allem der CDU-Politiker Heiner Geißler, Alt Bundespräsident Richard von Weizsäcker, Bundespräsident Johannes Rau und Bundestagspräsident Wolfgang Thierse verdient gemacht.

Bevor ich mich mit der Frage befasse, ob die so genannten »Gastarbeiter« eine Last oder Bereicherung für Deutschland sind, sollte zunächst die grundsätzliche Frage geklärt werden, ob die Beschäftigung der ausländischen Arbeitskräfte überhaupt erforderlich war. Denn nicht selten wird auch hinterfragt, ob Deutschland überhaupt ausländische Arbeitskräfte ins Land hätte holen müssen.

Viele lehnen eine Diskussion über die »Kosten-Nutzen-Frage« der Ausländerbeschäftigung ab, weil die Eingewanderten nicht in eine derartige Kategorie einer Kosten-Nutzen-Rechnung verdrängt werden dürfen.[254] Es ist aber ein Faktum, dass diese Frage von einem beachtlichen Tel der deutschen und europäischen Bevölkerung seit Jahrzehnten gestellt wird. Bislang wurde diese Frage sehr oft auf eine sehr verkürzte und unsachliche Weise zu Lasten der Einwandererbevölkerung behandelt. Daher ist es in diesem Zusammenhang von besonderer Wichtigkeit, dieses Thema an Hand von Fakten zu erörtern und damit zur Versachlichung der sicherlich auch in Zukunft andauernden Diskussion beizutragen.

Die Auswirkungen der Anwerbung ausländischer Arbeitskräfte für die Wirtschaft der Bundesrepublik Deutschland

Die Beschäftigung ausländischer Arbeiter (viele Jahre Fremd- oder Gastarbeiter genannt) ist kein Phänomen der vergangenen Jahrzehnte. Die Verwendung fremder Arbeitskräfte ist vielmehr ein Begleitaspekt bei der Entstehung und Entwicklung des Kapitalismus schlechthin. Bedingt durch die jeweilige historische Situation gewinnt die Verwendung von fremden Arbeitskräften veränderte und neue Qualitäten. Offensichtlich wurde dieses Phänomen nur selten in einem historischen Zusammenhang mit einer dem Kapitalismus immanenten allgemeinen Gesetzmäßigkeit gesehen und bewertet.

Wenn der Kapitalismus in bestimmten Zeitabständen Hochkonjunkturen und Krisen aufweist und dies als ein Strukturproblem des Systems verstanden wird, so ist auch das Heranziehen von nicht »nationalen« Arbeitskräften für die unter dem Konkurrenzdruck stehenden Unternehmen eine unerlässliche Notwendigkeit zum Überleben. Heute besteht außerdem die Möglichkeit, ausländische Arbeitskräfte nicht nur in den entwickelten Industriestaaten, sondern durch Kapi-

[254] Vgl. Butterwegge, Ch. / Jäger, S., Europa gegen den Rest der Welt?, Flüchtlingsbewegungen – Einwanderung – Asylpolitik, Köln 1993, S. 220ff.

talexport und neuerdings mit Hilfe der Verlagerung von Produktionsstätten auch in wenig industrialisierte Regionen einzusetzen. Die Einengung des entwickelten Kapitalismus in Bezug auf die Investitionsfelder und Arbeitskräfte ausschließlich auf nationale Grenzen war auch in fünfziger und sechziger Jahre nicht möglich und widerspricht den Gesetzmäßigkeiten des Kapitals bzw. der freien Marktwirtschaft. Dies ist gerade im Stadium der Globalisierung der Weltwirtschaft kaum mehr denkbar. Die Entwicklung weltweit operierender transnationaler Konzerne untermauert diese Tatsache überzeugender als alle Theorien.

Die Wirtschaft verlangt nach mobilen Arbeitskräften

Der infolge des Zweiten Weltkriegs stark in Mitleidenschaft gezogenen Bundesrepublik Deutschland gelang es gleichwohl, die Wirtschaft des Landes binnen zehn Jahren so weit anzukurbeln, dass die seinerzeit in Deutschland zur Verfügung stehenden Arbeitskräfte für eine weitere rasche Expansion nicht mehr ausreichten. Der in den Nachkriegsjahren anhaltende Flüchtlingsstrom aus den östlichen Teilen des Deutschen Reiches stellte zwar zunächst eine zusätzliche Versorgungslast dar, erwies sich aber schon wenige Jahre später als eine große Hilfe, um die Millionen Opfer des Krieges zu kompensieren. Die Bundesrepublik Deutschland profitierte in den Nachkriegsjahren bis zum Mauerbau vom 1961 von rund 5,6 Mio. Erwerbspersonen aus den ehemaligen deutschen Ostgebieten sowie aus der ehemals sowjetischen Besatzungszone, aus der »Deutschen Demokratischen Republik« (DDR). Als es 1955 zu der ersten Anwerbevereinbarung mit Italien kam, hatte die Bundesrepublik Deutschland rund eine Millionen Arbeitslose bei 200.000 offenen Stellen. Dennoch fehlten in der Landwirtschaft, vor allem in Bayern und Südbaden, im Baugewerbe und im Bergbau Arbeitskräfte. Die hohen Wachstumsraten und die Aufstellung der Bundeswehr Anfang 1956 führten in Kürze zu einer Vollbeschäftigung. Die Wirtschaft verlangte nach weiteren Arbeitskräften. So kam es bereits 1960 zu Anwerbeverträgen mit Spanien und Griechenland.

Der Mauerbau in Berlin verhinderte die anhaltende Abwanderung von Hunderttausenden von Arbeitskräften aus der DDR. Nunmehr brauchte die deutsche Wirtschaft in vielen Branchen zunehmend mehr junge, in allen Bereichen einsetzbare und mobile Arbeitskräfte. Trotz der Anwerbevereinbarungen mit Italien, Spanien und Griechenland meldete die deutsche Wirtschaft Anfang sechziger Jahre über eine halbe Million offene Stellen. Weitere Anwerbeverträge zwischen der Bundesrepublik Deutschland und anderen Staaten folgten: 1961 mit der Türkei, 1963 mit Marokko, 1964 mit Portugal, 1965 mit Tunesien und 1968 mit Jugoslawien.

Entsprechend dem Bedarf des Arbeitsmarktes stieg auch der Bedarf an ausländischen Arbeitskräften, die im Rahmen der abgeschlossenen bilateralen Verträge von den deutschen Vermittlungsbüros in den Herkunftsländern angeworben wurden.

Alternativen zur Ausländerbeschäftigung

Eine Analyse des Leiters des Instituts für Arbeitsmarkt- und Berufsforschung (IAB) der Bundesanstalt für Arbeit, Mertens, kommt bei der Suche nach einer Antwort auf eine Alternative zur Ausländerbeschäftigung zu folgendem Ergebnis. Ein Verzicht auf das Heranziehen ausländischer Arbeitskräfte hätte nach Mertens fatale Folgen:

»1. Wachstumsverzicht im Inland durch Produktionsverzicht der Wirtschaft oder 2. durch Produktionsverlagerung ins Ausland, 3. Beschleunigung des Produktionswachstums, 4. Kompensation der Arbeitskräftelücken durch Verlängerung der Arbeitszeit, 5. Schließung der Arbeitskräftelücken aus inländischen Reserven.« Laut Mertens wären diese Maßnahmen zum einen bei einer freien Wettbewerbsordnung nicht möglich, zum anderen auch wegen einer sinkenden internationalen Konkurrenzfähigkeit der deutschen Wirtschaft, aber auch wegen der einschneidenden Folgen für den Sozialstaat nicht machbar gewesen.[255]

In der Phase des Wiederaufbaus Deutschlands und der deutschen Wirtschaft nach dem zweiten Weltkrieg konnte auf Wirtschaftswachstum gerade auch unter dem internationalen Konkurrenzdruck nicht verzichtet werden. Auch für eine Produktionsverlagerung ins Ausland waren die fünfziger und sechziger Jahre ganz offensichtlich noch nicht geeignet. Hierfür hätten nicht nur im Ausland ökonomisch profitable und politisch geförderte Alternativen bereitstehen müssen, auch die deutsche Wirtschaft hätte die für einen solchen Schritt notwendige internationale Konkurrenzfähigkeit bereits erreicht haben müssen. Diese Voraussetzungen waren jedoch offensichtlich noch nicht vorhanden. Abgesehen davon, dass eine Investitions- und Produktionsverlagerung ins Ausland zur Folge hat, auch Arbeitsplätze, Steuer- und Sozialeinnahmen im hohen Masse ins Ausland zu exportieren.

Eine weitere Alternative zur Ausländerbeschäftigung wäre eine durchgehende Automatisierung der Produktionsprozesse gewesen. Doch weder die deutsche noch eine andere Wirtschaft sahen sich auf ihrem damaligen technologischen Entwicklungsniveau dazu offensichtlich in der Lage. Außerdem hätte diese Automatisierung eines enormen Kapitaleinsatzes bedurft, den die deutsche Nachkriegsökonomie nicht bereitstellen konnte. »Den deutschen Unternehmen blieb keine andere Wahl«, schreibt einer der beachteten Experten der Arbeitgeberverbände, »als auf äußerste Arbeitsersparnis zu achten, d.h., Capital deepening vorzunehmen, und wo es mög-

[255] Z.n. Bade, a.a.O., S. 83

lich war, Arbeit durch Kapital zu substituieren. [...] Darüber hinaus waren z. Zt. des einsetzenden Ausländerzustroms Anfang der 60er Jahre über 500.000 freie Arbeitsplätze vorhanden und warteten darauf, sei es durch deutsche, sei es durch ausländische Arbeitnehmer besetzt zu werden. Für die herankommenden Ausländer waren also keine Arbeitsplatzinvestitionen mehr notwendig. Durch den höheren Beschäftigungsgrad wurde vielmehr erst eine bessere Ausnutzung der vorhandenen Produktionskapazitäten ermöglichst, ebenso eine starke Rationalisierung. Bei schrumpfenden Wirtschaftszweigen wie z. B. im Montanbereich erleichterte die Mobilität der Gastarbeiter die notwendige Anpassung.«[256]

Es ist kein Zufall, dass sich der Arbeitskräftesparende Einsatz von Industrierobotern und die zunehmende Automatisierung in fast allen Industriestaaten erst gegen Ende der siebziger Jahre durchsetzen konnten. Die der internationalen Konkurrenz unterliegende Produktion muss stets der Kostenfrage Rechnung tragen. Der Einsatz der Industrieroboter in Deutschland begann sich erst gegen Ende der siebziger Jahre in einem sehr geringen Umfang durchzusetzen. 1978 waren in Deutschland lediglich 620 Industrieroboter vorhanden.[257] Erst gegen Ende der achtziger Jahre war die Wirtschaft in der Lage, zunehmend Automatisierungen in Angriff zu nehmen.

Aber selbst wenn mit dem Einsatz von Industrierobotern und der Automatisierung viel früher begonnen worden wäre, hätte dies angesichts der Erfahrungen der letzten Jahre höchstwahrscheinlich zu einer Arbeitslosigkeit bereits viel früher geführt.

Nicht ohne Grund haben ausnahmslos alle westlichen Industriestaaten ähnlich wie Deutschland in den Sechziger und Siebziger Jahre und auch danach ihren Arbeitskräftebedarf durch ausländische Arbeiter decken müssen. Der Kapitalismus, oder, wenn Sie wollen, die freie Marktwirtschaft, hat eben seine eigene Gesetzmäßigkeiten. Je nach Bedarf holt er sich die benötigten Arbeitskräfte aus dem Ausland oder er geht dorthin, wo günstige Standortvorteile angeboten werden, wo also beispielsweise der Arbeitslohn günstiger ist, eine Entwicklung, die sich in den letzten Jahren im Rahmen der Globalisierung noch verstärkt hat. Im Zuge dieser Entwicklung gehen nicht nur Arbeitsplätze verloren, zugleich büßt der Staat auch beachtliche Beträge aufgrund fehlender Steuereinnahmen, Sozialabgaben und Konsumkraft ein. Gerade im Zuge der sich beschleunigenden Globalisierung wird sich dieser Druck auf die inländischen Beschäftigten weiter verschärfen, wie wir dies ganz aktuell erleben.

Eine weitere Alternative zum Einsatz ausländischer Arbeitskräfte wäre eine Verlängerung der Arbeitszeit verbunden mit dem Einsatz weiterer arbeitsfähiger

[256] Salowsky, H., / Schiller, G., Ursachen und Auswirkungen der Ausländerbeschäftigung, Köln 1972, S. 27-28
[257] Vgl. Frankfurter Rundschau vom 16. 3. 1984

Menschen, insbesondere nicht berufstätiger Frauen. In der zweiten Hälfte der fünfziger und in den sechziger Jahren war die Wochen- und Jahresarbeitszeit ohnehin weit ausgedehnter als dies heute der Fall ist. Ob durch dergleichen Maßnahmen die Anfang der siebziger Jahre in Deutschland arbeitenden rund zweieinhalb Millionen ausländischen Arbeitskräfte hätten ersetzt werden können, ist höchst zweifelhaft. Abgesehen davon wären Forderungen wie diese unter den Konkurrenzbedingungen einer freien Marktwirtschaft mit freien Gewerkschaften kaum realisierbar gewesen.

Vor allem der Mobilität der Einwanderer kam eine besondere Bedeutung zu. Viel wichtiger ist jedoch die Tatsache, dass die so genannten Gastarbeiter vor allem solche Tätigkeiten ausübten, die von den einheimischen Arbeitern nicht übernommen wurden. Der Bedarf an zusätzlichen Arbeitskräften konzentrierte sich auf bestimmte Wirtschaftsbranchen und Regionen, in die aufgrund wenig attraktiver Arbeitsbedingungen oder schlechter Bezahlung deutsche Arbeitskräfte kaum zu vermitteln waren. Die Nichtdeutschen wurden bevorzugt in diesen »schwer zu vermittelnden Berufsgruppen« eingesetzt.[258]

Die folgende Feststellung der Industrie- und Handelskammer zu Berlin wurde vor allem in Wirtschaftskreisen nahezu einhellig geteilt:

> »[...] die gegenwärtigen Arbeitsmarktprobleme sind keine Folge der Ausländerbeschäftigung, die mit der vollständigen Rückkehr der Ausländer in ihre Heimatländer gelöst wären, nur weil eine vermeintliche Übereinstimmung in der Zahl der Arbeitslosen und der Zahl der beschäftigten Ausländer besteht. Vielmehr kann die Berliner Wirtschaft ebenso wie die deutsche Wirtschaft insgesamt in vielen Fällen und in wichtigen Bereichen weder jetzt noch in naher Zukunft auf die Beschäftigung von ausländischen Arbeitskräften verzichten.«[259]

Alles in allem konnte weder die deutsche Wirtschaft noch die Wirtschaft anderer entwickelter Länder in den Jahren 1955 bis 1970 auf den Einsatz von ausländischen Arbeitskräften verzichten. Es sei denn, die deutsche Politik hätte davon Abstand genommen, das durch den Krieg stark zerstörte Deutschland rasch aufbauen und seine Wirtschaft kurzfristig konkurrenzfähig machen zu wollen.

---

[258] Vgl. Faust, R. B., Die sogenannten Gastarbeiter, Frankfurt a.M. 1981, S. 28

[259] Dr. Manfred Kern, Leiter der Abteilung Volkswirtschaft der Industrie- und Handelskammer zu Berlin, in: Zur Lage der Ausländer in Berlin 1984, S. 61

Dank den Einwanderern wurde die Konkurrenzfähigkeit der Wirtschaft gestärkt

Die Arbeitsimmigranten haben in den USA, vor allem aber in der Bundesrepublik Deutschland, in Frankreich, in Großbritannien, in der Schweiz, in den Beneluxländern und in Schweden seit den sechziger Jahren entscheidend zur Expansion der Wirtschaft dieser Länder beigetragen. Bereits 1962 betrug die Zahl der ausländischen Arbeiter in den genannten europäischen Ländern 3,151 Mio. und stieg bis 1974 auf 7,8 Mio.[260]

Die Bedeutung ausländischer Arbeiter für die Wirtschaft dieser Länder wird um so deutlicher, wenn man weiß, dass deren Anteil an der arbeitenden Bevölkerung 1975 in der Schweiz 30%, in Frankreich 10,9%, in der Bundesrepublik Deutschland 10,3%, in England 7,3%, in Schweden 5,7% und in Holland 3% betrug.[261]

Ohne die Beschäftigung von Arbeitsimmigranten wären die Volkswirtschaften dieser Länder auf den Weltmärkten kaum konkurrenzfähig geworden. Gerade diese Millionen von jungen, billigen, in allen Arbeitsbereichen und an allen Orten einsetzbaren, hochmobilen Arbeitern aus dem Ausland haben vor allem bis Mitte der siebziger Jahre maßgeblich zu einer kostengünstigen Produktion in diesen Staaten beigetragen. Dies war, speziell was die Bundesrepublik Deutschland betrifft, deshalb möglich, weil die angeworbenen ausländischen Arbeitskräfte an das vertraglich vorgesehenen Lohnniveau, zumindest in den ersten Jahren, und an bestimmte Firmen gebunden waren. Sie waren während der Vertragsjahre darüber hinaus jeder Art Verfügung seitens der Firmen unterworfen.

Die körperlich schwersten, gesundheitlich gefährlichsten und dennoch am schlechtesten bezahlten Tätigkeiten wurden den Arbeitsimmigranten überlassen. Sie mussten die Defizite im Bereich der Schicht-, Überstunden- und Wochenendarbeit ausgleichen. Viele taten dies auch freiwillig, um in möglichst kurzer Zeit ihren Traum von einer baldigen Rückkehr mit reichlichen Ersparnissen erfüllen zu können.

Die Akkordarbeit hat mit dem Einsatz ausländischer Arbeiter Dimensionen erreicht, die selbst für die Unternehmer zunächst unvorstellbar erschienen. Die Produktion am Fließband wurde vervielfacht. Das bis zur äußersten Grenze beschleunigte Tempo bei der täglichen Arbeit führte zu erheblichen, von Seiten der einheimischen Arbeiter verständlichen Reibereien zwischen den ausländischen und deutschen Arbeitern.

Hier sei nur angemerkt, dass die angeworbenen ausländischen Arbeiter in einem hundertprozentig gesunden Zustand und im besten arbeitsfähigen Alter

---

[260] Vgl. Özgüden, D., Göcmen İşçi Sorunu, Brüssel 1978, S. 10

[261] Ebd. S. 11

(zwischen 20 und 35 Jahren) selektiert worden waren und auch aus diesem Grunde für jede Arbeitsweise und Arbeitsstelle geeignet waren. 1968 waren laut einer Untersuchung der Bundesanstalt für Arbeit 90% der beschäftigten Ausländer unter 45 Jahre alt.[262]

Die ausländischen Arbeitsimmigranten haben neben den geschilderten Einflüssen auf die Produktionskosten, die dem gesamten Wirtschaftsleben einen beachtlichen Aufschwung ermöglichten, auch auf sozialer und politischer Ebene zu einer Stabilisierung der Sozialsysteme und dadurch auch des Gesellschaftssystems einen unverkennbaren Beitrag geleistet.

Integrationspolitik statt Rotation

Bis zum Beginn der rasch überwundenen Rezession von 1966/67 beschäftigte die Wirtschaft der Bundesrepublik Deutschland mehr als 1,2 Mio. ausländische Arbeiter. Innerhalb eines Jahres mussten 410.000, mehr als ein Drittel der damals beschäftigten Ausländer, das Land verlassen, Ihre Aufenthalts- und Arbeitserlaubnisse wurden nicht mehr verlängert. Gleichzeitig wurden gemäß der praktizierten Rotationspolitik 124.000 neue Arbeitskräfte aus den Herkunftsländern angeworben, so dass 1967 im Jahresdurchschnitt weiterhin mehr als eine Mio. Ausländer beschäftigt wurden.

Parallel zu der einsetzenden Hochkonjunktur nach 1967 stieg die Zahl der angeworbenen ausländischen Arbeiter wieder steil an und erreichte bis zum Beginn der folgenden Wirtschaftsrezession ihren höchsten Stand 1973 mit im Jahresdurchschnitt knapp 2,5 Mio. Arbeitsimmigranten. Da Wirtschaft und Politik eine langandauernde Wirtschaftsrezession prognostizierten, folgte im November 1973 der allgemeinen Anwerbästop von ausländischen Arbeitskräften. Gleichzeitig verloren in und nach den Rezessionsjahren 1973/78 rund ein Viertel der beschäftigten Ausländer (581.000) ihre Arbeitsplätze. Ein Großteil von ihnen musste in die Herkunftsländer zurückkehren.[263]

Für die Ausländerpolitik begann mit dem allgemeinen Anwerbestopp eine neue Phase. Die deutsche Wirtschaft bekundete mittel- und langfristiges Beschäftigungsinteresse an den ausländischen Arbeitern, die ihren Arbeitsplatz bei der Rezession nicht verloren hatten. Die bis dahin praktizierte Rotation verur-

[262] Blick durch die Wirtschaft, Frankfurter Allgemeine Zeitung (Hg), Frankfurt a.M.25.10.1970

[263] Der Stichtag für 1961 ist der 6.6., für 1971 der 31.12, alle anderen Jahre jeweils der 30.9. (immer Jahresdurchschnittswerte). Quelle: ANBA; Sonder-nr. 12. Juli 1971, ANBA, Arbeitsstatistik 1980, 1983, 1984, 1985, Mitteilungen der Beauftragten der Bundesregierung für Ausländerfragen, Bonn, Sept. 85, Bevölkerung und Erwerbstätigkeit, Reihe 2, Ausländer 1984, Statistisches Bundesamt; Reihe 2, Ausländer 1984, Statistisches Bundesamt; IAB-Kurzbericht (intern), IV/1-Kw, 12.6.1985 und IAB-Arbeitsmarktstatistische Zahlen 1985; eigene Rechnungen

sachte der Wirtschaft wegen der damit verbundenen Anlernzeiten neue Kosten. Daher verlangte die Wirtschaft einen dauerhaften Bestand von angelernten ausländischen Arbeitern, die sich dem Arbeitsprozess angepasst und ihre sprachlichen Schwierigkeiten vermindert hatten. Die damalige sozial-liberale Koalition erkannte ihrerseits, dass große Teile der ausländischen Arbeiter zunehmend ihre Familienangehörigen in die Bundesrepublik nachholten und sich hier niederließen. Zur Zeit des Anwerbestopps lebten rund 4 Mio. Ausländer im Bundesgebiet und in Berlin West. Die Signale der Wirtschaft und der Einfluss anderer europäischer Nachbarstaaten wurden von der Bundesregierung nicht zuletzt auch aus humanitären Gründen mit der Ankündigung einer »Integrationspolitik« beantwortet.

Die integrationspolitischen Ansätze Anfang der 80er Jahre verbesserten den Aufenthaltsstatus mit »Verfestigungsregelungen«[264] nur für Teile der ausländischen Arbeitnehmer und ihre Familienangehörigen. Das Ausländergesetz und die die Ausländer betreffenden arbeitsrechtlichen Bestimmungen blieben jedoch weiterhin unangetastet.[265] Offensichtlich ließ sich die Politik ihren Entscheidungsspielraum nicht wegnehmen, um auch zukünftig die Beschäftigung ausländischer Arbeitskräfte vom Bedarf des Arbeitsmarktes abhängen zu lassen, soweit dies rechtlich und in Ausnahmefällen auch humanitär vertretbar zu sein schien.

Dies zeigt sich auch bei der länger anhaltenden Rezession nach 1980. So haben in den Jahren 1980 bis 85 noch einmal 375.000, fast jeder fünfte ausländische Arbeitnehmer, ihren Arbeitsplatz verloren. Viele von ihnen kehrten in ihre Herkunftsländer zurück, manche im Rahmen des »Rückkehrhilfegesetzes«. Somit wurde in den Jahren 1973 bis 85 insgesamt 800.000, also jeder dritte beschäftigte Ausländer, vom Arbeitsmarkt verdrängt. Die meisten von ihnen für immer, da sie in die Herkunftsländer zurückkehren mussten.

Hauptlast der Rezessionen tragen ausländische Arbeiter

Nicht selten sehen viele deutsche Arbeitnehmer und Arbeitslose die ausländischen Arbeitnehmer als Konkurrenten oder gar als verantwortlich für ihre Arbeitslosigkeit. Diese Frage verdient daher eine Nachprüfung.

Welche Auswirkungen hat die Ausländerbeschäftigung tatsächlich für die deutschen Arbeitnehmer bislang gehabt? Anders gefragt, hätten wir in der Bundesrepublik weniger oder mehr arbeitslose Deutsche, wenn es keine Beschäftigung ausländischer Arbeiter gegeben hätte.

---

[264] Unbefristete Aufenthaltserlaubnis, Aufenthaltsberechtigung

[265] S. dazu ausführlicher Kapitel 3

Tabelle 1: Entwicklung der Anzahl der Beschäftigten deutschen und ausländischen Arbeitnehmer in den Rezessionsjahren von 1966 bis 2003 im früheren Bundesgebiet (in Tausend/in Prozent)[266] Veränderungen für den angegebenen Zeitraum

Beschäftigung in der Bundesrepublik

Angaben im Jahresdurchschnitt

	insgesamt		Veränderungen absolut		Veränderungen in Prozent	
Jahr	Deutsche	Ausländer	Deutsche	Ausländer	Deutsche	Ausländer
1966	20.393	1.244				
1967	19.894	1.014	-499	-230	-2,4	-18,7
1973	20.388	2.445				
1978	20.345	1.864	-43	-581	-0,2	-23,7
1980	20.909	2.026				
1985	20.486	1.653	-423	-373	-2,0	-18,4
1973	20.388	2.445				
1985	20.486	1.653	+98	-792	+0,4	-32,3
1973	20.388	2.445				
2003	19.957	1.773	-431	-472	-2,1	-19,3

Unsere voranstehende Tabelle belegt, dass Ausländerpolitik insbesondere bis Mitte der 80er Jahre unverändert eine nach dem Bedarf des Arbeitsmarktes gerichtete Arbeitsmarktpolitik geblieben war, trotz der angekündigten Integrationspolitik der Bundesregierung. Die Integration galt ganz offensichtlich nur für diejenigen Nichtdeutschen Arbeiter, die trotz Rezessionen bei der Wirtschaft ihre Arbeitsplätze haben bewahren können. Die ausländischen Arbeiter fungierten bis zu der Verfestigung ihres Aufenthaltsstatus als Konjunkturpuffer. Bei schwan-

[266] Quelle: Volkswirtschaftliche Gesamtrechnungen, Revidierte Ergebnisse 1960-1981, S. 306-307; Bundesanstalt für Arbeit, Beschäftigungsstatistik, Nürnberg 31.12.1984; Bolte, K.M., u.a. Mitteilungen aus der Arbeitsmarkt- und Berufsforschung, 17. Jg./1984; ANBA – Arbeitsmarkt-Statistik 1983 – Jahreszahlen; Ermann, K. Arbeitsmarkt und Berufsforschung der Bundesanstalt für Arbeit, Nürnberg 1984, S. 74 u. dergl., IAB-Kurzbericht (intern), VI/I Kw, 12.6.1985; Amtliche Nachrichten der Bundesanstalt für Arbeit, Nürnberg 31.August 1998, S. 10-11; Amtliche Nachrichten der Bundesagentur für Arbeit, Arbeitsmarkt 2003, Nürnberg 15.Juli 2004, S. 39, (Angaben durchgehend über Westdeutschland), eigene Rechnungen

kendem Bedarf des Arbeitsmarktes wurden sie zwischen dem Anwerbe- und Herkunftsland hin- und hergeschoben. Noch bis vor wenigen Jahren bedeutete der Verlust des Arbeitsplatzes für viele ausländische Arbeiter auch den Verlust an Aufenthalts- und Arbeitserlaubnis. So mussten die ausländischen Arbeiter an erster Stelle die Last der Wirtschaftsrezession tragen. Für diejenigen Ausländer, die inzwischen eine unbefristet Aufenthaltserlaubnis und/oder Aufenthaltsberechtigung besitzen, hat sich diese Rechtslage nunmehr geändert.

Diese Tabelle zeigt in aller Klarheit, in welchem Ausmaß ausländische Arbeitnehmer im Vergleich zu ihren deutschen Arbeitskollegen von Rezessionen und Wirtschaftskrisen betroffen wurden.

Bei der schnell überwundenen Rezession 1966/67 verloren rund 19% aller ausländischen Arbeitnehmer ihre Arbeitsplätze, bei den Deutschen waren es hingegen nur 2,4%. Bei den folgenden Rezessionen waren ausländische Arbeiter noch stärker betroffen. So gingen bis 1978 rund ein Viertel ihrer Arbeitsstellen verloren, bei den deutschen Arbeitnehmern waren es dagegen lediglich 0,2%. Bei der lang andauernden Rezession von 1980 bis 1985 gingen bei den ausländischen Arbeitnehmern weitere 18% der Arbeitsplätze verloren, bei den deutschen waren es 2%. Von 1973 bis 1985 hat die Anzahl nichtdeutscher Erwerbspersonen um knapp 800.000 abgenommen. Damit ging jede dritte Arbeitsstelle verloren. Im gleichen Zeitraum nahm die Zahl der deutschen Arbeitnehmer dagegen insgesamt um 98.000 zu.

Wenn wir den gesamten Zeitraum von 1973, dem Jahr mit dem höchsten Stand der Ausländerbeschäftigung, bis einschließlich 2003 untersuchen, so haben im Vergleich der absoluten Zahlen etwas mehr als 2% der deutschen Arbeitnehmer jedoch fast 20% der Nichtdeutschen ihren Arbeitsplatz in diesen 30 Jahren verloren.

Die ausländischen Arbeitnehmer waren also im Vergleich zu ihren deutschen Arbeitskollegen von den Rezessionen und Wirtschaftskrisen:

- 1966/76: 8 mal höher,
- 1973/78: 20 mal höher
- 1980/85: 9 mal höher
- 1973/85: ausschließlich allein und
- 1973/2003 9 mal höher betroffen.

Diese Angaben beziehen sich lediglich auf Westdeutschland.

Die Zunahme der Arbeitslosenzahl 1985 um rund 2 Millionen im Vergleich zu 1973 liegt nicht nur am Wegfall von Arbeitsplätzen, sondern auch an der demographischen Entwicklung. Im gleichen Zeitraum nahm nämlich die Zahl der Erwerbsfähigen bei der deutschen Bevölkerung vor allem durch geburtenstarke Jahrgänge um knapp 2 Millionen zu. Mehr als die Hälfte dieses Potentials taucht allerdings als »stille Reserve« (nicht registrierte Arbeitslose) bei der Zahl der Arbeitslosen nicht auf.

Eine eingehende Analyse der Beschäftigungsstruktur der Arbeitnehmer bis 1986 in bezug auf einzelne Wirtschaftszweige zeigt, dass das warenproduzierende Gewerbe mit rund 2,2 Millionen verlorenen Arbeitsplätzen nahezu allein Opfer dieser Entwicklung wurde. Hierbei gingen vor allem die in großer Mehrzahl von ausländischen Arbeitern ausgeübten Arbeitsplätze verloren, für die nur eine geringe Qualifikation notwendig gewesen war. Gleichzeitig konnten bei den Dienstleistungen, bei privaten Haushalten und Organisationen sowie beim Staat mehr als 1,4 Millionen neue Arbeitsplätze geschaffen werden. Diese neugeschaffenen Arbeitsplätze kamen fast ausschließlich Deutschen zugute. So ist zu erklären, dass die Bilanz der Jahre 1973 bis 85 mit rund 800.000 verlorenen Arbeitsplätze ausschließlich zu Lasten der ausländischen Arbeitnehmer ging. In dem betrachteten Zeitraum von 1973 bis 2003 gingen im Gebiet der alten Bundesrepublik allein im produzierenden Gewerbe mehr als 6 Millionen Arbeitsplätze verloren.[267]

Ausländer sicherten 1,5 Millionen Deutschen ihren Arbeitsplatz

Die Ausgangsfrage lautete: Hätten wir auf dem deutschen Arbeitsmarkt weniger oder mehr Arbeitslose, wenn es keine Beschäftigung ausländischer Arbeitnehmer gegeben hätte? Dabei müssen wir theoretisch davon ausgehen, dass alle Beschäftigten ausschließlich Deutsche wären Gleichzeitig müssen gleiche Wachstums-, Expansions- und Lebensstandardziele der Wirtschaft und Politik als gegeben angesehen werden.

Nach dieser theoretischen Konstruktion wären jeweils neben der offiziellen Zahl der gemeldeten arbeitslosen Ausländer auch die zurückgekehrten Ausländer als deutsche Arbeitnehmer arbeitslos geworden. Dies würde in gerundeten Zahlen bedeuten, dass

- 1967: weitere 250 000
- 1978: weitere 680 000
- 1985: weitere 600 000

deutsche Arbeitnehmer ohne Beschäftigung gewesen wären.

[267] Vgl. Amtliche Nachrichten der Bundesanstalt für Arbeit, Arbeitsmarkt 1994, Nürnberg 16. Juni 1995, S. 70 und Amtliche Nachrichten der Bundesagentur für Arbeit, Arbeitsmarkt 2003, Nürnberg 15. Juli 2004, S. 115

Diese Zahlen setzen sich zusammen aus denen, die infolge Arbeitslosigkeit in ihre Herkunftsländer zurückgekehrt sind sowie den in Deutschland registrierten arbeitslosen ausländischen Arbeitnehmern im jeweiligen Jahr.[268] Anders formuliert: Dank der Ausländerbeschäftigung haben in den Jahren 1966 bis 1985 insgesamt mehr als 1,5 Millionen Deutsche ihren Arbeitsplatz erhalten können.

Nach meinen Berechnungen haben über 700.000 ausländische Arbeitnehmer allein in den Jahren 1973-1985 infolge des Arbeitsplatzverlustes die Bundesrepublik Deutschland verlassen müssen.[269]

Rechnen wir zu den vom deutschen Arbeitsmarkt verdrängten 700.000 ausländischen Arbeitern auch die als arbeitslos gemeldeten 230.000 ausländischen Arbeitnehmer hinzu, so kämen nach dieser theoretischen Konstruktion (es gäbe kein Ausländer in Deutschland, sondern alle Arbeitsplätze wären ausschließlich von deutschen Arbeitnehmern besetzt!) 1985 zu den gemeldeten arbeitslosen Deutschen, weitere 930.000 hinzu.

Anders formuliert: Dank der Ausländerbeschäftigung konnten allein in den Jahren 1966 bis 1985 die Arbeitsplätze von insgesamt mehr als 1,5 Millionen Deutschen erhalten werden.

Die bislang geäußerte Meinung einflussreicher Wirtschaftsinstitute, dass nämlich »Ausländer den Deutschen die Arbeitsplätze nicht wegnehmen« (DIW in Berlin, Frankfurter Rundschau, 16.9.1984 S. 1), stellt also lediglich die halbe Wahrheit fest. Die ganze Wahrheit müsste vielmehr lauten: Ausländische Arbeitnehmer haben in den Jahren 1966 bis 1985 mehr als 1,5 Mio. deutschen Arbeitern wegen ihrer Pufferfunktion geholfen, ihre Arbeitsplätze zu erhalten.

Bei dieser Feststellung wurde ein anderer arbeitsmarktpolitisch wichtiger Aspekt nicht berücksichtigt. 7,3 Millionen Nichtdeutsche[270] sichern die Arbeitsplätze Hunderttausender durch ihre Nachfrage im infrastrukturellen und im Versorgungsbereich, im Bau-, Wohn-, Vorschul-, Schul-, Gesundheits- und Dienstleistungssektor und nicht zuletzt als Konsumenten. Eine Studie der Stadt Düsseldorf weist in diesem Zusammenhang nach, dass das plötzliche Fehlen der »Gastarbeiter« die Arbeitslosigkeit vermehren würde (Frankfurter Rundschau, 30.1983 S. 38). H. Schumacher kommt in seiner Arbeit auch zu diesem Ergebnis: »Würden die Ausländer Deutschland verlassen, so rissen sie Lücken, die die Deutschen nur zum geringsten Teil schlissen konnten oder wollten.«[271]

---

[268] s. Tabelle 1: Veränderungen bei Ausländern und registrierten Arbeitslosen, S. 142

[269] Diese Zahlen beinhalten nicht die Gesamtrückkehr, da die Neueinstellung aus den Reihen der zweiten Ausländergeneration und nachgereisten Ehegatten seit 1973 nicht abgezogen worden sind. Solche Angaben existieren nicht

[270] Rechnete man zu dieser Zahl aus dem Jahr 2003 die bereits Eingebürgerten hinzu, so käme man auf über 10 Mio. Einwanderer.

[271] Vgl. Schumacher, H., Einwanderungsland BRD, Düsseldorf 1995, S.55-56

Das Rheinisch-Westfälische Institut für Wirtschaftsforschung kommt ebenfalls zu dem Ergebnis, dass die Zuwanderung mit vielfältigen Effekten die Arbeitslosigkeit in Westdeutschland vermindert hat und es dadurch kaum zu »Verdrängungen« deutscher Arbeitnehmer gekommen sei.[272] Außerdem leisten die Nichtdeutschen als Selbstständige für die Beschäftigung und die Wirtschaft Deutschlands einen beachtlichen Beitrag. Im Jahre 2000 betrug die Zahl der nichtdeutschen Selbstständigen 258.000, bei denen mehr als eine Millionen Menschen beschäftigt sein dürften.[273] Ende 2002 betrug die Zahl der türkischen Selbstständigen in Deutschland 56.800, von denen ca. 290.00 Personen beschäftigt wurden. Ihr Umsatz erreichte im gleichen Jahr 26 Mrd. Euro.[274]

Entwicklungshilfe für Deutschland durch Arbeitsimmigration

In Publikationen wird höchst selten auf die Kosten eines ungelernten, angelernten und qualifizierten Arbeiters von der Geburt bis zum arbeitsfähigen Alter eingegangen. Notwendigerweise entstehen den Eltern, den Gemeinden und dem Staat eines jeden Arbeitsimmigranten bis zum arbeitsfähigen Alter erhebliche Kosten. Diese werden in den einzelnen Ländern in unterschiedlicher Verteilung von den Familien oder vom Staat aufgebracht.

In dem fünften Familienbericht der Bundesregierung von 1994 wurden die Erziehungskosten pro Kind allein bis zum 18. Lebensjahr auf durchschnittlich 380 000 DM geschätzt. In dieser Summe sind die entgangenen Einkommenschancen der Eltern nicht berücksichtigt. Nach Berechnungen des wissenschaftlichen Beirats für Familienfragen betragen diese Kosten dann sogar 576 000 DM.[275]

Wir dürfen davon ausgehen, dass diese Kosten in 1960er und 1970er Jahren aufgrund der Preissteigerungen nur etwa halb so hoch waren wie in den 1990er Jahren und kalkulieren daher für die Erziehungskosten mit 250.000 DM pro Person.

Wie oben erwähnt waren 1974 in den Ländern Westeuropas rund 7,8 Mio. ausländische Arbeiter tätig. Rechnen wir dies hoch, so ergibt sich für Westeuropa eine Ersparnis an Erziehungskosten von 1.950 Mrd. DM.

Im gleichen Jahr waren in der Bundesrepublik 2,286 Mio. Ausländer tätig. Demnach dürfte die hierdurch erzielte Ersparnis für Deutschland bei rund 571

[272] Vgl. von Loeffelholz / Köpp, a.a.O., S.147ff
[273] Vgl. den Bericht der Beauftragten der Bundesregierung für Ausländerfragen, Berlin und Bonn, Sept. 2002, S. 308
[274] Vgl. Yumuşak, A. / Hunger, L., Türkiesche Unternehmer in Deutschland, Berlin 2003, S.41
[275] Vgl. Bericht der Unabhängigen Kommission Zuwanderung, Berlin 4. Juni 2001, S.35

Mrd. DM liegen. Im gleichen Jahr waren rund 617.000 Arbeiter aus der Türkei in der Bundesrepublik tätig. Das heißt, dass allein die Entwicklungshilfeleistung der Türkei an die Bundesrepublik Deutschland 154 Mrd. DM betrug. Ich habe für diese Rechnung bewusst nicht auf die jüngsten Zahlen zurückgegriffen, weil dann von den jetzigen Zahlen die zwischzeitlich in der Bundesrepublik aufgewachsenen jungen Arbeiter hätten subtrahiert werden müssen.

Nicht außer Acht lassen dürfen wir dabei die Tatsache, dass ein Teil der angeworbenen Arbeitnehmer über berufliche Qualifikationen verfügte. Laut einer repräsentativen Untersuchung aus dem Jahre 1972 hatten 40% der männlichen und 25% der weiblichen ausländischen Arbeiter in ihrer Heimat bereits eine berufliche Ausbildung erhalten.[276]

Nach Berechnungen der »Organisation für wirtschaftliche Zusammenarbeit und Entwicklung« der Industriestaaten (OECD) sparten allein die damaligen EWG Staaten Mitte der 70er Jahre durch den Einsatz ausländischer Arbeiter jährlich pro Arbeitnehmer rund 3.000 £, damals mehr als 10.000 DM. Für die Gesamtbeschäftigten Ausländischen Arbeiter in der damaligen EWG wurde ein Ersparnis von 21 Milliarden £ Sterling jährlich errechnet.[277]

Beitrag der Ausländer für Wirtschaft und Gesellschaft

Der Beitrag ausländischer Arbeitnehmer und ihrer Familienangehörigen zur Steigerung des Volkseinkommens, der Produktivität und des Lebensstandards wird allgemein bejaht. »Auch sind sich alle maßgeblichen Stellen, Arbeitgeber, Gewerkschaften wie Regierung, über positive Beurteilung der Ausländerbeschäftigung hinsichtlich des Wirtschaftswachstums einig.«[278]

»Der von Ausländern bewirkte Zuwachs am Bruttosozialprodukt ist nach Abrechnung des Konsums dieser Arbeitnehmer eine ‚echte' zusätzliche Güterversorgung für die deutsche Volkswirtschaft«[279], so der ehemalige Wirtschaftsminister Karl Schiller.

Der Beitrag der ausländischen Bevölkerung zur Steigerung der Produktivität und am Wachstum des Bruttoinlandsproduktes ist beachtlich. Nach Kubusch war

---

[276] Frey, M., Die Beschäftigung ausländischer Arbeitnehmer, in: Frey, M., Müller, U. (Hrsg.), Ausländer bei uns – Fremde oder Mitbürger? Bundeszentrale für politische Bildung, Bonn 1982, Bd. 186, S. 69

[277] Vgl. Nitsche, J., Die Ausbeutung ausländischer Arbeitskräfte in der BRD, in: IPW-B, 4/1975, S.39, z.N. Bech,R./Faust,R., Die sogenannten Gastarbeiter – Ausländische Beschäftigte in der BRD, Frankfurt a.M. 1981, S.55)

[278] Salowsky, H. / Schiller, G., a.a.O., S. 31

[279] Aus einer Antwort des Bundesministers für Wirtschaft, Prof. Karl Schiller, auf eine kleine Anfrage der Fraktion der FDP, in: Informationen zur Ausländerbeschäftigung Nr. 7/8/1967, S. 64

das Produktivitätsniveau bei den ausländischen Arbeitern für die Jahre 1960-1972 durchgehend höher als bei ihren deutschen Arbeitskollegen. Der Anteil der Ausländer am Wirtschaftswachstum stieg in diesem Zeitraum von 14,4% im Jahre 1961 auf 35,2%[280] im Jahre 1972.[281]

Leider gibt es bis heute kaum wissenschaftliche Untersuchungen über den vielfältigen ökonomischen Beitrag der Migranten in den letzten 50 Jahren in Deutschland. Einen Versuch immerhin unternehmen von Loeffelholz und Köpp in ihrer Arbeit »die ökonomische Auswirkung der Zuwanderung nach Deutschland.« Nach ihrer Modellrechnung entstanden von 1988 bis 1991 zusätzlich 85.000 Arbeitsplätze. Das Sozialprodukt lag 1991 um 5% höher als ohne Zuwanderung, und die durchschnittliche Wachstumsrate war um 1,3% höher, als ohne Migration. Die aus der Mehrbeschäftigung, dem erhöhten Gewinn und dem Mehrverbrauch resultierenden zusätzlichen Steuer- und Beitragseinnahmen betrugen insgesamt ca. 50 Mrd. DM.[282]

Einwandererbevölkerung – Ent- oder Belastung für den Sozialstaat?

Bekanntlich wurden infolge der Anwerbeverträge mit den Herkunftsländern Arbeitskräfte angeworben, deren Alter sich zwischen 20 und 35 Jahren bewegte. So bestand bis Anfang der siebziger Jahre der überwiegende Teil der ausländischen Wohnbevölkerung ausschließlich aus Erwerbspersonen. Erst im Laufe der siebziger Jahre hat sich der Anteil ausländischer Kinder und Nichterwerbspersonen an der ausländischen Bevölkerung schrittweise erhöht.

Noch 1970 betrug die Erwerbsquote bei Ausländern 70,8%, bei der deutschen Bevölkerung dagegen nur 42,7%. Durch den Nachzug der Familienangehörigen der Einwanderer hat sich dieses Bild erheblich gewandelt. 1983 betrug die Erwerbsquote bei den Nichtdeutschen 51,3% und bei den deutschen 46,1%.[283]

Die Nichtdeutsch Bevölkerung ist im Vergleich zu der deutschen nach wie vor deutlich jünger. 2001 waren 20% von ihnen unter 18 Jahre alt, rund 80% zwischen 18 und 65 Jahre und nur rund 5% älter als 65. Bei der deutschen Bevölkerung betrugen diese Zahlen für das Jahr 2000 18,5%, 63,7% und 17,8%.[284]

---

[280] Berechnet nach Preisen von 1962

[281] Kubisch, D., Der Beitrag der Ausländer zum Wirtschaftswachstum, in: Arbeit und Sozialpolitik Heft 11/1974, S.421

[282] Vgl. von Loeffelholz, H. D. / Köpp, G., Ökonomische Auswirkungen der Zuwanderung nach Deutschland, Berlin 1998, S. 150 und 125

[283] Wirtschaft und Statistik 9/84, S. 760

[284] Vgl. Beauftragte der Bundesregierung für Ausländerfragen, Bericht, Berlin und Bonn Sept. 2002, S. 265

Wegen ihrer günstigeren Altersstruktur leisteten und leisten die nichtdeutschen Beschäftigten weiterhin einen entscheidenden Beitrag zur Sicherung der Renten. In den 1950er, 1960er und 1970er Jahren waren sie fast ausschließlich Rentenzahler, ohne selbst Rente zu beziehen. So betrugen beispielsweise die Beiträge ausländischer Arbeitnehmer zur Rentenversicherung in 1980 und 1981 20,7 Mrd. DM. Als Beitragserstattung erhielten die Rückkehrer den selbst eingezahlten Anteil in Höhe von lediglich 691 Mio. DM zurück.[285]

Leider fehlen von vielen Jahren genauere Angaben über die von nichtdeutschen Beschäftigten geleisteten Rentenbeiträge und darüber, wieviel an Rentenleistungen in Anspruch genommen wurde.

Nach einer groben Schätzung des Verbands deutscher Rentenversicherungsträger (VDR) auf Basis einer Sonderauswertung der versicherungspflichtig Beschäftigten, haben die nichtdeutschen Beschäftigten in den Jahren 1993-2003 insgesamt 118,8 Milliarden Euro in die Rentenkasse eingezahlt. Im gleichen Zeitraum erhielten sie 61,6 Milliarden Euro an Rente.[286] Wie zu sehen ist, beträgt die Zahlungen der Nichtdeutschen Beschäftigten an die Rentenkasse, nach 50 jährige Migration auch heute fast doppelt so viel, wie sie als Rente erhalten.

Die Arbeitsimmigranten haben bis Anfang der achtziger Jahre einen großen Beitrag auch für die Kassen der Arbeitslosenversicherungen geleistet. Wie oben ausgeführt, hat bei den Wirtschaftsrezessionen der Jahre 1966/67 und 1973/78 sowie in den nachfolgenden Jahren der größte Teil der arbeitslos gewordenen Ausländer die Bundesrepublik verlassen müssen oder auch freiwillig verlassen. Das bedeutet, dass die Immigranten zwar jahrelang für die Arbeitslosenversicherung Beiträge zahlten, bei der Arbeitslosigkeit jedoch davon kaum Gebrauch machten oder machen konnten. Leider sind hierzu keine näheren Angaben möglich, da das Arbeitslosengeld nicht getrennt nach Ausländern und Deutschen ausgewiesen wird.

Aus den genannten Gründen haben diejenigen Ausländer, die das Land haben verlassen müssen, nach einer Arbeitslosigkeit auch von Sozialhilfe kaum Gebrauch machen können. Erst seit Anfang der 80er Jahre kommen auch die arbeitslosen Ausländer in den Genuss von Arbeitslosengeld und Sozialhilfe, weil dies durch ihre verfestigte aufenthalts- und arbeitsrechtliche Lage möglich ist. Da die Arbeitslosigkeit bei den Arbeitsimmigranten z. Zt. mit über 18% weit über der deutschen Arbeitslosen liegt, machen sie in den letzten Jahren von Arbeitslosengeld und Sozialhilfe entsprechend überdurchschnittlichem Gebrauch.

---

[285] Vgl. Verband Deutscher Rentenversicherungsträger, Sonderauswertung von Edgar Kruse, 23. 8.2004

[286] Ebda.

Eine der jüngsten Analysen von vom Rheinisch-Westfälischen Institut für Wirtschaftsforschung[287] macht deutlich, dass die Einnahmen des Staates aus Beiträgen von Migranten weit größer sind, als die Ausgaben für sie. Am Beispiel der starken Zuwanderungswelle der Jahre 1988 bis 1995 analysieren die Verfasser die Auswirkungen auf die wirtschaftliche Entwicklung durch die in diesem Zeitraum eingewanderten 5,4 Millionen Migranten, von denen etwa die Hälfte Erwerbpersonen waren. Diese überdurchschnittlich Hohe Einwanderung ist vor allem durch einen starken Anstieg von Aussiedlern und Flüchtlingen zu erklären. Von diesen Erwerbpersonen fanden nach Schätzung der obigen Analyse zwei Drittel eine Beschäftigung. Eine Gegenüberstellung der Zuwanderungsbedingten Einnahmen und -ausgaben des Staates (Bund, Länder und Gemeinden) für das Jahr 1995 kommt zu folgendem Ergebnis:

Die Zuwanderer zahlten rund 15 Mrd. DM an Steuern und 20 Mrd. DM an Sozialabgaben, davon für Rentenversicherung 10, für Kranken und Pflegeversicherung 6,1 und Arbeitslosenversicherung 3,5 Mrd. DM. Für diese Zuwanderer betrugen die Ausgaben des Staates dagegen aus Steuermitteln 8,5 Mrd. DM und an Sozialleistungen 11 Mrd. DM, davon aus der Rentenversicherung 7, aus der Kranken und Pflegeversicherung 1 und aus der Arbeitslosenversicherung 4 Mrd. DM. Somit blieb dem Staat für das Jahr 1995ein Überschuss von insgesamt 23,5 Mrd. DM.[288]

Bekanntlich dürfen die Asylbewerber während des Antragsverfahrens nicht arbeiten. Im Gegensatz zu den Ausländern erhalten die Aussiedler vom Staat Eingliederungshilfen oder Rente, und zwar aufgrund ihrer in den Herkunftsländern erworbenen Ansprüche. Obwohl lediglich zwei Drittel der Eingewanderten dieser Jahre eine Beschäftigung fanden, hat der Staat für diese Personengruppe einen beachtlichen Überschuss bei den Transferzahlungen für diesen Zeitraum erzielen können.

Wie groß die Einnahmen des Staates durch die sogenannten Gastarbeiter, die in sehr großer Zahl sozialversicherungspflichtig beschäftigt waren und kaum die genannten Leistungen des Staates in Anspruch nahmen, in den sechziger, siebziger und achtziger Jahren gewesen sind, wird durch diese Analyse deutlich.

»Bezieht man alle 1995 in Deutschland lebenden reichlich 7 Millionen Ausländer mit in die Betrachtung ein, so zeigen aktuelle Untersuchungen, welche Bedeutung die Immigranten für die öffentlichen Finanzen haben. Z. Zt. bringen sie im Verhältnis zu ihrem Anteil an den Erwerbspersonen von 8% auch Steuern und Beiträge auf, was einer Summe von rund 100 Mrd. DM entspricht«.[289] Da-

[287] Vgl. von Loeffelholz, H-D./Köpp, G., Ökonomische Auswirkungen der Zuwanderungen nach Deutschland, Berlin 1998

[288] Vgl. von Loeffelholz, von, u.a., a.a.O., Tabelle 20, S. 95

[289] von Loeffelholz, /Köpp, a.a.O., S. 99 und S. 100

von entfallen laut den Autoren auf Steuern 60 Mrd. DM, auf Beiträge zur Rentenversicherung 20 Mrd., an die Krankenversicherung 13 Mrd., an die Arbeitslosenversicherung 6 Mrd. und an die Pflegeversicherung1 Mrd. DM.

Im Vergleich zu den Gesamtleistungen des Staates an die Nichtdeutschen, darunter auch an Asylbewerber, »bleibt ein Überschuss in der Größenordnung von 20 bis 35 Mrd. DM p.a.«[290]

Der Anteil der Nichtdeutschen an Sozialhilfebezügen hat sich von 8% im Jahre 1980 auf 25% im Jahre 1998 erhöht. Ihre Sozialhilfequote ist damit dreimal höher als bei den Deutschen.[291] Selbst unter Berücksichtigung dieser Entwicklung »[…] ist davon auszugehen, dass die Mehreinnahmen an Steuern und Sozialbeiträgen durch die bisherige Zuwanderung die Mehrausgaben an zu leistenden Transfers deutlich übersteigen«, so die Bewertung der Unabhängigen Kommission Zuwanderung.[292]

Selbst in einer Zeit, in der die Nichtdeutschen von Arbeitslosigkeit doppelt so hoch betroffen sind, wie die deutsche Bevölkerung und sie daher weit mehr an Arbeitslosengeld, Sozialhilfe oder Wohngeld in Anspruch nehmen müssen, stellen sie keinesfalls eine finanzielle Belastung für den Staat und für die Sozialkassen dar, wie oft behauptet wird. Sie leben nicht auf Kosten und zu Lasten des Sozialstaates, sondern zahlen vielmehr durch ihre Arbeit Jahr für Jahr Dutzende von Milliarden an Beiträgen an die Staats- und Sozialkassen mehr, als sie selbst an Transferleistungen erhalten.

In ihrer eingehenden Analyse von den ökonomischen Auswirkungen der Zuwanderung nach Deutschland kommen Loeffelholz und Köpp zu folgendem Ergebnis: »Die Immigranten tragen durch namhafte Steuer- und Beitragszahlungen spürbar zur Finanzierung der öffentlichen Güter und Leistungen bei; diese werden indes von Zuwanderern eher unterproportional in Anspruch genommen.“[293]

Ausländische Bevölkerung als Konsumenten und Sparer

Einen nicht zu übersehenden Beitrag für die Wirtschaft leistet die ausländische Bevölkerung durch ihren Konsum und ihre Spareinlagen bei deutschen Banken. Da die ausländischen Haushalte in den 1970er und 1980er Jahren einen großen Nachholbedarf bei langlebigen Konsumgütern aufwiesen, ging von ihnen eine

[290] Ebda. S. 100
[291] Vgl. Lebenslagen in Deutschland, Der erste Armuts- und Reichtumsbericht der Bundesregierung, Berlin 2001, S. 210
[292] Bericht der Unabhängigen Kommission Zuwanderung, a.a.O., S. 77
[293] Ebda., S.149

beachtliche Steigerung der Nachfrage aus. Der jährliche Beitrag der Ausländer zur Nachfrage wurde von Experten Anfang der 1980er Jahre auf 40 bis 50 Milliarden DM geschätzt.[294]

Mit längerer Verweildauer und der zunehmenden Absicht großer Teile der Ausländer, sich dauerhaft in der Bundesrepublik niederzulassen, hat sich besonders in den letzten Jahren auch die Sparneigung der Ausländer bei den Banken der Bundesrepublik beachtlich gesteigert. Nach einer Untersuchung über die Jahre 1984-1993 lag das durchschnittliche monatliche Bruttoeinkommen nichtdeutscher Arbeitnehmer um 7,7% niedriger als das ihrer deutschen Kollegen. Dennoch steig der Anteil der Sparer/innen unter den Befragten Migranten von 52% im Jahre 1985 auf 60% im Jahre 1995. Somit hat sich die Sparneigung der Nichtdeutschen Bevölkerung an die der Deutschen angenähert. Dies ist auch dadurch zu erklären, dass der Anteil derjenigen, die in die Herkunftsländer Geldtransfers vornahmen im gleichen Zeitraum von 37 auf 26% zurückgegangen ist.[295] Die Zahl derer, die in Deutschland eine Wohnung oder ein Haus kauften oder bauten, ist im letzten Jahrzehnt erheblich gestiegen. 1995 hatten rund 25% der befragten Nichtdeutschen einen Bausparvertrag. Die Hälfte von ihnen äußerte den Wunsch, in Deutschland zu bauen.[296] Laut einer Erhebung wollen 55% der Befragten Deutschlandtürken zukünftig nur in Deutschland investieren, 32% dagegen nur in der Türkei und 13% in beiden Ländern.[297] Noch bis vor einem Jahrzehnt nahmen die meisten der Deutschlandtürken ihre Investitionen lieber in Türkei vor.

Weiterhin wird jedoch ein Teil der Ersparnisse zur Unterstützung der Familienangehörigen in die Herkunftsländer überwiesen, wenn auch mit stetig abnehmenden Trend. In diesem Zusammenhang sollte nicht außer acht gelassen werden, dass selbst große Teile der in die Herkunftsländer transferierten Ersparnisse der Arbeitsimmigranten zu einem erheblichen Teil für Importe aus der Bundesrepublik genutzt werden und somit auch der Wirtschaft der Bundesrepublik zugute kommen. Diese erreichten in den Jahren 1960-1984 allein nach Italien, Spanien, Griechenland, der Türkei, Ex-Jugoslawien und Portugal die enorme Summe von 123 Mrd. DM. Dass ein wichtiger Teil dieses Geldes wieder nach Deutschland floss, kann beispielsweise an der Entwicklung der Handelsbeziehungen zwischen der Türkei und der Bundesrepublik genau abgelesen werden. Die Importe der Türkei aus der Bundesrepublik sind parallel zu der steigen-

---

[294] Vgl. Vorwärts, 17. Febr. 1983, S. 15

[295] Vgl. Mitteilungen der Beauftragten der Bundesregierung für Ausländerfragen, Bericht, Berlin und Bonn 2000, S. 145ff

[296] Ebda., 1997, S. 54

[297] Vgl. Sauer, M., Sozioökonomische Lage, Spar- und Investitionsverhalten türkischer Migranten in Deutschland, Zentrum für Türkeistudien, Ergebnisse einer repräsentativen Befragung, Essen, Mai 2000, S. 32

den Zahl türkischer Arbeiter in der Bundesrepublik beachtlich gestiegen. Rund die Hälfte des gesamten Im- und Exportes der Türkei innerhalb der EG in den siebziger Jahren und knapp ein Drittel seit 1980 wird allein mit der Bundesrepublik Deutschland getätigt. So floss ein beachtlicher Teil der Überweisungen der türkischen Arbeiter im gleichen Zeitraum in Höhe von 40 Mrd. DM für Importe aus der Bundesrepublik Deutschland wieder zurück.

Laut einer Schätzung der Bundesbank betrugen die Heimatüberweisungen der nichtdeutschen Bevölkerung 1984 rund 9,0 Mrd. DM, sie gingen aber kontinuierlich zurück und fielen 1997 auf 7,5 Mrd. DM; 1998 auf 6,9 Mrd. DM und 1999 auf 3,4 Mrd. DM.[298]

Die Wirtschaft ist auch in Zukunft aufArbeitsimmigranten angewiesen

Seit Beginn der 1980er Jahre erlebte die Bundesrepublik Deutschland die schwerste und längste Wirtschaft- und Beschäftigungskrise ihrer Geschichte. Trotz arbeitsrechtlicher Nachteile, die Teile der ausländischen Arbeitskräfte bei Vermittlung und Besetzung von Arbeitsplätzen gegenüber ihren deutschen Arbeitskollegen sowie EG-Angehörigen stark benachteiligen, behielten knapp zwei Mio. ausländische Arbeitnehmer ihren Arbeitsplatz. Diese Tatsache zeigt, dass die deutsche Wirtschaft selbst in der schwersten Wirtschaftskrise auf die nichtdeutschen Arbeitnehmer angewiesen war. Selbst bei einer Arbeitslosigkeit von über 4,5 Millionen Menschen fehlen der deutschen Wirtschaft bekanntlich in manchen Bereichen qualifizierten Fach- und Führungskräfte. Das neue Zuwanderungsgesetz geht auf diese Forderung der deutschen Unternehmer ein und lockert den seit 1973 geltenden allgemeinen Anwerbestop für ausländische Arbeitskräfte.

Dass ein hoch entwickeltes Land wie Deutschland seinen Bedarf an Fachkräften nicht aus eigenen Potentialen decken kann, zeigt vor allem auch Fehlentwicklungen bei der Schul-, Hochschul-, Aus- und Weiterbildungspolitik auf. Hier sind entschiedene Korrekturen und Maßnahmen dringend geboten. Bei rund 4,4 Millionen Arbeitslosen im Jahre 2002, darunter 165.855 Ingenieure, Chemiker, Physiker, Mathematiker, Techniker und technische Sonderfachkräfte, sollte dies eigentlich möglich sein.

Ein ganz gravierendes Problem stellt außerdem die rasch zunehmende Altersstruktur der deutschen Bevölkerung dar. Zugleich nimmt die Bevölkerung ab. Dennoch gehen viele Modellrechnungen davon aus, dass Deutschland gerade

---

[298] Vgl. Bericht der Beauftragten der Bundesregierung für Ausländerfragen, a.a.O., Sept. 2002, S. 316

wegen dieser demographischen Entwicklung auch in Zukunft auf die Einwanderung ausländischer Arbeitskräften angewiesen bleiben wird.

Ohne weitere Zuwanderung und bei gleich bleibender Kinderzahl pro Frau würde die Bevölkerung Deutschlands von derzeit 82 Mio. auf 60 Mio. im Jahre 2050 sinken. Die Zahl der Erwerbpersonen würde dramatisch abnehmen, und zwar von heute 41 Mio. auf dann nur noch 26 Mio.[299]

Aufgrund dieser seit langem andauernden Entwicklung kommen ganz erhebliche Finanzierungsprobleme auf die Kassen der Renten-, Kranken- und Pflegeversicherung zu, führen aber auch zu großen Einnahmeverlusten beim Steueraufkommen. Die von der Bundesregierung aus SPD und Bündnisgrünen eingeleiteten Reformen, welche die Sozialleistungen erheblich schmälern und zu heftigen Reaktionen der Wählerinnen und Wähler insbesondere wegen der als ungerecht empfundenen Lastenverteilung führen, sind nicht nur Folgen der andauernden Arbeitslosigkeit, sondern haben auch mit der zunehmenden Vergreisung der deutschen Gesellschaft zu tun.

Deutschland, aber auch viele andere EU-Staaten sind auf mehr Kinder und junge Menschen angewiesen. Ganz offensichtlich muss an erster Stelle die Familienpolitik mit verbesserten Fördermaßnahmen dieser Lage Rechnung tragen. Es kann nicht angehen, dass Eltern aus finanziellen Gründen oder aufgrund erheblicher Defizite im betreuerischen Bereich auf Nachwuchs verzichten. Auch das allgemeine gesellschaftliche Klima und das Umfeld, das in Deutschland nicht gerade als kinderfreundlich bezeichnet werden kann, müsste durch Aufklärungsmaßnahmen verbessert werden.

[299] Vgl. den Bericht der »Unabhängigen Kommission Zuwanderung«, Berlin 4.Juli 2001, S. 28

7 Ein Leben im Wohlstand-Ghetto ist perspektivlos

»Bewachte Wohnanlagen mit Aufpassern, Schlagbäumen und Videokontrolle sind ein blühendes Geschäft – jetzt auch in Europa. Als Gegenmodell zu Slums und Armenvierteln prägen ‚Gatet Communities' die Ballungsräume der Zukunft«[300]*, Der Spiegel*

Der Druck aus den weniger entwickelten Ländern und Regionen der Welt in die entwickelten Staaten aufgrund Zuwanderung und Flucht hat in den letzten beiden Jahrzehnten enorm zugenommen. Hunderte Millionen von Menschen aus den so genannten Entwickelungsländern versuchen mit allen Mitteln und auf jede erdenkliche Weise, den erbarmungslosen und unmenschlichen Lebensbedingungen, Hunger, Armut, Elend, Krieg- und Bürgerkrieg, den politischen Repressalien und den nachhaltigen Folgen der Umweltkatastrophen zu entfliehen. Nur einem Bruchteil dieser Menschen, Schätzungen gehen von ein bis zwei Prozent aus, gelingt es unter größten Opfern und Schwierigkeiten, in die entwickelten Wohlfahrtstaaten zu gelangen. »Die armen und ärmsten Länder tragen die Hauptlast dieser Wanderungsbewegungen«[301].

Deutschland gehört unter den entwickelten Industriestaaten zu einem der Zielländer, die in den Jahren 1980 bis 2000 insbesondere für Asylsuchende äußerst begehrt waren. Für die Arbeitsmigranten hatte Deutschland mit dem allgemeinen Anwerbestop im Jahre 1973 diesen Weg verbaut. Nur noch Kinder unter 16 Jahren und Ehegatten dürften zu ihren in Deutschland lebenden Vätern und Müttern bzw. dem Ehegatten nachziehen. Für Flucht und Zuwanderung nach Deutschland blieb also nur noch der Weg des politischen Asyls. Die Zahl der Asylsuchenden stieg sprunghaft von 5.289 im Jahre 1972 auf 107.818 im Jahre 1980 an und erreichte 1992 mit 438.191 den höchsten Stand. Mit der Zunahme der Asylgesuche sank die offizielle Anerkennungsquote des Bundesamtes für die Anerkennung ausländischer Flüchtlinge auf gerade einmal 4,3%.[302]

Die tatsächliche Anerkennungsquote wird jedoch nach den Entscheidungen der Gerichte über die Widerspruchanträge der abgelehnten Asylbewerber weit höher geschätzt. Laut Angaben der Ausländerbeauftragten der Bundesregierung, Marieluise Beck, dürfte die jährliche Anerkennungsquote bei rund einem Viertel der Asylantragsteller liegen. Ein weiteres Viertel der Asylsuchenden erhält einen Abschiebeschutz gemäß der Genfer Flüchtlingskonvention, weil in ihren Her-

[300] Der Spiegel, 25.10.2004
[301] Vgl. Meier-Braun, K.-H., Deutschland, Einwanderungsland, Frankfurt/M. 2002, S. 173
[302] Vgl. Datenreport 2002, Statistisches Bundesamt (Hg), Bonn 2002, S. 49

kunftsländer Krieg oder Bürgerkrieg herrscht. So gesehen erhält rund die Hälfte der Asylantragsteller ein Bleiberecht in Deutschland.[303]

Diese in der Tat auffallend große Zunahme bei den Asylsuchenden in Deutschland – europaweit verzeichnete Deutschland bis Mitte der 90er Jahre die weitaus meisten Asylanträge – löste eine höchst kontroverse Diskussion unter den politischen Parteien und in der Öffentlichkeit aus. Die Unionsparteien machten hierfür das liberale Asylrecht im deutschen Grundgesetz verantwortlich. Die Väter des Grundgesetzes, die zum Teil selbst Opfer politischer Verfolgung durch die Nationalsozialisten geworden waren und ins Ausland fliehen mussten, hatten weltweit eines der liberalsten Asylgesetze geschaffen, denen sogar Verfassungsrang zukam. »Politisch verfolgte genießen Asylrecht« lautete Art. 16 des Grundgesetzes.

Mit Schlagworten wie »Asylmissbrauch«, »Scheinasylanten«, »Wirtschaftsasylanten« oder »Asylantenschwemme« wurden ab 1980 Wahlkämpfe geführt. Gleichzeitig wurden durch zahlreiche Gesetzesänderungen Maßnahmen zur Abschreckung weiterer Flüchtlinge vorgenommen, wie eine Beschleunigung der Asylverfahren, Beschränkungen bei oder Verbot der Arbeitsaufnahme für Asylbewerber, Einführung der Visumpflicht für Bürger aus Ländern, aus denen die meisten Flüchtlinge erwartet wurden, Kürzung von Leistungen sowie eine Umstellung der Versorgung der Asylbewerber von Geldzahlungen auf Sachleistungen. Zugleich wurden die abgelehnten Asylantragsteller vermehrt abgeschoben.

Das infolge der heftigen Auseinandersetzungen zwischen den politischen Parteien, in den Medien und in der Öffentlichkeit erzeugte politische Klima begünstigte eine ausländerfeindliche und rassistische Stimmung und führte vermehrt zu Straftaten gegen die nichtdeutsche Bevölkerung. Dies lässt sich anhand der Zahl der rassistischen and ausländerfeindlichen Angriffe Anfang der 1990er Jahre belegen. Allein im Jahre 1993 registrierte das Bundesinnenministerium über 6.000 Straftaten mit fremdenfeindlichem Hintergrund.

Mit der Änderung/Ergänzung von Art.16 Grundgesetz im Jahre 1993 wurde für Flüchtlinge das Erreichen der Bundesrepublik Deutschland ganz massiv erschwert. Alle Nachbarländer der Bundesrepublik Deutschland wurden zu »sicheren Drittstaaten« und viele der Länder, aus denen die Flüchtlinge kamen, zu »sicheren Herkunftsländern« erklärt. Flüchtlinge, die aus solchen »sicheren Ländern« nach Deutschland kamen, wurden ohne weitere Prüfung sofort in die Einreiseländer zurückgeschickt. Aufgrund all dieser Maßnahmen und der Änderung des Grundgesetzes ging die Zahl der Asylanträge kontinuierlich zurück, im Jahre 2003 bis auf 50.563, also nur noch ein Achtel der Zahlen von 1992.[304]

---

[303] Vgl. Beck, M., Die fünf Mythen des Asylrechts, in: Die Zeit, 9.Nov. 2000, S. 12

[304] Vgl. Bundesamt für die Anerkennung ausländische Flüchtlinge, 11.1.2004

Spätestens nach dem wochenlangen Tauziehen um die Landeerlaubnis für das Schiff »Cap Anamur« von »Ärzte ohne Grenzen« im Juni 2004 mit zahlreichen aus Seenot geretteten Flüchtlingen an Bord, dürfte deutlich geworden sein, wie brisant und dringlich eine humane europäische Flüchtlingspolitik geboten ist. Die Cap Anamur bemüht sich seit Jahren um die Rettung von Flüchtlinge, die mit kaum seetüchtigen Booten versuchen, von Afrika aus das südeuropäische Festland über das Mittelmeer zu erreichen.

In den letzten Jahrzehnten sind viele Hunderte Flüchtlinge bei diesem Versuch ums Leben gekommen. Europa hat sich für Menschen, die aus politischen, sozialen, ökologischen oder auch ökonomischen Gründen aus ihrer Länder fliehen, regelrecht zu einer unerreichbaren und uneinnehmbaren Festung gewandelt, die nur noch unter Einsatz des Lebens zu erreichen ist.

Die Cap Anamur leistet damit eine humanitäre Arbeit, die Respekt und Hochachtung verdient. Erst nach dreiwöchigem hin und her über die Zuständigkeiten durfte das Schiff einen italienischen Hafen anlaufen. Doch diese Rettungsaktion wurde kriminalisiert. Der Chef der Cap Anamur, Elias Bierdel, wurde wie auch alle afrikanischen Flüchtlinge in Polizeigewahrsam genommen und nach wenigen Tagen ausgewiesen.

Dieser Fall machte der Weltöffentlichkeit zum einen deutlich, wie groß der Drang der Menschen aus den wenig entwickelten und meist ums nackte Überleben kämpfenden Menschen ist, die Elend, Krieg und Hungersnot zu entfliehen versuchen. Zum anderen wurde auch offenbar, wie sehr sich die EU von diesen Flüchtlinge und ihren Problemen abschottet und wie sehr sich jeder EU-Staat damit seiner Verantwortung für diese Zustände entzieht.

Der Vorschlag von Bundesinnenminister Schily, Auffanglager für Flüchtlinge in Nordafrika zu errichten, macht ungeschminkt deutlich, wie weit die Überlegungen reichen, um die Flüchtlinge von Europa fernzuhalten. Unter der Überschrift »Europa als asylfreie Zone« fasste Herbert Prantl diese Überlegungen in der Süddeutschen Zeitung zutreffend zusammen: »Auf keinem anderen Gebiet hat die Bundesregierung, hat Innenminister Otto Schily die Politik seiner Vorgänger aus der CDU und CSU so zielstrebig fortgesetzt. Sie zielt darauf, die EU zur asylfreien Zone zu machen. Sie verdrängt Schritt für Schritt das Recht aus dem Asylrecht. [...] Schutz gibt es nicht mehr in Deutschland und nicht mehr in der EU, sondern allenfalls weit weg, weit weg auch von der Kontrolle durch Justiz und Öffentlichkeit: in Flüchtlingslagern in Afrika. [...] Es erfüllt sich ein Satz, der einst als Sarkasmus galt: Flüchtlinge genießen Asyl – aber nicht in Deutschland«[305]

[305] Süddeutsche Zeitung, 21.Juli 2004

Europa aber darf vor den sich dramatisch verschlechternden Lebensbedingungen in vielen Ländern dieser Erde die Augen nicht verschließen. Europa muss – und dieser Kontinent ist dazu auch durchaus in der Lage – eine vernünftige und humane Antwort auf die Flüchtlingsfrage finden. Europa darf nicht nur wirtschaftlich nützliche und hochqualifizierte Menschen aufnehmen, sonder auch Menschen, die aufgrund humanitärer Verpflichtungen aufgenommen werden müssen.

Die EU könnte zu diesem Zweck beispielsweise einen Hilfsfonds errichten, in den vielleicht nur 0,1% des Bruttosozialproduktes der EU Staaten einfließen müsste. Mit diesem Geld sollten Flüchtlinge aufgenommen werden, die wie im Falle der Cap Anamur nicht unbedingt den Status eines politisch Verfolgten erfüllen, gleichwohl aus humanitären Gründen ein Bleiberecht erhalten sollten. Der größte Teil dieses Geldes aber sollte zur Bekämpfung der Fluchtursachen eingesetzt werden, um beispielsweise die Hunderttausende Flüchtlinge, die wegen des Krieges im Sudan in die Nachbarländer fliehen und dort unter erbärmlichsten Bedingungen hausen, zu versorgen. Mit nur wenig Geld kann nämlich vor Ort weit mehr zur Beseitigung oder zur Milderung der Fluchtgründe geleistet werden als in Europa selbst, wie uns dies Karl-Heinz Böhm mit seinem Projekt »Menschen für Menschen« in Äthiopien beispielhaft und mit großem Erfolg vor Augen führt.

Es würde mein Thema sprengen, das umfangreiche Gebiet Asyl und die Asyldiskussion in Deutschland an dieser Stelle zu vertiefen. Sehr bedenklich ist für mich jedoch die Ausblendung der Ursachen der Flucht bei diesen Auseinandersetzungen über Asyl und Zuwanderung. Seit mehr als zwei Jahrzehnten werden über Zuwanderung und Flüchtlingsströme aus den südlichen und östlichen Regionen des Globus in die reichen Regionen der Welt heftige Diskussionen geführt und Bedrohungsszenarien vorgeführt. Wenn überhaupt haben lediglich einzelne in diesem Bereich engagierte Gruppen darauf Bezug genommen und auch im wissenschaftlichen Bereich wird nur am Rande über die Ursachen von Arbeitsmigration und Flucht sowie über die Bekämpfung ihrer Ursachen diskutiert.

Während der mehr als zwei Jahrzehnt andauernden Debatte über Flüchtlinge, Asyl und Zuwanderung hätte parallel sehr eingehend eine Diskussion auch über die Ursachen dieses Phänomens sowie über die Bekämpfung oder Behebung der Fluchtgründe stattfinden müssen. Wenn also tatsächlich rund die Hälfte der Asylsuchenden aus wirtschaftlichen und sozialen Gründen nach Deutschland und in die anderen EU-Staaten kommt, hätte es eine Diskussion darüber geben müssen, welche Verantwortung die Industriestaaten bei diesen Fluchtursachen tragen und was gegen die Ursachen dieser Wanderungsbewegungen getan werden kann. Diskutiert aber wurden nur Möglichkeiten, wie über eine Verschärfung der asylrechtlichen Kriterien diese Zuwanderung eingeschränkt werden könnte.

Solange wir nicht bereit sind, zunächst eine gründliche Ursachenforschung zu betreiben und konkrete Maßnahmen zur Beseitigung oder zumindest Milderung der Fluchtgründe zu ergreifen, werden wir dem zunehmenden Druck der Zuwanderung nicht Herr werden, auch nicht mit einer faktischen Aufhebung des Rechts auf Asyl.

Die Konservativen haben die Diskussion mehr als ein Jahrzehnt auf Schlagworte wie Schein- und Wirtschaftsasylanten reduziert und als Konsequenz immer wieder die Änderung des Asylrechts und des Asylverfahrens gefordert und auch durchgesetzt.

So wurde das Asylverfahrensgesetz viele Male geändert. Mit der Änderung des Asylrechts (§ 16 GG) im Juni 1993 wurde das Grundrecht auf Asyl soweit eingeengt, dass das Erreichen der Bundesrepublik Deutschland nur noch als blinder Passagier auf einem Schiff oder als Transitflieger mit Zwischenlandung auf einem deutschen Flughäfen möglich ist.

Bei dien Auseinandersetzungen ging es vor allem darum, ob die Asylsuchenden nun tatsächlich politisch Verfolgte sind oder ob es sich nicht vielmehr um so genannte Schein- oder Wirtschaftsasylanten handele. Es ist wahr, dass nur ein Teil der Flüchtlinge aus politischen, der größte Teil in der Tat aus ökonomischen oder sozialen Gründen seine Heimat verlässt.

Die Frage ist jedoch, was die Ursachen der miserablen ökonomischen und sozialen Bedingungen in den meisten Ländern der Dritten Welt sind und inwieweit wir, die reichen Industriestaaten, für diese Entwicklung Verantwortung tragen.

Gerade hierüber hätte die eigentliche Auseinandersetzung stattfinden müssen! Wir hätten den Bürgern in diesem Lande die Wahrheit sagen müssen, nämlich dass auch wir in den reichen Ländern in hohem Maße verantwortlich sind:

- für Elend, Armut und Hunger,
- für die extrem hohe Auslandsverschuldung so vieler Staaten,
- für den Preisverfall der Produkte aus diesen Ländern und unfaire Tauschverhältnisse bei Importen und Exporten zwischen Industriestaaten und Entwicklungsländern,
- für die permanente Abwertung ihrer Währungen,
- für Massenarbeitslosigkeit, Inflation und fehlende Infrastruktur,
- für die krassen Gegensätze zwischen Armen und Reichen,
- und zumindest in der Vergangenheit auch für politische Repressalien und Menschenrechtsverletzungen.

Auf eine kurze Formel gebracht hätte den Menschen gesagt werden müssen: Liebe Leute, die Menschen in vielen Ländern der Erde sind deshalb so arm, weil wir so reich sind. Sie haben deshalb einen solch niedrigen Lebensstandard, ein solch niedriges Pro-Kopf-Einkommen, weil wir im Vergleich zur einen Hälfte der Weltbevölkerung ein dreißig bis Fünfzigmahl höheres Einkommen haben.

Kurzum: Unser hoher Lebensstandard entsteht zu einem beachtlichen Teil zu Lasten dieser Menschen. An dem, was wir diesen Menschen über Außenhandel, Auslandsschulden und auf anderen Wegen wegnehmen, versuchen nun die wenigen Flüchtlinge und Arbeitsimmigranten hier bei uns teilzuhaben.

Die »Festung Europa« wird uns langfristig nicht helfen

Kaum ein Mensch verlässt ohne einen zwingenden Grund seine vertraute Umgebung, seine Heimat, seine Familie und Verwandtschaft, um in der Fremde nach Arbeit, Lebenssicherheit und einer neuen Existenzgrundlagen zu suchen.

Weltweit haben mehr als 120 Millionen Menschen ihre Heimat als Arbeitsmigranten verlassen müssen. Aus politischen Gründen versuchen über 30 Millionen Flüchtlinge in anderen Ländern Asyl zu erhalten. Weitere 25 Millionen Menschen mussten infolge Umweltkatastrophen ihre Heimat verlassen. Weitere Dutzende Millionen von Menschen haben ihre Heimat aufgrund von Kriegen oder Umweltkatastrophen verlassen müssen.[306]

Über 815 Millionen Menschen in den Entwicklungsländern sind chronisch unterernährt oder von Hunger bedroht. Laut Schätzungen der FAO[307] verhungern täglich 55.000 Menschen; darunter über 20.000 Kinder. In einem Jahr sterben weltweit somit über 20 Millionen Menschen an Hunger, darunter über 7 Millionen Kinder.

Chronische Arbeitslosigkeit von 20 bis 50%, eine hohe Inflationsrate, ein mangelhaftes Gesundheits- und Bildungswesen, eine zunehmende Kluft zwischen den armen Bevölkerungsmassen und einer dünner Ober- und Mittelschicht sowie eine nicht selten mit Hilfe westlicher Staaten an die Macht gekommene und die Macht erhaltende und nur an die eigene Interessen denkende Führungsschicht, all dies ist Normalität in den Dritte-Welt-Staaten und bestimmt das alltägliche Leben Hunderter Millionen von Menschen.

22% der Weltbevölkerung leben in den Industrieländern. Diese verfügen über 83% des Welteinkommens, verbrauchen 72% der Weltenergie und verursachen weltweit 70% des Treibhausgases CO_2.[308] Die Einkünfte von nur einem

[306] Vgl. Meier-Braun, a.a.O., S. 172 ff

[307] Food and Agriculture Organization of the United Nations

[308] Vgl. Die Zeit vom 13.6.97

Prozent der Weltbevölkerung in den reichen Staaten entsprechen den gesamten Einnahmen der ärmsten 2,7 Milliarden Menschen, ca. 40% der Weltbevölkerung.[309] Der Jahresumsatz von 200 führenden multinationalen Konzernen übertrifft die wirtschaftliche Gesamtleistung von 182 Staaten von insgesamt 191 Ländern der Erde.[310]

Der Einkommensabstand zwischen den unteren und den oberen zwanzig Prozent der Weltbevölkerung hat sich seit 1970 von 1:30 auf 1:60 mehr als verdoppelt.

Der aus vielfältigen Gründen weltweit anhaltende Prozess von Arbeitsmigration und Flucht darf nur in diesem Gesamtkontext diskutiert werden. Wir, die Bewohner der wohlhabenden Staaten, dürfen diese höchst ungerechte Verteilung des Welteinkommens und die daraus resultierende dramatische Lage in vielen Ländern der Erde nicht ausblenden und so tun, als ob wir damit nichts zu tun hätten. Die wirtschaftliche, soziale und politische Entwicklung der westlichen Welt, vor allem aber unser hohe Lebensstandard im Vergleich zu den Milliarden von Menschen in Asien, Afrika und Lateinamerika ist weder historisch noch gegenwärtig losgelöst von Unterentwicklung, Armut, Hunger, politischer Unterdruckung und Umweltkatastrophen zu erklären. Ein hoher Entwicklungsstand einerseits und Unterentwicklung auf der anderen Seite sind kausale, sich gegenseitig beeinflussende und bedingende Prozesse. Anders ausgedrückt ist unser hoher Lebensstandard zu einem wesentlichen Teil durch die unmenschlichen Zustände in den meisten Ländern der Dritten Welt und der heutigen Schwellenländer erkauft. Unser Reichtum und Wohlstand ist in Vergangenheit und Gegenwart erst durch die von uns verursachte Unterentwicklung, Armut und Hunger in den meisten Ländern dieser Erde möglich geworden.

Verantwortlich für diese dramatische Lage in den Ländern der Dritten Welt sind nicht nur die Hinterlassenschaften der kolonialen Vergangenheit, sondern die Fortsetzung der Benachteiligung und Ausbeutung dieser Länder mit neuen, zum Teil verdeckten und subtilen Mitteln und Mechanismen. Dazu gehören vor allem die ungleichen Tauschverhältnisse zwischen Export und Importwaren zu Ungunsten der armen Länder. Die »Terms of Trade«, das heißt das »internationale Tauschverhältnis« zwischen den entwickelten Industriestaaten und Entwicklungsländern hat sich seit Jahrzehnten stets zu Lasten der Länder der Dritten Welt verschlechtert.

Viele Länder der Dritten Welt haben nicht zuletzt infolge des kolonialen Erbes in der Landwirtschaft Monokulturen entstehen lassen, von deren Exporteinnahmen diese Länder weitgehend abhängig sind. Diese Länder, die hauptsächlich durch den Export von Kaffe, Kakao, Bananen, Zucker, Tabak, Baum-

---

[309] Vgl. Le Monde Diplomatique, Atlas der Globalisierung, Paris 2003, S. 50

[310] Vgl. Barlow, M., Deutschlandfunk, Redaktion Hintergrund Kultur, Total Global, 7.3.2004

wolle oder Rohstoffe wie Kupfer ihre Devisen erwirtschaften, müssen für den Kauf von Maschinen, Werkzeugen, Autos, Lastwagen etc. heute meist ein Vielfaches von dem exportieren, als noch vor zehn Jahren. Weiter wird dieses ohnehin ungerechte Tauschverhältnis zu Lasten der Dritten Welt dadurch verschärft, dass nur ein Bruchteil des erwirtschafteten Geldes in den Ländern der Dritten Welt bleibt.[311]

Diese ungleichen Tauschverhältnisse und die damit einhergehende Ausbeutung der Menschen in den Ländern der Dritten Welt tragen die eigentliche Verantwortung für die ständige Zunahme der Kluft zwischen armen und reichen Ländern.

Mittel- und längerfristig werden wir uns in Europa und Nord-Amerika nicht vor dem gewaltigen Zuwanderungsdruck aus den immer schneller verarmenden Regionen schützen können. Daher benötigen wir mittel- und längerfristige Konzepte, Strategien und eine partnerschaftliche Politik zwischen dem Norden und dem Süden, um schon aus eigenem Interesse weltweit gegen Hunger, Armut und damit auch Flucht vorgehen zu können.

Wir haben es hier mit gewaltigen, weltweit wirkenden Wanderbewegungen zu tun. Der Wanderungsdruck vor allem von den ärmeren Regionen in die reichen Industriestaaten, also nach den USA, Kanada, Westeuropa, Australien und inzwischen auch nach Japan, wird mit Sicherheit zunehmen. Auch Staaten wie Italien, Griechenland, Spanien oder Portugal, aus denen die Menschen noch vor wenigen Jahrzehnten in den reicheren Norden Europas auswanderten, sind heute selbst mit dem Einwanderungsdruck durch Immigranten und Flüchtlinge konfrontiert.

Selbst die so genannten Schwellenländer bleiben heute von der Zuwanderung nicht verschont. So hat die Türkei in den letzten zwanzig Jahren aus dem Iran, Afghanistan, dem Irak, Bulgarien, dem ehemaligen Jugoslawien und Rumänien weit mehr als 1,7 Mio. Menschen aufgenommen. Pakistan, Iran und Somalia haben in den 1980er und 1990er Jahren ein Vielfaches der Flüchtlinge aufgenommen und untergebracht, wie alle westlichen Industriestaaten zusammen.

Die Entwicklungsländer erleben darüber hinaus neben einem starken Bevölkerungswachstum eine rasante Binnenwanderung. Die Weltbevölkerung wächst jährlich um 90 bis 100 Millionen Menschen. Enorme Probleme durch eine Landflucht gigantischen Ausmaßes und ein entsprechend rasches Anwachsen und eine damit einhergehende Verelendung der Ballungsräume stellen die Länder der »Dritten und Vierten Welt« vor kaum lösbare Aufgaben.

---

311 Vgl. Evers, H.-D., Globale Integration und globale Ungleichheit S.451, in: Joas, H. (Hg.), Lehrbuch der Soziologie, Frankfurt/M. 2001

Von diesen dramatischen Umwälzungen können die westlichen Industriestaaten nicht ausgeklammert bleiben. Sie müssen sich dieser historischen Aufgabe stellen. Diese Staaten stehen vor der Alternative, sich entweder in Festungen zu verwandeln und diese Festungen gegebenenfalls mit Polizei- und Militärgewalt vor Zuwanderung zu schützen oder aber gemeinsam mit den dazu erforderlichen Konzepten und Projekten gegen die Ursachen von Flucht und Emigration vorzugehen.

Wie bereits erwähnt verfügt weit über die Hälfte der Erdbevölkerung über einen Lebensstandard, welcher um das bis zu 50-fache niedriger ist als der der entwickelten Industriestaaten. Dieses extreme Gefälle nimmt nicht etwa ab, es nimmt vielmehr laufend zu. In vielen Ländern der so genannten »Dritten Welt« wächst die Hoffnungslosigkeit, fehlt der Glaube daran, dass es je besser werden könnte. Diese zunehmende Polarisierung zwischen vielen armen und wenigen reichen Ländern ist nicht das Ergebnis einer Laune der Natur, sie wurde vielmehr ganz zielgerichtet durch eine Jahrhunderte währende Politik kolonialer Ausbeutung von den Industriestaaten hergestellt und danach mittels ihrer Wirtschafts- und Entwicklungspolitik zementiert.

Soziale Gerechtigkeit darf nicht allein innerhalb der Grenzen nationalstaatlicher Territorien als Ziel angestrebt werden, sie muss weltweit propagiert und ihre Umsetzung gefordert und praktiziert werden. Solange das bestehende Ungleichgewicht aber herrscht, dürfen wir uns auch nicht darüber wundern, wenn Menschen immer wieder versuchen, an diesem Reichtum zu partizipieren. Der Einsatz für eine gerechte Weltwirtschaftsordnung entspringt daher keineswegs sozialromantischen Gefühlen, er ist vielmehr eine Maßnahme zur Eindämmung einer ungeregelten Zuwanderung. Willy Brandt, Olaf Palme sowie Bruno Kreisky waren Vertreter einer solchen Politik.

Deutschland kann eine derartige Neuorientierung, die die Grundlagen unseres Wirtschafts- und Gesellschaftssystems berühren wird, nicht allein gestalten. Dazu bedarf es des Zusammenwirkens aller Industriestaaten. Deutschland sollte sich aber an die Spitze dieser Bewegung stellen. Dies würde das Ansehen und die moralische Autorität Deutschlands maßgeblich stärken.

Der zunehmende Terror ist auch Reaktion und Antwort auf eine ungerechte Weltlage und unerträgliche Lebensbedingungen

»Hunger ist ein Nährboden des Terrors«[312]*, Ahmet Nejded Sezer, Staatspräsident der Republik Türkei*

Viele Menschen und vor allem die informierten jungen Menschen in den Entwicklungsländern kennen Gründe und Ursachen ihrer miserablen Lebensbedingungen. Sie wissen, dass sie unter einer Doppelausbeutung leiden, der durch die entwickelten Industriestaaten und der durch die eigenen Herrschenden im Lande.

Wenn junge Menschen aus den Entwicklungsländern nun im eigenen Land für eine gerechtere und humanere Gesellschaftsordnung eintreten, müssen sie erleben, dass dieser Kampf gegen die eigene Herrschaftsclique oft mit Hilfe der USA und anderer entwickelten Staaten erschwert oder auch verhindert wird. Nicht selten werden die Regierungen in den Entwicklungsländern mit Hilfe mancher einflussreicher Staaten, an erster Stelle den USA, an die Macht gebracht. Versuche der Bevölkerung, die Machtverhältnisse auf demokratischem Wege zu verändern, werden oft mit politischen Repressalien beantwortet.

Die gebildeten unter diesen Menschen erkennen die Zusammenhänge zwischen ihrem Elend, ihrer Armut, der mangelhaften Entwicklung ihrer Länder und dem Reichtum und der Wohlfahrt der entwickelten Staaten, der so genannten »freien Welt«.

Sie verfolgen den ungleichen Tausch zwischen ihren Exportprodukten und den Importen aus den entwickelten Industriestaaten, der zur Polarisierung zwischen den armen und den reichen Ländern führt und die Hauptursache der zunehmenden Auslandsverschuldung für die Länder der Dritten Welt ist.

Sie meinen, dass Institutionen wie Weltbank und IWF heute die alte koloniale Politik mit modernen Mitteln fortführen. Nicht nur, aber auch die Wirtschaftspolitik und die Verschuldungspolitik dieser Institutionen hat viele Entwicklungsländer an den Rand des Ruins geführt.

Wenn wir präventiv gegen Fluchtbewegungen, aber auch gegen Gewalt und Terror vorgehen und für Frieden und Sicherheit eintreten wollen, so müssen die Ursachen und der Nährboden für Flucht, Gewalt- und Konfliktpotentiale beseitigt werden. Und das bedeutet, mit entschiedenen Maßnahmen gegen Hunger, Elend, Armut und Ausbeutung anzukämpfen und sich für eine gerechte Weltwirtschaftsordnung und für gerechte Lösungen bei den oben genanten Konflikten zu arbeiten.

---

[312] In: Cumhuriyet Hafta, 22.10.2004

Bereits Mitte der 1980er Jahre hatte ich mich in einigen Aufsätzen mit den Beziehungen zwischen Industriestaaten und Entwicklungsländer befasst. Die Überschrift eines Beitrags zu der sich zuspitzenden Verschuldungsproblematik der Dritten Welt lautete: »*Müssen die Schuldner rebellieren?*«.[313] Die Nord-Süd Beziehungen hatte ich 1986 in einem Aufsatz mit »*Die Unordnung als System*«[314] überschrieben.

Die Auslandsschulden der Entwicklungsländer sind von 600 Mrd. US-Dollar im Jahre 1980, mit rund 2.500 Mrd. US-Dollar auf das mehr als vierfache im Jahre 2001 gestiegen. Lauf Angaben der Weltbank zahlten sie im gleichen Zeitraum 4.500 Mrd. US-Dollar an Tilgung und Zinsen zurück.[315]

»Nach Berechnungen des UN-Entwicklungsprogramms (UNDP) würden 80 Mrd. US-Dollar jährlich über einen Zeitraum von zehn Jahren genügen, um den Grundbedarf der Weltbevölkerung an Nahrung, Wasser, Gesundheit und Bildung zu sichern«[316] Die Ausgaben der USA für den völkerrechtswidrigen Krieg gegen Irak und für ihre Besatzungsherrschaft übersteigen diesen Betrag um ein vielfaches.

Wir haben es in der Tat mit einer »Unordnung als System« zu tun. Was wir aber dringend brauchen, ist eine neue Weltordnung als System, in dem eine sozial und ökonomisch gerechte Welt- und Weltwirtschaftsordnung möglich ist und auf die auch schrittweise hingearbeitet wird, in dem der Frieden nicht nur bei uns, sondern überall auf der Welt gewollt ist und auch herrscht und in dem die Würde des Menschen nicht nur bei uns als unantastbar geachtet und geschützt wird, sondern überall.

Nicht in erster Linie das Militär, Geheimdienste und Polizei, sondern vor allem eine gerechte und als gerecht empfundene Welt- und Weltwirtschaftsordnung werden uns mehr Sicherheit schenken, und zwar längerfristig und weltweit.

Die folgenden vier konkreten Vorschläge sehe ich als Grundlage für eine gerechte Welt- und Weltwirtschaftsordnung an:

- Schuldenerlass für die ärmsten Länder der Welt.
- Reparationszahlungen an die ehemaligen Kolonien durch die Kolonialmächte, wegen jahrhundertlanger Ausbeutung dieser Länder, nach dem Beispiel Deutschlands bezüglich der Reparationszahlungen an die ehemaligen Zwangsarbeiter während des Nationalsozialismus.

---

313 Keskin, H., Dokumentation der FR vom 5.10.1985.

314 Keskin, H., Zeitschrift: Sozialismus, Hamburg, Heft Nr.12, 1986.

315 Vgl. Le Monde Diplomatique, Atlas der Globalisierung, Paris 2003, S. 29, vgl. auch Körner, P. / Maaß, G. / Siebold, TH., Tetzlaff, R., Im Teufelskreis der Verschuldung, Hamburg 1984

316 Le Monde diplomatique, a.a.O., S. 29

- Anstelle der sogenannten Entwicklungshilfe, die weitestgehend dem Nutzen und den Interessen der Geberländer dient, sollte ein System entwickelt werden, in welchem der oben erwähnte »ungleiche Tausch« zu Ungunsten der Länder der Dritten Welt verhindert wird.
- Öffnung der Märkte der entwickelten Industriesaaten für Importe aus den Ländern der Dritten Welt nach dem Prinzip der Gleichbehandlung.

2001 erhielt Jürgen Habermas den Friedenspreis des Deutschen Buchhandels. In der Begründung des Stiftungsrates hieß es, Habermas habe die Tradition der kritischen Aufklärung fortgeführt und Freiheit und Gerechtigkeit als die Grundlagen in Erinnerung gebracht, an die jede staatliche Macht gebunden sei.[317]

Zwei Begriffe, Freiheit und Gerechtigkeit, gehören als sich ergänzende Teile eines Ganzen, eines wirklichen und gerechten demokratischen Staatswesens zusammen. Wir haben nicht das Recht, nur unsere Freiheit über alles zu stellen und Freiheit und Gerechtigkeit gegenüber Hunderten Millionen von Menschen mit Füßen zu treten. Dies macht uns und unser Wertesystem unglaubwürdig.

Wir, die Menschen in den entwickelten Wohlfahrtsstaaten der Welt, müssen begreifen, dass wir nicht auf einer Insel der Wohlfahrt, nicht in einer geschützte Festung Europa, USA oder Japan leben können, und dies meist auf Kosten der Armen dieser Erde, ohne Rücksicht auf die unmenschlichen Lebensbedingungen von Milliarden von Menschen sowie auf die Verträglichkeit mit den Umwelt- und Klimabedingungen dieser Erde.

Wir werden nicht in Sicherheit und Frieden leben können, wenn anderswo in der Welt mit den Waffen, die wir exportieren, Kriege stattfinden, für die auch wir Verantwortung tragen.

Die Globalisierung verstärkt die weltweite Kluft zwischen Arm und Reich

Eine faktenreiche und sehr instruktive Analyse der Globalisierung ist unter dem Titel: »Die Globalisierungsfalle – Der Angriff auf Demokratie und Wohlstand« erschienen.[318] In einem Kapitel dieses Buches wird die Politik der transnationalen Konzerne, die ja als Hauptakteure der Globalisierung weltweit bestimmend operieren, in einer Überschrift als »Gesetz der Wölfe« beschrieben. Altbundeskanzler Helmut Schmidt betitelte seinen Aufsatz dazu mit »das Gesetz des Dschungels« und ging mit schärfsten Worten mit dem Machtmissbrauch der Konzernführungen ins Gereicht. »Manche Topmanager vergessen allen Anstand. Der Raubtierkapitalismus bedroht die offene Gesellschaft«, so der Untertitel

[317] Vgl. Reuters, 14.10.2001.
[318] Martin, H.-P. / Schumann, H., Hamburg 1997

währung gegenüber harten Währungen wie dem US-Dollar und dem Euro, um die Wettbewerbsfähigkeit der Exporte zu steigern.[329]

Während also den so genannten Niedrig- und Billiglohnländern Lohnverzicht oft bis auf das Existenzminimum auferlegt wird, verweist man hier in Deutschland und anderen entwickelten Industriestaaten auf die Notwendigkeit der Wettbewerbsfähigkeit gerade gegenüber Niedriglohnländern und fordert ebenfalls Lohnverzicht ein. Die Frage aber, bis zu welchem Lohnniveau ein europäischer Beschäftigter gehen kann, bedarf eine Antwort. Der massive Druck der Konzerne nach weiteren Niedriglohnen wird mit Sicherheit weiter bestehen, mit dem bewerten Argument, es gebe viele Länder mit niedrigeren Arbeitskosten, wohin die Verlagerung der Investitionen bzw. Teile der Produktionen vorgenommen werden kann.

Erstaunlich ist dabei, dass die Transnationalen Konzerne trotz Konkurrenz untereinander, die sie allerdings mit zunehmende Fusionierung umgehen können, was die Politik der Globalisierung anbetrifft eine gemeinsame Strategie verfolgen. Während die Politik weit entfernt zu sein scheint, mit einer gemeinsamen globalen Strategie mehr Handlungsfähigkeit gegenüber transnationalen Konzernen zu bekommen. Wenn auch die Politiker/innen nach außen als Akteure der Politik auf der Bühne zu sehen sind, werden offensichtlich die Fäden von den Großkonzernen gezogen.

Mit großem Erfolg wurde und wird die Globalisierung über all in der Welt, vor allem mit Hilfe der eigenen Medienkonzerne, als einzig richtiger und möglicher und daher auch für alle Menschen guter Wirtschaftspolitik verkauft. Die Globalisierung wäre im Interesse aller Menschen, auch in den Entwicklungs- und Schwellenländer.

Unübersehbar und unaufhörlich gehen aber überall in der Welt Millionen Arbeitsplätze Schritt für Schritt infolge dieser Globalisierungspolitik verloren. Allein in Deutschland stieg die Zahl der Arbeitslosen von 880.000 im Jahre 1980 auf mehr als 5 Mio. zu Beginn des Jahres 2005 und erreichte somit die Rekordhöhe der Nachkriegsjahre.[330]

Wann dieser Trend nach Abbau von Arbeitsplätzen unter anderem auch in Folge von Rationalisierung und Automatisierung ein Ende haben wird, ist nicht erkennbar. Gerade dies verunsichert die Bevölkerung. Die Zunahme der Arbeitslosigkeit wiederum vergrößert einerseits die Kluft zwischen Arm und Reich und erhöht den Druck auf den Sozialstaat in Deutschland und in anderen Ländern immer mehr, weil er nicht mehr finanzierbar wäre. Die Prophezeiungen und Versprechungen, es werden bessere Zeiten kommen, wenn nur konsequent der

[329] Vgl. Walden, Belo, Die Strukturanpassungsprogramme von IWF und Weltbank, in: Schwarzbuch Globalisierung, Mander, J. /Goldsmith (Hg.), München 2002, S. 191ff

[330] Angaben bis 1989 nur für Westdeutschland

Weg der Globalisierung weitergegangen werde, blieben bis heute für die Bevölkerung enttäuschend und entmutigend.

Die Globalisierung ist nicht insgesamt und kategorisch abzulehnen. Sie kann auch gerade für Teile der Bevölkerung in manchen Entwicklungsländern durchaus in Folge der Schaffung von neuen Arbeitsplätzen von Vorteil sein. So profitieren Millionen von Menschen in den bevölkerungsreichen Ländern vor allem China, aber auch Indien von den anhaltenden Investitionen der großen Konzerne. Die neuen Investitionen und die Verlagerung von Produktionssteilen in diesen Entwicklungsländern schafft für Millionen von Menschen neue Arbeitsplätze, erhöht den Wirtschaftswachstum und verbessert möglicherweise die technologischen Bedingungen. Dies kann auch zu mindest für manche der Entwicklungsländer eine Chance bedeuten, den Abstand zu den reichen Nationen schrittweise zu verringern.

Das Abwandern der Investitionen und Teile der Produktionen von Entwickelten Staaten in den Entwicklungsländern betrachte ich sogar als eine Art „Rache der historischen Gerechtigkeit", nach Jahrhunderte kolonialer Ausbeutung und Unterdruckung, in dem die Arbeitsplätze zu Gunsten mancher der wenig entwickelten Regionen der uns verloren gehen. Diese neuartige Entwicklung wird aber mit großer Wahrscheinlichkeit nur einem Teil der Bevölkerung in den Entwicklungsländern zu Gute kommen und die Kluft zwischen Reich und Arm in diesen Ländern noch mehr vergrößern. In Indien beispielsweise leben heute über 400 Millionen Menschen, knapp die Hälfte der Bevölkerung, von einem US Dollar am Tag.

Die Folgen der Globalisierung sollten nicht als naturgegeben hingenommen werden. Globalisierung darf nicht als Selbstzweck akzeptiert und ihre Folgen mit Massenarbeitslosigkeit und Verarmung von Teilen der Bevölkerung als unüberwindbar betrachtet werden. Das Ziel unserer Politik und besonders der Wirtschaftspolitik sollte allein das Wohl der Menschen sein. Um die Globalisierungsstrategie der transnationalen Konzerne in diesem Sinne zu bändigen, bedarf es jedoch auch einer globalen Politik vor allem der EU und der übrigen Industriestaaten. Ohne gesicherten sozialen Frieden und den Frieden überhaupt werden auch die Großkonzerne mit ihren Milliardengewinnen nicht immer in Sicherheit leben und ihr Glück erreichen können.

Die akuten Konflikte brauchen eine gerechte Lösung

Ein weiterer wichtiger Grund für die Antipathie, ja den Hass bei Teilen der Bevölkerung der Dritten Welt gegen die Politik der Großmächte, hat mit den Konflikten zu tun, die als Erbe der Kolonial- und Großmachtpolitik bis heute ungelöst existieren. Der Kaschmir-Konflikt zwischen Indien und Pakistan, der Zypernkonflikt zwischen der Türkei und Griechenland, der israelisch-palästinensische Konflikt, der tamilische Konflikt in Sri Lanka und viele andere Konflikte in Afrika und Asien.

Das wichtigste und akuteste Problem ist jedoch der ungelöste Konflikt im Nahen Osten. Für uns Europäer findet dieser Konflikt zwar nur im Fernsehen statt, für die beteiligten Palästinenser und Israeli ist er Tag für Tag lebensbedrohende Wirklichkeit.

Viele Menschen, insbesondere in den islamischen Ländern, missbilligen die parteiische Rolle vor allem der USA bei den seit Jahrzehnten andauernden kriegerischen Auseinandersetzungen im Nahen Osten.

Der USA-Korrespondent der Süddeutschen Zeitung, Koydl[331], fasst dieses Problem treffend wie folgt zusammen: »Es ist eine Tatsache, dass Amerika als ungerecht und als Instrument der Unterdruckung gesehen wird. Ungerecht, weil die USA für Argumente taub und blind Israel zu unterstützen scheinen; ein Instrument der Unterdruckung, weil sie ihre schützende Hand über die repressiven Regime der Region halten, solange sie als Partner betrachtet werden.«

Die 56 Staaten der »Organisation der Islamischen Konferenz« (OIC) hatten sich in einer Deklaration am 10 Oktober 2001 in Doha/Qatar klar für *»einen gerechten Frieden im Nahen Osten und für die Gründung eines palästinensischen Staates«* ausgesprochen.[332] Dabei wurden die Anerkennung Israels und die Entwicklung normaler Beziehungen seitens der arabischen Staaten angeboten, wenn Israel sich aus den im Krieg 1967besetzten Gebieten zurückziehen und einen unabhängigen Palästinensischen Staat akzeptieren würde.

Eine gerechte und friedliche Lösung dieses seit über einem halben Jahrhundert anhaltenden Nahostkonflikts ist nur durch ein unparteiisches Eingreifen der USA möglich. Die USA aber verhindern, außer in den letzten Amtsjahren von Präsident Bill Clinton, mit ihrer einseitigen Positionierung auf der Seite Israels eine Lösung des Konflikts. Mit ihrer bedingungslosen Unterstutzung der Scharon-Regierung hat sich die Busch-Administration von einer Vermittlerrolle in diesem Konflikt sehr weit entfernt.

Rebellionen und Aufstände gegen eine alltäglich erlebte Unterdruckung, Ungleichbehandlung und Ungerechtigkeit kann nirgends auf Dauer mit Hilfe von Panzern und Bulldozern unter Kontrolle gehalten werden.

Der von der UNO nicht legitimierte und, wie nunmehr auch durch den US-Kongress offiziell bestätigt, auf völlig falschen Angaben bzw. Lügen fußende Krieg gegen den Irak hat nicht nur den Zorn und die Empörung der arabischen und großer Teile der islamischen Welt, sondern auch den größten Teil der übri-

[331] Süddeutsche Zeitung vom 20.9.2001.
[332] Vgl. Frankfurter Allgemeine vom 11.10.2001.

gen Weltöffentlichkeit gegen diese unilaterale Großmachtpolitik der USA freigesetzt. Es gab im Irak weder atomare und chemische Waffen noch stand Saddam Husseins Regime kurz davor, diese produzieren zu können, noch bestanden Kontakte oder gar eine Zusammenarbeit mit der Terrororganisation Al-Qaida. Alles waren Erfindungen der CIA, der aber die Busch Administration ohne Wenn und Aber glaubte, weil sie zu diesem unbegründeten Krieg von vornherein entschlossen schien, um sich der reichen Erdölreserven in dieser strategisch sehr bedeutsamen Region zu versichern. Eine Politik, die nicht auf Recht, sondern allein auf Macht basiert, verliert ihre Glaubwürdigkeit und ihre Legitimität. Der Vizeverteidigungsminister der USA, Paul Wolfowitz, gestand zu, dass die Existenz von Massenvernichtungswaffen niemals der wichtigste Grund gewesen sei. Man habe diesen Grund gewählt, weil jeder ihm zustimmen konnte.[333]

In der sogenannten »Duisburger Erklärung«, einem von mehr als 40 namhaften Intellektuellen unterzeichneten Aufruf, wird die unilaterale Politik der USA zu Recht heftig attackiert. »Inzwischen, und nicht erst seit George Busch dem jüngeren, ist die Leuchtkraft des Vorbildes USA verblasst. Der amerikanische Traum ist ramponiert, ist für viele schon zu einem Albtraum der Arroganz, der moralischen Heuchelei und der nackten Machtpolitik geworden. [...] Internationaler Sozialdarwinismus und das Recht des Stärkeren sind eine Bedrohung zuerst der Schwachen, letztlich aber der ganzen internationalen Gemeinschaft.«[334]

So stehen die Busch-Administration und die US-Politik vor einer großen Legitimationskrise. Sie haben ähnlich wie beim Vietnam Krieg weltweit ihre Glaubwürdigkeit verloren. Dieser gegen das internationale Recht durchgeführte Krieg der USA ist verantwortlich für den Tod Zehntausender Zivilisten im Irak, wie auch für die mehr als chaotischen Zustände, deren Folgen vorerst unübersehbar sind. Nur mit einer radikalen Kehrtwende, die sich offen dazu bekennt, einen illegitimen und falschen Krieg geführt zu haben, sich als Konsequenz daraus aus dem Irak zurückzieht und obendrein die Kosten für den Wiederaufbau der Zerstörungen übernimmt, kann der USA ihre Glaubwürdigkeit schrittweise zurückgewinnen.

Die USA und andere Länder wie Großbritannien müssen begreifen, dass die Zeit der Fremdherrschaft unumkehrbar der Vergangenheit angehört. Wie am Beispiel Iraks deutlich erkennbar, sind die Völker nicht mehr bereit eine fremde Einmischung oder Fremdherrschaft zu dulden, selbst wenn sie dazu führt, eine brutale Diktatur wie das Saddam-Regime zu beseitigen.

---

[333] Vgl. Frankenfeld, Thomas, Hamburger Abendblatt, 31.Mai/1.Juni 2003

[334] Duisburger Erklärung, Traum und Albtraum Amerika, Dokumentation der Frankfurter Rundschau, 20.4.2004

Die unmenschlichen Terroranschläge vom 11 September 2001 in den USA waren, was ihre Brutalität, ihre Wirkung aber auch ihre Perfektion anbelangt, bisher ohne Beispiel.

Auf grausamste Weise sind dabei nach offiziellen Angaben 2.823 unschuldige und unbeteiligte Menschen in wenigen Minuten getötet worden. Was auch die Begründung und das Ziel der Terroristen sein mögen, mit nichts können Terroranschläge entschuldigt werden, wo auch immer sie geschehen.

Militärisch aber kann der Terror nicht besiegt werden. Ein nur gewaltsames Vorgehen fragt nicht nach den Ursachen für die Entstehung des Terrors und kann nicht den Nährboden dafür beseitigen helfen. Im Gegenteil, es werden neue, teilweise noch tiefere Wunden geschlagen, die Nährboden für weitere Gewalt, weiteren Terror sein werden. Dies können wir bereits heute mit Sorge in vielen Staaten von Indonesien, über Pakistan bis Kenia und Nigeria beobachten.

Ganz entscheidend ist deshalb, nach den Ursachen für die Entstehung von Gewalt und Terror gegen die westliche Welt und ihre Führungsmacht USA zu fragen und diese zu erforschen.

Weitaus wirksamer als ein militärisches Vorgehen scheint es mir jedoch zu sein, dem Entstehen und Gedeihen des Terrorismus mit politischen, sozialen und ökonomischen Mitteln und Maßnahmen entgegenzutreten, um ihm so den Nährboden zu entziehen.

Gegen die USA als Führungsmacht der westlichen Welt, aber auch gegen ihre westlichen Verbündeten ist bei großen Teilen der Bevölkerung der Dritten Welt, insbesondere in den islamischen Ländern, eine starke Antipathie, wenn nicht Hass entstanden. Es wäre jedoch falsch, diese Entwicklung lediglich auf die islamische Welt zu beschränken. Von den Ursachen hier geht es letztlich um die Nord-Süd Problematik.

Die USA und die übrigen entwickelten Industriestaaten im Norden wären gut beraten, konsequent nach Strategien zu suchen, um die zunehmende Kluft zwischen den armen Menschen im Süden und den reichen im Norden zu schließen, zu mindest aber verringern zu helfen. Ein radikales Umdenken bei den bisherigen Beziehungen zwischen den entwickelten Industriestaaten und den Länder der Dritten Welt ist unerlässlich. Dies bedeutet jedoch, insbesondere die Wirtschafts- und Außenwirtschaftsbeziehungen auf völlig neue Grundlagen zu stellen mit dem Ziel, eine gerechtere Weltwirtschaftsordnung zu schaffen.

Ziel muss es sein, die Ursachen von Armut, Unterentwicklung und Hunger zu beseitigen

Es ist weder eine Laune der Natur noch die Unfähigkeit und Faulheit der Menschen in den Ländern der Dritten Welt, wenn wir heute mit einer höchst ungerechten Weltlage konfrontiert sind.

Der bekannte Friedens- und Konfliktforscher Johann Galtung hat in einem Vortrag nach den Terroranschlägen vom 11. September 2001 in Hamburg den Grund für die Anschläge in den USA in einem Satz plastisch so zusammengefasst: »*Das ist der internationale Klassenkampf zwischen armen und reichen Ländern und Menschen*«, sagte er.[335]

Diese ungerechte Weltordnung ist vielleicht nicht die alleinige Ursache von Terrorismus und Gewaltanwendung, sie stellt aber mit Sicherheit einen Grund dafür dar, dass viele verzweifelte, in Not lebende und perspektivlose Menschen der Dritten Welt selbst Mittel des Terrors gegen die Industrienationen und ihre Verbündeten im eigenen Land nicht unbedingt verurteilen wenn nicht gar billigen.

Zu Recht wies Bundespräsident a.D. Johannes Rau in seiner Ansprache bei der Solidaritätskundgebung mit den USA am 14.September 2001 in Berlin auf diese Problematik hin, als er sagte: »*Armut und Ausbeutung, Elend und Rechtlosigkeit lassen Menschen verzweifeln. Die Missachtung religiöser Gefühle und kultureller Traditionen nimmt Menschen Hoffnung und Würde. Das verführt manche zu Gewalt und Terror. Das sät den Hass schon in den Herzen von Kindern. [...] Wer in Würde und Zuversicht lebt, aus dem wird kaum ein Selbsmordattentäter werden. [...] Der beste Schutz gegen Terror, Gewalt und Krieg ist eine gerechte internationale Ordnung.*«[336]

Der Hamburger Friedensforscher Lutz stellt sich nach seiner Analyse in einem Beitrag unter der Überschrift: »*Die Terroranschläge sind auch eine Warnung – vielleicht die letzte*« die Frage:

> »Was ist die Konsequenz? Was sind die Folgen? Was wird uns das soeben begonnene 21. Jahrhundert, das dritte Jahrtausend nach Christus, bringen? [...] Wahrscheinlicher aber doch den »clash of civilizations«, den Zusammenbruch der Zivilisationen im eigentlichen Sinne. Das heißt dann Kampf um Interessen und Ressourcen, den Kampf der Mächtigen gegen die Schwachen, den Kampf der Reichen gegen die Armen. Oder je nach Perspektive: den verzweifelten Kampf der Schwachen um ihr Überleben mit den Mitteln der Schwachen, dem Terror. Die Verbrechen von New York und Washington sind immer auch eine Warnung, vielleicht die letzte. Sie zei-

---

[335] Vortrag am 27.9.2001 in der Universität Hamburg

[336] Mitteilung des Bundespräsidialamtes vom 14.9.2001

gen, wozu Menschen fähig sind. Und sie demonstrieren leidvoll die Verwundbarkeit gerade auch der Reichen und Mächtigen.

Warum sollten die Armen nicht dem Beispiel der Reichen folgen? Schon immer haben die Staaten des reichen Nordens für sich in Anspruch genommen, die nationalen strategischen Interessen (zum Beispiel die Versorgung mit Erdöl) auch außerhalb des eigenen Territoriums wahren zu dürfen.«[337]

Seine Schlussfolgerung:

»Soll sich Sicherheitspolitik angesichts der Verwundbarkeit hoch entwickelter Gesellschaften, ja der internationalen Gemeinschaft insgesamt, nicht lediglich in Katastrophenmanagement und Katastrophennachsorge erschöpfen, so muss elf Jahre nach dem Ost-West-Konflikt endlich damit begonnen werden, eine Weltordnung zu bauen, die auf der Starke des Rechts und seiner Durchsetzung ruht, Weltinnenpolitik betreibt und sich den Namen "gerechter Frieden" verdient.«[338]

[337] Vgl. z.B. die Doktrin des US-Präsidenten Carter von 1980

[338] Lutz, D., Die Terroranschläge sind auch eine Warnung – vielleicht die letzte, in: Dokumentation der Frankfurter Rundschau, 22.9.2001

8 Die Deutschlandtürken als das vermeintliche Problem

Die Deutschlandtürken stellen mit 2,6 Millionen Menschen, von denen mittlerweile rund 40% in Deutschland geboren sind und inzwischen mehr als 700.000 die deutsche Staatsbürgerschaft besitzen, die mit Abstand größte Gruppe der kulturellen Minderheiten in Deutschland. Wenn wir bei den übrigen Minderheiten auch die bereits eingebürgerten mitrechnen, so kommt dennoch gut jeder vierter Einwohner mit Migrationhintergrund aus der Türkei. Diese Zahl wird weiter steigen.

In manchen traditionellen Arbeiter-Stadteilen in den Großstädten fallen die Migranten, vor allem auch die aus der Türkei, stark auf, weil sie meist nur in solchen Gegenden bezahlbare Wohnungen haben finden können. Mit eigenen Geschäften, Cafés, Treffpunkten, mit eigenen Nachbarschafts- und Kommunikationsnetzen sind sie in solchen Regionen deutlich erkennbar, ja sie sind sogar in manche Straßenzügen zahlenmäßig dominant.

Rund 450.000 Kinder der Deutschlandtürken besuchen deutsche Schulen, mehr als 22.000 eine Hochschule. Im Laufe der Jahrzehnte haben Zehntausende Hochschulabsolventen von Ihnen in Deutschland studiert. Tausende Akademiker arbeiten als Ärzte, Ingenieure, Wissenschaftler und in vielen anderen Berufen. Bestsellerautoren, namhafte Künstler, preisgekrönte Regisseure, gute Sportler und auch Schönheitsköniginnen aus den Reihen der Deutschland-Türken machen auf sich aufmerksam.

Trotz der hohen Arbeitslosigkeit unter den Deutschlandtürken sind mehr als 550.000 von ihnen in vielen Produktionsbereichen und im Dienstleistungssektor tätig. Die Deutschlandtürken haben mehr als 60.000 zu meist kleine, aber auch mittlere und einige große Unternehmen gegründet, in denen mehr als 300.000 Menschen, Deutsche wie Migranten, tätig sind. Die Zahl türkischer oder türkischstämmiger Selbständiger nimmt in raschem Tempo zu.

Die Deutschlandtürken sind inzwischen zum Teil gut organisiert. Sie haben viele Tausende Vereine, Moscheen, darunter einige Dachverbände Selbsthilfeorganisationen, die sich in der deutschen und türkischen Öffentlichkeit über ihre eigenen Belange gezielt zu Wort melden und sich in die Politik einmischen. Deutschland-Türken können in der eigenen Sprache Zeitungen lesen und Fernseh- und Rundfunksendungen empfangen, oder sie machen selber solche Sendungen.

Kurzum, die Deutschlandtürken haben sich als die größte kulturelle Minderheit in Deutschland etabliert. Sie haben den Islam als Religion und eine Kultur, die sich von der deutschen und westeuropäischen deutlich unterscheidet.

Diese mit steigender Tendenz zahlenmäßig größte kulturelle Minderheit Deutschlands wäre mit ihren eigenen Besonderheiten kaum assimilierbar, für manche auch schwer in die deutsche Gesellschaft integrierbar. Daher könnten die Deutschlandtürken der deutschen Gesellschaft und dem deutschen Staat in Zukunft möglicherweise erhebliche Probleme bereiten. Theo Sommer bringt dies auf den Punkt, wenn er sagt: »Das heutige Trauma ist die Angst vor 20 Millionen Anatoliern in Deutschland.«[339] Diese Ängste sind sowohl bei der deutschen Bevölkerung als auch bei vielen Politikern zu hören und zu spüren, wenn dies auch nur selten in aller Offenheit ausgesprochen wird.

Dass durch die Minderheiten, wenn deren gleichberechtigte Aufnahme und Integration in die Gesellschaft misslingt, erhebliche Probleme für Gesellschaft und Staat entstehen können, ist mit vielen Beispielen belegbar. Es ist daher nicht abwegig, wenn manche politisch Verantwortlichen, aber auch Teile der deutschen Bevölkerung solche Überlegungen anstellen und ihre diesbezüglichen Ängste zum Ausdruck bringen.

Bei der Befassung mit diesem Thema ist es angebracht einen Rückblick auf die deutsch-türkischen Beziehungen zu werfen. Es ist ja kein Zufall, wenn gerade die Türken die stärkste kulturelle Minderheit Deutschlands stellen, dagegen in Frankreich die Maghrebiner, in Großbritannien die Inder und Pakistani.

Rückblick auf die Deutsch-türkische Beziehungen

Die deutsch-türkischen Beziehungen, besser die zwischen Preußen und dem Osmanischen Reich, begannen sich ab 1830 zu entfalten, als es zwischen den rivalisierenden Großmächten Großbritannien, Frankreich und Deutschland einen erbitterten Wettkampf um größtmöglichen Einfluss auf das Osmanische Reich ging. Ziel war es, bei einer späteren Aufteilung dieses sich auf drei Kontinente erstreckende Riesenreiches einen größtmöglichen Teil dem eigenen Einflussbereich zuzuschlagen. Das Ende des als »Kranker Mann am Bosporus« apostrophierten Reiches schien nahe zu sein. Es ist nicht Gegenstand dieser Zeilen, näher auf die Machenschaften von Großbritannien und Frankreich im Osmanischen Reich, die bis in die Mitte des 16. Jahrhunderts zurückzuverfolgen sind, einzugehen.[340]

---

[339] In: Grenzfall Europa, Körber Stiftung Hamburg (Hg.), Hamburg, 1999, S. 42 ff

[340] Vgl. hierzu, Keskin, H., Die Türkei, Vom Osmanischen Reich zum Nationalstaat, Berlin 1981, S. 21-50

In den Jahren 1836-1839 übernahm der bekannte deutsche Feldmarschall Helmut von Moltke die Reorganisation der türkischen Armee und war als Berater des Osmanischen Reiches tätig. Er bereiste das Reich, zeichnete Karten und schrieb Berichte über die Lage des Reiches. Seine sehr interessante Briefe sind als »Moltkes Türkei-Briefe« auch in türkische Sprache veröffentlicht worden.[341]

In den Jahren 1883-1895 kam General von der Goltz als Militärberater des Osmanischen Reiches nach Istanbul und diente als stellvertretender Stabschef bei der osmanischen Armee. Später kommandierte er die 1. und 6. Armee des osmanischen Militärs. Aus seinen Briefen an Bismarck geht eindeutig hervor, dass der Einfluss Deutschlands auf die osmanische Armee sehr groß war. In einem Brief an Feldmarschall Waldersee schrieb er, dass er hoffe, die Führung der türkischen Armee so fest in die Hände der Deutschen zu bekommen, dass sie ihnen nie wieder verloren gehe.[342] Der ehemalige Außenminister der Türkei, Ismail Cem, der als Autor hervorragender Analysen der türkischen Außenpolitik hervorgetreten ist, vermerkt zu dem Einfluss Deutschlands: »Sie hatten die Armee ganz in der Hand, als ob sie ein Vorposten des deutschen Militärs im Osten wäre.«[343] Letztlich führte dieser ganz massive Einfluss dazu, dass das osmanische Reich ungewollt an der Seite des deutschen Reiches am Ersten Weltkrieg teilnahm.[344]

»Die Beziehungen zwischen Deutschland und der Türkei haben sich insbesondere mit dem bekannten Projekt der *Bagdad-Bahn* auch im wirtschaftlichen Bereich intensiviert. Das Bagdad-Bahn-Projekt stellte ein Musterbeispiel für die vorausgeplanten Beherrschungs- und Eroberungsziele der Großmächte dar, um ihre Weltmachtstellung langfristig zu sichern.«[345] Gerade heute dürfte es niemandem schwer fallen, die große Bedeutung einer Einflussnahme auf das Osmanische Reich zu verstehen, in dessen Machtbereich sich mit dem Irak, Kuwait, Saudi-Arabien und den arabischen Emiraten die wichtigsten Ölregionen der Welt befanden.

Zu Recht stellte Sir Percy Sykes fest: »Die Kontrolle über den persischen Golf ist fast gleichbedeutend mit der Beherrschung des Mittleren Ostens.«[346]

Deutschland als neue Großmacht und verspätete Kolonialmacht versuchte nach 1870 seinen Wirtschaftsinteressen im Osmanischen Reich Geltung zu verschaffen. Die Bagdad-Bahn war als eine Art »Trojanisches Pferd« für diese Expansionspläne bestens geeignet.

---

[341] Feldmarschall von Moltke, H., Türkiye Mektupları, Istanbul 1969. Der Autor hatte die Ehre, bei einer Zugfahrt mit der Nichte von Moltkes zu reisen, die ihm interessante Geschichten über ihren Großvater erzählte

[342] Vgl. Cem, I., Die Geschichte der Rückständigkeit der Türkei, Istanbul 1970, S. 183

[343] Ebda. S. 182

[344] Für ausführliche Erläuterungen hierzu vgl. Keskin, H., Die Türkei, S. 24-50

[345] Ebda, S. 32

[346] Z.n. Boveri, M., Vom Minarett zum Bohrturm, Zürich, Leipzig, Berlin 1938, S 226

Paul Rohrbach, ein zeitgenössischer Journalist und Autor, gehört zu vehementen Befürwortern dieses Projektes. Sein Buch »Die Bagdad Bahn« zeigt in allen Details die Ambitionen der Großmächte und was Deutschlands mit Hilfe dieses Projektes erreichen wollte.[347]

1901 stellte eine technisch Kommission aus Deutschland nach Sondierungen am Ort zu Recht fest, dass Mesopotamien aus einem »Ölmeer« bestehe, dessen Ausbeutung in Konkurrenz zur »American Standard Oil Company« unerlässlich sei.[348]

1888 gründete Deutschland die Filiale der »Deutsche Bank« in Istanbul und verstärkte seine Aktivitäten auch im wirtschaftlichen Bereich. Im gleichen Jahr erhielt Deutschland auch den Zuschlag zum Bau der Bahnlinien Istanbul-Ankara und Mersin-Adana. Ein Jahr später besuchte Kaiser Wilhelm II Istanbul und pflegte persönliche Beziehungen zu dem damaligen Sultan Abdulhamit. Am 18. März 1902 erlangte Deutschland die Konzession zum Bau der Bagdad Bahn, einem gigantischen Projekt von insgesamt 1.768 Km Länge. So erhöhten sich der deutsche Export in das Osmanische Reich von 1889 bis 1913 um das 145-fache und der Import um das 32-fache.[349] Laut einer Analyse der London Times vom 28. Oktober 1898 hatten die Briten und Franzosen ihr Monopol über Finanzen und Handel im Osmanischen Reich nach 1888 an die Deutschen verloren.[350]

Der finanzpolitische und gesamtökonomische Einfluss vor allem Deutschlands (hier auch der militärische), aber auch Großbritanniens und Frankreichs im Osmanischen Reich reichte gegen Ende des 19. Jahrhunderts so weit, dass eine souveräne Politik des Osmanischen Staates nicht mehr möglich war. Deshalb ist es angebracht von halbkolonialen Abhängigkeitsverhältnissen zu sprechen.

Das Verhältnis der Türkei und der Türken zu Deutschland und zu den Deutschen war dennoch ein besonderes. Deutschland wurde eher als Freund angesehen, ganz im Gegensatz zu Großbritannien und Frankreich, die für alle Welt sichtbar das Osmanische Reich bereits lange vor seinem Ende den eigenen Einflusssphären zugeschlagen hatten. Deutschland hingegen wollte das Osmanische Reich als Bündnispartner vor allem gegen Großbritannien gewinnen. Die Türken sind ein sentimentales Volk. Die »Waffenbruderschaft« mit dem Deutschen Reich während des Ersten Weltkriegs blieb trotz des negativen Endes auch den folgenden Generationen als etwas Positives im Gedächtnis erhalten.

Die enge Zusammenarbeit zwischen dem Osmanischen und dem Deutschen Reich führte vor dem Ersten Weltkrieg zur Entsendung von türkischen Studen-

---

[347] Vgl. Rohrbach, P., Die Bagdad Bahn, 2. Auflage, Berlin 1911

[348] Earle, M.E., Der Kampf um die Bagdad Bahn, Istanbul 1972, S. 27

[349] Vgl. Nebioğlu, O., Die Auswirkungen der Kapitulationen auf die türkische Wirtschaft, Jena 1941, S. 93

[350] Earle, M.E., Der Kampf um die Bagdadbahn (Bağdat Demiryolu savaşı), Istanbul 1972, S. 49

ten, Schülern und Arbeitern zum Studium und zur beruflichen Ausbildung nach Berlin. 1913 sollen in Berlin 1301 Türken gelebt haben. Die in Berlin lebenden Türken gründeten am 1. Mai 1919 die »Arbeiter- und Bauernpartei der Türkei« und gaben das erste Heft der zweisprachigen Zeitschrift »Kurtuluş« (Befreiung) heraus und pflegten Kontakte zur deutschen Arbeiterbewegung. Die weiteren Hefte der Zeitschrift wurden später in der Türkei herausgegeben.[351]

Auf wissenschaftlicher, künstlerischer und intellektueller Ebene hat das Exil von ca. 700-800 Deutschen in der Türkei in den Jahren 1933-1945 sehr positive Auswirkungen gehabt, die zum Teil bis heute nachwirken. Viele deutsche Hochschullehrer, Wissenschaftler und Künstler, die unter der Nazi-Regime verfolgt und aus den Universitätsdiensten entlassen wurden, gründeten bereits 1933 in Schweiz eine »Notgemeinschaft deutsche Wissenschaftler im Ausland«, die bis 1937 1.702 Wissenschaftler betreute.

Die junge Republik Türkei war unter der Führung von Mustafa Kemal Atatürk dabei ihre Hochschulen in Istanbul und Ankara nach westlichen Vorbildern grundlegend zu reformieren. So kam es zwischen der »Notgemeinschaft deutsche Wissenschaftler im Ausland« unter Leitung von Prof. Schwartz und dem Unterrichtsministerium der Türkei im Juli 1933 zu einer vertraglichen Vereinbarung, zahlreiche deutsche Professoren vorerst an die Universitäten der Türkei zu berufen. Mit Hilfe von Dolmetschern begannen die deutschen Hochschullehrer im November 1933 zu unterrichten und beim Auf- und Umbau der Hochschulen mitzuhelfen.[352]

Zu den vielen verfolgten namhaften deutschen Professoren und Künstlern gehörten unter anderem: Prof. phil. Philipp. Schwartz, Prof. Dr. Ernst Reuter, Prof. Dr. jur. Ernst Hirsch, Prof. Dr. rer. pol. Gerhard Kessler, Prof. Dr. phil. Friedrich Breusch, Violinist Licco Amar, Prof. Dr. rer. Pol. Fritz Neumark, Prof. Dr. rer. pol. Wilhelm Röpke, Prof. Dr. med. Wilhelm Lipmann, Prof. Dr. rer. pol. Alexander Rüstow, Prof. Dr. Phil. Leo Spitzer, Prof. Dr. Phil. Hellmut Ritter, Musiker und Komponist Prof. Paul Hindemith, Prof. Dr. phil Curt Kosswig, Prof. Dr. med. Hans Winterstein, Architekt Herbert Eichholzer, Prof. Dr. med. A. Marchioni, Prof. Dr. Benno Landsberger. Auch andere politisch Verfolgte, wie der Bauleiter Eduard Bischoff, dessen Sohn Cornelius Bischoff bis heute Werke des bekannten türkischen Schriftstellers Yaşar Kemal in die deutsche Sprache übersetzt, gehören zu diesen Menschen.

Diese Professoren, Musiker oder Architekten haben in den Hochschulen der Türkei unverwischbare Spuren hinterlassen und Tausende Studierenden unterrichtet, von denen viele als Hochschullehrer in den Universitäten der Türkei tätig waren oder noch sind. Manche der genannten Professoren waren in ihren Fach-

[351] Vgl. Emre, Gültekin, 300 Jahre Türken an der Spree, Köln 1997, S. 22
[352] Vgl. Kremer, J. / Przytulla, H., (Hg.), Exil Türkei, München 1991, S 21 ff.

gebieten auch als Berater der türkischen Regierung tätig. Paul Hindermith, C. Ebert und E. Zuckmayer errichteten und leiteten ab 1935 das staatliche Konservatorium in Ankara. An der Akademie der schönen Künste Istanbul waren viele namhafte deutsche Architekten tätig, darunter Bruno Taut, Martin Wagner, Martin Elsässer, Gustav Oelsner, Margarete Schütte-Lihotzky und Clemens Holzmeister Letzterer entwarf das Parlament in Ankara, aber auch viele andere Gebäude in der Türkei gehen auf Entwürfe der genannten Architekten zurück.

Für viele deutsche Migranten wurde die Türkei zu ihrer zweite Heimat. Manche von ihnen blieben auch nach dem Ende des Hitler-Regimes in der Türkei. Für türkische Intellektuelle, darunter Hochschullehrer, Künstler und Architekten, haben diese deutschen Migranten als Helfer und Freunde der Türkei prägenden Einfluss genommen.

Deutschland und die Deutschen hatten und haben bei dem überwiegenden Teil der türkischen Bevölkerung bis heute ein sehr positives Image. »Made in Germany« galt und gilt weiterhin als ein gutes und verlässliches Markenzeichen.

Als Anfang der sechziger Jahre viele westeuropäische Staaten, darunter Deutschland, Frankreich, Großbritannien, die Niederlanden, Dänemark, Schweden, Belgien und Österreich nach und nach ausländische Arbeitskräfte anwarben, ging nur ein geringer Teil türkischer Migranten in die übrigen Staaten, 80% von ihnen wollten und kamen nach Deutschland. Diese hätten durchaus auch in die übrigen Anwerbeländer gehen können, sie zogen aus den genannten Gründen aber Deutschland vor.

Deutschland wiederum hätte seinen Bedarf an ausländischen Arbeitskräften durchaus auch aus anderen Ländern decken können, doch es kam so, wie es gekommen ist: die Mehrzahl wurden im Rahmen bilateraler Verträgen aus der Türkei angeworben. Wie auch das heutige Urteil über diese Entwicklung der türkischen Migration nach Deutschland sein mag, für beide Seiten gab es offensichtlich Gründe dafür. Die für die Türkei und die Türken ausschlaggebenden Gründe habe ich an einigen Beispielen deutlich zu machen versucht.

Eine große Belastung in den deutsch-türkischen Beziehungen entstand durch die Kurdenfrage

»Am Bosporus schlagen die Wogen der Empörung hoch«, so die Überschrift der Wochenzeitung »Die Zeit« vom 3. April 1992. In dem Bericht werden eine Vielzahl von Journalisten, Politikern und Wissenschaftlern mit wütenden Worten zitiert, die vor allem gegen den damaligen deutschen Außenminister Hans Dietrich Genscher gerichtet waren. Solch eine massive, ja übertriebene Kritik an der deutschen Politik war bis dahin in der Türkei kaum zu lesen oder zu hören. Die deutsch-türkischen Beziehungen waren ganz erheblich gestört. Der türkische Staatspräsident, Turgut Özal, beschuldigte Deutschland einer Politik des »divide et impera!« (teile und herrsche). Selbst nach Auffassung des in der Politik erfahrenen Ministerpräsidenten Süleyman Demirel war der Schaden so groß, dass »das historisch gute Verhältnis zwischen der Türkei und Deutschland schwer wiederherzustellen« sei. Dabei ging es um die Bewertung der Kurdenfrage und die undifferenzierte Politik der Bundesregierung gegenüber der Terrororganisation PKK. Die Türkei beschuldigte die deutsche Regierung, dieser Organisation freie Hand für ihre Aktivitäten zu lassen und ihren Mitgliedern Asyl zu gewähren, Menschen, die für den Tod vieler türkischer Bürger verantwortlich seien und gegen die Türkei einen bewaffneten Kampf führten. Deutschland betrachte die Terrororganisation PKK als eine Freiheitsbewegung, anstelle sie zu verbieten, so die Haltung der Türkei. Zugleich nahmen Anschläge von rechtsradikalen Gruppen gegen die Deutschland-Türken, aber auch von PKK-Aktivisten gegen türkische Geschäfte ganz erheblich zu. Deutschland unternehme für die Sicherheit türkischer Staatsbürger zu wenig, wurde von türkischer Seite betont.

Seit 1984 führte die PKK unter Führung Öcalans einen bewaffneten Kampf in der Südosttürkei für einen unabhängigen kurdischen Staat. Bei diesem blutigen Krieg starben bis zur Verhaftung Öcalans am 15.2.1999 mehr als 30.000 Menschen, darunter viele völlig unbeteiligte kurdische und türkische Zivilisten.

Bei der enorm steigenden Zahl an Asylbewerbern in Deutschland Ende der 1980er und Anfang der 1990er Jahre, stellten die Asylantragsteller aus der Türkei einen beachtlichen Teil. Die meisten von ihnen begründeten ihren Asylantrag wegen ihrer »Verfolgung als Kurde« oder wegen ihrer Mitgliedschaft in oder Anhängerschaft zur PKK. Die Anerkennungsquoten türkischer Asylbewerber lagen in diesen Jahren immerhin bei rund 7%.

Beide Seiten, die Türkei wie auch Deutschland, hatten gute Gründe für ihre durchaus unterschiedliche Bewertung der Ereignisse im Südosten der Türkei. Die Türkei sah sich vor ein großes Terrorproblem gestellt, bei dem tagtäglich viele Menschen zu Tode kamen und erwartete die Solidarität befreundeter Länder, vor allem die Deutschlands. Die deutsche Politik hingegen neigte eher zu Duldung und Tolerierung der PKK-Aktivitäten in Deutschland, nicht zuletzt auch deshalb, weil man befürchtete, sich anderenfalls Problemlagen einzuhandeln. In der Tat herrschte infolge einer nicht immer sachlichen Berichterstattung allgemein die Meinung, als vertrete die PKK die kurdische Bevölkerung und kämpfe für die legitimen Anliegen der Kurden. Diese Haltung war für die Türkei nicht nur inakzeptabel, sie stufte diese Haltung als feindselige Position ein.

Deutschland hatte aber, zumindest was die Folgen der Kurdenpolitik für Deutschland anbetraf, Recht, weil Jahr für Jahr mehr als zehntausend Asylantragsteller aus der Türkei kamen und ein kleiner Teil von ihnen sogar von den

Gerichten die Anerkennung als Flüchtlinge erhielt. Daher erwartete Deutschland die Beseitigung der Ursachen für die Flucht der Kurden aus der Türkei.

»Wir sind über die andauernden Spannungen in den deutsch-türkischen Beziehungen sehr besorgt«. Mit diesen Worten meldete sich eine Gruppe von türkischen Intellektuellen in Deutschland zu Wort, um zwischen Deutschland und der Türkei zu vermitteln. »Die Gründe hierfür liegen in der so genannten Kurdenfrage und ihrer Beurteilung und Bewertung durch die Medien und manche deutsche Politiker. Die Medien differenzieren nur selten zwischen der Lebenssituation der kurdischen Bevölkerung in der Türkei und der Bekämpfung der verbotenen Terrororganisation PKK. Die Türkei und verallgemeinernd die Türken werden somit zu Verfolgern und Unterdrückern der Kurden und in diesem Zusammenhang auch zu Verletzern der Menschen- und Minderheitenrechte erklärt.

Dieses Bild von der Türkei und den Türken macht sich sehr stark bei der ohnehin nicht einfachen Lebenssituation der türkischen aber auch der kurdischen Bevölkerung in Deutschland bemerkbar. Türkenfeindliche Kreise finden sich dadurch in ihrer Haltung bestätigt. Die versteckt vorhandenen oder teilweise auch offen gezeigten Antipathien und Vorurteile gegenüber der türkischen Bevölkerung in Deutschland erhalten so neue Nahrung.

Die Intellektuellen sind selbst kritische Beobachter der Entwicklung in ihrem Herkunftsland Türkei. Deshalb sind sie an berechtigter Kritik an den Missständen, an Minderheiten- und Menschenrechtsverletzungen, gleich ob in der Türkei oder in Deutschland, sehr interessiert.

Sie beobachten aber, dass die oft subjektive, unsachliche und undifferenzierte Berichterstattung sowie entsprechend zu bewertende Äußerungen seitens mancher Politiker über den Kurdenkonflikt in der Türkei und unter den hier lebenden Menschen aus der Türkei, seien sie nun türkischer oder kurdischer Herkunft, mit großer Sorge und Empörung verfolgt werden.« So der Aufruf dieser Deutschlandtürken 1994.[353]

Die Kurdenfrage entwickelte sich in der Tat zu einer Belastung in den deutsch-türkischen Beziehungen, aber ebenfalls für die in Deutschland lebenden Türken und Kurden. Eine Lösung dieses Konflikts wurde erst dann möglich, als die Instrumentalisierung der Kurdenfrage durch äußere Mächte nach deren jeweiliger Interessenlage endlich aufhören sollte.

---

[353] Vgl. Der Kurdenkonflikt, Ursachen und Lösungswege, Landeszentrale für politische Bildung Hamburg / Institut für türkisch-europäische Beziehungen (Hg.), Hamburg, 1996, 3. Auflage, S. 7

Mit konkreten Vorschlägen zur Lösung der Kurdenfrage beging ich einen Tabubruch

Die Kurdenpolitik der Türkei befand sich bis zum Beginn des 21. Jahrhunderts in einem Dilemma. Eine Milde Haltung gegenüber dem bewaffneten Kampf für einen eigenen kurdischen Staat würde zu unlösbaren Problemen führen. Daher musste ganz konsequent gegen die PKK vorgegangen werden. Für eine friedliche Lösung des Problems musste aber eine radikale Umkehr in der Kurdenpolitik eingeleitet werden. Dies erschien wiederum weiten Kreisen der politischen Klasse der Türkei angesichts eines Krieges mit der PKK nicht denkbar.

Die offizielle türkische Politik hatte bis vor wenigen Jahren negiert, dass auf türkischem Staatsgebiet auch Kurden leben. Man behandelte und betrachtete sie ungeachtet ihrer kulturellen Eigenheiten als Türken. So lebte die kurdische Sprache, lebten kurdische Kultur und Tradition lediglich im Familienverband fort, für die Behörden existierte dergleichen nicht. Selbst in den privaten Kursen und Schulen blieb das Erlernen oder die Pflege der kurdischen Sprache offiziell bis 2004 untersagt. Erst 2004 wurden Rundfunk- oder Fernsehsendungen in kurdischer Sprache erlaubt, auch darf Kurdisch in privaten Schulen unterrichtet werden. Immerhin durften bereits seit einigen Jahren Zeitungen, Bücher und Kassetten in kurdischer Sprache frei vertrieben werden.

Dabei gibt es durchaus Beispiele im eigenen Land, wie man es hätte besser machen können. So haben die nach dem Vertrag von Lausanne vom 24. Juli 1923 als ethnische Minderheiten anerkannten Juden, Armenier und Griechen auch als türkische Staatsbürger das Recht, eigene Schulen sowie kulturelle und religiöse Einrichtungen zu betreiben, ihre Kultur zu pflegen und weiterzuentwickeln.

Im Gegensatz dazu wurden und werden die Kurden deshalb nicht als Minderheiten anerkannt, weil sie Muslime sind. Als Muslime werden sie trotz ihrer unterschiedlichen Herkunft bzw. ethnischen Zugehörigkeit ohne Ausnahme als Teil der türkischen Bevölkerungsmehrheit betrachtet. Dies verhindert zwar ihre Diskriminierung vor dem Gesetz, wird aber ihrer sprachlichen oder kulturellen Eigenständigkeit in keiner Weise gerecht.

Betrachtet man einmal die Staaten, in denen Menschen verschiedener Herkunft, Religion, Sprache oder Kultur – kurz unterschiedliche Ethnien – zusammenleben, so gibt es (etwas vereinfacht und verallgemeinernd) zwei grundlegende Konzepte, mit den daraus erwachsenen Problemen umzugehen.

Das Modell der ehemaligen Sowjetunion (UdSSR) oder Ex-Jugoslawiens sah den Zusammenschluss von Staaten, die nach ethnischen Kriterien zusammengesetzt waren, unter einem föderativen Staatenverbund vor. Nur mit Hilfe einer autoritären, undemokratischen Staatsmacht konnte der Zusammenhalt dieser Länder aufrechterhalten werden. Wohin dieses Konzept in beiden Ländern geführt hat, haben wir mit Betroffenheit verfolgen können. Kein vernünftiger Mensch kann sich eine Tragödie des Ausmaßes, wie wir sie in Bosnien-Herzogowina, im Kosovo oder in der Kaukasus-Region erleben mussten, wünschen. Daher kann hier wohl zu Recht festgestellt werden, dass ein Modell, welches die Ethnisierung der Minderheiten und deren Aufteilung in viele autonome Kleinstaaten vorsieht, fast immer zu ethnischen Konflikten, zu Blutvergießen und viel menschlichem Leid führt.

Die Türkei folgt bei der Behandlung der Minderheitenfrage einem nationalstaatlichen Konzept, ähnlich dem Frankreichs oder der USA: Der Staat differenziert bei seinen Bürgern nicht hinsichtlich ihrer Herkunft oder ethnischen Zugehörigkeit. Alle Staatsbürger sind – unabhängig von ihrer ethnischen Zugehörigkeit – vor dem Gesetz gleich. Die gemeinsame Staatsbürgerschaft ist das vereinende Band zwischen diesen Ethnien.

In der Staatsphilosophie der Türkei spielt – im Gegensatz zu Deutschland – die ethnische Herkunft »nach dem Blute« keine Rolle. Dies ließe sich auch in einem Staatswesen, in dem seit Jahrtausenden eine ständige Vermischung vieler Völker und Zivilisationen stattfand, kaum rechtfertigen. Anatolien war eben stets die *Brücke* zwischen Asien und Europa, hier hinterließen Hethiter, Griechen, Römer, Seldschucken, Osmanen und viele weitere Völker ihre Spuren. Die Türkei stellt ein Mosaik von rund 50 Sprachen und Dialekten nebst einer Vielzahl von Ethnien dar. Die moderne Staatsbürgerschaftsauffassung der Türkei sollte dieser Vielfalt der Sprachen, Kulturen und Ethnien gerecht werden. Vor diesem Hintergrund kann man daher auch nicht von einer »türkischen Rasse« sprechen.

In diesem Modell, das, von Atatürk konzipiert, die moderne Türkei seit mehr als 80 Jahren zusammenhält, ist allerdings kein Raum für Unabhängigkeitsbestrebungen einzelner Ethnien: eine solche würde das gesamte System in Frage stellen und höchstwahrscheinlich zu Zuständen führen, wie wir sie zu Beginn der 90er Jahre in Bosnien erleben mussten.

> »Was heute unter ‚Türke' zu verstehen ist, ist eine grundgesetz- bzw. staatsbürgerliche Identität ohne Ansehen der Rasse, Religion, ethnischen Zugehörigkeit oder Konfession, das heißt, es handelt sich dabei um eine ‚Überidentität', die durch geographische Lage, Sprache, und ein Bewusstsein von Staatsbürgerschaft definiert ist. Demnach ist jeder Mensch ein Türke, der sagen kann: ‚ich spreche Türkisch und bin Bürger der Republik Türkei'. Türke zu sein ist also gewissermaßen auch eine politische Identität.«[354]

[354] Güvenç, B., Türke sein in der Türkei und in Deutschland, in: Was ist ein Deutscher? Was ist ein Türke?, Körberstiftung, Hamburg 1998, S. 71

Bis in die 1980er Jahre hinein hat die oben beschriebene Staatsphilosophie der Türkei, ähnlich wie in den USA, nach dem Prinzip eines Schmelztiegels die Assimilation der ethnisch-kulturellen Minderheiten zum Ziele gehabt. Da die Herkunft, die ethnische Zugehörigkeit keine Rolle spielte, war eben nicht nur eine rechtliche, politische und soziale Gleich*stellung* auf allen Ebenen der Gesellschaft gegeben, es wurde darüber hinaus auch echte Gleich*behandlung* praktiziert. Dies führte in der Tat dazu, dass beispielsweise zwischen »Türken« und »Kurden«, also besser zwischen Menschen jedweder oder kurdischer Herkunft, weder im Personalausweis noch sonst wo in der Gesellschaft, sei es nun bei der Ausbildung oder im Berufsleben, ein Unterschied gemacht wurde. So machen kurdische Schüler mit ihren türkischen Klassenkameraden gemeinsam Abitur, absolvieren eine Hochschulausbildung, erhalten ein Auslandsstipendium und promovieren auch an ausländischen Hochschulen. Viele bekleiden heute ohne den geringsten Unterschied zu ihren Freunden mit »türkischer« Herkunft höchste Ämter im Staatsapparat, bei der Armee, bei den Medien, in Politik, Wirtschaft und Gesellschaft.

Viele Menschen kurdischer Herkunft sind selbst in Gebieten, die mehrheitlich von »Nichtkurden« bewohnt werden, Bürgermeister, Professoren, Generäle, Staatssekretäre und Minister geworden, auch der verstorbene Minister- und spätere Staatspräsident Özal war seitens seiner Großmutter Kurde. Niemanden in der Türkei hat es – zumindest bis vor wenigen Jahren – interessiert, welcher Herkunft die Bewerberinnen und Bewerber für ein hohes Staatsamt waren. Die kurdische Bevölkerung ist entsprechend ihrem Anteil an der Gesamtbevölkerung im türkischen Parlament vertreten. Stets gibt es auch Minister kurdischer Herkunft. Dies ist nicht nur heute, dies war auch gleich nach Gründung der Republik Türkei ganz selbstverständlich.

Trotz dieser auch in der Praxis erfolgten Gleichbehandlung der Kurden in allen Bereichen des Lebens wäre es geboten gewesen, ihnen volle kulturelle Rechte und kulturelle Identität zu gewähren. Nur hierdurch wären die Kurden den Türken in jeder Hinsicht gleichgestellt worden. Deshalb habe ich quasi auf dem Höhepunkt der bewaffneten Auseinandersetzungen mit der PKK 1994 mit einer Veröffentlichung zur Kurdenfrage ganz konkrete Vorschläge zur Problemlösung entwickelt und damit einen Tabubruch gewagt.

»Die kurdische Bevölkerung stellt in der Türkei mit einem Anteil von einem Sechstel bis einem Fünftel an der Gesamtbevölkerung die größte Minderheit dar. Es ist sicherlich der Wunsch großer Teile der kurdischen Bevölkerung, dass ihre kulturelle Identität offiziell anerkannt wird. Diesem berechtigten Anliegen sollte der türkische Staat schnell entsprechen. Dies bedeutet in der politischen Realität, dass die Türkei ihre Kurdenpolitik auf eine neue Grundlage stellen muss:

- Kurdisch muss als Muttersprache neben der Amts- und Schulsprache Türkisch in den Schulen angeboten werden und erlernt werden können,
- Rundfunk- und Fernsehsendungen müssen auch in kurdischer Sprache erlaubt sein,
- durch eine landesweite Verwaltungsreform sollte die stark zentralistisch auf Ankara ausgerichtete Verwaltung gelockert werden, und zwar mit dem Ziel, den Kommunal- und Regionalparlamenten mehr Zuständigkeiten einzuräumen. Dies wäre schon im Sinne einer effizienteren Verwaltungsarbeit geboten und entspräche darüber hinaus auch demokratischen Grundsätzen.

Erst dadurch wären die Kurden nicht nur rechtlich, politisch und sozial, sondern dann auch kulturell auf allen Ebenen den Türken gleichgestellt. Solchermaßen praktizierte Gleichstellung auch im kulturellen Bereich ist aber die unverzichtbare Voraussetzung für ein gleichberechtigtes, friedliches und solidarisches Zusammenleben verschiedener Volksgruppen in einem politischen Gemeinwesen. Die amtierende konservativ-sozialdemokratische Koalitionsregierung wäre gut beraten, diese Schritte, die im Übrigen bereits in den Koalitionsvereinbarungen angedeutet sind, nunmehr ohne Zeitverlust in Angriff zu nehmen. [...]. Eine dauerhafte Lösung des Konflikts wird erst erreicht werden können, wenn es gelingt, die überwiegende Mehrheit der kurdischen Bevölkerung zu befrieden.«[355] Dazu müsste:

- die extrem hohe Arbeitslosigkeit in dieser Region zumindest spürbar gemindert und
- eine grundlegende Demokratisierung des Staats- und Gesellschaftswesens sowie einer Landesweiter Verwaltungsreform mit dem Ziel der Dezentralisierung zu Gunsten der Kommunal- und Regionalparlamenten musste in der Türkei in die Tat umgesetzt werden.

Das Trauma der Türkei ist der Kapitulationsvertrag von Sèvres

Der erste Weltkrieg, auch ein Produkt langjähriger Rivalitäten zwischen den europäischen Großmächten Großbritannien, Frankreich und Deutschland um mehr Kolonialbesitz und um die Aufteilung des zerfallenden Osmanischen Reiches, führte zu dessen Kapitulation. Der am 30. Oktober 1918 von den Siegermächten diktierte Mudros-Waffenstillstand sah die Aufteilung des Osmanischen Reiches unter England, Frankreich, Italien und Griechenland als Siegermächte

[355] Der Kurdenkonflikt, a.a.O., S. 11f

vor. Danach sollte Großbritannien den Irak, Palästina, Saudi-Arabien nebst allen Ölgebieten, auf deren Beherrschung es seit mehr als einem Jahrhundert hingearbeitet hatte, erhalten. Ägypten und Zypern blieben unter britische Herrschaft. Frankreich besetzte Syrien und ganz Südostanatolien. Italien erhielt die Gebiete der Südwesttürkei, die Inselgruppe Dodekanes und Rhodos. Griechenland besetzte Thrakien, die ägäischen Inseln und Izmir mit dessen Hinderland und hoffte, später auch Istanbul zu erhalten, um diese dann als Hauptstadt eines »neuen panhellenischen Reiches« proklamieren zu können.

Im Nordosten der Türkei sollte das Versprechen an die Armenier eingelöst werden, dort einen armenischen Staat entstehen zu lassen. Im Osten der Türkei sollten die Kurden die Autonomie erhalten. »Das Ziel der Alliierten war, einen kurdischen Staat unter fremdem Protektorat zu schaffen.«[356] Außerdem war von den Alliierten die Gründung eines griechisch-pontischen Staates an der Schwarzmeerküste um Trabzon vorgesehen.

Istanbul war unmittelbar nach der Kapitulation von Engländern, Franzosen und Italienern besetzt worden. Die Meerengen sollten internationalisiert werden.

Wie beschrieben, wurde selbst das eigentliche Kernland der Türken, Anatolien, so weit aufgeteilt, dass den Türken nur ein kleiner Teil in Zentral- und Nordwestanatolien blieben sollte.

Der Kapitulationsvertrag von Sèvres von 10. August 1920, der zwar vom osmanischen Sultanat unterzeichnet, aber selbst von dessen eigenem Parlament nie ratifiziert wurde, bestätigte diese Aufteilung des Reiches.

Das türkische Volk hat diese infolge des Krieges erzwungene Okkupation und Aufteilung des eigenen Heimatlandes durch die Siegermächte nicht akzeptiert. So begann unter Führung von Mustafa Kemal, der später vom Parlament den Beinamen Atatürk, »Vater der Türken«, erhielt, am 19. Mai 1919 die Vorbereitung zu einem Befreiungs- und Unabhängigkeitskrieg gegen die Besatzer. Das erklärte Ziel war nicht, das alte Osmanische Reich neu entstehen zu lassen, sondern die eigentliche Heimat in den Grenzen der heutigen Türkei (Misaki Milli Sınırları), wo die türkische Bevölkerung mehrheitlich lebte, von Fremdherrschaft zu befreien. Nicht mehr im alten Osmanischen Reich sondern hier sollte die volle Souveränität des türkischen Volkes erkämpft und der neue türkische Staat gegründet werden. Dieser Befreiungs- und Unabhängigkeitskrieg gegen die Besatzungsmächte dauerte vier Jahre und endete mit dem Sieg des türkischen Volkes. Mit dem Friedensvertrag von Lozan am 24. Juli 1923, der neben der Türkei von Großbritannien, Frankreich, Italien, Griechenland, Rumänien, Japan und dem Königreich Serbien-Kroatien-Slowenien nach monatelangen Verhandlungen

[356] Melzig, H. Kemal Atatürk, Frankfurt/M 1937, S. 93

unterzeichnet wurde, erkämpfte sich die Türkei die internationale Anerkennung. Am 29. Oktober 1923 erfolgte die Ausrufung der Republik Türkei.[357]

Es wird nicht selten behauptet, die Türkei habe in dem Kapitulationsfolgevertrag von Sèvres die Bildung eines kurdischen Staates akzeptiert. Nicht die Türkei, vielmehr die Siegermächte des ersten Weltkriegs hatten dies nach der Zerschlagung des Osmanischen Reiches verlangt und die Reste, wie oben geschildert, weitgehend unter sich aufgeteilt.

Vor diesem Hintergrund ist es absolut falsch, wenn manche Kurden sich heute auf diesen Kapitulationsvertrag berufen, um ihren Vorstellungen von einem eigenen kurdischen Staat auch eine historische Attitüde hinzuzufügen.

Die Türken haben Anatolien bereits im Jahre 1071 nach einem Sieg über die byzantinische Armee erobert, also vor bald Tausend Jahren. Seit dieser Zeit wird Anatolien, werden somit auch Teile des so genannten »Kurdistan« von der Türkei regiert. Die Türken haben bei dieser Eroberung Anatoliens nicht einmal einen kurdischen Staat verdrängen müssen, einen solchen hat es zu keiner Zeit gegeben. Seit bald eintausend Jahren leben Kurden, Türken, Araber, Assyrer und weitere Ethnien in dieser Region zusammen. Seit Jahrhunderten findet eine gründliche »Durchmischung« dieser Völker statt, dies ist insbesondere zwischen Türken und Kurden zu beobachten. Es sind in diesen Jahrhunderten viele Millionen Mischehen aus dieser Mischung hervorgegangen. Ein weiteres kommt hinzu: Aufgrund der schwierigen ökonomischen Verhältnisse in diesem Teil des Landes wanderten seit der Industrialisierung der Türkei nach 1930 Millionen Kurden und Türken in andere Landesteile ab mit dem Ergebnis, dass heute etwa die Hälfte der kurdischen Bevölkerung außerhalb ihres ursprünglichen Siedlungsraumes lebt, vornehmlich in den Großstädten im Westen.

Selbst in den traditionell kurdischen Städten wie Diyarbakır, Elazığ, Hakkari, Van, Bitlis oder Muş stellen die Türken schon immer einen beträchtlichen Anteil an der Bevölkerung, ebenso wie mittlerweile Istanbul, Ankara, Bursa, Izmir, Mersin oder Adana große kurdische Volksgruppen beherbergen.

Wie soll nun unter diesen Umständen ein kurdischer Staat aussehen, was soll aber vor allem mit den Kurden in allen Teilen der Türkei, was mit den Türken in den mehrheitlich von Kurden bewohnten Provinzen der Südosttürkei geschehen? Wer immer griffige Lösungen mit der Formel »Selbstbestimmungsrecht der Kurden« oder »eigener kurdischer Staat« vorschlägt, der muss sich vorwerfen lassen, dass er nicht zu Ende gedacht hat. Dergleichen Vorschläge sind zwar schnell geäußert, werden jedoch aller Voraussicht nach im Ergebnis zu kaum lösbaren Konflikten führen, was hoffentlich niemand in Deutschland wünscht.

---

[357] Vgl. hierzu Keskin, H., Die Türkei, a.a.O., S. 50-130

Auch Vorschläge, die auf eine föderale Struktur zielen, auf einen Staat also, unter dessen Dach sich ein kurdischer und ein türkischer Teil nach Deutschem oder gar Schweizer Vorbild zusammenschließen, widersprechen gänzlich der in der Türkei gewachsenen Tradition eines zentralistisch regierten Staates. Folgerichtig bezeichnete der ehemalige Staatspräsident, Demirel, solche Vorschläge als den »ersten Schritt in Richtung auf eine Teilung des Landes«. So selbstverständlich das föderalistische System in Deutschland wie in zahlreichen anderen Staaten sein mag, so fremd ist es Staaten wie der Türkei oder z.B. auch Frankreich.

Die Türkei kann aber durch eine Verwaltungsreform ähnlich der in Frankreich die Rechte der Kommunen und regionalen Parlamente stärken, indem sie diese mit größeren Kompetenzen ausstattet. Diese Überlegungen liegen heute als Gesetzentwurf dem Parlament der Türkei vor. Dann könnten die Kurden in den von ihnen mehrheitlich bewohnten Städten und Gemeinden in Fragen regionaler Planung und Entwicklung eigenverantwortlich handeln, und zwar auf der Basis einer demokratischen Legitimation. Fragen wie diese werden zunehmend auch in den großen türkischen Volksparteien als Lösungsansätze diskutiert.

Mit dem Wort »Autonomie« verbindet man auch in der Türkei Begriffe wie »Selbständigkeit« und »Eigenständigkeit«, mit dem letztendlichen Ziel auf eigenen Staat. Daher ist eine kurdische Autonomie auch identisch mit der Zielgabe eines unabhängigen kurdischen Staates. Dass dies kein Geheimnis ist, wissen wir aufgrund 15-jähriger Auseinandersetzungen und Kriege mit der PKK.

Die Geschichte der Türken wie die Tatsache, dass das Osmanische Reich seit der Belagerung von Wien vor über 300 Jahren bis zum Ende des Ersten Weltkriegs räumlich immer weiter reduziert wurde und selbst die heutige Türkei nach dem Kapitulationsvertrag von Servès zerstückelt werden sollte, hat bei vielen Türken bis heute eine traumatische Wirkung entfacht. Daher gelten die Grenzen der heutigen Türkei für alle Türken als unantastbar und heilig. Keine gewählte türkische Regierung kann deshalb die territoriale Integrität der heutigen Türkei zur Disposition stellen.

Weltweit beobachten wir einen stark zunehmenden Nationalismus. Zahlreiche ethnische Minderheiten – Basken, Korsen, Kurden, Abchasen, Sikhs, Tamilen, Tschetschenen, um nur einige wenige zu nennen, – wollen nicht nur gleichberechtigt in ihrem jeweiligen Land leben, sondern einen eigenen Staat haben. Das Virus des Nationalismus breitet sich wie eine ansteckende Krankheit in vielen Hunderten Ethnien aus.

Die Europäer und vor allen die Deutschen wissen aus eigener, zutiefst leidvoller Erfahrung nur allzu gut, welche Verwüstungen der Nationalismus anrichten kann. Die aktuellen Fälle dieser Art in Bosnien Ruanda oder im Sudan sollten uns als abschreckende Beispiele dienen. Aus der Sicht der ethnischen Minderheiten und deren Sprechern mag es Gründe für einen eigenen Staat geben. Es bleibt jedoch eine Tatsache, dass die Ablösung aus dem alten Staatenverband nie ohne blutige und leidvolle Kriege vollzogen wird. Die Zersplitterung eines existierenden Staates mit seinen gewachsenen Bevölkerungsstrukturen birgt auch später noch erheblichen Konfliktstoff für alle Beteiligten.

Während die europäischen Länder im Begriff sind, ihre nationalstaatlichen Grenzen zugunsten eines europäischen Unionsstaates zu überwinden, führt dies doch nachweislich zu Verbesserungen der ökonomischen, politischen, sozialen und kulturellen Situation, wie kann es da im Interesse anderer Völker liegen, sich in einander feindlich gesonnene Staaten zu trennen? In Teilen der europäischen Öffentlichkeit, vor allem bei den so genannten »fortschrittlichen Kräften«, scheint es Mode zu sein, nach einem »Selbstbestimmungsrecht für ethnisch kulturelle Minderheiten« zu rufen und entsprechende Bestrebungen zu unterstützen, auch wenn diese zu bewaffneten Auseinandersetzungen führen. Leider stellen sich dergleichen Forderungen nur selten als durchdacht heraus. Das durchaus beeindruckend klingende »Recht auf Selbstbestimmung« wird dabei zum Dogma erhoben, ohne an die Folgen zu denken. Interessenvertreter aus anderen europäischen Staaten verfolgen immer noch eine Politik des »teile und herrsche«. Würde das Prinzip eines »Selbstbestimmungsrechts für alle ethnisch-kulturellen Minderheiten« ernst genommen, so müssten in nahezu allen Staaten der Erde die Staatsgrenzen gemäß den Forderungen dieser Ethnien neu gezogen werden. Welche Konfliktstoffe dies mit sich brächte, können wir uns unschwer vorstellen. Es ist an der Zeit, über diese Positionen ernsthaft nachzudenken, sollte es doch für alle höchste Priorität haben, keine Menschenleben zu gefährden und den Frieden zu bewahren.

Das friedliche, solidarische und gleichberechtigte Zusammenleben von Kurden und Türken mit anderen ethnischen Minderheiten in dieser Region ist durchaus möglich, ohne die territorialen Grenzen der Türkei in Frage zu stellen.

Mit der wirtschaftlichen Entwicklung der Türkei und Süd-Ost-Anatoliens wird auch die Befriedung der kurdischen Bevölkerung erreicht werden

Eine verantwortungsbewusste Politik auch und gerade im Interesse der kurdischen Bevölkerung muss Lösungen zum Ziel haben, die mit friedlichen Mitteln im Handlungsrahmen einer pluralistischen Demokratie erreichbar sind. Also müssen die kulturelle Identität und die kulturellen Rechte der kurdischen Bevölkerung gewährleistet sein und durch eine Verwaltungsreform müssen den kommunalen und regionalen Parlamenten und somit auch der kurdischen Bevölkerung weit größere Selbstverwaltungskompetenzen eingeräumt werden als bisher.

Dieses Reformziel ist in vollem Gange. Gleichermaßen muss sichergestellt sein, dass die territoriale Integrität der Türkei nicht zur Disposition steht und unberührt bleibt.

Bereits 1977 habe ich in einer eingehenden Studie über die Türkei[358] eine völlig neue Orientierung in der Industrialisierungspolitik der Türkei gefordert, unter anderem mit dem Ziel, die wenig entwickelten Landesteile durch massive Fördermaßnahmen zu unterstützen, um die große Diskrepanz in der industriellen Entwicklung zwischen den westlichen Industriezentren und den wenig entwickelten Regionen, darunter dem südostanatolischen Raum, durch eine fördernde Wirtschaftspolitik erkennbar zu mildern.

Dass dies unumgänglich ist, scheinen auch die Regierungen in den letzten Jahrzehnten begriffen zu haben. Seit 1980 fließen jährlich zwischen 10 und 11% der Gesamtinvestitionen der Türkei in das so genannte »Südostanatolien-Projekt (GAP)«. Mit diesem Projekt sollen weit über die Hälfte des landwirtschaftlich nutzbaren Bodens dieser Region (ca. 1,7 von 3 Mio. ha Land) bewässert, die landwirtschaftlichen Erzeugnisse vervielfacht und die Produktivität deutlich gesteigert werden. Mit Hilfe dieses Projektes, welches auch die Gründung zahlreicher kleiner und mittlerer Industriebetriebe sowie weitreichende Infrastrukturmaßnahmen vorsieht, sollen für 3,3 Mio. Menschen neue Arbeitsplätze geschaffen werden. Zugleich sind Fortbildungs- und Qualifizierungsmaßnahmen für die Ausbildung junger Menschen wie der Erwerbsbevölkerung vorgesehen. Ziel ist es auch, mit Hilfe dieses Projektes die Landflucht nicht nur zu stoppen, sondern auch eine Rückwanderung aus anderen Teilen des Landes zu erreichen. Hierdurch sollen die Einkommensunterschiede zu den anderen Gebieten der Türkei für die etwa 5 Mio. hier lebenden Menschen erheblich verringert werden. GAP erfasst acht Provinzen Südostanatoliens: Gaziantep, Şanlıurfa, Adiyaman, Diyarbakır, Mardin, Siirt, Batman und Şirnak.

Als Gesamtpaket sieht GAP die Errichtung von 24 Staudämmen zur rationellen Ausnutzung des Wassers wie zur Stromerzeugung und Bewässerung nebst der Gründung einer Vielzahl von Industriebetrieben und notwendiger Infrastrukturmaßnahmen vor. Vorgesehen sind 17 Hydroelektrizitätswerke, deren Stromerzeugung bei Fertigstellung 8.000 Megawatt betragen soll, was zum Vergleich etwa der Leistung der sechs größten deutschen Atomkraftwerke entspricht.

GAP ist das größte Investitionsprojekt in der Geschichte der Türkei. Es sollte nach dem Masterplan eigentlich bis 2005 abgeschlossen sein, Finanzierungsschwierigkeiten haben jedoch die Fertigstellung hinausgezögert. Bis Ende 2003 konnten lediglich 52% des Projektes realisiert werden, mit dem Abschluss der Arbeiten ist kaum vor 2015 zu rechnen. Bis zu seiner Vollendung werden insge-

358 Vgl. Keskin, H., Die Türkei, vom osmanischen Reich zum Nationalstaat, Berlin 1977

samt mehr als 32 Mrd. US $ investiert worden sein. Die Regierungen müssten allerdings für die Vollendung dieses sowohl für die Region als auch für die Türkei höchst bedeutsamen Projektes viel größere Anstrengungen unternehmen und mehr Mittel, jährlich rund 2 Mrd. Dollar, bereitstellen.[359]

Die PKK war ein entschiedener Gegner dieses Projekts. Nicht zu Unrecht befürchtete sie nämlich, dass, wenn die Maßnahmen erste Erfolge zeitigten, im gleichem Maße, wie sich die Lebensbedingungen hier verbesserten, damit auch ihr Einfluss zurückgehen werde.

Seit dem ersten Golfkrieg leidet die wirtschaftliche Entwicklung Südostanatoliens unter dem gegen das Regime von Saddam Hussein verhängte Embargo. So kamen die umfänglichen Handelsgeschäfte zwischen der Türkei und dem Irak weitestgehend zum Erliegen. Seit dem neuen Golfkrieg konnten normale Wirtschaftsbeziehungen zum Irak wegen der anhaltenden kriegerischen Handlungen und der damit einhergehenden Unsicherheit noch nicht entwickelt werden.

Die Beziehungen zu Syrien, die wegen der Unterstützung der PKK durch den syrischen Geheimdienst jahrzehntelang im argen lagen, konnten sich in den letzten Jahren normalisieren. Beide Regierungen haben die Entwicklung und den Ausbau ihrer Beziehungen auf allen Ebenen vereinbart. Es ist daher zu hoffen, dass nun eine Belebung der Handels- und Wirtschaftsbeziehungen vor allem der Bevölkerung der Region zugute kommt.

Nach dem Ende des PKK-Terrors ist nun zu hoffen, dass die wirtschaftliche Entwicklung auch der Südostprovinzen rasch vorankommt, so dass die sehr hohe Arbeitslosigkeit abgebaut, zumindest aber erheblich verringert werden kann. Diese führte und führt zum einen zu einer Abwanderung der Bevölkerung in die Industriezentren des Westens, zum anderen aber auch dazu, dass gerade den teilweise gut ausgebildeten jungen Menschen jegliche Lebensperspektive genommen wird. So ist es auch nicht weiter verwunderlich, wenn viele dieser jungen arbeitslosen Kurden der PKK-Propaganda zum Opfer fallen.

Vorurteile gegen die Türken sind unbegründet

Wie aufgezeigt erlebten die Beziehungen zwischen Deutschland und der Türkei in den Jahren 1992-1995 einen Tiefpunkt. Gleichzeitig nahm die Gewalt rechtsradikaler Kreise, vor allem durch Skinheads, gegen die Migrantenbevölkerung, zuvörderst gegen die Deutschland-Türken, ein bis dahin nicht gekanntes Ausmaß an.

---

[359] Vgl. Der Kurdenkonflikt, a.a.O., S. 27 ff; Türkeijahrbuch 2004/2005, Zentrum für Türkeistudien (Hg), Münster 2004, S. 65-70

Die polizeilich gemeldeten und registrierten Straftaten mit erwiesener oder vermuteter rechtsextremistischer Motivation stiegen von 3.884 im Jahre 1991 auf 6.721 im Jahre 1993. Gleichzeitig stieg die Zahl der getöteten von 3 auf 20 Personen. Die Schandtaten von Mölln und Solingen, bei denen 8 Türkinnen starben, lagen in diesem Zeitraum.

Vor diesem Hintergrund ist es um so erstaunlicher, dass das Verhältnis der deutschen Bevölkerung zu den Deutschlandtürken insgesamt gut zu sein schien. Im August und September 1994 wurde vom Institut für angewandte Sozialwissenschaft (infas) eine repräsentative Erhebung in West- und Ostdeutschland durchgeführt. Nach der Auswertung ist das Verhältnis der Deutschen zu den Türken nicht so problematisch, wie zumeist angenommen wird. Auf die Frage »Wie sympathisch sind Ihnen ganz allgemein die Türken als Volk«? antworteten 9% (10) sehr sympathisch, 66% (68) (überwiegend sympathisch, 15% (12) unsympathisch, 3% (2) sehr unsympathisch, 7% machen keine Angaben. In Westdeutschland (Ergebnisse in Klammern) lagen die Sympathiewerte leicht über dem Durchschnitt. Bei Befragten in der Altersgruppe der 50-64-jährigen mit Hochschulbildung und einer Parteipräferenz zu Bündnisgrünen oder SPD fielen die Ergebnisse sogar noch weit besser aus.

71% der befragten Westdeutschen und 21% der Ostdeutschen sagen, dass sie persönliche Bekanntschaften mit Türken hätten. Fast jeder fünfte Befragte war einmal oder mehrfach in der Türkei und 60% der Befragten waren an einem Türkei-Besuch interessiert. Genauso viele bewerteten die Beziehungen zwischen Deutschland und der Türkei als gut. 24% der Befragten befürworteten eine baldige EU-Mitgliedschaft der Türkei, 54% erst auf längere Sicht. Selbst bei Befragten mit Parteipräferenz zur CDU/CSU fiel die Antwort mit 22% und 54% ähnlich aus. Insgesamt bewerteten 60% die deutsch-türkischen Beziehungen als gut, 35% als schlecht.

Trotz dieser durchaus guten Erhebungswerte sind über die Deutschland-Türken viele gängige Urteile bzw. Vorurteile, nicht selten auch von Politikern, zu hören. Es ist an dieser Stelle angebracht, diese verallgemeinernden Urteile oder Behauptungen an Hand von verlässlichen Forschungsergebnissen und Fakten einer Prüfung zu unterziehen.

Sehr oft ist zu hören, dass die Türken unter sich bleiben und nur in Türkisch kommunizieren, sich lediglich über türkische Medien informieren, die deutsche Sprache daher nicht oder nur schlecht sprechen und auch nicht lernen wollen. Diese Annahme wird durch eine Untersuchung des Presse- und Informationsamtes der Bundesregierung widerlegt. Demnach verwenden 37% der Türken in ihrer Alltagssprache ausschließlich oder doch zumeist türkisch. Bereits 38%

verwenden deutsch und türkisch gleichermaßen und 25% sprechen meistens oder nur deutsch.[360]

64% der Befragten bewerteten ihre Sprachkompetenz im Deutschen als sehr gut oder gut, 23% als zufrieden stellend, nur 13% gaben an, über geringe oder sehr geringe Deutschkenntnisse zu verfügen. Diese Selbsteinschätzung der eigenen Kenntnisse der deutschen Sprache wird auch von den Personen, die die Interviews durchgeführt haben, annähernd geteilt. Demnach wurden bei 52% der Befragten die Deutschkenntnisse als gut, bei 25% als mittelmäßig und bei 23% als schlecht eingestuft.[361]

Es ist auch falsch zu behaupten, die Türken seien gegen Deutsch- bzw. Integrationskurse. Eine Erhebung der Ausländerbeauftragten des Senats von Berlin belegt, dass 95% eine positive Einstellung zu solchen Kursen haben.[362]

Auch die Annahme, dass die Türken weitestgehend türkischsprachige Sendungen im Fernsehen verfolgen, wird widerlegt. 30% der Befragten sehen nur deutschsprachiges Fernsehen, 40% sehen türkisch- und deutschsprachige Sendungen und lediglich 18% benutzen ausschließlich türkischsprachige Kanäle. 12% geben an, gar nicht fernzusehen.

Auch bei der Nutzung der Tageszeitungen gibt es ein interessantes Ergebnis. 17% der Befragten lesen nur deutsche und genauso viele nur türkische Zeitungen, 12% informieren sich gleichermaßen auf deutsch und türkisch. Bedauerlich ist jedoch, dass 54% der Befragten gar keine Tageszeitungen lesen.[363]

Auch die Behauptung, Türken neigten dazu, in eigenen Enklaven als eine Art Parallelgesellschaft zu leben, wird durch die Untersuchungen widerlegt. Im Durchschnitt haben 55% der Befragten täglich oder mehrmals in der Woche Kontakte zu Deutschen Freunden und Bekannten. 38% erklären, mehrmals im Monat oder wenigstens einmal im Monat Kontakte zu Deutschen zu haben und nur 7% der Türken geben an, gar keine Kontakte zu Deutschen zu besitzen. Die täglichen Kontakte zu den Deutschen sind bei jüngeren Türken viel intensiver: bei den 14-18-jährigen haben 82% und bei den 19-29-jährigen 67% tägliche Kontakte zu ihren Deutschen Freunden und Bekannten.[364] Nach einer anderen Repräsentativerhebung aus dem Jahre 2001 gaben 81% der Befragten an, deutsche Freunde zu haben, 19% verneinen diese Frage. Auch ein weiteres Vorurteil, dass Türken ausschließlich oder hauptsächlich in türkischen Geschäften kaufen,

[360] Vgl. Presse- und Informationsamt der Bundesregierung, Mediennutzung und Integration der türkischen Bevölkerung in Deutschland, Potsdam 18. Juni 2001

[361] A.a.O.

[362] Vgl. Repräsentativumfrage zur Lebenssituation türkischer Berlinerinnen und Berliner, Pressemitteilung vom 15.1.2002

[363] Vgl. Presse- und Informationsamt der Bundesregierung, Mediennutzung und Integration der türkischen Bevölkerung in Deutschland, Potsdam 18. Juni 2001

[364] Vgl. Presse und Informationsamt der Bundesregierung, a.a.O.

erwies sich als falsch. Für nur 27% der Befragten ist dies richtig, dagegen kaufen 69% der Befragten meist in deutschen Geschäften.[365]

Eine weitere weit verbreitete Meinung ist die, dass Türken ihre Lebenspartner in der Regel in der Türkei finden. Dies trifft aber lediglich für ein Drittel der Befragten zu.[366]

Viele glauben auch, dass Türken ihre Töchter bei Bildung und Ausbildung benachteiligen. 97% der Befragten sagten aber, dass für sie Söhne und Tochter die gleichen Bedingungen in Schule und Ausbildung haben sollen. Nur 2% der Befragten bevorzugen ihre Söhne, 1% sogar ihre Töchter. 52% der Befragten Mütter und 60% der Vater hoffen, dass ihre Kinder wenigstens das Abitur oder sogar einen Hochschulabschluss erreichen.[367]

Das durchgängig spürbare Vorurteil, dass Frauen in islamisch geprägten Ländern stark benachteiligt seien, mag auf konservativ-fundamentalistisch geprägte Staaten zutreffen, gilt aber keinesfalls für die laizistisch geprägte Türkei. Ich möchte dies durch ein Beispiel belegen.

Es ist wenig bekannt, dass der Frauenanteil an den Hochschulen der Türkei weltweit der höchste ist. Er liegt mit 21,5% deutlich vor Finnland, das mit 18,4% an zweiter Stelle folgt und Portugal mit 17% als Dritter. Deutschland findet sich mit nur 5,9% erst auf Rang 17. wieder![368] Türkische Frauen haben auch wichtige Positionen in vielen staatlichen Einrichtungen inne, darunter in der Ministerialbürokratie, der Staats- und Kommunalverwaltung und im staatlichen und privaten Dienstleistungssektor.

Auf das Trauma vieler Deutschen, nach einem EU-Beitritt der Türkei würden sofort 20 Millionen Anatolier nach Deutschland strömen, werde ich ausführlich im nächsten Kapitel über die Beziehungen der Türkei zur EU eingehen.

Vorurteile und Ängste gegenüber Türken gehen bis ins Mittelalter zurück

Dass es gegenüber den Türken und der Türkei bei Teilen der deutschen und europäischen Bevölkerung erhebliche Vorurteile und Ängste gibt, steht außer Zweifel. In wieweit hierbei die Jahrhunderte andauernde Beherrschung des Balkans, die weit über 300 Jahre zurückliegende Belagerung Wiens und somit das Gefühl einer Bedrohung auch Westeuropas durch die damalige Großmacht Os-

[365] Vgl. Die Ausländerbeauftragte des Senats von Berlin, a.a.O.
[366] A.a.O.
[367] Vgl. Merkens, H., Individuationen und soziale Identität bei türkischen Jugendlichen in Berlin, Veröffentlichung des Instituts für allgemeine Pädagogik der FU-Berlin, Berlin 2001, z.n.: Zur Integration der Türken in Deutschland, Botschafter der Republik Türkei (Hg.), Berlin Nov. 2002, S. 36
[368] Vgl. Der Tagesspiegel, 3.6.2002

manisches Reich weiterhin eine Rolle spielt, ist schwer messbar, zumal verlässliche Erhebungen fehlen. Wissenschaftliche Untersuchungen belegen aber eindeutig, dass die negativen Überlieferungen aus der gemeinsamen Geschichte mit den Türken zumindest für Teile der Bevölkerung eine nicht unerhebliche Rolle spielt.

> »Europa hat sich zum ersten Mal im Kampf gegen den Islam definiert. Das ist eine Tatsache. [...] Weiterhin bilden die Kreuzzüge in diesen vagen Geschichtsbildprägungen ein sehr deutliches Element. Ich habe als Schüler noch die Uhland-Ballade über die Kreuzzüge auswendig lernen müssen: ‚Viel Steine gab's und wenig Brot. Der wack're Schwabe forcht sich nit, ging seines Weges Schritt vor Schritt [...] zur Rechten sieht man wie zur Linken, einen halben Türken heruntersinken.' Meiner Generation war das noch ein völlig vertrautes Bildungsgut, meine Kinder haben davon keine Ahnung mehr«, so Theo Sommer. Er fügt hinzu: »Das vergessen wir sehr oft. Für die meisten, die über das 19. Jahrhundert Bescheid wissen, war das Zerbröckeln des Osmanischen Reiches ein Akt der Befreiung und der Wiedergutmachung.«[369]

In ihrer Veröffentlichung mit dem Titel »Alles getürkt – 500 Jahre (Vor)Urteile der Deutschen über die Türken«, wird anhand Dutzender Quellen das Material zu diesem Thema von Margret Spohn vorgelegt. Begriffe wie: »einen Türken bauen«, »türken, oder einen Türken stellen«, »schlimmer als der Türke«, »Kümmeltürken« oder Begriffe wie Türkendrucke (eine Art Zeitungen) aus dem 15.-17. Jahrhundert in allen deutschen Gebieten, Türkengebete, Türkenglocken vom 12. Jahrhundert an, Türkentaufen in Deutschland des 17. und 18. Jahrhunderts könnten nach Meinung der Autorin bis heute als längst vergessen geglaubte Vorurteile und Ängste ins kollektive Unterbewusstsein der Deutschen eingedrungen sein.[370]

Mit der Eroberung Konstantinopels (von den Türken in İstanbul umbenannt) 1453 begann das Vordringen der osmanischen Armee nach Südosteuropa und konnte erst bei der zweiten Belagerung Wiens 1683 gestoppt werden. Vor allem die katholische Kirche sah in der Bekämpfung der türkischen Bedrohung eine gemeinsame europäische Aufgabe und stilisierte deshalb die zweieinhalb Jahrhunderte andauernde kriegerische Konfrontation zum Kampf zwischen Islam und Christentum hoch. Vieles von der über die Kanzeln verbreiteten antitürkischen Propaganda aus dieser Zeit ist nach wie vor in der Sprache lebendig und wirkt in den Köpfen weiter fort.

Nach Spohn hatte das Osmanische Reich aber durchaus eine soziale Anziehungskraft und stellte daher nicht nur eine territoriale Gefahr für Europa, sondern vielmehr auch eine Bedrohung für dessen Feudalordnung dar. Hierbei war jedes

---

[369] Grenzfall Europa, a.a.O., S. 42

[370] Vgl. Spohn, M., Universität Oldenburg, 1993, S. 11

Mittel heilig, um gegen den Hauptfeind, den Türken, vorzugehen. Der Aufruf des großen Reformators Luther ist hierfür bezeichnend: »Dazu, wie unser deutsches Volk wüstes, wildes Volk ist, ja schier halb Teufel, halb Menschen sind, begehren etliche der Türken Zukunft und Regiment. [...] Weiter höre ich sagen, dass man findet in deutschen Landen, so des Türken und seines Regiment Zukunft begehren, als lieber unter dem Türken, dann unter dem Kaiser und Fürsten sein wollen. Mit solchen Leuten sollt' böse streiten sein wider den Türken.«[371]

Die katholische Kirche propagierte die Bedrohung der Christenheit mit der Grausamkeit der Türken, sie wurde stets mit »Brennen, Rauben und Morden« gleichgesetzt. Eine Predigt des Bischofs von Wien, Fabri, von 1536 zeigt, wie weit diese Agitation in den Gemeinden reichte: »Es gibt unter dem Himmel keine schimpflichere, grausamere und frechere Bösewichter als die Türken, welche kein Alter und Geschlecht schonen und ohne Barmherzigkeit Jünglinge und Greise niedermetzeln und die aus dem Schoß der Mütter nach unreife Frucht herausreißen.«[372]

Über mehrere Jahrhunderte richtete sowohl die katholische als auch die evangelische Kirche Glockengeläute und Gebete ein, um die Gläubigen täglich an die Türkengefahr zu erinnern. Hierfür haben die Päpste mit Erlassen zu Gebet, Fasten und Buße aufgerufen. Allein in Deutschland hat es in 89 Städten 117 verschiedene Türkengebete gegeben. »Siehe, der grausame Erb- und Erzfeind deines Allerheiligen Namens, der Türke, hat in den benachbarten Grenzen Blut wie Wasser getan, deiner Christen Blut wie Wasser vergossen mit Säbeln, Raub, Mord und gewütet [...].«[373]

In den Gebeten werden nicht nur die Türken als grausam attackiert, sondern auch ihre Religion. »Die Moslems erweisen sich als Verderber der Christenheit und all ihrer Heiligtümer. Ihr Gott entpuppt sich als ein Wesen mit kannibalischen Zügen«[374].

Diese und ähnliche Beispiele über die Darstellung der Türken füllen viele Bücher. Prof. Kula hat zum Thema »Das Türkenbild in der deutschen Literaturgeschichte« ein umfassendes dreibändiges Werk herausgegeben.[375]

---

[371] Pfeffermann,H., Die Zusammenarbeit der Rennaissancepäpste mit den Türken, Winterthur 1946, S.14, z.n. ebda.S. 21

[372] Knappe, E., Die Geschichte der Türkenpredigt in Wien, Universität Wien, Philos. Fak. Diss. 1949, S. 22, z.n. Spohn, Ebda., S. 24

[373] Cosack, C. J, Zur Literatur der Türkengebete im 16. und 17. Jahrhundert, in: Zur Geschichte der evangelischen ascetischen Literatur in Deutschland, Basel und Ludwigsburg 1871, S. 195 ff., z.n. Spohn, a.a.O., S.27

[374] Spohn, a.a.O., S. 26

[375] Vgl. Kula, O.B., Das Türkenbild in der deutschen Kultur, Bd. 1, Ankara 1992, Bd.2, Ankara 1993 und Bd.3 Ankara 1997

Fakt ist jedoch, dass Christen und Juden im Osmanischen Reich ihre Religion, Sprache und Kultur ungehindert behalten und ausüben durften. Sonst hätte sich auf dem Balkan und in Osteuropa nach rund 400 bis 500jähriger Fremdherrschaft weder die christliche Religion noch die Sprache und Kultur der dortigen Völker behaupten können. Daher wird der osmanischen Herrschaft von vielen Historikern im Vergleich zu der Kolonialherrschaft der süd- und westeuropäischen Länder eine wesentlich größere Toleranz gegenüber andere Religionen, Kulturen und Sprachen bescheinigt. Ein unvergessenes Bespiel bleibt doch die Aufnahme von rund einhunderttausend sephardischen Juden, die vor über 500 Jahren vor der christlichen Inquisition aus Spanien und Portugal flohen und von der Türkei aufgenommen wurden. Ihre Nachfahren leben noch heute mit ihrer Religion, Sprache und Kultur in der Türkei.

»Der türkische Islam eignet sich für eine Dämonisierung denkbar schlecht. Das Osmanische Reich war der muslimische Staat mit dem stärksten Bevölkerungsanteil von Christen. Die christlichen Gemeinden auf dem Balkan und in Anatolien haben die 700 Jahre des Reiches überdauert, für religiöse Minderheiten im christlichen Europa beileibe keine Selbstverständlichkeit«, so Seufert, Autor und bis 2001 Leiter des Instituts der Deutschen Morgenländischen Gesellschaft in Istanbul.[376]

Fakt bleibt auch, dass es selbst unter den christlichen Ländern Europas unzählige Kriege gegeben hat, deren Folgen Tausende Publikationen füllen. Was die Europäer mit ihren Kolonialkriegen in Amerika, vor allem in Lateinamerika, Afrika und Asien mit den Ureinwohnern gemacht haben, dürfte jedem geschichtlich interessierten Menschen bekannt sein.

Mir geht es bei diesem Exkurs darum aufzuzeigen, dass die menschenverachtende Brutalität mittelalterlicher und früh-neuzeitlicher Kriege ein Phänomen war, dass der Zeit entsprach, das universell galt und nicht dazu geeignet war und heute noch viel weniger ist, daraus einen Volkscharakter herzuleiten. Die aus dieser lange zurückliegenden Zeit stammenden Urteile entpuppen sich schnell als Vorurteile, machen es aber Meinungsführern leicht, Stimmung z.B. gegen die Türken oder auch andere Minderheiten wie die Zigeuner zu machen. Im leichtfertigen Umgang mit diesen Stimmungen sehe ich eine große Gefahr für den inneren Frieden dieser unserer Gesellschaft.

Die Wissenschaftlerin Spohn hat auch dem Türkenbild in sechs ausgewählten Geschichtsbüchern aus den Jahren 1963-1986 nachgespürt. »Die Analyse der untersuchten Schulbücher zeigt, dass gerade die Themen Islam und Kreuzzüge dem Aufbau von Vorurteilen Vorschub leisten. Besonders negativ wirkt sich dieses Bild auf das Verständnis gegenüber den türkischen Kindern aus. Die Ge-

[376] Vgl. Seufert, G., Keine Angst vor Türken!, in: Die Türkei und Europa, Leggewie, a.a.O., S. 72

schichte ihres Landes erscheint zunächst gar nicht im Unterricht. Später werden, aus deutsche Sicht, negative Seitenaspekte der türkischen Geschichte ins Zentrum gerückt, z.B. durch Ausbreitung des Islams, die Kreuzzüge, die Türken vor Wien, der Niedergang des Osmanischen Reiches und schließlich der kranke Mann am Bosporus. Die Türken erschienen entweder als Bedrohung Europas oder als hilflose Wesen. Im Lehrplan sind keine Stunden vorgesehen, die sich mit türkischer Kultur und Geschichte befassen.«[377]

Ich glaube nicht, dass Ereignisse, die viele Jahrhunderte zurückliegen, wie beispielsweise der Vormarsch der Türken durch den Balkan und die Belagerung Wiens für das Bild der Türken in Deutschland heute noch bedeutsam sein sollten. Sie werden aber reaktiviert und ins Bewusstsein der Menschen gerückt, wenn diese historischen Ereignisse in den Schulbüchern einseitig und parteiisch behandelt werden. Genau das darf nicht sein und genau diese unsachliche und einseitige Geschichtsvermittlung muss so rasch wie möglich korrigiert werden. Sonst brauchen wir uns nicht zu wundern, wenn rassistische, türken- und fremdenfeindliche Gesinnung in Gewalt umschlägt und zu einer Bedrohung der freiheitlich demokratischen Ordnung werden kann.

[377] A.a.O., S. 115 und 118

9 Die Europäische Union und die Türkei

»Unter einem Hut kannst Du nicht zwei Gesichter tragen«. Nasreddin Hoca, Philosoph und Satiriker im Anatolien des 14. Jahrhunderts
»Zu den großen globalen Aufgaben gehört es, eine Brücke von den westlichen Demokratien zur muslimischen Welt zu bauen. Dafür bietet eine demokratische Türkei einen unverzichtbaren Pfeiler«[378], Richard von Weizsäcker, Bundespräsident a.D.
»Weil unsere Kinder und Enkel nur dann in Frieden leben können, wenn wir Europa sicher machen. Und dabei spielt die Türkei als zentraler Baustein eine wichtige Rolle.« [379], Außenminister Joschka Fischer.

Keines der heute 25 Mitglieder der EU hatte einen solch langandauernden Prozess vor der eigentlichen Mitgliedschaft zu durchlaufen wie die Türkei. Bereits am 31. Juli 1959 bewarb sich die Türkei um Mitgliedschaft in der damaligen »Europäischen Wirtschaftsgemeinschaft« (EWG).

Am 12. September 1963 wurde das »*Abkommen zur Gründung einer Assoziation zwischen der Europäischen Wirtschaftsgemeinschaft und der Republik Türkei*« in Ankara unterzeichnet. Die Rede des Präsidenten der damaligen EWG-Kommission, Walter Hallstein (CDU), bei diesem Festakt verdient gerade heute Beachtung: »Wir sind heute Zeugen eines Ereignisses von großer politischer Bedeutung. Die Türkei gehört zu Europa. Das Ereignis hat seinesgleichen in der Geschichte der Ausstrahlungen europäische Kultur und Politik, ja wir fühlen hier eine Wesensverwandtschaft mit dem modernsten europäischen Geschehen: der europäische Einigung. (…) Und eines Tages soll der letzte Schritt vollzogen werden: die Türkei soll vollberechtigtes Mitglied der Gemeinschaft sein.«[380] Interessanterweise betont Hallstein an drei Stellen dieser Rede, dass *die Türkei zu Europa gehöre*, als ahnte er bereits damals, dass dieses Thema nach 41 Jahren Gegenstand von Diskussionen sein würde.

Das Assoziierungsabkommen zwischen der EWG und der Türkei mit dem Ziel des Beitritts der Türkei zur Gemeinschaft erschien am 29. Dezember 1964 im Amtsblatt Nr. 217 und wurde dort als »Ankara-Abkommen« bezeichnet. Am 23. November 1970 wurde zwischen der EWG und der Türkei ein Zusatzproto-

[378] Der Spiegel, 23.2.2004
[379] Joschka Fischer, Bild-Interview, 17.10.2004
[380] Walter Hallstein, Rede zum EWG-Assoziierungsabkommen mit der Türkei, Regierung online: http://www.bundesregierung.de/artikel-,413.729538/Rede-von-Walter-Hallstein-zum-.htm

koll unterzeichnet, welches die Mitgliedschaft der Türkei in der EWG in drei Phasen vorsah und die Detailfragen der Übergangsphasen regelte.

Am 1. Januar 1996 wurde die Türkei in die Zollunion der EU aufgenommen. Für die türkische Bevölkerung stellte der Beitritt zur Zollunion einen weitreichenden Schritt hin zu einer Vollmitgliedschaft in der EU dar.

Die Staats- und Regierungschefs der EU-Mitgliedsstaaten geben der Türkei am 9. Dezember 1999 in Helsinki den Status der Beitrittskandidaten. Die Türkei wird somit auf die Liste der Beitrittskandidaten aufgenommen, neben den zehn bereits im Mai 2004 als Vollmitglied aufgenommenen Staaten und neben Rumänien und Bulgarien, die 2007 der EU beitreten sollen. Der Türkei wird die Gleichbehandlung mit den anderen Beitrittskandidaten zugesichert.

Auf dem Kopenhagener Gipfeltreffen der EU im Dezember 2002 wurde bezüglich einer Beitrittsperspektive der Türkei klargestellt, dass die Staats- und Regierungschefs der EU am 17 Dezember 2004 über den »unverzüglichen« Beginn von Beitrittsverhandlungen zu entscheiden haben, wenn die EU-Kommission in ihrem vorangegangenen Bericht die politischen Kriterien als erfüllt bewertet.

Voraussetzung für ein positives Votum der EU-Kommission ist die Erfüllung der sogenannten »Kopenhagener Kriterien«, deren Umsetzung und Einhaltung in einem Fortschrittsbericht der europäischen Kommission dokumentiert wird.

Am 6. Oktober 2004 hat die Europäische Kommission den Staats- und Regierungschefs der EU die Aufnahme von Beitrittsverhandlungen unter strengen Auflagen empfohlen. »Nach vier Jahrzehnten Wartezeit bekommt die Türkei die Chance auf einen Beitritt zur Europäischen Union (EU)“[381]

Am 17. Dezember 2004 haben die 25 Staats- und Regierungschefs der EU bei ihrem Gipfeltreffen in Brüssel einstimmig beschlossen, Verhandlungen mit der Türkei mit dem Ziel einer Vollmitgliedschaft am 3.Oktober aufzunehmen. Diese in vielen EU-Staaten und in Deutschland sehr kontrovers diskutierte Entscheidung ist von historischer Tragweite.

Die Diskussion über die EU-Mitgliedschaft der Türkei wird ganz offensichtlich weitergehen. Gerade deshalb ist es geboten sich mit diesem Thema eingehend auseinanderzusetzen.

Sowohl die von der EU-Kommission als auch die von den Staats- und Regierungschefs der EU gemachten strengen Auflagen lassen die Ungleichbehandlung der Türkei im Vergleich zu den im Mai 2004 aufgenommenen 10 Staaten und deutlich erkennen. Darauf wird unten eingegangen.

[381] Hamburger Abendblatt, 7. Oktober 2004

Seit Jahren wird über eine EU-Mitgliedschaft der Türkei und den Beginn von Beitrittsverhandlungen unter Politikern, Wissenschaftlern und in den Medien kontrovers diskutiert.

Die Gegner einer EU-Mitgliedschaft der Türkei führen hauptsächlich folgende Gründe und Argumente an:

- Die Türkei sei weder geographisch noch historisch ein europäisches Land. Daher gehöre „die Türkei nicht zu Europa“.
- Die EU sei eine auf der christlichen Religion und Kultur basierende Gemeinschaft. Die Türkei würde dem westlichen Wertesystem nicht entsprechen und als ein islamisches Land die auf christlicher Kultur basierende Identität der EU sogar gefährden. „Die Unionsidee wird zerstört.“
- Die Türkei sei eine zu große finanzielle Belastung für die EU. Die EU ist keine karitative Anstalt.“
- Der Beitritt der Türkei in die EU werde darüber hinaus eine starke Zuwanderung türkischer Arbeitskräfte in den Arbeitsmarkt der EU nach sich ziehen. „Es droht eine Völkerwanderung“.
- Mit der EU-Mitgliedschaft der Türkei würde die EU an die zentralen Konfliktregionen grenzen. „Die EU kommt in üble Nachbarschaft“.
- Der Einfluss des Kemalismus und des Militärs seien Hinderungsgründe für Demokratie und Rechtsstaatlichkeit. Außerdem sei die Gefahr des Islamismus in der Türkei nicht gebannt.
- Mit der in den letzten Jahren verabschiedeten Verfassungsreform und den »EU-Anpassungsgesetzen« versuche die Türkei lediglich dem Anschein nach, die politischen Kriterien von Kopenhagen zu erfüllen, ohne diese tatsächlich auch inhaltlich umsetzen zu wollen. Weiterhin wird von den Gegnern einer EU-Mitgliedschaft der Türke behauptet, „Die Kopenhagener Kriterien seien trotz beachtlicher Reformen noch nicht realisiert und vor allem nicht umgesetzt, es gebe weiterhin Menschenrechtsverletzungen. „Die Türkei missachte Menschenrechte“ [382].

Wie berechtigt, überzeugend und stichhaltig sind diese Behauptungen und Argumente? In diesem Kapitel werde ich mich anhand von Fakten mit den Positionen der Gegner einer EU-Mitgliedschaft der Türkei auseinandersetzen.

[382] Schüster, J./ Köppel,R. Zehn Gründe gegen den EU-Beitritt der Türkei, Die Welt 26.10.2004

Die Türkei ist euroasiatisch

»Unser Ziel ist es, die Türkei auf das Entwicklungsniveau der zeitgenössischen Zivilisation zu führen«,[383] *Mustafa Kemal Atatürk*

»Die Türkei ist nicht nur hinsichtlich ihrer soziokulturellen Identität eine Synthese aus islamischer und westlicher Zivilisation; sie hat vielmehr eine reiche historische Erfahrung, die aus ihrer geographischen Lage resultiert. Anatolien war seit Tausenden von Jahren die Wiege verschiedener Kulturen und Zivilisationen«[384]*, Mehmet Ali İrtemçelik, Botschafter der Republik Türkei in Berlin.*

Kein Zweifel, geographisch liegt nur ein kleiner Teil der Türkei auf dem europäischen Kontinent. Diesen Aspekt jedoch nach 40-jähriger Assoziierung der Türkei an die EU mit dem darin festgelegten Ziel einer EU-Mitgliedschaft nun zu thematisieren, scheint sehr weit hergeholt. Diejenigen EU Vertreter, die 1963 mit der Türkei das Abkommen über die EU-Perspektive der Türkei paraphierten, wussten sicherlich auch damals bereits, wo die Türkei liegt. In der oben zitierten Rede des Präsidenten der EWG-Kommission, Walter Hallstein (CDU), unterstreicht er an drei Stellen sicherlich ganz bewusst, dass »die Türkei zu Europa gehört«, als ob er die aktuelle Diskussion darüber vorausgeahnt hätte und deshalb genau dies betonen wollte. Die Verantwortlichen der damaligen EWG haben sich in ihrer Vision über die Zukunft der Gemeinschaft nicht auf die geographischen Grenzen beschränken wollen, sie trafen eine klare politische Entscheidung.

Genau in diesem Sinne schreibt der ehemalige Außenminister der Türkei, Ismail Cem: »Unsere Welt durchläuft radikale Veränderungen. Geographie wandelt sich nun in eine Konzeption, die deutliche Visionen ins Leben ruft und ausführt. Sie dient nicht dazu, unsere Wahrnehmung zu begrenzen«.[385]

Gerade diese geographische Lage der Türkei als ein Land in und eine Brücke zwischen zwei Kontinenten, Europa und Asien, verleiht ihr eine besondere Bedeutung für die EU. Diese zukunftsträchtige Perspektive darf nicht durch eine nach Quadratkilometern rechnende Sichtweise relativiert oder gar eingeschränkt werden. Die Zielsetzung der Türkei, einerseits Mitglied der EU zu werden, sich andererseits aber als ökonomischer und politischer Machtfaktor konsequent im eurasischen Raum einzusetzen, wird letztlich beiden, der Türkei wie der EU, zugute kommen.

---

[383] Rede im türkischen Parlament anlässlich des 10. Jahrestages der Gründung der Republik Türkei am 29.10.1933

[384] Aufsatz,17. 10. 2003

[385] Cem, I., Türkei Europa Eurasien, Köln 2001, S. 73

In einer Erhebung von 1998 antworteten auf die Frage »ist die Türkei ein Teil Europas?« rund 70% der befragten Deutschen und mehr als 98% der Deutschland-Türken mit »ja«.[386]

Abgesehen davon kann die mehr als 300-jährige gemeinsame Geschichte der Türkei und Europas, wie immer man diese heute auch bewerten mag, nicht einfach ignorieret werden. Bereits der staatliche Vorgänger der Republik Türkei, das Osmanische Reich, war geographisch, historisch und politisch immer auch ein europäischer Staat. Über Jahrhunderte hielt es den gesamten Balkan und Teile Osteuropas unter seiner Herrschaft und grenzte direkt an die mitteleuropäische Zentralmacht Österreich. »Bis hinein ins 20. Jahrhundert war das Osmanische Reich ein zentraler Faktor in der europäischen Machtpolitik; drei Jahrhunderte lang war dieses Reich eine europäische Grosmacht. [...] Zweifellos: Die Türken haben die europäische Geschichte mitgeprägt.«[387]

Die politische und wirtschaftliche Zielrichtung der Türken und der Türkei ist, was die Werteorientierung und Wertephilosophie anbelangt, eindeutig auf Europa gereichtet, und zwar nicht erst, wie man denken könnte, seit Gründung der Republik Türkei im Jahre 1923. Diese Bestrebung begann bereits im Osmanischen Reich mit den so genannten »Tanzimat Fermani« (Tanzimat Reformen), mit der 1839 die Gleichberechtigung aller Untertanen verkündet wurde. 1876 wird dann eine Verfassung verabschiedet, die auch die Gründung eines Parlaments vorsah, allerdings mit sehr stark eingeschränkten Befugnissen. Diese Reformen, die also bereits erste Demokratisierungstendenzen zeitigten, wurden 1889 mit radikalen Neuerungen von den »Jungtürken« fortgeführt. Die verkrusteten Staats- und Herrschaftsstrukturen blieben aber weitestgehend bis zum Untergang des Osmanischen Reiches am Ende des Ersten Weltkriegs bestehen. Das Osmanische Reich und seine Staatsführung sind seit Beginn des 19. Jahrhunderts längst von den europäischen Kolonialmächten so abhängig, dass die Entscheidungen weitestgehend mit den Interessenlagen von Großbritannien, Frankreich und später auch von Deutschland zusammenfallen. Diese halbkolonialen Herrschaftsverhältnisse im Osmanischen Reich verhindern eine gründliche Erneuerung des Staatswesen und der Gesellschaft.

Der junge Offizier Mustafa Kemal, der einen heroischen Abwehrsieg bei Gelibolu an den Dardanellen gegen die britisch-französische Invasionsarmee gewinnt, hat die Französische Revolution ausgiebig studiert. Sein Ziel und das seiner Gesinnungsfreunde ist die Befreiung des von den Siegermächten besetzten und aufgeteilten Vaterlandes (im Türkischen sagt man Mutterland) und mit radikalen Umwälzungen die Gründung einer modernen Republik Türkei.

---

386 Erhebung des Zentrum für Türkeistudien in: Geo Spezial, 8. und 17. März 1998

387 Prantl, H., Der Mond unter den Füßen. Warum die Aufnahme der Türkei eine Chance für die EU darstellt, in: Leggewie, C. (Hg), Die Türkei und Europa, S. 152

Dem erfolgreichen Befreiungs- und Unabhängigkeitskampf folgt die Konstituierung der Republik Türkei am 29. Oktober 1923. Wie oben zitiert war es das Ziel Atatürks, die Türkei auf das Niveau der entwickelten Staaten zu führen. Mit radikalen Reformen und einem grundlegenden Erneuerungsprozess sollte die Türkei den Anschluss an die entwickelten Nationen Westeuropas erreichen.

Der theokratisch-feudale osmanische Staat, in dem die klerikalen Kräfte großen Einfluss ausübten, verhinderte insbesondere ab dem 18. Jahrhundert die wissenschaftliche und technologische Erneuerung und somit auch die wirtschaftliche Entwicklung und Modernisierung der Gesellschaft. Zu dieser Erkenntnis kam Atatürk aufgrund seiner kritischen Analyse der Politik des Osmanischen Reiches.

Das reformierte, säkulare, auf Wissenschaft, Technologie und Modernisierung basierende und gerade deshalb wirtschaftlich entwickelte Westeuropa stellte für die junge Republik Türkei die Orientierung auf dem Weg zu einer »zeitgenössisch entwickelten Zivilisation« dar. Bereits in der Verfassung von 1924 wird der »Laizismus«, die Trennung von Staat und Religion, zum wesentlichen Grundelement des Staates erklärt, um somit den Missbrauch und die Instrumentalisierung der Religion für politische Zwecke zu unterbinden. In der Folgezeit haben die Parteien und Regierungen der Türkei, von den Kemalisten über die Konservativen bis zu den Sozialdemokraten an diesem Staatsziel »Westorientierung« stets festgehalten.

Die Bedeutung dieses bereits vor rund 80 Jahren proklamierten Staatsziels wird um so deutlicher, wenn wir uns vergegenwärtigen, dass diese Neuorientierung in einer damals streng islamisch geprägten Gesellschaft erfolgte. So steht auch in Art. 2der heutigen Verfassung als unabänderlicher Grundsatz: »die Republik Türkei ist ein [...] demokratischer, laizistischer und sozialer Rechtsstaat«.

Die heutige entschlossene Haltung des Türkischen Volkes und der Regierungen der Türkei, die volle Mitgliedschaft in der EU zu erlangen, ist daher auch keine Neuausrichtung der türkischen Politik, der verfassungsmäßigen oder gesellschaftlichen Werte, allein deshalb, um von dieser Mitgliedschaft finanziell zu profitieren. Sie ist vielmehr eine konsequente politische Fortsetzung der seit Gründung der Republik Türkei verfolgten Politik.

Aufgrund dieser eindeutigen Westorientierung trat die Türkei 1952 der NATO bei und integrierte sich damit nicht nur militärisch in das westliche Verteidigungssystem. Die NATO ist nämlich nicht nur ein Militärbündnis, sie dient vielmehr auch zur Verteidigung der westlichen Wertegemeinschaft.

Die Türkei hat sich als Mitglied der NATO stets als ein verlässlicher Partner dieses Bündnisses erwiesen und hierfür gemessen an ihrem Bruttosozialprodukt die größten Militärausgaben während der Jahre des so genannten »Kalten Krieges« auf sich genommen.

Ebenfalls als Konsequenz dieser Westorientierung hat sich die Türkei bereits am 31. Juli 1959 um Mitgliedschaft in der damaligen »Europäischen Wirtschaftsgemeinschaft« (EWG) beworben. Unabhängig von der politischer Orientierung haben alle im Parmanet der Türkei vertretenen Parteien an dem Ziel der EU-Mitgliedschaft und Westorientierung festgehalten.

Die oben geschilderte Westorientierung der Türkei ist ein Produkt vieler Faktoren: Der europäischen Aufklärung, der Säkularisierung und damit einhergehend die strikte Trennung von Staat und Religion nach französischem Vorbild, eine republikanische Staatsform, die Demokratisierung der Gesellschaft und damit verbunden die Durchsetzung des Prinzips der Rechtsstaatlichkeit, die Förderung der wirtschaftlichen Entwicklung als Basis für einen Sozialstaat, das Recht von Arbeitern und der Bevölkerung, sich in Gewerkschaften und zivilen Verbänden zu organisieren; seit weit über einem Jahrhundert orientieren sich die türkischen Eliten an diesen Vorbildern. Diese Werte hat die türkische Bevölkerung längst in ihrer großen Mehrheit verinnerlicht und sich als verteidigungswerte Güter zu eigen gemacht. Es ist daher völlig falsch zu behaupten, dass die jüngsten EU-Anpassungsgesetze lediglich scheinheilige Maßnahmen zur Erfüllung der Kopenhagener Kriterien seien. Ohne Zweifel haben die politische Parteien und Regierungen der Türkei darauf gedrängt, die Realisierung der Gesetze konsequent voranzutreiben. Dies geschah jedoch keineswegs aus reiner Opportunität, es wurde vielmehr von der Überzeugung der Mehrheit der Abgeordneten getragen. Über Wege zur Behebung der Defizite bei der Demokratisierung staatlicher Institutionen, bei Menschen- und Minderheitenrechten und bei der Umsetzung rechtsstaatlicher Grundsätze in allen Bereichen des gesellschaftlichen Lebens wurde seit vielen Jahren in der Türkei diskutiert. Das Ziel »EU-Mitgliedschaft« hat der praktischen Umsetzung dieser Ziele sicherlich einen kräftigen Schub versetzt und die Befürworter dieser Reformen ermutigt.

Wenn bis heute das Ziel einer EU-Mitgliedschaft nicht erreicht worden ist, so liegt dies sicherlich nicht nur an der »Hinhaltetaktik« der Europäischen Union. Manche Ereignisse wie der Zypernkonflikt 1974 und vor allem die damit verbundene Auseinandersetzung mit Griechenland oder auch die Machtergreifung des Militärs in der Türkei am 12. September 1980 haben diesen Prozess der Annäherung erschwert und verlangsamt. Die gespannte Beziehung mit Griechenland noch bis 1999 führte dazu, dass Griechenland als EU-Mitglied stets gegen die Annäherung der Türkei an die EU votierte, was einigen EU-Staaten willkommen zu sein schien.

Die Geschichte vieler Länder, die erst mit Hilfe äußerer Einflüssen den Prozess der Demokratisierung haben vorantreiben und sich sogar von Joch der Diktaturen haben befreien können, belegen diese Erfahrung. Dies gilt insbesondere auch für die Geschichte Deutschlands.

Die EU ist kein Christenclub, sondern eine Gemeinschaft der kulturellen, sprachlichen und religiösen Vielfalt

»In der Gewissheit, dass die Völker Europas, wiewohl stolz auf ihre nationale Identität und Geschichte, entschlossen sind, die alten Trennungen zu überwinden und immer enger vereint ihr Schicksal zu gestalten.
In der Gewissheit, dass Europa ‚in Vielfalt geeint' ihnen die besten Möglichkeiten bietet, unter Wahrung der Rechte des Einzelnen und in Bewusstsein ihrer Verantwortung gegenüber den künftigen Generationen und der Erde dieses große Abenteuer fortzusetzen, das einen Raum eröffnet, in dem sich die Hoffnung der Menschen entfalten kann«[388] *Aus der Präambel des Vertrags über eine Verfassung für Europa*

Unter der Überschrift: »Europa ist kein Christenclub« zitiert Theo Sommer den Alt-Bundespräsidenten Roman Herzog und trifft den Kern dieses Themas. Herzog schrieb an den türkischen Staatspräsidenten Demirel: »Die Türkei gehört zu Europa. Wir stehen fest auf dem Boden des Assoziationsabkommens von 1963, einschließlich seiner Beitrittsperspektive. Das ist fester Bestandteil der deutschen Politik. Europa ist kein christlicher Klub«. Sommer widersetzt sich der Position mancher christdemokratischen Parteien, die die Europäische Gemeinschaft als eine christliche Einrichtung verstehen wollen. Europa hat zwar »in 2000 Jahren eine tiefe christliche Prägung erfahren«, so Sommer, »seine staatliche Verfasstheit ist jedoch mit Ausnahme des Vatikans überall laizistisch. Insofern könnte eine laizistische Türkei in der Europäischen Union durchaus ihren Platz finden.«[389]

In Deutschland sind es in der Regel die Konservativen, Politiker/innen der Unionsparteien oder Historiker, die sich engagiert gegen eine EU-Mitgliedschaft der Türkei wenden. Sie argumentieren, dass die Türkei mit ihrer islamischen Bevölkerung, einer anderen Kultur, Religion und Geschichte und Identität und damit den Rahmen der EU sprenge. Die Erweiterung der EU um die Türkei führe zu einer Überdehnung, der innere Zusammenhalt der Union werde verloren gehen und das Ziel einer politischen Union, die Außenminister Fischer einmal als Föderation ausmalte, bleibe Illusion. Dazu einige Beispiele:

---

[388] Aus der Präambel des Vertrags über eine Verfassung für Europa, von den Staats- und Regierungschefs der 25 EU-Staaten am 18. Juni 2004 gebilligte Fassung
[389] Die Zeit, 14.3.1997

»Im Islam fehlen die für die europäische Kultur entscheidenden Entwicklungen der Renaissance, der Aufklärung und der Trennung zwischen geistlicher und politischer Autorität«[390], so Altbundeskanzler Helmut Schmidt.

Und der bayrische Ministerpräsident Edmund Stoiber: »Wenn wir eine politische Union Europa wollen, dann brauchen wir ein hohes Maß an Integration. [...] Nimmt man die Türkei auf, dann ist dies das Ende der Vision von der politischen Union Europas. [...] Mit einem Staat wie der Türkei, der einen ganz anderen gesellschaftlichen Hintergrund hat, sprengt man die politische Union.«[391] Und: »Wir sind ganz klar gegen ein Europa der verwischten kulturellen und geographischen Grenzen.«[392]

Für die Vollmitgliedschaft in der EU sei auch eine gemeinsame Identität und das Gefühl der Zugehörigkeit notwendig. Dies fehle der Türkei, die nur teilweise zu Europa gehöre, so der stellvertretende Vorsitzende der CDU/CSU-Bundestagsfraktion, Wolfgang Schäuble, in einem Interview. »Natürlich können wir die Beitrittsperspektive, die es seit den sechziger Jahren gibt, jetzt nicht einseitig aufkündigen. Das ist eine Verpflichtung zu der wir stehen.«[393]

»Das historische Europa und die Türkei gehören zwei unterschiedlichen Kulturkreisen an. [...] Integration meint auch die Stärkung des europäischen Identitätsgefühls. Das aber würde durch die auf grundverschiedenen historischen Traditionen beruhende Türkei dauerhaft in Frage gestellt.«[394]

»Entspricht es diesen Interessen,[395] in einem genuin europäischen Staatenverein einen nichteuropäischen muslimischen Staat als größtes Mitglied zu kooptieren?«[396]

Wie zu sehen ist, wird den Türken und der Türkei eine europäische Identität wegen ihrer unterschiedlichen Geschichte, Religion und Kultur aberkannt. Als ob es in Europa nur die christliche Religion, eine einheitliche Kultur und eine gleiche Geschichte für alle 25 EU-Mitgliedsstaaten und somit auch eine bestimmte Identität gäbe. Zudem wird in dieser Vorstellung die Identität als etwas historisch Eingefrorenes, also Statisches verstanden und bewertet. Dass dies nicht der Fall ist, beweist die vorhandene Vielfalt der Sprachen, der Kulturen und der Geschichten eines jeden Volkes und Landes sowie die dadurch mitgeformten, sich dauernd in Weiterentwicklung befindenden unzähligen Identitäten.

---

390 Sind die Türken Europäer? Nein, sie passen nicht dazu, in: Die Türkei und Europa, Leggewie, a.a.O., S. 162

391 Interview in der Süddeutschen Zeitung, 21./22.2.2004

392 In: Zitate: Türkei zur EU?, Die Presse.com, 22. 7.2004

393 Der Tagesspiegel, 16.2.2004

394 Hans-Ulrich Wehler, in: Focus, 16.2.2004

395 Gemeint sind die Interessen der EU (Vf.)

396 Wehler, H.-U., Die türkische Frage. Europas Bürger müssen entscheiden, in: Die Türkei und Europa, Leggewie, a.a.O., S. 58

»Plötzlich entdecken Zeitgenossen die ‚christliche Identität' des Abendlandes wieder, die bisher kaum als glühende Vertreter des Christlichen hervorgetreten waren. Jetzt aber brauchen sie das, was sie ‚christliche Identität' nennen, weil es gegen den Islam geht. [...] Gegen diese politische Instrumentalisierung des Begriffs ‚christliche Identität', die gestern gegen Juden, heute gegen Muslime ins Spiel gebracht wird, streite ich aus theologischen Gründen. [...] Er taugt dafür nicht, vor allem aus zwei Gründen: aus Gründen der Geschichte und aus Gründen des Christlichen selber.

Was die Geschichte betrifft, so ist gegen alles Vergessen und Verdrängen festzuhalten: In Europa hat es jahrhundertelang auch ein lebendiges Judentum und einen lebendigen Islam gegeben. Europa ist auch durch jüdische und muslimische Kultur mitgeformt und mitgeprägt worden.« So der Theologe Kuschel.[397]

Die oben zitierte Feststellung von Altbundeskanzler Helmut Schmidt ist sehr allgemein gefasst und gerade für die Türkei nicht zutreffend. Der Islam in Südostasien, Afrika, im Nahen Osten und in Europa ist sowohl in seiner Auslegung als auch in der praktischen Anwendung sehr unterschiedlich und zeigt eine Vielfalt, ähnlich der des Christentums. Es ist falsch, die islamische Religionsgemeinschaft, der ca. 1,3 Milliarden Menschen in mehr als 50 Ländern angehören, in Fragen der Auslegung und Ausübung als homogen zu betrachten. Es ist aber auch wahr, dass es in vielen islamischen Ländern Entwicklungen der Renaissance, der Aufklärung und der Trennung zwischen geistlicher und politischer Autorität, vergleichbar mit der in Europa, bis heute nicht gegeben hat. Zum einen waren fast alle dieser Länder bis in die Mitte des 19. Jahrhunderts Kolonien oder standen in halb-kolonialer Abhängigkeit von europäischen Großmächten, so dass ihre Entwicklung einer eigenen, innergesellschaftlichen Dynamik beraubt wurde. Zum anderen haben manche dieser Länder ihre eigene Renaissance, ihre Phasen der Aufklärung erst nach ihrer politischen Unabhängigkeit, also mit reichlicher Verspätung und damit unter anderen gesellschaftlichen Bedingungen durchführen können. So haben beispielsweise Indonesien, Pakistan und Malaysia, was die Aufklärung und Emanzipation der Frau anbetrifft, nach ihrer Unabhängigkeit in diesen Bereichen – wenn auch mit Unterbrechungen – beachtliche Erfolge aufzuweisen.

Die Türkei hat 1923, nach der Ausrufung der Republik, durch revolutionäre Umwälzungen diese Entwicklung der europäischen Aufklärung mit ihrer Trennung von Staat und Religion bereits in den 20er und 30er Jahren des vorigen Jahrhunderts erfolgreich nachvollzogen. Dies wird der Türkei von Schmidt selber bescheinigt, wenn er an andere Stelle schreibt: »Die Türkei ist, dank der Reformen Kemal Atatürks in den zwanziger und dreißiger Jahren, ein laizisti-

[397] Kuschel, K.-J. Die »christliche Identität« Europas und die Zukunft der Türkei, in: Leggewie, a.a.O., S. 91

scher Staat. Der Feudalismus ist abgeschafft; anders als im Iran gibt es eine klare Trennung zwischen Staat und Geistlichkeit; anders als im Irak und Syrien gibt es eine funktionierende demokratisch-parlamentarische Verfassung«[398].

Die theokratisch geformte und insbesondere nach dem 17. Jahrhundert von der Geistlichkeit maßgeblich beeinflusste Staatsführung des Osmanischen Reiches war nicht mehr im Stande, die zwingend erforderliche Entwicklung der Aufklärung, Modernisierung der Wirtschaft und Gesellschaft, Nutzbarmachung und Anwendung wissenschaftlicher und technischen Erkenntnisse und Erneuerungen durchzuführen. Insbesondere die Geistlichkeit stellte mit einer eigennützigen und falschen Auslegung des Islam hierbei das Haupthindernis dar.

Die neue Republik Türkei unter Führung von Mustafa Kemal erkannte frühzeitig, dass dieses Hindernis, nämlich die Einmischung der Geistlichkeit in Aufgabenbereiche des Staates und der Politik, nicht hinnehmbar sei, wenn eine rasche und vielseitige Entwicklung der Türkei an das »zeitgenössische Entwicklungsniveau der Zivilisation« erreicht werden sollte. Die Türkei hatte im Vergleich zu Westeuropa einen riesigen Nachholbedarf insbesondere bei der technischen Entwicklung, möglicherweise von zwei Jahrhunderten, der binnen weniger Jahrzehnte geschlossen werden sollte.

Mit der Ausrufung der Republik Türkei und der Abschaffung des Sultanats im Jahre 1923 sowie ein Jahr später mit der Abschaffung des Kalifats als oberster Instanz der Scharia und der Aufnahme des Laizismus, der Trennung von Religion und Staat, in die erste Verfassung der Republik Türkei, mit einer Rechtsreform, Bildungsreform, Schriftreform (anstelle der arabischen die Lateinschrift), mit der Gleichstellung dem allgemeinen Wahlrecht für Frauen und mit einer Reihe weitreichender Reformen in den Folgejahren wurde die Westorientierung der Türkei gezielt eingeleitet.

Der Laizismus gehört bereits seit der Ausrufung der Republik zu den unveränderlichen Grundpfeilern des neuen Staates. Die schon 1935 bei dessen Aufnahme in das Programm der von Atatürk gegründeten »Republikanmischen Volkspartei« gegebene Begründung verdient hier Erwähnung: »Die Partei bekennt sich zu dem Prinzip, dass die Entstehung und Anwendung aller Gesetze, Verordnungen und Methoden auf der Grundlage des neuen Standes von Wissenschaft und Technik und entsprechend dem Niveau des Jahrhunderts zu erfolgen haben. Die Religion ist Gewissensache. Daher sieht die Partei die Trennung der Religion von weltlichen und staatlichen Aufgaben und von der Politik als eine der entscheidenden Voraussetzungen für den Fortschritt unserer Nation auf dem Wege zu einer zeitgenössischen Zivilisation an«[399].

---

[398] Helmut Schmidt, Wer nicht zu Europa gehört, in: Die Zeit, 5. 10.2002

[399] Aydemir, S. S., Tek Adam, Bd. III, Istanbul 1966, S. 457

Ähnlich wie der Artikel 20 des deutschen Grundgesetzes, der die Staatsform der Bundesrepublik Deutschland definiert und unabänderlich gilt, sind auch Art. 1 »Die Türkei ist eine Republik« und Art. 2 »[...] die Türkei ist ein demokratischer, laizistischer und sozialer Rechtsstaat« der Verfassung der Türkei unveränderbar.

Helmut Schmidts Hinweis auf die Bedeutung und Notwendigkeit der Aufklärung und die Trennung von Staat und Geistlichkeit kann ich hier mit besonderer Betonung unterstreichen. Die Mitwirkung der Kirchen an den politischen Entscheidungen ist in den christlichen Staaten Europas längst Geschichte. Im Islam berufen sich jedoch die Geistlichkeit und nicht selten auch die Herrschenden bei ihren Handlungen und bei der Staatsführung auf die islamische Religion. Der Islam wird somit für die eigenen politischen und ökonomischen Herrschaftsinteressen instrumentalisiert. Die Berufung auf die Religion macht jedoch eine sachgerechte Auseinanderersetzung und Diskussion über die richtigen Lösungen der Probleme der weltlichen, staatspolitischen und sogar wirtschaftspolitischen Angelegenheiten unmöglich, weil dies als Position gegen den Islam interpretiert und damit für unangreifbar erklärt wird.

Den Laizismus bewerte ich daher für jeden Staat, und gerade für einem Staat wie die Türkei mit ihrer überwiegend islamischen Bevölkerung, mit unterschiedlichen Konfessionen und ethnischen Zugehörigkeiten als Zement des Zusammenhalts und als notwendige Basis für eine Gestaltung der Politik gemäß den wissenschaftlich-technologischen Erkenntnissen und gemäß den Auslegungen der Kleriker.

Immer wieder versuchen fundamentalistisch orientierte Kräfte die Grundidee des Laizismus zu umgehen mit dem Ziel, den Staat nach ihrer Auslegung des Islam neu formen zu wollen. Auch wenn sie dies nicht immer offen aussprechen, wollen sie doch letztlich ähnlich wie im Iran eine staatliche Prägung, die sie Scharia nennen, also einen Gottesstaat. Sie seien, so sagen sie, nicht gegen den Laizismus, sondern gegen seine Auslegung und Praktizierung durch den Kemalismus in der Türkei. Alle Versuche, mit Hilfe unterschiedlicher politischer Parteien diesem Ziel, nämlich der Scharia, in der Türkei näher zu kommen, sind gescheitert. Die bislang vier von Erbakan gegründeten und geführten Parteien sind jeweils vom Verfassungsgericht der Türkei verboten worden, weil sie gegen den verfassungsmäßigen Grundsatz eines demokratischen und laizistischen Rechtsstaats verstoßen hatten. Ihre Klage gegen das jüngste Verbot der »Wohstandspartei« Erbakans wurde am 31. Juli 2001vom Europäischen Gerichtshof für Menschenrechte als unbegründet abgelehnt und somit die Entscheidung der Verbote als rechtmäßig anerkannt.

Der Ratsvorsitzende der evangelischen Kirche in Deutschland, Bischof Huber, traf in bezug auf die religiösen Symbole Kopftuch und Kreuz folgende Feststellung: »[...] die Unterscheidung zwischen religiöser und politischer Sphäre ist dem Islam bis heute grundlegend fremd. Der Islam bejaht leider nicht die aufgeklärte Säkularität der politischen Ordnung«[400]. Er fügt hinzu, dass die Gleichberechtigung von Mann und Frau im Islam nicht gegeben sei. Dies trifft für sehr viele islamische Länder zu, aber gerade für die Türkei nicht. Genau dieses sehr substantielle Problem wurde mit dem Laizismus als Grundpfeiler des modernen und demokratischen Rechtsstaates in der Türkei gelöst. Die Gleichberechtigung von Mann und Frau ist inzwischen in der Türkei ein rechtlich gesichertes Gut. Und das staatspolitische Prinzip Laizismus gewährleistet eine klare Trennung zwischen religiöser und politischer Sphäre als ein unumstößlicher Grundpfeiler der Verfassung und der Gesetze. Es kommt aber nicht selten vor, dass gerade von manchen Vertretern der Kirche diese klare Orientierung in der Türkei als eine Beeinträchtigung der Religionsfreiheit immer wieder kritisiert wird. Im Widerspruch zu dieser Position sagen dieselben Kreise aber auch, dass in der Türkei die Gefahr einer fundamentalistischen Islamisierung noch nicht gebannt sei.

Eine sehr große Mehrheit der Bevölkerung der Türkei hat den Laizismus verinnerlicht. Selbst unter den für die Gegner des Laizismus günstigsten Bedingungen, also in Zeiten politischer, wirtschaftlicher und sozialer Krisen, haben laizismusfeindliche Parteien maximal 20% der Wählerstimmen auf sich ziehen können. Diese Tatsache belegt, dass die türkische Bevölkerung den »laizistischen, demokratischen und sozialen Rechtsstaat« längst angenommen und als Grundsatz der Verfassung akzeptiert hat. Die Partei des Ministerpräsidenten Erdoğan, die im Sommer 2001 unter dem Namen »Gerechtigkeits- und Entwicklungspartei« (AKP)[401] gegründet wurde, ist eine Abspaltung aus der islamischen Bewegung Erbakans. Diese Partei und ihrer Führer scheinen, obwohl manche dies immer noch nicht wahrhaben wollen, begriffen zu haben, dass eine Politik gegen diese Verfassungsgrundsätze sowie gegen die zivilisatorisch-westlich geprägten Werte in der Türkei keine Chance hat.

Die Feststellung des namhaften Theologen Yaşar Nuri Öztürk, Professor an der Universität Istanbul, Autor von Dutzenden Publikationen über den Islam, dessen Auslegung, Religionsfragen und den Laizismus, wirft Licht auf diese wichtige Diskussion. Die inakzeptablen Zustände in vielen islamischen Ländern führt er auf eine falsche Auslegung des Islam zurück, auf Interpretationen, die allein der Sicherung illegitimer und ungerechter Regime geschuldet sind. »Denn in diesen Ländern hat man das Prinzip des Koran ‚die Religion ist für die Menschen geschaffen' ins Gegenteil verkehrt. Es wurde daraus: ‚Der Mensch ist für die Religion geschaffen'.« Nach Öztürk wurde nicht der Koran zur Auslegung

[400] Tageszeitung, 10./11.4.2004
[401] »Adalet ve Kalkınma Partisi«

des Islam genommen, sondern die nach dem Tod des Propheten befolgten Traditionen und Gebräuche. Er führt weiter aus: »Der Islam der Traditionen, also der falsche Islam, hat alle islamischen Grundlagen und Werte, die den Menschenrechten und damit auch der Demokratie den Weg bahnen und sie stärken könnten, außer Kraft gesetzt. Die Entwicklung begann, als die despotische Monarchie zur Religion erklärt wurde. Das System der monarchistischen Herrschaft aber wird im Koran als ein unzulängliches System der Ungerechtigkeit dargestellt. Dass es dennoch die Oberhand gewann, wurde möglich, weil man den Laizismus in einen Gegensatz zur Religion stellt. Laizismus bedeutet aber nicht nur, wie viele annehmen, Religion und weltliche Angelegenheiten voneinander zu trennen. Laizismus heißt, die Legitimation der Herrschenden beziehungsweise der Regierenden nicht auf Gott oder göttliches Recht zu gründen, sondern auf den Willen des Volkes. Daher halte ich es nicht für möglich, dass die islamischen Gesellschaften sich demokratisieren können, ohne sich eine wirklich laizistische Verfassung zu geben«[402].

Die oben beispielhaft zitierten Gegner einer EU-Mitgliedschaft der Türkei behaupten, dass ein Staat wie die Türkei, deren Bevölkerung mehrheitlich muslimisch ist, nicht fähig sei, sich universale Errungenschaften der Menschheit wie Aufklärung, Demokratie, Rechtsstaatlichkeit, Menschenrechte und Säkularisierung zu eigen zu machen. Diese Staaten seien daher nicht europakompatibel und würden der europäischen Identität nicht entsprechen.

Was an diesen konservativen Positionen nicht akzeptiert werden kann, ist, dass sie die universalen Rechte nur eingeengt aus dem Blickwinkel der westlichen Welt betrachten. In dieser Hinsicht wird eine Ausgrenzung der islamischen Religion, aber auch anderer Kulturen und Identitäten vorgenommen. Gerade der Anspruch auf Universalität dieser Errungenschaften setzt aber voraus, dass sie weltweite Akzeptanz, Anerkennung und Anwendung erfahren. Die Mitgliedschaft in die EU darf nicht so ausgelegt werden, dass die eigene islamisch geprägte Identität und die eigene Kultur oder gar die eigene religiöse Überzeugung aufgegeben werden müsste, um EU-integrationsfähig zu werden.

Der bis Ende 2004 amtierende Ratspräsident der EU, der niederländischer Ministerpräsident Jan Peter, betonte in seiner Rede am 4. September 2004 vor dem europäischen Parlament, dass es nicht zu den gemeinsamen europäischen Werten passe, »Barrieren gegen irgendeine Religion aufzubauen. Wir dürfen uns nicht von Ängsten leiten lassen.«[403]

---

[402] Öztük, Y.N., Die Zeit nach den Propheten, in: Die Türkei und Europa, Leggewie (Hg.), a.a.O., S. 104ff.; siehe auch Öztürk, Y.N., 400 Fragen zum Islam – 400 Antworten, ein Handbuch, Düsseldorf, erste Auflage 2000

[403] Yahoo Nachrichten Deutschland, z.n. AP, 5.8.2004

Der renommierte Politikwissenschaftler Oberndörfer geht mit den Positionen der Historiker Wehler und Winkler hart ins Gericht: »Da „das muslimische Osmanenreich nahezu 450 Jahre lang Krieg gegen das christliche Europa geführt hat", so Wehler, darf die heutige Türkei nicht in die EU. Nimmt man die jahrhunderte langen Erbfeindschaften und Kriege innerhalb Europas, etwa zwischen Deutschen und Franzosen oder zwischen England und Frankreich, so hätte die EU erst gar nicht zustande kommen dürfen. [...] So konnten und durften die Juden Deutschlands nach Auffassung der nationalen Wissenschaftler und ihrer Gefolgschaft keine echten Deutschen werden. Es handelte sich, in der Sprache des Historikers gegenüber den Türken, um bloße Kopien.«[404]

Die EU, ein Staatenbund bereits heute aus 25 und in naher Zukunft aus mehr als 28 Staaten, darf und kann in einer Epoche der Globalisierung der Welt nicht allein auf Werte christlicher Religion und der darauf basierenden Kultur reduziert werden.

Dies würde auch der bereits vollzogenen Realität von heute gänzlich widersprechen. Die Staaten der EU sind längst faktisch unumkehrbar multikulturell, multiethnisch, und multireligiös geworden. In diesen Ländern leben mehr als 15 Millionen Menschen islamischen Glaubens, von der Bevölkerungszahl entspricht dies der Größe einiger Staaten der EU. Allein aus der Türkei leben heute mehr als 3,5 Millionen Menschen in den EU-Staaten, allein in der Bundesrepublik Deutschland 2,5 Millionen.

Die EU ist ein globales, zukunftsgerichtetes Modell einer offenen und multikulturellen Gesellschaft. Ihr Verdienst sollte nicht nur darin bestehen, den Wohlstand und den sozialen Frieden ihrer Bevölkerung zu sichern und zu steigern, sondern auch zum Prozess eines engen Dialogs und Austausches mit anderen Religionen und Kulturen und somit zum Frieden weltweit aktiv beizutragen. In diesem Sinne ist die EU-Mitgliedschaft der Türkei für ein solches Projekt bestens geeignet.

Die Türkei, die sich das westliche Lebens- und Zivilisationsmodell zu Eigen gemacht hat, will als ein laizistischer Staat mit ihrer überwiegend muslimischen Bevölkerung einem säkularen Europa beitreten. Aus eigener Überzeugung hat die Türkei das zivilisatorische Wertesystem zu ihrer unantastbaren und unveränderlichen Staatsform gemacht.

[404] Oberndörfer, D., Turkophobie, in: Die Türkei und Europa, Leggewie, a.a.O., S. 186

Die Kemalisten und das türkische Militär wollen ein gleichberechtigtes EU-Mitglied Türkei

Die Rolle und die Bedeutung des Militärs in der Geschichte der Türkei unterscheiden sich stark von denen der meisten westeuropäischen Staaten, insbesondere aber von denen Deutschlands. Die Erfahrungen mit dem Einfluss und Einschreiten des Militärs gegen Revolutionen und Reformen zur Veränderungen im Staat und Gesellschaft, wenn wir hier bei Deutschland bleiben, können selbstverständlich nicht vergessen werden. So hat sich das deutsche Militär bei den Erhebungen des deutschen Volkes auf die Seite des Kaisers und der Könige und gegen die Revolution von 1848 und 1918 gestellt. Ebenfalls im Nationalsozialismus stand die Führung des Militärs mehrheitlich der faschistischen Diktatur Hitlers zu Seite.

Die Rolle des Militärs in der Türkei ist eine ganz andere gewesen. Das Offizierskorps, das auch eine gute Bildung neben der militärischen Ausbildung an den Militärakademien erfahren hat, setzte sich schon früh für die radikale Erneuerung des Landes ein. Bereits 1889 gründen Offiziere das Komitee »Ittihat und Terakki«, bekannt unter dem Namen »Jungtürken-Komitee« und zwingen den Sultan 1908, die von ihm suspendierte Verfassung des Osmanischen Reiches wieder in Kraft zu setzen.

Der Befreiungskrieg des türkischen Volkes nach der Besetzung der Türkei infolge des verlorenen Ersten Weltkriegs wird ebenfalls von Offizieren unter Führung von Mustafa Kemal und seinen engsten Gesinnungsfreunden, İsmet İnönü, Kara Kazim Paşa, Maraşal Fevzi Çakmak und vielen anderen durchgeführt. Sie waren es, die die Nationalversammlung der Türkei auf Volkskongressen in Sivas und Erzurum organisierten und 1921 einberiefen. Mit revolutionären Entscheidungen der „Nationalversammlung der Türkei“ (das Parlament in der Türkei heißt immer noch „Große Nationalversammlung der Türkei“) in Ankara wird die Republik der Türkei 1923 konstituiert und das 624-jährige osmanische Sultanat und das »Şeyhulislam«, eine Art Papst der ganzen islamischen Welt, abgeschafft. Es folgen eine Vielzahl von Reformen zur Modernisierung des Landes, darunter eine Rechts-, Bildungs- und Schriftreform, Trennung von Staat und Religion, die rechtliche Gleichstellung der Frau nebst dem Verbot der Polygamie, eine radikale Reformierung der Wirtschaft zur raschen Industrialisierung des Staates. Die Nationalversammlung der Türkei wählte Mustafa Kemal, Symbol des Befreiungs- und Unabhängigkeitskampes, zum ersten Staatspräsidenten. Sein Nachfolger wird einer seiner engsten Mitstreiter, der langjährige Ministerpräsident Ismet Inönü.

Die türkische Revolution erfolgte also unter Führung von Offizieren, die sich danach als Parlamentarier vor allem bis 1950 große Verdienste erwarben.

Die Anhänger der Reformen Mustafa Kemal Atatürks, deren Zielsetzung ich in aller Kürze mit seinem Leitmotto vom »Erreichen des zeitgenössischen Niveaus der zivilisierten Welt« wiedergeben möchte, werden als »Kemalisten« bezeichnet. Mit großer Hingabe haben sich diese Menschen für das Wohl der Türkei eingesetzt, ohne sich selbst zu bereichern und in Korruptionsskandale verwickelt zu werden, was leider in den letzteren Jahrzehnten in der Türkei Gang und Gebe ist.[405]

Ali Sirmen, bekannter Kolumnist und Autor in Istanbul, beschreibt in einem Satz sehr deutlich, wie der Kemalismus verstanden werden sollte: »Kemalismus ist allein genommen weder eine Ideologie noch eine Kosmogonie, anders gesagt, er ist nicht eine in sich geschlossene originale Lehre, er ist vielmehr der erste Versuch einer Übertragung und Reflexion von Renaissance, Aufklärung und den Errungenschaften der Französischen Revolution in eine nichtchristlichen Gesellschaft außerhalb Europas.«[406]

Keine Revolution ist mit Samthandschuhen durchführbar. Der großen integren Persönlichkeit und Beliebtheit Atatürks ist es zu verdanken, dass die revolutionären Umwälzungen in der Türkei im Vergleich zu ähnlichen Prozessen eher mit Überzeugungsarbeit als mit Gewaltanwendung umgesetzt werden konnten. »Selbst wenn es stimmen sollte«, schrieb Bugdorf »dass den Türken die Aufklärung erst zwangsweise durch den Kemalismus aufgezwungen wurde, so war dies doch in großen Teilen der heutigen EU nicht anders. [...] Westdeutschland wurde die demokratische Ordnung von den Siegermächten des Zweiten Weltkrieges aufoktroyiert.«[407]

Das türkische Militär sieht sich dieser kemalistischen Tradition verpflichtet. Daher ist der Kemalismus für den politischen Islam, also in den Augen derer, die einen theokratischen Staat nach den Geboten der Scharia errichten möchten, ein Hindernis. Wie oben bereits gezeigt wurde, hat jedoch die großen Mehrheit der türkischen Bevölkerung die Grundideen des Kemalismus angenommen und als Staatsdoktrin akzeptiert.

Das Militär hat in den Jahren 1960, 1971 und 1980 dreimal die politische Macht kurzfristig an sich gerissen, weil es glaubte die Republik wäre in Gefahr. Bei den Eingriffen des Militärs in die Politik dürfte der Einfluss der USA eine wichtige Rolle gespielt haben. Die Türkei als Südflanke der NATO sollte offensichtlich vor politischer Instabilität bewahrt werden. Die radikalen Studenten- und Arbeiterbewegungen Ende der 1960er und in den 1970er Jahren wurden ganz offensichtlich von den USA als eine Gefahr für die Bündnistreue der Türkei

405 Zu einer kritischen Würdigung des Kemalismus vgl. Keskin, H., Die Türkei, a.a.O., S. 51-130
406 Sirmen, A., Kemalismus und die EU (Kemalizm ve AB), Cumhuriyet, 22.10.2004
407 Burgdorf, W., Die europäische Antwort. Wir sind der Türkei verpflichtet, in: Die Türkei und Europa, Leggewie, a.a.O., S. 82

eingestuft. Eine solche Gefährdung des politischen Systems hat es jedoch von Seiten linker Kreise nicht gegeben. Doch es war auch die politische Konstellation, die die Militärs zum Eingreifen veranlasste. Die politischen Parteien lagen in ständigem Streit miteinander und erwiesen sich als unfähig, den bürgerkriegsähnlichen Auseinandersetzungen zwischen militanten linken und rechten Gruppen Einhalt zu gebieten. Der letzte Militärputsch hat sehr negative Auswirkungen für das Land gehabt, die bis heute nachwirken, vor allem durch die undemokratische Verfassung von 1981, die in den letzten Jahren in großen Teilen völlig geändert werden musste. Die Auflösung der politischen Parteien, linker Gewerkschaften und vieler Vereine hat vor allem bei jungen Menschen dazu geführt, sich von politischer Arbeit abzuwenden.

Die Militärs in der Türkei haben jedoch nie die politische Macht für sich in Anspruch nehmen wollen. Sie reagierten in der Überzeugung, die für das Land erforderlichen Korrekturen erzwingen zu müssen, zu denen die politischen Parteien offenbar nicht in der Lage waren. Gerade deshalb genießt das türkische Militär in der Bevölkerung nach wie vor großes Vertrauen.

Das Militär hat aber ganz offensichtlich aus ihren im Ergebnis missglückten Machtergreifungen gelernt, dass diese letztendlich nicht die für das Land erhofften positiven Wirkungen bringen und eines demokratischen Staates nicht würdig sind. Die Entscheidungen müssen allein und einzig von den verfassungsmäßig legitimierten Vertretern und Organen kommen.

Auch Helmut Schmidts geht auf die Rolle des Militärs in der Türkei ein. Die Macht in der Türkei läge beim Sicherheitsrat, in dem – unter Vorsitz des Staatspräsidenten – nichts gegen die oberste Generalität entschieden werden könne: die Militärspitzen wachten über die Einhaltung der kemalistischen Reformen und stünden als Garant gegen die schleichende Reislamisierung der Gesellschaft und des öffentlichen Lebens. Und weiter: der Ausgang des Reislamisierungsprozesses sei ungewiss, Fundamentalismus sei denkbar geworden.[408]

Auch die politischen Gremien der EU hatte sich diese auf eine Reduzierung des Einflusses des Militärs zielende Kritik zu Eigen gemacht, eine Kritik, die nicht ohne Wirkung blieb. Der »Nationale Sicherheitsrat«, den es übrigens auch in den USA und in machen anderen Ländern gibt, wurde neu strukturiert. In diesem Gremium sitzen je zur Hälfte neben dem Staatspräsidenten, der Ministerpräsident, seine beiden Stellvertreter und je nach Tagesordnung andere Minister sowie in gleiche Zahl die Offiziere der Militärspitze. Der Sicherheitsrat trifft aber keine Entscheidungen mehr, kann in seiner Funktion als ein verfassungsmäßiges Beratungsorgan lediglich Ratschläge über wichtige Fragen, die die Sicherheit des Landes betreffen, als Empfehlung an die Regierung geben. Von dieser grundle-

[408] Vgl. Schmidt, H., Wer nicht zu Europa gehört, Die Zeit, 5.10.2000

genden Reform des »Nationalen Sicherheitsrates« glaubten viele, dass damit von der Politik ein Tabubereich begangen worden wäre.

Das Militär wird aus seiner Tradition heraus und wegen der Ausbildung der Offiziere weiterhin den oben skizzierten Ideen des Kemalismus verbunden bleiben, was ich für sehr wichtig erachte. Der richtig verstandene Kemalismus ist in der Tat ein Garant für die Demokratie, den Laizismus, den sozialen Rechtsstaat und dessen zivilisatorische Orientierung.

Es ist gänzlich falsch zu glauben, die Kemalisten wären gegen eine EU-Mitgliedschaft der Türkei. Sie sind vielmehr aufgrund ihrer Orientierung für den Integrationsprozess der Türkei in die EU, allerdings mit klarer Betonung darauf, dass um dieser Mitgliedschaft willen nicht alles akzeptiert werden dürfe, und das bedeutet Gleichbehandlung der Türke im Vergleich zu den übrigen EU-Staaten müsste gewährt werden.

Die Befürchtung Schmidts und vieler anderer, dass für die Türkei die Gefahr einer Reislamisierung bestehe und der Fundamentalismus mehr und mehr Platz greife, hat sich als unbegründet erwiesen. Nicht nur die Entwicklung, die der moderat islamisch orientierte Ministerpräsident Erdoğan und seine Gerechtigkeits- und Entwicklungspartei genommen haben, widerlegt diese Befürchtung, sondern vor allem die von sehr großen Teilen der türkischen Bevölkerung verinnerlichte zivilisatorische Staats- und Lebensform. Gerade diese Tatsache hat dazu geführt, dass nur eine solch gemäßigt-islamische Partei eine so breite Akzeptanz in der Türkei finden konnte. Diese positive Entwicklung ist zuallererst der unnachgiebigen Haltung der Kemalisten zu verdanken.

Von einem Mitgliedsland Türkei wird keine starke Zuwanderung ausgehen

> »Eine Türkei, die eurupakompatibel ist, wird nicht mehr die Türkei sein, die wir heute kennen. Viele der Ängste von heute wird es dann nicht mehr geben«[409], Außenminister Joschka Fischer

Mit völlig unbegründeten Fantasiezahlen über eine Zuwanderung von 10 bis 18 Millionen Menschen, die nach einem EU-Beitritt aus der Türkei in die EU abwandern würden, machte der Historiker Wehler den Menschen Angst[410]. Diese Argumentation ist nicht selten auch von manchen Politikern zu hören, die damit Befürchtungen unter der von Arbeitslosigkeit ohnehin stark verunsicherten und verängstigten Bevölkerung verbreiten.

---

[409] Außenminister Fischer im ZDF-Interview am 9.12.02, z.n. Phönix Online

[410] Vgl. Focus, 16.2.2002

Prognosen wie diese sind jedoch durch die Erfahrungen mit den Ländern Spanien, Portugal und Griechenland nach ihrer EU-Mitgliedschaft widerlegt. In den Jahren 1991 bis Anfang 2003 kam es im Saldo aus Zu- und Abwanderung nach und aus Deutschland gegenüber Griechenland zu einem Zuwanderungs-Überschuss von lediglich 1.663 Personen, bei den Portugiesen waren es 37.094 Personen, bei den Spaniern hingegen kam es zu einem Abwanderungs-Überschuss aus Deutschland von 186.629 Personen.[411] Mit anderen Worten: innerhalb von 12 Jahre wanderten aus diesen drei Ländern insgesamt 147.872 Personen mehr aus Deutschland ab, als nach Deutschland zuwanderten.

Dies ist dadurch zu erklären, dass die EU-Mitgliedschaft für die neuen Mitgliedsstaaten die Möglichkeit eröffnet, dort durch neue Investoren viele neue Arbeitsplätze entstehen zu lassen, wie am Beispiel dieser Länder auch belegt werden kann.

Dies wird bei der Türkei nicht anders verlaufen. Bereits mit Beginn der Beitrittsverhandlungen über die Mitgliedschaft der Türkei dürften die Investitionen dort ganz erheblich zunehmen, zumindest erwarten dies die Befürworter eines Beitritts. Dadurch wäre aber der Migrationsdruck aus der Türkei in die EU und nach Deutschland ganz erheblich gemindert.

Außerdem wurden bereits am 17. Dezember 2004 von den Staats- und Regierungschefs der EU längere Übergangsfristen bezüglich einer vollen Freizügigkeit beschlossen, damit es gerade in den ersten Jahren nicht zu der befürchteten massenhaften Zuwanderung aus der Türkei kommt. Zudem wird die in den EU-Staaten und in Deutschland andauernde hohe Arbeitslosigkeit für Migranten aus der Türkei eher abschreckend wirken.

Mittelfristig aber wäre nach der Verbesserung der ökonomischen Lage in der Türkei sogar mit einiger Wahrscheinlichkeit eine Rückwanderung der in den EU-Staaten lebenden Türken in die Türkei zu erwarten. Die Beispiele Italien und Spanien belegen dies.

Was nun die Kosten einer EU-Mitgliedschaft der Türkei anbelangt, so arbeitet Wehler in dem bereits oben zitierten Beitrag wiederum mit völlig frei erfundenen Summen. Er sprich von jährlichen 20 bis 40 Milliarden Euro und sorgt damit ganz gezielt für eine Verunsicherung der EU Bürger.

Die Kosten, die der EU im Falle einer Mitgliedschaft der Türkei entstehen würden, können heute nur annähernd ermittelt werden. Dies hat vor allem damit zu tun, dass es für eine EU Mitgliedschaft der Türkei noch kein Datum gibt und bis dahin insbesondre bei den Agrarsubventionen durchgreifende Veränderungen möglich und sogar wahrscheinlich sind. Daher möchte ich hier mit aller gebote-

---

[411] Vgl. den Bericht der Beauftragten der Bundesregierung für Migration, Flüchtlinge und Integration, Berlin 2003, S.110 und 112

nen Vorsicht die Modellrechnungen von drei unterschiedlichen Institutionen wiedergeben.

»Ich rechne mit Nettozahlungen an die Türkei, die einer heutigen Finanzierungsanstrengungen von höchstens 10 bis 15 Milliarden Euro entspräche«, so die EU-Haushaltskommissarin Michaele Schreyer.[412]

Das »Osteuropa-Institut München« schätzt nach einer Projektion die Kosten für die EU bei einem Beitritt der Türkei für 2013 auf »maximal 14 Milliarden Euro«.[413] Die Deutsche Industrie- und Handelskammer zu Istanbul rechnet mit Kosten von »bestenfalls 8 Milliarden Euro und damit das Niveau von Spanien«.[414] Laut einer Modellrechnung des Zentrums für Türkeistudien würden bei einem hypothetischen EU-Beitritt der Türkei im Jahre 2003 und mit dem Beginn der Hilfen ab 2004 für die EU jährliche Kosten von 6,1 Milliarden Euro entstehen.[415]

Woher der Historiken Wehler seine Zahlen nimmt, gibt er nicht an. Aber nachweislich sind sämtliche Angaben von ihm frei erfunden und falsch. Für das Bevölkerungswachstum der Türkei geht er für die Zukunft von 2,5% aus, mit der Behauptung, dies wäre sogar zu gering geschätzt. Tatsächlich liegt das Wachstum seit einigen Jahren bei nur noch 1,6% mit rückläufigem Trend. Die Türkei erlebt infolge der nach wie vor starken Landflucht eine rasche Zunahme der städtischen Bevölkerung, und dies hat zur Folge, dass sich das Bevölkerungswachstum erheblich verlangsamt.

Auch die Angeben Wehlers über die Wirtschaft der Türkei sind falsch. Das Prokopfeikommen wird heute zu Recht nach der Kaufkraft bewertet. Danach liegt das Prokopfeinkommen in der Türkei bei mehr als 7.000 Euro. Hinzu kommt, dass in der Türkei ein beachtlicher Teil der Wirtschaftsleistungen noch nicht erfasst wird. Dieser Teil der nicht registrierten Wirtschaftsleistungen wird heute auf nahezu 45% geschätzt. Mit dem Heranziehen auch dieses Teils der Wirtschaft würde die Wirtschaftskraft der Türkei in einem besseren und realistischeren Licht erscheinen.

---

412 Vgl. das Interview mit dem Handelsblatts, 5.10.2004

413 Quaisser, W. Die Türkei in der Europäischen Union?, Das »Osteuropa-Institut München« 14. März 2004

414 Hermann, R., Die türkische Wirtschaft macht sich fit für die EU, in: Die Türkei und Europa, Leggewie, a.a.O., S. 130-131

415 Vgl. Şen, F., Der lange und schwierige Weg der Türkei nach Europa, in: Das Parlament, 26.4.2004

Es liegt im Interesse der EU, zur Lösung der Konflikte insbesondere im Nahen Osten aktiv beizutragen

Die EU Mitgliedschaft der Türkei ließe die EU an die Region des Nahen Osten grenzen und wäre dadurch direkt mit den Konflikten der Länder Iran, Irak, Syriens und letztlich auch Israels konfrontiert. Auch dies wird als Problem für die EU-Mitgliedschaft der Türkei angesehen.

Die Türkei ist seit 52 Jahren Mitglied der NATO. Als Mitglied dieser Werte- und Verteidigungsgemeinschaft hat sie auch ein Recht darauf, in einem Konflik mit den Nachbarstaaten der Region von den übrigen NATO-Staaten unterstützt zu werden. Nun sind aber fast alle EU-Staaten auch Mitglied der NATO, wie auch die Bundesrepublik Deutschland. In einem möglichen Konfliktfall mit den Nachbarstaaten der Türkei kann die Bundesrepublik Deutschland und können die anderen EU- und NATO-Staaten nicht sagen, dies alles ginge sie nicht an.

Oder sind etwa die Unionsparteien, die nicht selten auch dieses Argument im Munde führen, etwa der Meinung in einem solchen Fall der Türkei keinen Beistand leisten zu müssen, obwohl dieses Land seit über einem halben Jahrhundert bis an die Grenzen ihrer finanziellen Möglichkeiten die Südflanke der NATO sichert, und zwar stets zur vollen Zufriedenheit der Bündnispartner.

Die EU ist auch heute schon sehr an einer friedlichen Lösung des Konfliktes zwischen Israel und Palästina interessiert und bereit, sich im Nahen Osten zu engagieren und auch einen finanziellen Beitrag zu leisten. Leider sind jedoch die Möglichkeiten zur Einflussnahme der EU heute nicht im nötigen Umfang gegeben.

Die Bundesrepublik Deutschland – und nicht nur sie! – versucht bereits heute, einen Beitrag zu Herstellung und Sicherung des Friedens und politischer Stabilität zu leisten, mit eigenen Soldaten im Kosovo und sogar in Afghanistan. Es ist längst bekannt, dass unsere Sicherheit, dass Frieden und Wohlstand nicht allen vom Frieden in Deutschland und Europa abhängt, sondern auch von Frieden und Sicherheit in anderen Regionen der Welt, insbesondere auch im Nahen Osten. Die Bedeutung, ja die Unverzichtbarkeit des Nahen- und Mittleren Ostens als wichtigste Energieversorgungsregion der Erde steht außer Diskussion. Wie Recht hatte Atatürk mit seinem Ausspruch: »Frieden im Heimatland, Frieden in der Welt.«

Doch ihr vergleichsweise geringes politisches Gewicht verleiht der EU nicht die Möglichkeit, sich mit Nachdruck für die Lösung der Konflikte gerade im Nahen Osten einzusetzen. Dies ist ein ganz gewichtiges Argument der Befürworter einer EU-Mitgliedschaft der Türkei, um sich der Mithilfe dieses Landes beim Ringen um Einfluss in dieser Region zu versichern und sich damit längerfristig Einfluss bei der Vergabe der Energieressourcen zu sichern. Darauf gehe ich weiter unten ein.

Die Türkei hat die Kopenhagener Kriterien erfüllt

> *»Das Parlament in Ankara hat ein Reformpaket im besten EU-Format verabschiedet und stürzt die Europäer damit in tiefe Verlegenheit«*[416]
> *»Aufbruch in eine neue Zeit. Samstag war ein historischer Tag in der Türkei«*[417]
> *»Die Türkei unter dem greisen Ministerpräsidenten Ecevit hat geschafft, was mancher in Brüssel als ‚Revolution' empfindet.«*[418]

Die »Türkische Gemeinde in Deutschland« hatte die Entscheidung der Staats- und Regierungschefs der EU beim Gipfeltreffen von Helsinki, die Türkei auf die Liste der Beitrittskandidaten zu setzen, ausdrücklich begrüßt und prophezeit, dass dieser wichtige Schritt dem Demokratisierungsprozess in der Türkei einen kräftigen Auftrieb geben und die rasche Umsetzung der »Kopenhagener Standards« ermöglichen werde. Und in der Tat: Die Gipfelentscheidung von Helsinki beflügelte und beschleunigte, wie wir heute wissen, die Demokratisierung der Türkei ganz erheblich.

Die Türkei wurde seit 1950 mit wenigen Unterbrechungen von konservativen Parteien regiert. Bekanntlich sind solche Parteien meist nicht gewillt, aus eigener Überzeugung und Kraft radikale Erneuerungen vor allem im politisch-rechtlichen Bereich vorzunehmen. Dagegen sind sie, getrieben von den Interessen der Wirtschaft und der Unternehmen, mit denen sie eng verbunden sind, viel eher geneigt, Veränderungen in der Wirtschaftspolitik vorzunehmen. Dies war in der Türkei nicht anders.

Nach dem Eingreifen des kemalistisch gesinnten Militärs im Jahre 1960 wurde von einer verfassungsgebenden Versammlung eine grundlegend überarbeitete demokratische Verfassung verabschiedet und am 9. September 1961 in einer Volksabstimmung von 61,5% der Bevölkerung angenommen. In der Präambel dieser Verfassung wurde der Wunsch der Türkischen Nation nach dieser Veränderung mit den Worten unterstrichen: »[...] mit allen rechtlichen und sozialen Grundsätzen einen demokratischen Rechtsstaat zu errichten, der es ermöglicht, die Menschenrechte und -freiheiten, die nationale Solidarität, die soziale

[416] Die Zeit, 8.8.2002
[417] Tageszeitung, 5.8.2002
[418] Focus, 12.8.2002

Gerechtigkeit, das Wohlergehen und die Wohlfahrt des einzelnen und der Gesamtheit zu verwirklichen und zu sichern.« In Art. 2 der Verfassung wurden die Wesensmerkmale der Republik Türkei festgelegt: »Die Türkische Republik ist ein auf den Menschenrechten und den in der Präambel zum Ausdruck kommenden Prinzipien beruhender nationaler, demokratischer, laizistischer und sozialer Rechtsstaat.«

In einem ausführlichen Katalog wurden die Grundrechte garantiert und dem Schutz einer unabhängigen Verfassungsgerichtsbarkeit nach dem Muster des Grundgesetzes der Bundesrepublik Deutschland anvertraut.

Im Katalog der Grundrechte wurden außerdem die Pressefreiheit, die Freiheit von Kunst und Wissenschaft, Versammlungs- und Streikrecht, Koalitionsfreiheit, freie politische und gewerkschaftliche Betätigung, Autonomie der Hochschulen, des Rundfunks und der Fernsehanstalten und Nachrichtenagenturen garantiert.

Dieser Rückblick ist erforderlich, damit sich nicht die Ansicht verfestigt, die Türkei habe diese demokratische Entwicklung erst nach dem Wunsch auf Mitgliedschaft in der EU und unter deren Vorgaben in Angriff genommen. Bereits Anfang der 1960er Jahre hat die Türkei eine durchaus mit dem Grundgesetz der Bundesrepublik Deutschland vergleichbare demokratische Verfassung erhalten, und zwar ohne Druck aus dem Ausland. Diese Entwicklung war auf das Streben aufgeklärter und nach dem Vorbild westlicher Demokratien orientierter Kräfte zurückzuführen.

Von den Mitte/Rechts-Parteien wurden diese weitreichenden Verfassungsvorschriften und Demokratisierungsmaßnahmen leider nicht mitgetragen. Süleyman Demirel, der die Geschicke des Landes einige Jahrzehnte allein oder in Koalitionen als konservativer Ministerpräsident bestimmte, sagte in den sechziger Jahren wiederholt, die Türkei sei »mit dieser Verfassung nicht regierbar«.

Die demokratische Verfassung von 1961 war den Konservativen ein Dorn im Auge. Sie sei Schuld für die Unruhen der Studierenden und Arbeiter, die Ende der 1960er und in den 1970er Jahren gegen den sozialen und ökonomischen Zustand im Lande protestierten. Es kam zu den zum Teil bewaffneten politischen Ausschreitungen und Unruhen zwischen linken und rechten Studierendengruppen. Die großen politischen Parteien von Demirel und Ecevit erwiesen sich als unfähig, durch nur im Konsens mögliche Reformen gemeinsam eine Lösung der Schwierigkeiten des Landes anzustreben. In der Türkei kam es zu bürgerkriegsähnlichen Zuständen. Das Militär griff am 12. September 1980 erneut ein, verbot alle politischen Parteien, Teile der Gewerkschaften, Verbände und Organisationen und verhaftete Zehntausende.

Wieder sollte eine neue Verfassung verabschiedet, die Gesetze so verschärft werden, dass die politische Klasse alles im Staat nach eigener Wahl hätte dirigieren und kontrollieren konnte, um so das Land »wieder regierbar zu machen« und den Auseinandersetzungen zwischen linken und rechten Gruppen auf diesem Wege den Boden zu entziehen. Die Verfassung vom 7. Juni 1982 und viele Gesetze sind in der Folge unter diesen Denkstrukturen und Vorgaben entstanden.

Bereits nach wenigen Jahren haben auch konservativ-liberale Politiker erkannt, dass die neue Verfassung und die verschärften Gesetze für einen demokratischen Rechtsstaat inakzeptabel waren und diese rasch und grundlegend geändert werden müssten. Seit Mitte der 1980er Jahre begann die Diskussion über dieses Reformvorhaben. Jedoch erst unter der großen Koalitionsregierung von Bülent Ecevit, dem Vorsitzenden der DSP[419], Mesut Yımaz, dem Vorsitzenden der konservativ-liberalen ANAP[420] und Devlet Bahçeli, dem Vorsitzender der MHP[421] wurde es möglich, eine grundlegenden Reform der Verfassung der Türkei am 3. Oktober 2001 zu realisieren.

Mit der Änderung von 37 der 177 Verfassungsartikel wurden die Fundamente der weiteren Demokratisierung der Türkei gelegt. Sehr umstritten waren vor allem die Änderungen, mit denen die Todesstrafe abgeschafft sowie das Erlernen anderer Muttersprachen neben dem Türkischen, insbesondere des Kurdischen, nebst der Möglichkeit zur Ausstrahlung muttersprachlichen Sendungen in Rundfunk und Fernsehen verfassungsrechtlich garantiert werden sollten. Vor allem die Nationale Bewegungspartei hatte mit der Zustimmung zu diesen Reformen große Probleme gehabt. Es folgten eine Reihe grundlegender Gesetzesänderungen mit dem Ziel, die Stärkung der Demokratie und der zivilen Behörden zu erreichen. Meinungsfreiheit, der Schutz vor Folter, die Freiheit und Sicherheit des Individuums, das Recht auf Privatsphäre, die Unverletzlichkeit der Wohnung, die Kommunikationsfreiheit, Vereinigungsfreiheit und die Gleichberechtigung der Geschlechter wurde verfassungsrechtlich den EU-Standards angepasst. Das Zivilgesetzbuch wurde geändert und trat im Januar 2002 in Kraft. Dieses war erforderlich, um die Gleichberechtigung von Mann und Frau auf allen Ebenen der Gesellschaft umsetzen zu können.

Bei allen Reformen waren die Vorgaben der »Kopenhagener Kriterien« als Zielorientierung bedeutsam. Die Türkei sollte den von der EU gesetzten Standards von Demokratisierung und Rechtsstaatlichkeit angeglichen werden. Daher wurden die Reformpakete »EU-Harmonisierungspakete« genannt.

- Mit dem ersten »EU-Harmonisierungspaket« vom Februar 2002 wurden unter anderem Änderungen im Strafgesetzbuch und der Strafprozessord-

[419] Demokratik Sol Partisi, die »Demokratische Linkspartei«
[420] Ana Vatan Partisi, der »Mutterlandspartei«
[421] Milliyetci Hareket Partisi, die »Nationale Bewegungspartei«

nung, beim Antiterrorgesetz und den gesetzlichen Grundlagen der Staatssicherheitsgerichte vorgenommen.

- Mit dem zweiten »EU-Harmonisierungspakete« vom April 2002 wurde das Pressegesetz, das Parteien-, das Vereinsgesetz, das Gesetz über Versammlungs- und Demonstrationsrecht, das Gesetz über Aufgaben und Kompetenzen der Gendamerie sowie das Gesetz über die Provinzverwaltung geändert.
- Das dritte EU-Harmonisierungspaket vom August 2002 beseitigte die Todesstrafe in den Gesetzbüchern und verabschiedete Gesetzesänderungen im Stiftungsgesetz, der Zivil- und Strafprozessordnung, regelte die Errichtung von Radio- und Fernsehunternehmen, den Fremdsprachenunterricht sowie Aufgaben und Zuständigkeiten der Polizei.

Unter der Regierung Ecevit folgten unter dem Namen »EU–Harmonisierungspaket« Anfang August 2002 weitere 14 Verfassungs- und Gesetzesänderungen in Marathonsitzungen des Türkischen Parlaments. Diese konnten nach heftigen Debatten mit großer Mehrheit beschlossen werden.

Mit der Änderung der Gesetze über das Bankwesen wurde die Unabhängigkeit der Zentralbank der Türkei garantiert sowie den spekulativen Geschäften mancher Banken der Boden entzogen. Mit einem neuen Arbeits- und Sozialrecht wurden die Rechte der Arbeitnehmer den EU-Standards angeglichen.

Dieses Reformwerk überraschte wohl einen Großteil der Mandatsträger in der EU wie ihren Mitgliedsländern und wurde, wie oben zitiert, in den deutschen Medien als ein historischer Schritt gewertet.

Die im August 2001 gegründete »Partei für Gerechtigkeit und Entwicklung« Erdoğans gewann die Parlamentswahlen vom 3. November 2002. Das Mehrheitswahlrecht in Verbindung mit einer 10-Prozent-Sperrklausel ermöglichte dieser Partei mit nur 32% der Stimmen knapp zwei Drittel der Abgeordneten zu stellen. Seit 1991 kann die Türkei nun zum ersten Mal regiert werden, ohne eine Koalition eingehen zu müssen.

Die Wahlniederlage der großen Koalition unter Ecevit hatte vor allem mit der schweren Wirtschaftskrise des Landes Anfang 2001 zu tun, die durch mehrere Bankpleiten ausgelöst wurde. Außerdem waren einige Minister dieser Regierung in Korruptions- und Nepotismus-Vorwürfen ausgesetzt, mit denen Ecevit persönlich nichts zu tun hatte, dafür aber als Ministerpräsident die politische Verantwortung trug.

Daher wurden alle im Parlament vertretenen Parteien von den Wählern so abgestrafft, dass keine von ihnen die 10-Prozent-Hürde überspringen konnte. Auch die altgediente Garde der Parteivorsitzenden Çiller, Yılmaz und Bahçeli, wurde vom Volk quasi gezwungen, Ihre Parteifunktionen aufzugeben. Der in erster Linie persönliche Zwist zwischen Çiller und Yılmaz ist dafür verantwortlich, dass sich die konservative Mitte in mehr als zwei Parteien zersplitterte und sich nicht einigen konnte, aber auch für eine Zunahme der Korruption in den eigenen Reihen. Ecevit wurde für die Zersplitterung der sozialdemokratischen Wählerschaft verantwortlich gemacht. Seine Partei erlebte die bitterste Niederlage. Im Juli 2004 zogen sich Bülent Ecevit und seine Frau Rehşan nach 50 Jahre politischer Arbeit aus der Politik zurück. Alle Warnungen der Wähler, sich zu vereinen und als geschlossene konservative bzw. sozialdemokratische Blöcke den Wählern gegenüberzutreten, haben diese Politiker ignoriert und damit eine große Protestwählerschaft in die Arme der Partei Erdoğans getrieben.

Als einzige Oppositionspartei ist die »Republikanische Volkspartei« unter dem Vorsitz von Deniz Baykal weiter im Parlament vertreten.

Erdoğans »Partei für Gerechtigkeit und Entwicklung« setzt die Reformen konsequent fort

Die Entscheidung des türkischen Volkes, mit neuen Personen und ohne Koalitionsnotwendigkeit den Weg für eine Neuordnung der politischen Landschaft innerhalb und außerhalb des Parlaments freizumachen, ist eine neue Chance.

Die »Partei für Gerechtigkeit und Entwicklung« Erdoğans verdient trotz aller Skepsis und Zurückhaltung, vor allem der Kemalisten, eine faire Chance, um zu zeigen, inwieweit sie ihre Wahlversprechen wahr machen will und kann, nämlich:

- die Wirtschaft des Landes auf eine gesunde Basis zu stellen und das Wirtschaftswachstum zu beschleunigen,
- soziale Gerechtigkeit zu ermöglichen,
- die volle EU-Mitgliedschaft des Landes als Ziel konsequent weiter zu verfolgen und dabei
- den verfassungsmäßigen Weg der Türkei als »demokratischer, laizistischer und sozialer Rechtsstaat« unbeirrt weiterzugehen.

Der Vorsitzende der AKP, Tayyip Erdoğan, hat sich nach der Übernahme der Regierungsverantwortung im November 2002 unmissverständlich für die konsequente Fortführung der Bemühungen um einen EU-Beitritt aktiv an die Arbeit gemacht. Die eindeutige EU-Orientierung der AKP widerlegt die Befürchtung, dass die gemäßigt islamisch orientierte AKP möglicherweise eher die islamischen Staaten gegenüber der EU favorisieren würde. Die AKP tritt auch deshalb uneingeschränkt für den EU-Beitritt der Türkei ein, weil sich die übergroße Mehrheit der türkischen Gesellschaft von 75% mit Europa verbunden fühlt.

Die Regierung Erdoğans setzt auch das unter der Regierung Ecevit vorgesehene Konsolidierungsprogramm der Wirtschaft fort. Die türkische Wirtschaft befindet sich nach mehreren schweren Erdbebenkatastrophen in jüngerer Zeit und nach der großen Finanz- und Wirtschaftskrise des Jahres 2001 erneut auf Wachstumskurs: So wuchs das Bruttoinlandsprodukt 2002 real um 7,9%, 2003 um 5,8%. Mit 9,8 Prozent Wirtschaftswachstum lag die Türkei 2004 innerhalb der 30 OECD-Staaten an der Spitze.[422] Die Inflationsrate konnte im gleichen Zeitraum kontinuierlich von rund 30% auf unter 10% im Jahre 2004 zurückgedrängt werden. Die Zinsen sind gemessen am Niveau der vorangegangenen Jahre ebenfalls stark fallend. Die Reformen für mehr Demokratie, Rechtsstaat, Menschen- und Minderheitenrechte wurden mit 6 weiteren »EU-Harmonisierungspaketen« konsequent weitergeführt.

- Mit dem vierten und fünften EU-Harmonisierungspaket vom Januar/Februar 2003 wurden weitere zahlreiche Gesetze und Verordnungen des Zivilrechts und des Strafrechts mit dem Ziel geändert, um eine Stärkung der Vereinigungsfreiheit und der Pressefreiheit zu erreichen, verschärfte strafrechtliche Bestimmungen gegen Menschenrechtsverletzungen, gegen Folter und Misshandlungen sowie verbesserte Kontrollen zu gewährleisten und die Rechte Gefangener besser zu schützen.
- Mit dem sechsten EU-Harmonisierungspaket vom Juli 2003 wurden die Rechte auf freie Meinungsäußerung, Religionsfreiheit, freie Ausstrahlung von Sendungen über Rundfunk und Fernsehen, freie Verbreitung von Kino-, Video- und Musikwerken gestärkt. Zugleich wurden die Verordnungen über die Staatssicherheitsgerichte, Straf- und Verwaltungsprozessordnung den neuen Gesetzen angepasst.
- Mit dem siebten EU-Harmonisierungspaket vom August 2003 wurde das Gesetz über den Nationalen Sicherheitsrat und dessen Generalsekretariat mit dem Ziel geändert, die Aufgaben und Zuständigkeiten dieses Gremiums neu zu ordnen und diese auf ihre beratende Rolle festzulegen. Das Generalsekretariat des Sicherheitsrates hat keine exekutiven Befugnisse mehr, sondern lediglich die Funktion eines Sekretariats des Rates. Das Vorrecht des Generalstabchefs, den Nationalen Sicherheitsrat einzuberufen, wurde beseitigt. Auch die Ernennung des Generalskreters erfolgt nicht mehr auf Vorschlag des Generalstabchefs, sondern auf Vorschlag des Ministerpräsidenten und Ernennung durch den Staatspräsidenten. Auch das Recht des Generalsekretärs, von Ministerien, Behörden und Organisationen sowie von juristischen Personen nicht geheime und geheime Informationen und Doku-

[422] Törüner, Y., Wie verlässlich sind die Wachstumszahlen, Milliyet, 25.10.2004 und 15.2.2005

mente anzufordern, wurde aufgehoben. Für die Befugnisse des Sekretariats des Nationalen Sicherheitsrats wurde eine neue Verordnung verabschiedet. Mit einem weiteren Gesetz wurde die vorgeschriebene Vertraulichkeit in Bezug auf die Verordnungen des Nationalen Sicherheitsrats und des Personals seines Generalsekretärs abgeschafft.

- Die rechtlichen Bestimmungen über die Rechtsprechung von Militärgerichten bei Zivilisten wurden geändert. Die Rechte von Kindern und Jugendlichen wurden durch Änderung der Verfahrensordnung bei den Jugendgerichten gestärkt. Eine Ergänzung der Strafprozessordnung zielt darauf, dass künftig die Untersuchung und Verfolgung der Fälle von Folter und Misshandlungen als vorrangige Angelegenheiten behandelt werden müssen.
- Mit dem achten EU-Harmonisierungspaket vom September 2004 bekommt die Türkei ein vollständig neu ausgearbeitetes, modernes und zukunftsgerichtetes Strafgesetzbuch sowie eine neue Strafprozess- und Vollzugsgerichtsordnung.[423]

Die Verabschiedung dieser EU-Harmonisierungspakete erfolgte mit Unterstützung und Zustimmung auch der sozialdemokratischen Opposition und der Republikanischen Volkspartei im Parlament und wird somit von einer sehr großen Mehrheit getragen.

Schließlich wurden durch die Absicherung von Grund- und Menschenrechten in der Verfassung der Republik Türkei nunmehr EU-Standards erreicht. Damit einher ging die Erneuerung und Ergänzung vieler Gesetze und Verordnungen mit Hunderten von Artikeln – all dies ist binnen vier Jahren gelungen. Selbst höchst sensible Themen, wie die Abschaffung der Todesstrafe, die Gewährung von kulturellen Rechten für Minderheiten sowie die Neuordnung und Einschränkung der Zuständigkeit des Nationalen Sicherheitsrates konnten realisiert werden.

Im Gegensatz zum Beginn der 1960er Jahre erfolgten diese tiefgreifende, für türkische Verhältnisse geradezu revolutionären Reformen, diesmal nach einem langen Diskussionsprozess, der auch mit breiten Teilen der Bevölkerung geführt wurde und eine breite Akzeptanz aller Bevölkerungsschichten bewirkte.

Ohne Zweifel hat hierbei die Entschlossenheit der politischen Parteien und anderer gesellschaftlicher Kräfte wie der Arbeitgeberverbände, Gewerkschaften, Hochschulen und Medien eine sehr entscheidende Rolle dabei gespielt, die EU-Standarts als seit Atatürk geltendes Ziel zu erreichen. Sie hätten dennoch in diesem relativ kurzen Zeitraum nicht realisiert werden können, wenn die inhaltli-

---

[423] Vgl.: Politische Reformen in der Türkei, Ministerium für Auswärtige Angelegenheiten der Republik Türkei, Generalsekretariat für EU-Angelegenheiten (Hg.); vgl. auch www.tcberlinbe.de

chen und zeitlichen Vorgaben, aber auch die Unterstützung und Ermutigung durch die EU nicht stattgefunden hätte.

Die Kopenhagener Kriterien, die zur Voraussetzung für den Beginn von Beitrittsverhandlungen mit der Türkei gemacht wurden, gehören seit Jahren zu den zentralen Anliegen großer Teile der türkischen Bevölkerung, um mit ihrer Umsetzung die Demokratisierung des Landes zu vervollständigen sowie die Behebung von Defiziten in Menschenrechts- und Minderheitenfragen zu gewährleisten.

Die Türkei hat, was die politischen Kriterien von Kopenhagen anbetrifft, zur Überraschung oder auch zur Bewunderung vieler »ihre Hausaufgaben erledigt«. Dieser Weg zu Demokratie und Rechtsstaatlichkeit wie auch die vollständige Gewährung der Menschenrechte und die Achtung und Gewährung von Minderheitenrechten darf jedoch nicht als ein abgeschlossener Prozess verstanden werden. Diese Ziele müssen in jeder Gesellschaft entsprechend der dynamischen gesellschaftlichen Entwicklung immer von neuem in ihrer Umsetzung überprüft und den Erfordernissen der Zeit angepasst werden.

Die Türkei ist von der Parlamentarischen Versammlung des Europarats aus einem achtjährigen Überwachungsverfahren entlassen worden In der Begründung hieß es, dass »die Türkei in den letzten drei Jahren sowohl ihren Willen als auch ihre Fähigkeit unter Beweis gestellt habe, ihre Verpflichtungen zu Demokratie und Achtung der Menschenrechte zu erfüllen. Besonders gewürdigt wurden die Zurückdrängung der Armee aus der politischen Sphäre und die Abschaffung der Staatssicherheitsgerichte, das neue Wahlgesetz, die Anerkennung der kulturellen Rechte von Minderheiten sowie die Maßnahmen zur Bekämpfung von Folter und Korruption«[424].

Ich persönlich freue mich heute außerordentlich über diesen unschätzbaren Gewinn einer begonnenen Epoche »echter Demokratie« in der Türkei, wie wir diesen Wunsch als kritische Menschen türkischer Herkunft nannten. Seit Jahrzehnten haben wir diesen Demokratisierungsprozess verlangt und dafür gekämpft, haben in der Vergangenheit politische Repressalien erleiden müssen.

Die Staats- und Regierungschefs der EU haben am 17. Dezember 2004 darüber entscheiden, dass die Beitrittsverhandlungen mit der Türkei am 3. Oktober 2005 beginnen werden.

Eine von den Unionsparteien vorgeschlagene »privilegierte Partnerschaft«, was faktisch auf eine Diskriminierung der Türkei gegenüber allen bereits EU-Mitglied gewordenen und noch werdenden Staaten wie Rumänien und Bulgarien, später möglicherweise auch Kroatien und Serbien hinausliege, ist in keiner Weise akzeptabel, ja für mich indiskutabel.

[424] Neue Zürcher Zeitung Online, 23.6.2004

In einer von Infratest im Auftrag der ARD /»Bericht aus Berlin« und sieben Tageszeitungen im Januar 2004 durchgeführten Umfrage sprachen sich 58% der Befragten »für eine mittel- bis langfristige Aufnahme der Türkei in die EU« aus. 35% waren aus prinzipiellen Gründen dagegen. Eine weitere Umfrage des gleichen Instituts im Auftrage des Spiegels Mitte Februar 2004 ergab annähernd das gleiche Ergebnis: 54% dafür, 37% dagegen, fehlende Prozente ohne Meinung zu dieser Frage. Selbst 55% der Anhänger von CDU/CSU votierten dafür, bei den Anhängern der SPD waren es 63%, bei denen von Bündnisgrünen und FDP jeweils 55%. Dieses Ergebnis verdient um so größere Beachtung, weil es langandauernden Anstrengungen gewisser Kreise gegeben hatte, die in aufwendigen Anzeigenkampagnen versucht hatten, Stimmung gegen eine EU-Mitgliedschaft der Türkei zu machen, indem Ängste bei der Bevölkerung geschürt, wurden.[425]

Nach der Ermordung des holländischen Regisseurs van Gogh fand auch in Deutschland eine breite Diskussion über das angebliche Scheitern des Modells einer multikulturellen Gesellschaft in den Niederlanden statt. Dies hatte zur Folge, dass sich die mehrheitliche Zustimmung zu einer mittelfristigen EU-Mitgliedschaft der Türkei ins Gegenteil verkehrte.

Zu einer guten Demokratie gehört Verlässlichkeit. Der Feststellung der Financial Times ist daher nichts hinzuzufügen: »Die EU ist eine Gemeinschaft, deren Zusammenhalt und Ansehen darauf beruht, Verträge und politische Zusagen einzuhalten. Nicht nur in der islamischen Welt wäre die Wirkung verheerend, wenn einer demokratischen und ökonomisch hinreichend soliden Türkei die Tür zur Vollmitgliedschaft verschlossen bliebe«[426].

Der Vorschlag von CDU und CSU nach einer »privilegierten Partnerschaft« mit der Türkei ist eine Provokation

Die Christlichen Parteien Deutschlands versuchen mit Unterstützung von Teilen der Kirchen ganz entschieden zu verhindern, dass eine demokratische und laizistische Türkei mit ihrer mehrheitlich islamischen Bevölkerung EU-Mitglied wird. Sie wollen, wie sie dies nicht selten bereits zum Ausdruck brachten, eine EU als christliche Gemeinschaft.

Es ist für die Türken, vor allem aber für die Deutschlandtürken, verärgernd und verletzend, wenn Frau Merkel, Herr Schäuble, Herr Stoiber, Herr Glos oder andere Unionspolitiker – keineswegs jedoch alle! – die Türkei stets als andersartig und diskriminierend behandeln, im Gegensatz zu den anderen Anwerbestaaten. Ihre Argumente hierfür sind, wie oben erläutert, durchaus unterschiedlich, je

[425] Vgl. Der Spiegel, 23. 2.2004
[426] Financial Times vom 8.8.2002

nach politischem Anlass: Mal werden religiöse und kulturelle Unterschiede angeführt, mal sind es geographische Gründe oder politisch-wirtschaftliche Diskrepanzen.

Um jedoch diese ganz prinzipielle Ablehnung gegenüber den Türken zu verschleiern, haben die Unionsparteien eine Worthülse mit Mogelpackung erfunden, die »privilegierte Partnerschaft«, die der Türkei anstelle einer EU- Mitgliedschaft angeboten wurde.

Um nicht missverstanden zu werden: Es ist durchaus das Recht der Parteiführung der Unionsparteien, gegen eine EU-Mitgliedschaft der Türkei und somit auch gegen den Beginn von Beitrittsverhandlungen – mit welcher Begründung auch immer – öffentlich Position zu beziehen. Dies wird auch sehr medienwirksam und auf vielfältige und höchst engagierte Weise getan. Frau Merkel warb bei den konservativen Parteien anderer EU-Staaten um Unterstützung für Ihre Position, erfuhr jedoch eine klare Absage.

Verwunderlich und verärgernd ist diese Position dennoch. Sie erwartet von der Türkei, dass diese ein solches, die Türkei ganz offen diskriminierendes und erniedrigendes Angebot akzeptieren könnte.

Die Unionspolitiker/innen haben solange sie selbst regierten und sogar noch bis vor wenigen Jahren die EU-Mitgliedschaft der Türkei nie in Zweifel gezogen. Der Vorsitzende der CSU-Landesgruppe im Bundestag, Michael Glos, der die Unterschriftenaktion gegen die EU-Mitgliedschaft der Türkei gegenüber Frau Merkel vorschlug und sich heute in vorderster Reihe gegen den Beginn von Beitrittsverhandlungen mit der Türkei stellt, trat in einer Pressemitteilung der CSU vom 17.Dezember 1997 noch entschieden gegen eine Diskriminierung der Türkei ein. »Die Türkei darf auf dem Wege nach Europa nicht diskriminiert werden. [...] Es ist nicht nur im deutschen, sondern im europäischen Interesse, die Türkei an Europa zu binden. An der Schwelle Europas, im Schnittpunkt der Krisenregionen des Nahen und Mittleren Ostens, war die Türkei über Jahrzehnte ein verlässlicher Partner und Freund der Deutschen. Die Bedeutung der Türkei für die Sicherheit Europas besteht über das Ende des Ost-West-Konfliktes hinaus.

Es dient nicht europäischen Interessen, wenn die Türkei auf ihrem Weg nach Europa durch Übertaktieren vor den Kopf gestoßen wird. Für Europa und die Türkei muss klar sein, dass ein türkischer Beitrittsantrag grundsätzlich an den gleichen Kriterien gemessen wird, wie der jedes anderen europäischen Staates.«[427]

Diese Pressemitteilung gab Glos aufgrund von Spannungen zwischen EU und Türkei nach dem Gipfel von Luxemburg heraus.

[427] Pressemitteilung der CSU Landesgruppe im Bundestag, 17.12.1997

Hier ist sehr klar erkennbar, dass die Meinungswandlung bei der Führung von CDU und CSU maßgeblich von innenpolitischen Überlegungen bestimmt ist. Wenn sie selbst in der Regierungsverantwortung ständen, hätten sie ganz sicher nicht ihren jetzigen Kurs gegenüber der Türkei eingeschlagen.

In der zitierten Erklärung verlangt Glos die Gleichbehandlung der Türkei mit anderen europäischen Staaten. Gerade auch deshalb ist die neuerliche Wandlung der Führung der Unionsparteien nicht zu verstehen.

Die von den Unionsparteien vorgeschlagene »privilegierte Partnerschaft« ist für die Türkei nicht nur völlig indiskutable, sie wird vielmehr von den Türken als eine außenpolitische Grobheit angesehen.

Wenn aber nachgefragt wird, was unter der »privilegierte Partnerschaft« zu verstehen sei, wird recht mühsam nach einer Antwort gesucht. Es soll wohl *»eine Freihandelszone zwischen EU und der Türkei, eine gemeinsame Außen- und Sicherheitspolitik und Zusammenarbeit beim Kampf gegen den Terror* bedeuten.*«*[428]

Doch diesen Status, diese Partnerschaft mit der EU, wenn man sie denn als »privilegiert« bezeichnen will, besitzt die Türkei längst:

Sie ist seit 1996 Mitglied der Zollunion. Das heißt, freier Warenaustausch zwischen der EU und der Türkei ist längst Realität, von der allerdings bislang in erster Linie die EU profitiert. Seit dem Beitritt der Türkei in die Zollunion hat sich das Außenhandelsdefizit zu ungunsten der Türkei erhöht. Laut einer Berechnung des Präsidenten der Handelskammer von Ankara, Sinan Aygün, liegt das Defizit der Türkei für die Jahre 1997-2004 bei insgesamt 79,5 Milliarden Euro.[429]

Eine gemeinsame Sicherheitspolitik und enge Abstimmung in außenpolitischen Fragen ist mit der Türkei als NATO-Mitglied seit über 50 Jahren selbstverständlich. Die Türkei gehört zu den Ländern, die am entschiedensten beim Kampf gegen den internationalen Terrorismus engagiert sind, und es besteht bereits eine breitgefächerte Zusammenarbeit mit den EU-Staaten.

Da diese Idee einer »privilegierte Partnerschaft« als Alternative zur Vollmitgliedschaft der Türkei steht, wird sie von der Bevölkerung der Türkei und von den Deutschlandtürken eher als eine »privilegierte Diskriminierung« aufgefasst.

Die öffentlich als Möglichkeit angekündigte aber nach heftigen Protesten zurückgenommene Unterschriftenaktion von Frau Merkel und den Herren Glos und Stoiber gegen den Beginn von Beitrittsverhandlungen der EU mit der Türkei hat gezeigt, wie unsensibel und unüberlegt parteipolitische Positionen mit wichtigen außenpolitischen Entscheidungen vermischt werden.

---

[428] Die Welt, 17.9.2004

[429] In. Cumhuriyet Hafta, 22.10.2004

Hinter dieser Mogelpackung »privilegierte Partnerschaft« steht eine freche Art von Manieren, wie man sie von den Kolonialherren des 19. Jahrhunderts kennt und die bezeugt, wie weit die Unionsführung von einer verantwortlichen Außenpolitik entfernt ist. Der Vorstoß Frau Merkels zeugt nicht von staatspolitischem Denken, er ist vielmehr Ausdruck einer Aktion, die allein den Zweck verfolgt, Wählerstimmen zu fangen. Dabei scheuet sich die Führung der Unionsparteien nicht, bei den Wählern mit falschen Angaben Ängste zu schüren in der Hoffnung, auch Stimmen aus dem ultranationalistischen Lager zu erhalten, und tragen so dazu bei, rechtes Gedankengut salonfähig zu machen. Aktionen wie diese helfen den Rechtsaußenparteien ganz massiv dabei, mit ihrer Anti-Türkei und Anti-Türkenpolitik Gehör und Akzeptanz zu finden.

Die EU sollte gemäß Ihren Versprechungen die Türkei gleichberechtigt behandeln

Die Türkei wurde bei dem Gipfeltreffen der Staats- und Regierungschefs der EU im Dezember 1999 in Helsinki in die Liste der Beitrittskandidaten aufgenommen und ihr Gleichbehandlung mit den anderen Baitrittskandidaten zugesichert.

Der Kommissionsbericht der EU bescheinigte der Türkei, dass sie die Kopenhagener Kriterien im Allgemeinen erfüllt hat. Er empfahl aber für den Beginn der Beitrittsverhandlungen strengere Auflagen.

Die Staats- und Regierungschefs der EU folgten dem Bericht der EU-Kommission und entschieden sich für den Beginn von Beitrittsverhandlungen mit der Türkei, verschärften jedoch die Auflagen für die Türkei weiter. Besorgt über diese Ungleichbehandlung wandten sich im Namen von 1430 Vereinen fünf wichtige Verbände der Deutschland-Türken mit einem Offen Brief an die Öffentlichkeit und die Staats- und Regierungschefs der EU. »Die ungleiche und unwürdige Behandlung der Türkei für einen Beginn der Beitrittsverhandlungen hat die Beziehungen zwischen EU und Türkei bis an den Rand eines Bruches geführt .«[430]

Ganz prinzipiell ist die Ungleichbehandlung der Türkei im Vergleich zu den bereits im Mai 2004 aufgenommenen und den noch aufzunehmenden Staaten. Vor allem in fünf Bereichen ist diese Ungleichbehandlung eindeutig festzustellen:

[430] Presseerklärung der Türkischen Gemeinde in Deutschland, dem Koordinationsrat der Türkischen Vereine in der BRD, dem Verband Türkischer Unternehmer und Industrieller in Europa, der Föderation der Vereinigungen zur Förderung des Gedankenguts Atatürks in Europa sowie der Föderation der Volksvereine Türkischer Sozialdemokraten vom 4.12.2004.

1. Die sogenannte »ergebnisoffene Verhandlungen« hat es bislang mit keinem anderen Kandidaten gegeben. Dies bedeutet doch, selbst dann, wenn die Türkei alle erforderlichen Beitrittsbedingungen erfüllt, behält sich die EU das Recht vor, eine Aufnahme der Türkei in die EU abzulehnen. Bei den anderen Beitrittskandidaten hatte die EU dieses Recht nicht, wenn alle Beitrittsbedingungen erfüllt worden waren.
2. Zum EU-Beitritt der Türkei werden in den Mitgliedsstaaten Referenden vorgeschlagen. Wenn die zukünftige europäische Verfassung bei Beitrittsentscheidungen das bisherige Prinzip der Einstimmigkeit übernimmt, ist eine Ablehnung des Beitritts der Türkei vorprogrammiert, denn es wird einige Staaten geben, deren Bevölkerung sich gegen den EU-Beitritt der Türkei aussprechen wird. Bei keinem anderen Beitrittskandidaten hat es derartige Überlegungen je gegeben.
3. Auch bei der Frage der Freizügigkeit wird von der Türkei nicht nur für eine Übergangsphase, sondern eine dauerhafte Konzession erwartet. Dies ist mit dem Geist und der Philosophie der EU unvereinbar.
4. Es wird bereits heute laut darüber nachgedacht, für die Türkei die Unterstützungen im Agrar- wie im infrastrukturellen Bereich gegenüber anderen Mitgliedsstaaten zu minimieren.
5. Obwohl alle anderen Beitrittskandidaten ein konkretes Beitrittsdatum erhalten haben, ist dies für die Türkei nicht vorgesehen.

In der EU herrschte nicht zu Unrecht die Auffassung, dass die Türkei den EU-Beitritt »um jeden Preis« anstrebt und daher auch solche diskriminierenden Bedingungen akzeptieren wird. So hatte die Türkei ihre Verhandlungsbasis von Beginn an sehr stark eingeengt und diese sie ungleich behandelnden Auflagen akzeptieren müssen.

Trotz meiner substantiellen Kritik ist die Entscheidung der EU-Staats- und Regierungschefs sowohl für die EU als auch für die Türkei von historischer Tragweiter. Somit hat sich die EU für mehr Sicherheit und Frieden und gegen den Kampf der Kulturen entscheiden.

Die Türkei wird ihrerseits ihre Standards im Bereich von Wirtschaft, Politik und im Sozialem dem der EU im nächsten Jahrzehnt angleichen müssen, wenn sie Mitglied dieser Union werden will. Diese Zielvorgaben werden für die Türkei sicherlich eine große Chance sein. Die Regierenden auch und vor allem in der Türkei sind nur dann bereit und fähig mit den gebotenen Reformen und Veränderungen zügig voranzukommen, wenn sie keine anderen Möglichkeiten haben.

Die Türkei ist für eine visionäre EU Chance und Bereicherung

> *»Die europäische Orientierung und die Refomdynamik der türkischen Regierung können ein wichtiger Beitrag zum Frieden in der Welt werden und uns allen langfristig mehr Sicherheit und Wohlstand bringen. Die Türkei kann als Stabilitätsanker in der Region und für ganz Europa sicherheitspolitisch, aber auch wirtschaftlich eine große Rolle spielen«*[431]*, Michael Rogowski, Präsident des Bundesverbandes der deutschen Industrie*

Hauptkennzeichen dieses gerade beginnenden 21. Jahrhunderts ist die globale Sichtweise der Welt, unabhängig von unserer persönlichen Bewertung. »Globalisierung« ist die neue Dimension dieser Weltbetrachtung. Globalisierung darf aber nicht allein als die Notwendigkeit des weltweit grenzenlosen Expansionsdrangs und der Operationsfreiheit multinationaler Konzerne verstanden werden. Ob bei Fragen der Wirtschaft und wirtschaftlichen Zusammenarbeit, bei der Sicherung des Weltfriedens oder der Lösung regionaler Konflikte, bei der Bekämpfung des Terrorismus, beim Schutz von Natur und Umwalt zur Vorbeugung von Naturkatastrophen, ob bei der Beseitigung, zumindest aber Verringerung der Ursachen der Flüchtlingsströme aus den unterentwickelten Regionen der Welt in die wohlhabenden Staaten oder auch bei der Bekämpfung der Weltwirtschaftskrisen und der daraus entstehenden Arbeitslosigkeit sind globale Betrachtungen, Antworten und Lösungen unumgänglich.

Die Europäische Union will neben den USA und der südostasiatischen Region, vornehmlich also Japan und China, eine der potentesten Wirtschaftszonen oder gar Wirtschaftsmächte der Welt werden. Eine EU, die ihre Handlungskompetenzen und Strategien allein auf die Ebene einer Wirtschaftsmacht einengt, bleibt in vielen oben genannten Entfaltungs- und Gestaltungsmöglichkeiten handlungsunfähig. Damit reduziert sich diese große Wirtschaftskraft auf eine unbedeutende Nebenrolle im Vergleich zu der einzig verbliebenen unilateralen Großmacht USA. Welche Folgen eine solche Weltlage hat, erleben wir beim Vorgehen der USA im Irak im Besonderen und im Nahen Osten im allgemeinen. Wie wenig die EU hierbei heute zur Lösung der Konflikte beitragen kann und zu welcher Bedeutungslosigkeit sie verkommen ist, ist gemessen an ihrer Wirtschaftskraft beinahe peinlich.

Wenn die EU diesen in der Tat inakzeptablen Zustand einer völlig einseitigen Machtkonstellation in der Welt nicht hinnehmen will, braucht sie, ja muss sie selbstbewusst neue Visionen haben. Die EU muss vor allem ihre politischen

---

[431] Die Welt, 15.6.2004

Handlungsmöglichkeiten neu konzipieren, wenn sie nicht weiterhin ein politischer Zwerg sein und bleiben will.

»Europa muss zu einer gemeinsamen Außen-, Sicherheits- und Entwicklungspolitik finden, sonst bleibt die Gefahr der Spaltung, Lähmung und der Unfähigkeit bestehen, die sich auf dem Balkan und anlässlich des Irak-Krieges gezeigt hat. [...] Europa kann und sollte eine Schlüsselrolle bei der Organisation multilateraler Lösungen für globale Fragen übernehmen«[432], so der Aufruf zahlreicher deutscher Wissenschaftler, Schriftsteller, Künstler und Politiker.

Gerade in dieser Hinsicht braucht die EU die Türkei als eine regionale Mittelmacht und geopolitische Brücke zwischen Europa und dem Nahen Osten. Die Bedeutung dieser Region ist nicht nur wegen der reichsten Erdöl- und Erdgasreserven unumgänglich, sondern vor allem auch für die Sicherung des Friedens dort und weltweit. Dass die USA hierfür aus vielerlei Gründen ohne einen aktiven Beitrag der EU nicht im Stande ist, eine friedenschaffende und -sichernde Rolle zu übernehmen, erleben wir seit langem und ganz aktuell.

»Welche Beiträge kann die Türkei im Falle einer EU-Mitgliedschaft leisten?«, fragt der ehemalige Botschafter der Türkei in Berlin, Osman Korutürk, in seinem Vortrag zu den Beziehungen zwischen EU und Türkei. [433] Er konstatiert, dass »die Beantwortung dieser Frage eng mit der Vision Europas von einer eigenen Zukunft zusammenhängt. Dabei sollte sich die EU besonders die Frage stellen, ob sie in ihrem heutigen Aufbau und ihrer heutigen Zusammensetzung in der Lage ist, Europa in ein neues Jahrhundert voller neuer Herausforderungen, Risiken und Chancen zu führen. Es geht mir mit anderen Worten darum, ob die EU plant, weiterhin eine regionale Organisation zu blieben, die auf sich selbst konzentriert und deren Einflussbereich begrenzt ist, oder ob sie die Absicht hat, zu einem globalen Akteur, der bei der Gestaltung der Weltordnung richtungweisend ist, zu werden.

[...] Die Türkei ist eine ,Regionalmacht' im Zentrum Eurasiens, die geographisch jedoch gleichzeitig auch zum Balkan, dem Mittelmeer, dem Kaukasus, dem Schwarzen Meer und dem Nahen und Mittleren Osten gehört und zu diesen Regionen enge, historisch gewachsene Bindungen hat. Darüber hinaus ist die Türkei durch ihre besonderen Verbindungen zu den zentralasiatischen Republiken zu einer wichtigen Kraft für deren Öffnung geworden.«

Globalpolitische Gestaltungsmöglichkeiten und Einflussnahmen wird Europa als eigenständiger Machtfaktor vor allem in den Regionen des Nahen- und Mittleren Ostens ohne die Türkei kaum haben können. Nur gemeinsam mit der Regionalmacht Türkei in ihrer geopolitisch sehr bedeutsamen Lage kann die EU

[432] Duisburger Erklärung, Traum und Albtraum Amerika, Dokumentation der Frankfurter Rundschau, 20.4.2004

[433] Symposium der Europäischen Akademie Berlin und der TGD in Berlin, 14.7.2002

– wenn überhaupt – ein gewichtiger Faktor bei der Lösung der Probleme werden. Es ist seit langem bekannt, dass es bei den andauernden Konflikten im Nahen-Osten vor allem um Einflussnahme und Kontrolle über die bedeutendsten Energie-Ressourcen der Welt geht.

Nach Herbert Prantl ist »die Türkei das einzige Land der Region, das eine zuverlässige, am Westen orientierte Außenpolitik betreibt, es ist das einzige Land der Region mit einer laizistischen und demokratischen Staatsform. Es ist das Land, durch das Europas Öl fließt. Es ist das Land, dessen Auswanderer die größte Minderheit in Westeuropa bilden. Es ist das Land, in dem Dialog zwischen Christentum und Islam am aussichtsreichsten geführt werden kann«[434].

Die Türkei ist von ihrer Fläche her eines der größten Länder Europas und mit nahezu 70 Millionen Einwohnern nach der Bundesrepublik Deutschland das bevölkerungsreichste Land. Die Türkei ist kulturell eines der reichsten und vielfältigsten Länder der Erde. Dort stehen die Wiegen vieler Kulturen, darunter die der Hethiter, Seldschukken und des osmanischen Reiches. Überdies beherbergt die Türkei auch zahlreiche bedeutende Hinterlassenschaften der Griechen und Römer. Sie hat eine junge, dynamische und gut ausgebildete Bevölkerung. Trotz der Wirtschaftskrise der letzten Jahre nimmt sie den 22. Rang der wirtschaftlich stärksten Nationen der Welt ein. Das Wirtschaftswachstum der Türkei betrug in den letzten 50 Jahren durchschnittlich 4 bis 5%. Die Türkei stellt eine geographische, ökonomische, und politische Brücke zu den turksprachigen Republiken Mittelasiens dar. Sie hat ihre traditionell guten Beziehungen in diese Region seit der Unabhängigkeit dieser Länder auch im wirtschaftlichen, politischen und militärischem Bereich weiter intensiviert, einer Region mit den größten Erdöl- und Erdgasreserven der Welt.

Gerade eine voll in die EU integrierte demokratisch und ökonomisch stabile Türkei würde auf die Menschen und Staaten vor allem im Nahen und Mittleren Osten, aber auch in anderen islamischen Staaten, als ein gelungenes Modell westlicher Prägung eine große positive Wirkung haben. Diese würde mittelfristig den Demokratisierungsprozess und die Übernahme des parlamentarisch-demokratischen Systems in diesen Ländern befördern und zu mehr Stabilität, Sicherheit und wirtschaftlicher Prosperität führen, was auch der EU zu Gute käme.

Nach Meinung der Journalistin Nilgün Cerrahoğlu übt die Türkei bereits heute als demokratisches Vorbild im Nahen Osten einen wichtigen Einfluss aus. »Deswegen betrachte ich die Türkei als letzte Festung Europas«[435].

[434] Prantl, H., Der Mond unter den Füßen, Warum die Aufnahme der Türkei eine Chance für die EU darstellt, in: Die Türkei und Europa, Leggewie, a.a.O., S. 154
[435] Cerrahoğlu, N., in: Grenzfall Europa. Körber-Stiftung, Hamburg 1999, S. 32

Die Türkei wird für viele der islamischen Länder ein erfolgreiches Modell darstellen und belegen, dass Islam und demokratischer und laizistischer Rechtsstaat einerseits und die universalen Menschenrechte und Werte andererseits durchaus zu vereinbaren sind. Welche Bedeutung einer durchgreifenden Demokratisierung gerade den islamischen Ländern zukommt, müsste angesichts der Ereignisse seit dem 11. September jedem politisch interessierten Menschen klar sein.

»Im 21. Jahrhundert stehen wir vor der Herausforderung, die Konfrontation zwischen dem Islam und dem Westen zu überwinden. Europa kann hierzu einen beispielgebenden Beitrag leisten. Eine EU-Mitgliedschaft der Türkei würde aller Welt deutlich machen: Europa will keinen Kampf der Kulturen; das europäische Modell von Rechtsstaat und Demokratie ist auch eine Perspektive für Länder mit moslemischer Bevölkerung«[436], so der CDU-Politiker Ruprecht Polenz.

Auch der ehemalige Verteidigungsminister und außenpolitischer Sprecher der CDU/CSU Bundestagsfraktion, Volker Rühe, unterstreicht genau diesen Gewinn für die EU: »Es wäre eine weltpolitische Leistung der europäischen Union, wenn sie die Türkei einbindet. Es wäre der Brückenbau hin zum Nahen und Mittleren Osten, eine euro-islamische Brücke, eine zwischen Moderne und Tradition. Die Türkei wäre ein Transmissionsriemen für die Stabilisierung dieser Nachbarregion.«[437] Cohn-Bendit bewertet die Bedeutung der Türkei ähnlich: »Europa ist nicht nur eine Veranstaltung nach innen. Europa funktioniert auch exemplarisch. Eine Integration der Türkei wäre ein Meilenstein auf dem schwierigen Weg der Säkularisierung des Islam. Das ist die Vision«[438].

Wenn sich dieses Modell unter Einbeziehung der Bevölkerung auch auf andere islamische Länder übertragen ließe und damit zu mehr Stabilität, Frieden und zu einer besseren Befriedung der Bevölkerung beitrüge, wäre dies von unschätzbarer Bedeutung. Dies wäre auch der wichtigste Beitrag zur Bekämpfung von Terrorismus und Gewalt in dieser Region.

»Eine in die EU integrierte Türkei«, so der türkische Ministerpräsident Erdoğan, »wird eine unverzichtbare Rolle in der Verhinderung politischer und kultureller Trennungen über nehmen und einen wichtigen Beitrag zum Frieden, zur Stabilität und zur Sicherheit in Europa leisten«[439].

Zu Recht unterstreicht Mesut Yilmaz, ehemaliger Ministerpräsident der Türkei, dass die Aufnahme der Türkei in die EU der erste wichtiger Schritt zur

---

[436] Polenz, R., Die Türkei gehört in die EU, Süddeutsche Zeitung, 15.9.2003

[437] Rühe, V., Interview mit der Süddeutschen Zeitung, 20.1.2004

[438] Cohn-Bendit, D., z.n. Gottschlich, J., Die Türkei auf dem Wege nach Europa, ein Land im Aufbruch, Berlin 1994, S. 161

[439] Tayyip Erdoğan, Reformprozess in der Türkei – Annäherung an die EU. Vortragsveranstaltung der Friedrich- Ebert-Stiftung und des Zentrums für Türkeistudien, Berlin 3.8.2003

Aussöhnung des Westens mit dem Islam wäre und »den Muslimen auch das Gefühl geben würde, dass der Westen nicht nur auf seinen ökonomischen Vorteil bedacht ist, sondern die islamische Welt als Freund und Partner ansieht.«[440] Diese differenzierte Sichtweise hat der ehemalige Vorsitzende der deutsch-türkischen Parlamentariergruppe, Kossendey, richtig beobachtet: »Während ich bei Gesprächen mit türkischen Partnern im Bundestag immer wieder erlebe, dass die Freundschaft und die Beziehung zu Deutschland und Europa eine emotional sehr tiefe zu sein scheint, begegnen mir auf europäischer und deutscher Seite eigentlich immer nur von Interessen geprägte Diskussionspartner.«[441]

Ein weiteres wichtiges Moment einer zukünftigen EU-Mitgliedschaft der Türkei ist der, dass durch sie der Integrationsprozess der EU-Türken in die hiesigen Gesellschaften ganz entscheidend gefördert werden dürfte. Der Beginn von Beitrittsverhandlungen mit der Türkei und die verbindliche Perspektive auf eine EU-Mitgliedschaft wird die Identifikation der Türken mit ihren neuen Heimatländern stärken. Bereits heute verstehen sich die Eurotürken als eine menschliche Brücke zwischen ihrem Herkunftsland Türkei und dem neuen Heimatland in der EU.

Die »Türkische Gemeinde in Deutschland« unterstützt nicht ohne Grund die EU-Perspektive der Türkei. Sie sieht unter anderem eine ihrer wichtigsten Aufgaben darin, zur Entwicklung bestmöglicher Beziehungen zwischen dem Herkunftsland Türkei und der neuen Heimat Deutschland, aber auch zwischen der EU und der Türkei beizutragen. Dies liegt ohne Zweifel im unmittelbaren Interesse der Deutschland- und EU-Türken. Eine EU-Mitgliedschaft der Türkei wird die Lebenssituation der Deutschland-Türken und das Zusammenleben von Deutschen und Deutschland-Türken positiv beeinflussen.

Bekanntlich haben die Staatsbürger aus den EU-Mitgliedstaaten außer dem allgemeinen Wahlrecht fast die gleichen Rechte wie deutsche Staatsbürger. Nach nur dreimonatigem Aufenthalt haben EU-Staatsbürger beispielsweise das kommunale Wahlrecht, das die übrigen Migranten/innen selbst nach 40 Jahren nicht erhalten, es sei denn, sie lassen sich einbürgern. Auch in den sozialen, aufenthaltsrechtlichen und bildungspolitischen Bereichen haben nur die Bürger der EU-Staaten weitestgehend die gleichen Rechte wie deutsche Staatsbürger.

Eine verbindlich angezeigte EU-Mitgliedschaft der Türkei wird übrigens auch das Verhältnis der EU-Bürger gegenüber den türkischen und türkischstämmigen Menschen im positiven Sinne maßgeblich beeinflussen. Durch eine künftige EU-Mitgliedschaft der Türkei werden die Türken und die Türkei als gleichberechtigte Mitglieder in der EU und in Deutschland wahrgenommen, nicht mehr als Außenstehende und nicht Zugehörige.

---

[440] Yilmaz, M., Vortrag in Istanbul, Juni 2003
[441] Kossendey, Th., in: Grenzfall Europa, a.a.O., S. 30

Deshalb lehnen die EU- und Deutschland-Türken eine Sichtsweise entschieden ab, nach der die Türkei aus kulturellen, religiösen, historischen oder geographischen Gründen nicht der EU angehören dürfe. Dies ist nichts anders als eine ganz offene und klare Abschottungs- und Absonderungspolitik auch gegenüber den in den EU-Staaten beheimateten 3,5 Millionen, darunter 2,6 Millionen Deutschland-Türken. Das ist eine integrationsschädliche und diese Menschen diskriminierende Politik.

Die Diskussion um die EU-Mitgliedschaft der Türkei wird fast ausschließlich unter dem Aspekt geführt, welche Probleme und möglichen Risiken damit für die EU verbunden wären. Welche Vorteile die EU von einer Mitgliedschaft der Türkei hätte, wird kaum erörtert. Und die Beantwortung dieser Frage steht in sehr engem Kontext mit den Visionen von der zukünftigen Gestaltung der EU.

Die Frage ist also, welche Rolle die EU künftig in der Welt zu übernehmen gedenkt. Will sie lediglich eine wichtige Wirtschaftsmacht bleiben und sich bei der politischen Gestaltung der Weltordnung mit der Rolle des Zuschauers begnügen? Oder will sie aktiv, gestalterisch, friedenstiftend und vermittelnd an der Lösung von Konflikten mitwirken? Will sie neben den USA und bald auch neben China im Konzert der Großmächte mithalten, so braucht sie eine neue Gestalt, eine neue weltpolitische Orientierung.

Sie muss bereit und willens sein, sich zu einem der weltpolitischen Zentren zu erheben, will sie nicht Gefahr laufen, ein politischer Zwerg zu bleiben und damit letztendlich auch ihre ökonomische Bedeutung einzubüßen.

Angesichts eines drohenden, von manchen sogar herbeigeredeten »Kampf der Kulturen und Zivilisationen« müsste die EU eine Vermittlerrolle übernehmen, sie müsste Brücken zwischen den Zivilisationen, zwischen Okzident und Orient bauen. Nur so kann auf lange Sicht weltweit mehr Sicherheit, mehr Frieden, mehr Verständigung und mehr Zusammenarbeit zwischen den vermeintlich gegensätzlichen Positionen der islamischen und der christlichen Länder gestiftet und gesichert werden.

Der Türkei kommt in diesem Prozess eine ganz wichtige und unverzichtbare Rolle zu. Ihre geographische und geopolitische Lage als Brücke zwischen zwei Kontinenten, Europa und Asien, als Stabilitäts- und Machtfaktor im Nahen Osten, ist sie für diese Rolle in einer besonderen Weise geeignet.

Als ein demokratischer und laizistischer Rechtsstaat kann die Türkei für viele islamische Länder als Modell gelten, indem sie vorlebt, dass der Islam und die universalen Werte nicht im Widerspruch zueinander stehen. Sie erbringt den Beweis, dass Demokratie, Laizismus, Rechtsstaat, Menschenrechte und Modernität genauso gut in einem Land mit islamischer Bevölkerung verwirklicht werden können. Genau diese Ausstrahlung der Türkei mit ihrer mehrheitlich islamischen Bevölkerung wäre ein Modell für viele andere islamische Länder. Dies wäre ein beispielgebender Akt der Versöhnung zwischen zwei Zivilisationen mit historisch belasteten Beziehungen. Genau diesen ganz elementaren Ansatz unterstrich Alt-Bundespräsident Richard von Weizsäcker, wenn er, wie oben zitiert, sagt: »*Zu den großen globalen Aufgaben gehört es, eine Brücke von den westlichen Demokratien zur muslimischen Welt zu bauen. Dafür bietet eine demokratische Türkei einen unverzichtbaren Pfeiler.*«

Mit der Mitgliedschaft der Türkei wird die EU bedeutend mehr Einfluss gewinnen, nicht nur im Nahen Osten, sondern weltweit.

Die Türkei ist nicht zuletzt auch wegen ihrer sehr jungen und dynamischen Bevölkerung und ihrer schnell wachsenden Wirtschaft ein bedeutender Gewinn für die EU.

Die EU braucht zukunftsorientierte Visionen. Hierfür bietet sich der EU mit einem Mitglied Türkei eine große, eine einmalige Chance. Und die Türkei braucht die EU, um ihren Kurs der Westorientierung unbeirrt weiter verfolgen zu können. Die EU darf die Türkei schon aus ureigenem Interesse weder den USA allein noch der islamisch-arabischen Welt überlassen.

Literaturverzeichnis

A Bücher und Fachzeitschriften

Abali, M.-L., Entwicklungsprobleme bei türkischen Kindern und Jugendlichen in Berlin, Psychologische Aspekte der Identitätsbildung, in: Elsas, Ch., Identität Veränderungen kulturelle Eigenarten im Zusammenleben von Türken und Deutschen, Hamburg 1983

Akpınar, Ü., in: Peter, E.K., (Hg.), Wir sind alle Ausländer, Basel-Beltz 1983

Alsxy, H., Integration und Minderheitenschutz – Überlegungen aus Anlass der Diskussion um die Verankerung des Minderheitenschutzes im Grundgesetz, in: Minderheiten- und Antidiskriminierungspolitik: Alternative zur Integration, Friedrich Ebert Stiftung, Bonn 1994

Apel, G., Von Menschen und Grundrechten, Ausländerbeauftragter des Senats der Freien und Hansestadt Hamburg (Hg), Hamburg 1993

Auernheimer, G., Der sogenannte Kulturkonflikt, Frankfurt a.M. 1998

Aydemir, S. S., Tek Adam, Bd. III, Istanbul 1966

Backers, U. / **Jesse**, E., Politischer Extremismus in der Bundesrepublik Deutschland, Bundeszentrale für politische Bildung, Bonn 1989

Bade, K. J., Vom Auswanderungsland zum Einwanderungsland?, Berlin 1983

Beckstein, G., bayerischer Innenminister, Zwischen Hysterie und Utopie – Annäherung an die Leitkultur, in: ifa – Zeitschrift für Kulturaustausch 3/99

Beckstein, G., bayerischer Innenminister, in: Viele Kulturen eine Zukunft. Ökumenischer Vorbereitungsausschuss zur Woche des ausländischen Mitbürgers, Frankfurt 1991

Benz, W. (Hg), Rechtsextremismus in der Bundesrepublik, Frankfurt/M. 1993

Bergmann, W., Antisemitismus und fremdenfeindliche Einstellungen, in: Antisemitismus und Fremdenfeindlichkeit: Herausforderungen für die Demokratie, Forschungsinstitut der Friedrich-Ebert-Stiftung (Hg), Bonn 1995

Bolte, K.M., u.a. Mitteilungen aus der Arbeitsmarkt- und Berufsforschung, 17. Jg./1984

Boos-Nünning, U./Hohmann,M. /Reich,H.H./Wittek,F. Aufnahmeunterricht Muttersprachlicher Unterricht Interkultureller Unterricht, Oldenburg 1983

Boveri, M., Vom Minarett zum Bohrturm, Zürich, Leipzig, Berlin 1938

Brandt, W., MdB, Berlin, 1952, z.n. Burckhardt, J. in: Fremdenfeindlichkeit und Rassismus, Friedrich Ebert Stiftung (Hg), Bonn 1993, S. 7

Bubis, I., Aus der Vergangenheit nichts gelernt? Antisemitismus in Deutschland, in: Fremdenfeindlichkeit und Rassismus, Friedrich Ebert Stiftung (Hg), Bonn 1993

Burgdorf, W., Die europäische Antwort. Wir sind der Türkei verpflichtet, in: Leggewie (Hg.), Die Türkei und Europa, Frankfurt 2004

Butterwegge, Ch. / **Jäger**, S., Europa gegen den Rest der Welt?, Flüchtlingsbewegungen – Einwanderung – Asylpolitik, Köln 1993

Butzkamm,W., Pscholinguistik des Fremdsprchenunterrichts, von der Muttersprache zur Fremdsprache, Tübingen, Basel 2003

Cem, I., Die Geschichte der Rückständigkeit der Türkei, Istanbul 1970

Cem, I., Türkei Europa Eurasien, Köln 2001

Cerrahoğlu, N., in: Grenzfall Europa. Körber-Stiftung, Hamburg 1999
Cohn-Bendit / Schmidt, Heimat Babylon, Hamburg 1992
Cohn-Bendit, D., z.n. Gottschlich, J., Die Türkei auf dem Wege nach Europa, ein Land im Aufbruch, Berlin 1994
Cosack, C. J, Zur Literatur der Türkengebete im 16. und 17. Jahrhundert, in: Zur Geschichte der evangelischen ascetischen Literatur in Deutschland, Basel und Ludwigsburg 1871
Earle, M.E., Der Kampf um die Bagdadbahn (Bağdat Demiryolu savaşı), Istanbul 1972
Erdoğan, T., Reformprozess in der Türkei – Annäherung an die EU. Vortragsveranstaltung der Friedrich- Ebert-Stiftung und des Zentrums für Türkeistudien, Berlin 3.8.2003
Ermann, K. Arbeitsmarkt und Berufsforschung der Bundesanstalt für Arbeit, Nürnberg 1984
Essinger, H. / **Hellmich**, A. / Hoff, G., Generation und Identität: Theoretische und empirische Beiträge zur Migrationssoziologie, Opladen 1990
Evers, H.-D., Globale Integration und globale Ungleichheit S.451, in: Joas, H. (Hg.), Lehrbuch der Soziologie, Frankfurt a.M. 2001
Faust, R. B., Die sogenannten Gastarbeiter, Frankfurt a.M. 1981
Fichte, J. G., Sämtliche Werke, VI. Band, Berlin 1845
Franz, F., Staatsrechtliche Aspekte der Doppelstaatsangehörigkeit in der Bundesrepublik Deutschland, in: Ausländerbeauftragte von Berlin und Bündnis Türkischer Einwanderer, Doppelte Staatsbürgerschaft – ein europäischer Normalfall?, Berlin 1990
Frey, M., Die Beschäftigung ausländischer Arbeitnehmer, in: Frey, M., Müller, U. (Hrsg.), Ausländer bei uns – Fremde oder Mitbürger? Bundeszentrale für politische Bildung, Bonn 1982, Bd. 186
Friesenhahn, G. J., .Zur Entwicklung Interkultureller Pädagogik, Berlin 1988
Fuchs, H.-J., Das glückliche Bewusstsein und die Krise, Ausländerfeindlichkeit in Deutschland, Frankfurt a.M. 1986
Galting, J., Vortrag am 27.9.2001 in der Universität Hamburg
Geiss, I., Geschichte des Rassismus, Frankfurt am M.1988
Geißler, H., MdB, Multikulturelle Gesellschaft: Ja!, in: Klöcker, M. u. Tworuschka, U. [Hrsg.], Miteinander was sonst? Die multikulturelle Gesellschaft im Brennpunkt, Köln / Wien 1990
Geißler, H., MdB, Zugluft, München 1990
Gidal, N. T., Die Juden in Deutschland, Gütersloh 1988
Gogolin, I., / Neumann, U. (Hg.), Großstadt-Grundschule, Münster u.a. 1997
Gogolin, I., Erziehungsziel Zweisprachigkeit, Hamburg 1988
Goldberg u.a. (Hg.), Arbeitsmarkt – Diskriminierung gegenüber ausländischen Arbeitnehmern in Deutschland, Genf 1995
Grass, Günter/ Hirsch, Martin / Keskin, Hakkı, u.a., Die Bundesrepublik ist ein Einwanderungsland, Berlin 1982
Gültekin, E., 300 Jahre Türken an der Spree, Köln 1997
Güvenç, B., Türke sein in der Türkei und in Deutschland, in: Was ist ein Deutscher? Was ist ein Türke?, Körberstiftung, Hamburg 1998

Hailbronner, K., Rechtsfragen der Doppelten Staatsangehörigkeit bei der erleichterten Einbürgerung von Wanderarbeitnehmern und ihren Familienangehörigen. Rechtsgutachten im Auftrage des Ausländerbeauftragten des Senats der Freien und Hansestadt Hamburg, Hamburg 1992
Hamburger, F., Modernisierung, Migration und Ethnisierung, in: Gemende, M. /Schroer, W. /Sting, St. (Hg.), Zwischen den Kulturen, Weinheim und München 1999
Hermann, R., Die türkische Wirtschaft macht sich fit für die EU, in: Leggewie (Hg.), Die Türkei und Europa, Frankfurt 2004
Hirsch, R. / **Schuder**, R., Der gelbe Fleck, Köln 1999
Hoffmann, L., Die unvollendete Republik – zwischen Einwanderungsland und deutschem Nationalstaat, Köln 1992
Huber, W., Meditation zum Motto, in: Ökonomischer Vorbereitungsausschuss zur Woche der ausländischen Mitbürger (Hg.), Frankfurt a. M. 2004
Huhnke, B., Intermediale Abhängigkeit bei der Inszenierung rassistischer Feindbilder seit Mitte der achtziger Jahre am Beispiel der Wochenzeitungen »Bild am Sonntag« und »Der Spiegel«, in: Jäger/Link, die vierte Gewalt – Rassismus in den Medien, Duisburg 1993
Huntington, S., Kampf der Kulturen, München und Wien 1996
Hurelmann,K., Einführung in die Sozialisationstheorie, Weinheim und Basel 1990
İrtemçelik, M. Ali, Botschafter der Republik Türkei in Berlin, Aufsatz,17. 10. 2003
Kalpaka, A. / Räthzel, N., Die Schwierigkeit, nicht rassistisch zu sein, in: Autrata, O. u.a. (Hg), Theorien über Rassismus, Hamburg 1989
Kern, M., Leiter der Abteilung Volkswirtschaft der Industrie- und Handelskammer zu Berlin, in: Zur Lage der Ausländer in Berlin 1984
Keskin, H. (Hg.), Menschen ohne Rechte? Einwanderungspolitik und Kommunalwahlrecht in Europa, Berlin 1984
Keskin, H., Ausländerpolitik in Hamburg, Erfahrungen eines MdBü aus der vergangenen Legislaturperiode, in: standpunkt:sozial Nr. 2/ 97, Hamburg 1997
Keskin, H., Der Kampf für Bürgerrechte muss fortgesetzt werden, in: Deutsche Türken – Türkische Deutsche?, Goldberg, A. / Şen, F. (Hg), Münster 1999
Keskin, H., Der Kurdenkonflikt, Ursachen und Lösungswege, Landeszentrale für politische Bildung Hamburg / Institut für türkisch-europäische Beziehungen (Hg.), Hamburg, 1996, 3. Auflage, S. 7
Keskin, H., Die Türkei, Vom Osmanischen Reich zum Nationalstaat, Berlin 1981
Keskin, H., Gleichstellung und Identitätsbewahrung für ethnisch-kulturelle Minderheiten in Deutschland, in: Standpunkt: Sozial Nr.1/92, Hamburg 1992
Keskin, H., Nationalismus und Rassismus im vereinigten Deutschland- Auswirkungen auf die Einwanderer und Gegenstrategien, in: Die Wiedergeburt des nationalistischen Denkens, Friedrich-Ebert-Stiftung, Bonn Oktober 1995
Kessler, J., von Aizenberg bis Zaidelman, Die Ausländerbeauftragte des Senats von Berlin (Hg.), Berlin 1997
Kiessler, R., Reform ohne Doppelpass, in: Goldberg, A. / Şen, F., Deutsche Türken – Türkische Deutsche?, Münster 1999
Knappe, E., Die Geschichte der Türkenpredigt in Wien, Universität Wien, Philos. Fak. Diss. 1949

Köhler, Ch./Grüner, H., Stamm- und Randbelegschaften – ein überlebtes Konzept? Paderborn: Sozialwissenschaftliche Arbeitmarktforschung, Paderborn 1988

Köhler, Ch./Preisendörfer, P., Innerbetriebliche Arbeitsmarktsegmentation in Form von Stamm- und Randbelegschaften, in: Mitteilungen aus der Arbeitsmarkt- und Berufsforschung 2, 1988

Körner, P. / Maaß, G. / Siebold, Th., Tetzlaff, R., Im Teufelskreis der Verschuldung, Hamburg 1984

Kremer, J. / **Przytulla**, H., (Hg.), Exil Türkei, München 1991

Kubisch, D., Der Beitrag der Ausländer zum Wirtschaftswachstum, in: Arbeit und Sozialpolitik Heft 11/1974

Kühn, H., Memorandum zur Integrationspolitik, Bonn 1979

Kühnhardt, L., Die Universalität der Menschenrechte, BZB, Bonn 1991

Kula, O. B., Das Türkenbild in der deutschen Kultur, Bd. 1, Ankara 1992, Bd.2, Ankara 1993 und Bd.3 Ankara 1997

Kula, O. B., Türkische Migranten-Kultur als Determinante der interkulturellen Pädagogik, Saarbrücken 1986

Kuschel, K.-J. Die »christliche Identität« Europas und die Zukunft der Türkei, in: Leggewie (Hg.), Die Türkei und Europa, Frankfurt 2004

Loeffelholz, von, H. D. / Köpp, G., Ökonomische Auswirkungen der Zuwanderung nach Deutschland, Berlin 1998

Martin, H.-P. / **Schumann**, H., Die Globalisierungsfalle – Der Angriff auf Demokratie und Wohlstand, Hamburg 1997

Meier-Braun, K.-H., Deutschland, Einwanderungsland, Frankfurt/M. 2002

Melzig, H., Kemal Atatürk, Frankfurt/M. 1937

Merkens, H., Individuationen und soziale Identität bei türkischen Jugendlichen in Berlin, Veröffentlichung des Instituts für allgemeine Pädagogik der FU-Berlin, Berlin 2001, z.n.: Zur Integration der Türken in Deutschland, Botschafter der Republik Türkei (Hg.), Berlin Nov. 2002

Micksch, J., Deutschland - Einheit in kultureller Vielfalt, Frankfurt/M 1991

Mieles, R. Rassismus: Einführung in die Geschichte und Theorie eines Begriffs, Hamburg 1991

Moltke, Feldmarschall von, H., Türkiye Mektupları, Istanbul 1969

Müller-Münch, J., Biedermänner und Brandstifter, Fremdenfeindlichkeit vor Gericht, Bonn 1998

Münz, R., u.a., Zuwanderung nach Deutschland, Frankfurt a.M.1999

Nebioğlu, O., Die Auswirkungen der Kapitulationen auf die türkische Wirtschaft, Jena 1941

Neumann, U., Interkulturelle Erziehung als Aufgabe der Schule, in: Standpunkt: sozial, Heft 1/1992

Niessen, J., Internationale Vertragswerke zur Bekämpfung der Rassendiskriminierung in Europa, in: Schutzgesetze gegen Diskriminierung, Senatsverwaltung für Soziales – Die Ausländerbeauftragte von Berlin (Hg), Berlin 1993

Nirumand, B., Leben mit den Deutschen, Reinbek bei Hamburg 1989

Nitsche, J., Die Ausbeutung ausländischer Arbeitskräfte in der BRD, in: IPW-B, 4/1975, S.39, z.N. Bech,R./Faust,R., Die sogenannten Gastarbeiter – Ausländische Beschäftigte in der BRD, Frankfurt a.M. 1981

Oberndörfer, D., Der Nationalstaat – ein Hindernis für das dauerhafte Zusammenleben mit ethnischen Minderheiten? In: ZAR-Abhandlungen1/1989

Oberndörfer, D., Turkophobie, in: Leggewie (Hg.), Die Türkei und Europa, Frankfurt 2004

Oeter, S., Minderheitenschutz in internationalen Abkommen, in: Minderheiten- und Antidiskriminierungspolitik: Alternative zur Integration, Friedrich Ebert Stiftung, Bonn 1994

Oksaar,E., Zweitspracherwerb, Wege zur Mehrsprachigkeit und zur interkulturellenVerständigung, Stuttgart 2003

Özgüden, D., Göcmen İşçi Sorunu, Brüssel 1978

Özkara, S. (Hg.), Türkische Migranten in der Bundesrepublik Deutschland, Bd I, Frankfurt 1988 und II, Köln 1990

Öztük, Y.N., Die Zeit nach den Propheten, in: Die Türkei und Europa, Leggewie (Hg.), Die Türkei und Europa, Frankfurt 2004

Öztürk, Y.N., 400 Fragen zum Islam – 400 Antworten, ein Handbuch, Düsseldorf, erste Auflage 2000

Pfeffermann, H., Die Zusammenarbeit der Rennaissancepäpste mit den Türken, Winterthur 1946

Prantl, H., Der Mond unter den Füßen. Warum die Aufnahme der Türkei eine Chance für die EU darstellt, in: Leggewie (Hg.), Die Türkei und Europa, Frankfurt 2004

Quaisser, W. Die Türkei in der Europäischen Union?, Das »Osteuropa-Institut München« 14. März 2004

Reich, H., Hamburger Erhebung, März 2000

Rey /von **Allmen**, Interkulturalismus – Holzwege und Herausforderungen in: M. Hohmann/H.H. Reich (Hg.), Ein Europa für Mehrheiten und Minderheiten, Münster und New York 1989

Rittstieg, H., Deutsches Ausländerrecht, München 2000

Rohrbach, P., Die Bagdad Bahn, 2. Auflage, Berlin 1911

Rommel, M., Oberbürgermeister von Stuttgart, in: Multikulturelle Vielfalt in den Städten, Cappenberger Gespräche der Freiherr-Von-Stein-Gesellschaft, Band 24, Köln 1990

Salowsky, H., / Schiller, G., Ursachen und Auswirkungen der Ausländerbeschäftigung, Köln 1972

Sauer, M., Sozioökonomische Lage, Spar- und Investitionsverhalten türkischer Migranten in Deutschland, Zentrum für Türkeistudien, Ergebnisse einer repräsentativen Befragung, Essen, Mai 2000

Scheurer, F., Asyldebatte: Nicht die Opfer zu Tätern machen!, in: standpunkt:sozial 1/92, Hamburg 1992

Schmidt, H., Altbundeskanzler, Sind die Türken Europäer? Nein, sie passen nicht dazu, in: Leggewie (Hg.), Die Türkei und Europa, Frankfurt 2004

Schmidt, H., Wer nicht zu Europa gehört, Die Zeit, 5.10.2000

Schönhuber, F., Die Türken, Geschichte und Gegenwart, München 1989

Schrader, A. / **Nikels**, B. W. / **Grise**, H. M., Die zweite Generation: Sozialisation und Akkulturation ausländischer Kinder in der Bundesrepublik, Königstein 1979
Schumacher, H., Einwanderungsland BRD, Düsseldorf 1995
Sirmen, A., Kemalismus und die EU (Kemalizm ve AB), Cumhuriyet, 22.10.2004
Smolka, D., Die PISA-Studie. Konsequenzen und Empfehlungen für Bildungspolitik und Schulpraxis, in: Beilage zur Wochenzeitung das Parlament, Berlin, B 41/2002
Sommer, Th., in: Goldberg, A. / Şen, F. (Hg), Deutsche Türken – Türkische Deutsche?, Münster 1999
Sommer, Th., in: Grenzfall Europa, Körber Stiftung Hamburg (Hg.), Hamburg, 1999
Spohn, M., Alles getürkt, 500 Jahre (Vor)Urteile der Deutschen über die Türken, Universität Oldenburg 1993
Steinmüller, U., / Engin, H., Gutachten: Türkischunterricht an allgemeinbildenden Schulen in der Bundesrepublik Deutschland, Berlin 1999
Steinmüller, U., in: Marburger, H. (Hg), Schule in der multikulturellen Gesellschaft; Ziele, Aufgaben, Wege Interkultureller Erziehung, Frankfurt/M 1991
Tetzlaf, R. (Hg.),Weltkulturen unter Globalisierung, Bonn 2000
Thierse, W., Ausländerfeindlichkeit im vereinten Deutschland, in: Fremdenfeindlichkeit und Rassismus, Friedrich Ebert Stiftung (Hg), Bonn 1993
Tichy, R., Warum es kein »Ausländerproblem« gibt, München 1990
Todd, E., Das Schicksal der Immigranten, Hildesheim 1998
Urbahn, J. und **Diehl**, C.; Arbeitspapier und politische Einstellungen und Partizipationsverhalten von Immigranten in der Bundesrepublik Deutschland: Eine Bestandaufnahme, Mannheim 1997
Wagner, B. (Hg), Handbuch Rechtsextremismus, Hamburg 1994
Walden, B., Die Strukturanpassungsprogramme von IWF und Weltbank, in: Schwarzbuch Globalisierung, Mander, J. /Goldsmith (Hg.), München 2002
Weber, H., Die Opfer des Kolumbus: 500 Jahre Gewalt und Hoffnung, Hamburg 1982
Wehler, H.-U., Die türkische Frage. Europas Bürger müssen entscheiden, in: Leggewie (Hg.), Die Türkei und Europa, Frankfurt 2004
Weidacher, A. (Hg.), In Deutschland zu Hause, politische Orientierungen griechischer, italienischer, türkischer und deutscher junger Erwachsener im Vergleich, Opladen 2000
Yletyinen, R., Probleme der Zweisprachigkeit bei Migrantenkindern. Schweden als Bildungspolitisches Beispiel, Berlin 1978
Yumuşak, A. / Hunger, L., Türkiesche Unternehmer in Deutschland, Berlin 2003
Zerger, J., Was ist Rassismus?, Göttingen 1997

B Medien

Apfel, H., Rede während der NPD-Demonstration am 1.Mai 2000 in Dresden
Atatürk, Mustafa Kemal, Rede im türkischen Parlament anlässlich des 10. Jahrestages der Gründung der Republik Türkei am 29.10.1933

Ausländerbeauftragte des Senats von Berlin, Repräsentativumfrage zur Lebenssituation türkischer Berlinerinnen und Berliner, Pressemitteilung vom 15.1.2002

Barlow, M., Deutschlandfunk, Redaktion Hintergrund Kultur, Total Global, 7.3.2004

Beck, M., Die fünf Mythen des Asylrechts, in: Die Zeit, 9. Nov. 2000

Beck, M., gegen eine Initiative der TGD, die Türkei möge nicht mehr aus der Staatsbürgerschaft ausbürgern, Hürriyet, 30.6. und 1.7. 2000; Sabah, 30.6.2000

Beckstein, G., bayerischer Innenminister, z. n.: Fietz, M., Doppelte Staatsangehörigkeit hat drastisch zugenommen, Welt am Sonntag, 4.8.2002

Blick durch die Wirtschaft, Frankfurter Allgemeine Zeitung vom 25.10.1970

Boos–Nünning, U., Abbau von Arbeitslosigkeit bei Jugendlichen mit Migrationshintergrund, Vortrag bei der Türkischen Gemeinde in Deutschland am 24.10.02

Cumhuriyet Hafta, 22.10.2004

Das Parlament, 3./10.1.2005

Der Republikaner, Sonderausgabe 1/1989

Der Spiegel, 15. September 1980, S. 19-26

Der Spiegel, 23. 2.2004

Der Spiegel, 23.2.2004

Der Spiegel, 25.10.2004

Der Tagesspiegel, 26. Juni 1982

Der Tagesspiegel, 3.6.2002

Deutscher Buchhandel, Stiftungsrat, Laudatio Jürgen Habermas, Reuters, 14.10.2001.

Die Welt 25.9.1997, »Bürgerschaftsabgeordneter Keskin kritisiert die SPD«

Die Welt, 15.6.2004

Die Welt, 17.9.2004

Die Zeit, 5. 2. 1982, Heidelberger Manifest

Die Zeit vom 13.6.97

Die Zeit, 8.8.2002

Financial Times vom 8.8.2002

Fischer, J., Außenminister, Bild-Interview, 17.10.2004

Fischer, J., Außenminister, im ZDF-Interview am 9.12.02, z.n. Phönix Online

Focus, 12.8.2002

Frankenfeld, Thomas, Hamburger Abendblatt, 31.Mai/1.Juni 2003

Frankfurter Allgemeine vom 11.10.2001.

Frankfurter Rundschau, 23. 1. 1984

Frankfurter Rundschau vom 16. 3. 1984

Frankfurter Rundschau, 24. 10. 1985; Günter Wallraff, Ganz unten, Köln 1985

Frankfurter Rundschau, 30.9.1997, »Hakkı Keskin verläßt die Bürgerschaft im Zorn«

Frankfurter Rundschau vom 20.12.1997

Frankfurter Rundschau 17.1.1999, Kommentar

Frankfurter Rundschau, 20.4.2004, Dokumentation: Duisburger Erklärung, Traum und Albtraum Amerika

Frankfurter Rundschau, 16.7. 2004

Gerhardt, W, **Westerwelle**, G., Frankfurter Allgemeine Zeitung, 14.1.1999

Hackmann, W., Präses der Innenbehörde, Staatliche Pressestelle, Freie und Hansestadt Hamburg, Erklärung vom 18. April und Bürgermeister

Hallstein, W., Rede zum EWG-Assoziierungsabkommen mit der Türkei, Regierung online: http://www.bundesregierung.de/artikel-,413.729538/Rede-von-Walter-Hallstein-zum-.htm
Hamburger Abendblatt, 7. 10. 2004
Hamburger Abendblatt, 2.11.2004
Hamburger Morgenpost 5.10.1997, »Die Abrechnung des Hakkı Keskin«
Huber,W., Ratsvorsitzender der evangelischen Kirche in Deutschland, Tageszeitung, 10./11.4.2004
Keskin, H., Die Welt, 16.10.1998
Keskin, H., Dokumentation der FR vom 5.10.1985.
Keskin, H., Eröffnungsrede des Bundeskongresses der TGD, in: Dokumentation 2000, Türkische Gemeinde in Deutschland (Hg.), Hamburg 2000
Keskin, H., Zeitschrift: Sozialismus, Hamburg, Heft Nr.12, 1986.
Kinkel, K., Bundesaußenminister, in: German News, Deutsche Ausgabe, 17.3.1996
Kraul, T., Die Welt, 20.10.2002
Krick, M., ZDF-Sendung »Frontal 21« 15.Mai 2000
Le Monde diplomatique, Atlas der Globalisierung, Paris 2003
Le Monde Diplomatique, Atlas der Globalisierung, Paris 2003
Lutz, D., Die Terroranschläge sind auch eine Warnung – vielleicht die letzte, in: Dokumentation der Frankfurter Rundschau, 22.9.2001
Merkel, A., Vorsitzende der Christlich Demokratischen Union Deutschlands, Deutscher Bundestag, Rede vom 1.März 2002
Merz, F., Vorsitzender der CDU/CSU-Bundestagsfraktion, Interview Rheinische Post, 18.10.2003
Milliyet, 3. Juni 1982
Müller, M., Abwärts mit Opel, in: Frankfurter Rundschau, 5.3.2005
Neue Zürcher Zeitung Online, 23.6.2004
Peter, J., Ministerpräsident der Niederlande, Rede am 4. September 2004, in: Yahoo Nachrichten Deutschland, z.n. AP, 5.8.2004
Polenz, R., Die Türkei gehört in die EU, Süddeutsche Zeitung, 15.9.2003
Prantl, H., Süddeutsche Zeitung 9.1.1999
Preuß, U., Die Zeit, 31. Mai 2001
RP Online, Nachrichten-Politik-Deutschland, 24.11.2004, vgl. auch Goldberg, A. / Sauer, M., Konstanz und Wandel der Lebenssituation türkischstämmiger Migranten in Nordrhein-Westfalen, Essen 2003
Rau, J. Bundespräsident, Mitteilung des Bundespräsidialamtes vom 14.9.2001
Rühe, V., Interview mit der Süddeutschen Zeitung, 20.1.2004
Schäuble, W., Der Spiegel, 15.2. 1999.
Schäuble, W., stellvertr. Vorsitzender der CDU/CSU Bundestagsfraktion, Der Tagesspiegel, 16.2.2004
Schily, O., Bundesinnenminister, Interview der Süddeutschen Zeitung, 27. Juni 2002.
Schmidt, Helmut, Altbundeskanzler, Die Zeit, 4.12.2003
Schoeps, J., Moses-Mendelssohn-Zentrum für europäisch-jüdische Studien, Die Welt, 26.10.2000
Schreyer, M., EU-Haushaltskommissarin, Interview mit dem Handelsblatts, 5.10.2004

Schröder, G., Bundeskanzler, Der Spiegel, 1.11.1999
Schröder, G., Ministerpräsident von Niedersachsen, Bild 20.7.1997
Schüster, J./ **Köppel**, R. Zehn Gründe gegen den EU-Beitritt der Türkei, Die Welt 26.10.2004
Selçuk, İ., Cumhuriyet, 21.6.2003
Şen, F., Der lange und schwierige Weg der Türkei nach Europa, in: Das Parlament, 26.4.2004
Sezer, A.N., Staatspräsident der Republik Türkei, in: Cumhuriyet Hafta, 22.10.2004
Sommer, Th., Die Zeit, 14.3.1997
Sozialmagazin, April 1984
Spanner, E., die zweite Flucht der Familie Aslan, Tageszeitung, 23.11.2002
Spiegel Online, 22. 10.2004
Stoiber, E., bayrischer Ministerpräsident, in: Zitate: Türkei zur EU?, Die Presse.com, 22. 7.2004
Stoiber, E., bayrischer Ministerpräsident, Interview in der Süddeutschen Zeitung, 21./22.2.2004
Stoiber, E., Süddeutsche Zeitung, 5.1.1999
Süddeutsche Zeitung 26.9.1997, »In der politischen Realität gestrauchelt«
Süddeutsche Zeitung vom 20.9.2001
Süddeutsche Zeitung, 21.7. 2004
Süddeutsche Zeitung, 21.10.2004
Süddeutsche Zeitung, 4.11.2004
Tageszeitung 25.9.1997, »Bin kein Vorzeigetürke«
Tageszeitung, 5.8.2002
Törüner, Y., Wie verlässlich sind die Wachstumszahlen, Milliyet, 25.10.2004 und 15.2.2005
UNDP [Entwicklungsnetzwerk der Vereinten Nationen], Bericht 2004, in: Frankfurter Rundschau, Dokumentation, 16.Juli 2004
Vorwärts, 17. Febr. 1983
Voscherau, H., Bürgermeister, Staatliche Pressestelle, Freie und Hansestadt Hamburg, Erklärung vom 19. April 1989
Wehler, H.-U., in: Focus, 16.2.2004

C Institutionen

Anadolu Kulübü Münster und Föderation türkischer Elternvereine in NRW (Hg.), Stellungnahme zur PISA-Studie, Münster 2002
ANBA – Arbeitsmarkt-Statistik 1983 – Jahreszahlen
Antirassismus–Büro Hamburg (Hg), Ansätze antirassistischer Arbeit, Hamburg 1989
Ausländerbeauftragte der Bundesregierung für Ausländerfragen, Bericht 2002, Berlin und Bonn, September 2002
Ausländerbeauftragte von Berlin/ Bündnis Türkischer Einwanderer Hamburg (Hg), Doppelte Staatsbürgerschaft – ein europäischer Normalfall?, Berlin 1990

Auswärtiges Amt (Hg.), Sicherheit und Zusammenarbeit in Europa, Dokumentation zum KSZE-Prozess, Bonn 1990
BAGIV (Hg.), muttersprachlicher Unterricht in der Bundesrepublik Deutschland, Hamburg 1985
Beauftragte der Bundesregierung für Ausländerfragen, Daten und Fakten zur Ausländersituation, Berlin 2002
Beauftragte der Bundesregierung für Ausländerfragen, Mitteilungen, Berlin und Bonn 2000
Beauftragte der Bundesregierung für Migration, Flüchtlinge und Integration, Berlin 2003
Beauftragte der Bundesregierung für Ausländerfragen, Bericht, Berlin und Bonn, Sept. 2002
Bundesagentur für Arbeit, Amtliche Nachrichten, der Arbeitsmarkt 2003, Nürnberg 15.Juli 2004
Bundesagentur für Arbeit, Amtliche Nachrichten, der Arbeitsmarkt 2003, Nürnberg 15. Juli 2004
Bundesamt für die Anerkennung ausländische Flüchtlinge, 11.1.2004
Bundesanstalt für Arbeit, Amtliche Nachrichten, der Arbeitsmarkt 1994, Nürnberg 16. Juni 1995
Bundesanstalt für Arbeit, Amtliche Nachrichten, Nürnberg 31.August 1998
Bundesanstalt für Arbeit, Beschäftigungsstatistik, Nürnberg 31.12.1984
Bundesministerium für Wirtschaft und Forschung (BMBF), Arbeitsgruppe Internationale Vergleichsstudie (2003): Vertiefender Vergleich der Schulsysteme ausgewählter PISA-Teilnehmerstaaten, Bonn, z.n. Neumann, U. / Reuter, L. R., Interkulturelle Bildung in den Lehrplänen – neuere Entwicklungen, in: Zeitschrift für Pädagogik, 2004
Bundesrat, Drucksache 207/88, Senat der Freien und Hansestadt Hamburg; Drucksache 402/93, Land Niedersachsen; Drucksache 7457/95, Länder Hamburg, Hessen, Niedersachsen, Saarland, Sachsen-Anhalt, Schleswig-Holstein
Bundesregierung, Der erste Armuts- und Reichtumsbericht, »Lebenslagen in Deutschland«, Berlin 2001
Bundesverfassungsgericht: BVerfG 49, 168, 186
Bündnis Türkischer Einwanderer, Vom Protest zum Bündnis, Dokumentation, Hamburg 1986
CDU Deutschland, Zuwanderung steuern und begrenzen, Integration fördern. Beschluss des Bundesausschusses, Berlin, 7.Juni 2001
CDU/CSU, Frankfurter Allgemeine Zeitung, 4.1.1999
CDU-Bundesausschuss, »Zuwanderung steuern und begrenzen. Integration fördern« vom 7.Juni 2001
CDU-Landesverband Hessen, Anzeige in der Offenbacher Zeitung
CSU-Landesgruppe im Bundestag, Pressemitteilung, 17.12.1997
Deutsche UNESCO-Kommission (Hg.), Die Multikulturellen, Bonn 1985
Deutscher Bundestag, Drucksache 11/4464, Zur rechtlichen Gleichstellung der ausländischen Wohnbevölkerung durch Einbürgerung und Geburt – Einbürgerungsgesetz
Deutscher Bundestag, Drucksache 12/3074 vom 22.7.1992
Deutscher Bundestag, Drucksachen 11/4268 (03/1989), 12/4533 (03/1993), 13/2833 (10/95), alle SPD-Bundestagsfraktion

Deutscher Bundestag, 14. Wahlperiode, 40. Sitzung. Bonn, 7.5 1999, Referat Öffentlichkeitsarbeit, Berlin 1999
Deutsches Kolleg: »Ausrufung des Aufstandes der Anständigen«, z.n.: Verfassungsschutzbericht 2001 (Pressefassung)
Die Grünen im Bundestag (Hg.), Argumente, Die multikulturelle Gesellschaft, Bonn 1990
EU, Statistisches Amt, z.n. Frankfurter Rundschau, 20.12.1997
EU-Verfassung, aus der Präambel des Vertrags über eine Verfassung für Europa, von den Staats- und Regierungschefs der 25 EU-Staaten am 18. Juni 2004 gebilligte Fassung
Freie und Hansestadt Hamburg, Drucksache 15/3448 zur Drs. 14/4595, Lebenssituation der ausländischen Mitbürgerinnen und Mitbürger in Hamburg
Freie und Hansestadt Hamburg, Behörde für Bildung und Sport (Hg.): Spracherwerb zweisprachig aufwachsender Kinder und jugendlicher, ein Überblick über den Stand der nationalen und internationalen Forschung, Hamburg 2002
Freie und Hansestadt Hamburg, Personalbericht 2004
GEW-Hauptvorstand (Hg.), GEW-Skript, Integrierter Muttersprachlicher Unterricht, Darmstadt 1988
Konferenz der Europäischen Kultusminister, Berlin Mai 1984
Ministerium für Auswärtige Angelegenheiten der Republik Türkei, Politische Reformen in der Türkei, Generalsekretariat für EU-Angelegenheiten (Hg.); vgl. auch www.tcberlinbe.de
Presse- und Informationsamt der Bundesregierung, Mediennutzung und Integration der türkischen Bevölkerung in Deutschland, Potsdam 18. Juni 2001
Schiller, Karl, Bundesminister für Wirtschaft, auf eine kleine Anfrage der Fraktion der FDP, in: Informationen zur Ausländerbeschäftigung Nr. 7/8/1967
Senat der Freien und Hansestadt Hamburg, Drucksache 15/1962
Statistisches Bundesamt (Hg), Datenreport 2002, Bonn 2002
Statistisches Bundesamt 2004, Einbürgerungen
Türkische Gemeinde in Deutschland, Einladung zur Pressekonferenz, Hamburg, 15.10.1998
Türkische Gemeinde in Deutschland, Presseerklärung, 4.11.1996
Türkische Gemeinde in Deutschland, Pressekonferenz, Berlin, 7.2.2005
Türkische Gemeinde in Deutschland, Stellungnahme anlässlich der Anhörung der »Unabhängigen Kommission Zuwanderung«, Berlin 26./27. April 2001
Türkische Gemeinde in Deutschland, Presseerklärung zum Anti-Rassismustag der UNO, 21.3.2000
Türkische Gemeinde in Deutschland, Koordinationsrat der Türkischen Vereine in der BRD, Verband Türkischer Unternehmer und Industrieller in Europa, Föderation der Vereinigungen zur Förderung des Gedankenguts Atatürks in Europa, Föderation der Volksvereine Türkischer Sozialdemokraten, Presseerklärung vom 4.12.2004.
Türkische Gemeinde in Deutschland, Pressemitteilung vom 20.2.02
Türkische Gemeinde in Deutschland, Bildungskampagne, Presseerklärung vom 30.11.99
Unabhängige Kommission Zuwanderung (Hg.), Zuwanderung gestalten, Integration fördern, Berlin 2001
Unabhängige Kommission Zuwanderung, Bericht vom 4. Juni 2001

Unionsparteien: Stellungnahme zu Fragen von Zuwanderung, Asyl und Integration, 10.5.2001
Verband Deutscher Rentenversicherungsträger, Sonderauswertung von Edgar Kruse, 23. 8.2004
Volkswirtschaftliche Gesamtrechnungen, Revidierte Ergebnisse 1960-1981
White Power MP 3, Homepage, Gästebuch
Wirtschaft und Statistik 9/84
Zentrum für Türkeistudien (Hg), Türkeijahrbuch 2004/2005, Münster 2004
Zentrum für Türkeistudien, Erhebung, in: Geo Spezial, 8. und 17. März 1998
Zentrum für Türkeistudien, Parteienpräferenz türkischer Migranten, Juli 2002
Zentrum für Türkeistudien, Wahlabsicht und Parteienpräferenz türkischstämmiger Migranten bei der Wahl zum Europaparlament 2004, April 2004.